Die Kompetenz der Europäischen Union für ausländische Direktinvestitionen am Beispiel der Freihandelsabkommen mit Kanada und den USA

Frankfurter wirtschaftsrechtliche Studien

Herausgegeben von
Theodor Baums, Andreas Cahn, Brigitte Haar, Katja Langenbucher,
Tobias Tröger, Manfred Wandt, Peter von Wilmowsky

Band 107

PETER LANG

Jurgita Baur

Die Kompetenz der Europäischen Union für ausländische Direktinvestitionen am Beispiel der Freihandelsabkommen mit Kanada und den USA

PETER LANG

Bibliografische Information der Deutschen Nationalbibliothek
Die Deutsche Nationalbibliothek verzeichnet diese Publikation in der Deutschen Nationalbibliografie; detaillierte bibliografische Daten sind im Internet über http://dnb.d-nb.de abrufbar.

Zugl.: Frankfurt (Main), Univ., Diss., 2017

D 30
ISSN 0723-0427
ISBN 978-3-631-74926-5 (Print)
E-ISBN 978-3-631-75949-3 (E-PDF)
E-ISBN 978-3-631-75950-9 (EPUB)
E-ISBN 978-3-631-75951-6 (MOBI)
DOI 10.3726/b14277

Peter Lang – Berlin · Bern · Bruxelles · New York · Oxford · Warszawa · Wien

Diese Publikation wurde begutachtet.

www.peterlang.com

Vorwort

Die vorliegende Arbeit wurde im Sommersemester 2017 von der rechtswissenschaftlichen Fakultät der Goethe Universität in Frankfurt am Main als Dissertation angenommen. Für die Druckfassung wurden Literatur und Rechtsprechung bis Mai 2017 berücksichtigt.

In den letzten fünf Jahren meines Lebens habe ich mich intensiv mit den vielschichtigen Themenkomplexen dieser Arbeit beschäftigt. Beeinflusst wurden meine Gedanken durch den enormen politischen und juristischen Wandel innerhalb wie außerhalb der Europäischen Union. Wenn ich zurückblicke, erinnere ich mich als Erstes an den 23. Juni 2016 in Brüssel. Während meines Traineeships bei der EU-Kommission stimmten die Briten für den Austritt aus der EU. Daneben bewegten mich Momente wie die Proteste von über dreihunderttausend Menschen in Deutschland gegen TTIP und CETA oder die Ansichten Donald Trumps über internationale Handelsabkommen. Während dieser kreativen aber auch herausfordernden Zeit wurde ich von vielen mir wichtigen Menschen unterstützt, bei denen ich mich von Herzen bedanken möchte.

An erster Stelle gilt mein Dank meinem Doktorvater Herrn Prof. Dr. Stefan Kadelbach, mit dem ich viele spannende fachliche Gespräche führte und der mir auf meinem Weg stets mit großer Hilfsbereitschaft beiseite stand. Bedanken möchte ich mich auch bei meinem Zweitgutachter Herrn Prof. Dr. Dr. Rainer Hofmann für seine schnelle Erstellung des Zweitgutachtens.

Mein besonderer Dank gilt Prof. Dr. Dr. h.c. mult. Gilbert Gornig, der auch in schwierigen Momenten an mich glaubte und mir viel Selbstvertrauen gab. In ihm habe nicht nur einen Mentor fürs Leben, sondern auch einen Freund gefunden.

Ein herzliches Dankeschön sende ich an all meine Freundinnen und Freunde aus meiner Heimat Litauen und aus Deutschland sowie an meine „neue“ Familie Krause, Karasch und Weiss, die immer für mich da sind und stolz auf mich sind.

Einen riesigen Dank richte ich an meinen Vater und meinen Bruder, vor allem aber an meine Mutter, die mich bedingungslos unterstützt und selbst viel aufgegeben hat, damit ich studieren und eine Juristin werden konnte.

Meine größte Dankbarkeit gilt meinem Ehemann Dominik für seine unermüdliche, geduldige, fürsorgliche und liebevolle Art und dass er in allen Phasen meines Lebens für mich da ist. Ich danke ihm für seinen unerschütterlichen Glauben an mich als Menschen, meine Kompetenzen und an den erfolgreichen Abschluss meiner Promotion. Ohne seinen Beistand wäre es mir nicht möglich gewesen, diese Arbeit fertigzustellen. Ihm sei diese Arbeit gewidmet.

Frankfurt am Main, im Dezember 2017
Jurgita Baur

Inhaltsverzeichnis

Abkürzungsverzeichnis

AETR	Accord européen relatif au travail des équipages des véhicules effectuant des transports internationaux par route (Europäisches Übereinkommen über die Arbeit des im internationalen Straßenverkehr beschäftigten Fahrpersonals)
AEUV	Vertrag über die Arbeitsweise der Europäischen Union
BGH	Bundesgerichtshof
BIT	Bilateral Investment Treaty (bilaterales Investitionsschutzabkommen)
BMWi	Bundesministerium für Wirtschaft und Technologie
BVerfG	Bundesverfassungsgericht
CARIFORUM	The Caribbean Forum
CETA	Comprehensive Economic and Trade Agreement
CMLR	Common Market Law Review
CYELP	Croatian Yearbook of European Law and Policy
DSU	Dispute Settlement Understanding (WTO-Streitbeilegungsverfahren)
ECT	Energy Charter Treaty (Vertrag über die Energiecharta)
ed./eds.	edition, edition/editor(s), éditeur(s)
EFAR	European Foreign Affairs Review
EFTA	European Free Trade Association (Europäische Freihandelsassoziation)
EGKS	Europäische Gemeinschaft für Kohle und Stahl
EGKSV	Vertrag über die Gründung der Europäischen Gemeinschaft für Kohle und Stahl
EGMR	Europäischer Gerichtshof für Menschenrechte
EGV	Vertrag über die Europäische Gemeinschaft nach dem Vertrag von Nizza
EJIL	European Journal of International Law
EL	Ergänzungslieferung
EMRK	Europäische Menschenrechtskonvention
EP	Europäisches Parlament
EuGH	Gerichtshof der Europäischen Union
EuR	Europarecht (Zeitschrift)

EUSFTA	EU-Singapore Free Trade Agreement
EUV	Vertrag über die Europäische Union nach dem Vertrag von Lissabon
EuZW	Europäische Zeitschrift für Wirtschaftsrecht
EWG	Europäische Wirtschaftsgemeinschaft
EWR	Europäischer Wirtschaftsraum
EYIEL	European Yearbook of International Economic Law
FS	Festschrift
GA	Generalanwalt/Generalanwältin
GATS	General Agreement on Trade in Services
GD	Generaldirektion
GELR	Gemeinsamer Europäischer Luftverkehrsraum
GLJ	German Law Journal
GrCh	Charta der Grundrechte der Europäischen Union
HILJ	Harvard International Law Journal
ICC	International Chamber of Commerce (Internationale Handelskammer)
ICSID	International Centre for Settlement of Investment Disputes (Internationales Zentrum zur Beilegung von Investitionsstreitigkeiten)
ICSID- Konvention	International Convention on the Settlement of Investment Disputes (Übereinkommen zur Beilegung von Investitionsstreitigkeiten zwischen Staaten und Angehörigen anderer Staaten)
IGH	Internationaler Gerichtshof
IIA	International Investment Agreement
ILO	International Labour Organization (Internationale Arbeitsorganisation)
IMF	International Monetary Fund (Internationaler Währungsfonds)
ISDS	Investor-state dispute settlement
JIEL	Journal of International Economic Law
JuS	Juristische Schulung
JWIT	Journal of World Investment & Trade
JZ	Juristenzeitung
LCIA	The London Court of International Arbitration
MAI	Multilateral Agreement on Investment (Multilaterales Abkommen über Investitionen)

MERCOSUR	Mercado Comum do Sul (Gemeinsamer Markt Südamerikas)
MIGA	Multilateral Investment Guarantee Agency (Multilaterale Investitionsgarantieagentur)
MPEPIL	Max Planck Encyclopedia of Public International Law
MPol	Minimum Platform on Investment for EU Free Trade Agreements
NJW	Neue Juristische Wochenschrift
OHLJ	Osgoode Hall Law Journal
ÖFSE	Österreichische Forschungsstiftung für Internationale Entwicklung
PCA	Permanent Court of Arbitration
PJZS	Polizeiliche und justizielle Zusammenarbeit in Strafsachen
REIO	Regional Economic Integration Organisation (Organisation für regionale Wirtschaftsintegration)
RIW	Recht der Internationalen Wirtschaft (Zeitschrift)
RLR	Ritsumeikan Law Review
SCC	Stockholm Chamber of Commerce (Stockholmer Handelskammer)
SchiedsVZ	Die neue Zeitschrift für Schiedsverfahren
Slg.	Sammlung (der Rechtsprechung des EuGH)
TELC	Transnational Economic Law Research Center
TRIMS	Agreement on Trade-Related investment Measures (Übereinkommen über handelsbezogene Investitionsmaßnahmen)
TRIPS	Agreement on Trade-Related Aspects of Intellectual Property Rights (Übereinkommen über handelsbezogene Aspekte der Rechte des geistigen Eigentums)
TTIP	Transatlantic Trade and Investment Partnership
UdSSR	Union der Sozialistischen Sowjetrepubliken
UN	United Nations (siehe VN)
UNCITRAL	United Nations Commission on International Trade Law (Kommission der Vereinten Nationen)
UNCTAD	The United Nations Conference on Trade and Development (Konferenz der Vereinten Nationen für Handel und Entwicklung)
VerfBlog	Verfassungsblog

VN	Vereinte Nationen
VN-Charta	Charta der Vereinten Nationen
Vol.	Volume
VVE	Vertrag über eine Verfassung für Europa
VvL	Vertrag von Lissabon
WHI	Walter-Hallstein-Institut für europäisches Verfassungsrecht
WTO	World Trade Organization
WVK	Wiener Vertragsrechtskonvention
YEL	Yearbook of European Law
ZEuS	Zeitschrift für europarechtliche Studien

Im Übrigen wird verwiesen auf *Kirchner*, *Hildebert,* Abkürzungsverzeichnis der Rechtssprache, 7. Aufl., 2011

A. Einleitung

I. Problemdarstellung

Investitionen gehören zweifellos zu den wichtigsten Elementen der Globalisierung unserer Weltwirtschaft. Daneben tragen sie maßgeblich zur ökonomischen Entwicklung bei und bilden die Grundlage für jede langfristig stabile Wirtschaft. Auch für einen immer größer und schneller wachsenden gemeinsamen europäischen Wirtschaftsraum spielen Investitionen eine tragende Rolle. In einer globalisierten, vernetzten Welt stellen in diesem Kontext sogenannte Auslandsinvestitionen einen bedeutenden Baustein dar.

Es liegt im Interesse der Europäischen Union den entsprechenden Rahmen zu schaffen, um Investitionen zu fördern und zu schützen. Durch die Erweiterung der EU-Kompetenzen auf die Investitionsschutzpolitik mit dem Vertrag von Lissabon erwarb die Union die Gelegenheit, sich als globaler Wirtschaftsakteur im internationalen Investitionsschutzrecht aufzustellen.[1] Es folgte eine deutlich intensivere Einbindung der EU in das Welthandels- und Wirtschaftssystem. Es galt, ihre gemeinsame Handelspolitik an die Entwicklungen der internationalen Ebenen anzupassen.

Ab dem 1. Dezember 2009, dem Tag des Inkrafttretens des Vertrags von Lissabon, kamen auf die Union vor allem in diesem Bereich, neben neuen Kompetenzen, auch neue Verpflichtungen zu. Die Gemeinsame Handelspolitik ist in diesem Zusammenhang um die für diese Arbeit relevanten ausländischen Direktinvestitionen erweitert worden. Mit den ergänzten Ermächtigungen gingen nicht nur Chancen zur Gestaltung der Investitionspolitik, sondern auch viele Fragen und Unsicherheiten einher. Durch das Lissaboner Vertragswerk wurde einerseits die EU-Kompetenz auf ausländische Direktinvestitionen ausgedehnt, andererseits versäumten die Urheber die exakte Bestimmung der Reichweite dieser Kompetenz.

Im Jahr 2012 wurde die Verordnung zur Einführung einer Übergangsregelung für bilaterale Investitionsschutzabkommen zwischen den Mitgliedstaaten und Drittländern verabschiedet, die sich mit dem Status von bestehenden und künftigen BIT's aus der Perspektive der Unionskompetenz befasst. Die Verordnung

---

1 Vgl. *M. Bungenberg*, Die Kompetenzverteilung zwischen EU und Mitgliedstaaten „nach Lissabon“ in: ders./Griebel/Hindelang (Hrsg.), Internationaler Investitionsschutz und Europarecht, 2010, S. 85.

war ein bedeutender Schritt zur Beantwortung der Frage nach den Auswirkungen der Kompetenzübertragung auf mitgliedstaatliche Investitionsschutzabkommen.

Zwei Jahre später beschloss die Union die Verordnung über die finanzielle Verantwortung bei Investor-Staat-Streitigkeiten vor Schiedsgerichten. Sie soll die Haftung bei der Verletzung von Verpflichtungen aus EU-Investitionsschutzabkommen definieren. Ferner wurden einige finale Formulierungen der EU-Handelsabkommen mit Investitionsschutzkapitel vorgestellt.

Selbst sieben Jahre nach dem Inkrafttreten des Lissaboner Vertrages herrscht immer noch Uneinigkeit darüber, ob die neue Unionskompetenz allumfassend ist. Das zeigt sich vor allem in der rechtlichen aber auch politischen Debatte über die EU-Handelsabkommen mit Kanada und den USA.

Für eine erfolgreiche Wirtschaftspolitik ist es grundlegend, ein rechtlich fundiertes wie verbindliches Umfeld für Investoren zu schaffen. Dazu gehören in erster Linie klare Definitionen der Begrifflichkeiten, eine eindeutige Kompetenzverteilung innerhalb der EU, die Schaffung gleicher Marktzutrittsvoraussetzungen und ein einheitlicher Rechtsschutz. Ein besonderes Augenmerk ist auf die Zukunft bereits bestehender bilateraler Investitionsschutzabkommen der Mitgliedsstaaten (BIT's) und ihre Einordnung in das Unionsrecht zu richten. Für Form und Art neuer Abkommen durch die Union, ist die Zuständigkeitsabgrenzung zu ihren Mitgliedsstaaten maßgeblich. Die vorliegende Doktorarbeit untersucht die Kompetenzreichweite der EU und ihren Mitgliedsstaaten in Bezug auf ausländische Direktinvestitionen nach dem Inkrafttreten des Lissaboner Vertrags. Die nachfolgend genannten Aspekte werden dabei eingehend analysiert.

II. Forschungsstand

Die Aktualität der Thematik findet ihren Ausdruck darin, dass sich die Investitionsschutzpolitik der EU derzeit in einer dynamischen Phase befindet. Seit der Erlangung der Kompetenz für die gemeinsame Handelspolitik handelt die EU-Kommission umfangreiche Freihandelsabkommen mit verschiedenen Ländern aus. Diese komplexen Handelsabkommen beinhalten unter anderem den Investitionsschutz. Die Verhandlungen mit Kanada, Singapur und Vietnam wurden erfolgreich beendet und die finalen Abkommenstexte liegen vor. Die Übereinkünfte sind bisher noch nicht in Kraft getreten. Das Freihandelsabkommen mit den USA befindet sich noch in der Verhandlungsphase.

Nach dem Vertrag von Lissabon bedarf es einer weiteren Analyse, in welchem Umfang die EU eigenständig, ohne Beteiligung der Mitgliedstaaten, neue Investitionsschutzabkommen abschließen kann. Die Kompetenz der EU auf dem Sektor der Gemeinsamen Handels- und Investitionsschutzpolitik wurde bereits eingehend erörtert. Den aktuellen Stand dieser Debatte greifen in Deutschland unter anderem Autoren wie *Christian Tietje*, *Marc Bungenberg*, *Jörn Griebel* und *Steffen Hindelang* auf. Daneben wurden einige Doktorarbeiten zu diesem Thema veröffentlicht.[2] Ein Gesamtwerk auch im Hinblick auf die neuen Handelsabkommen zwischen der Union und den USA sowie Kanada wurde bis dato nicht erarbeitet.

Die Debatte zur Kompetenzfrage zum Abschluss internationaler Übereinkünfte mit Drittstaaten im Hinblick auf ausländische Direktinvestitionen unterliegt einer besonderen Aktualität und weist regelmäßig neue Entwicklungen auf, da sich auf diesem Feld noch viele offene Fragen stellen. Beispielsweise ist unklar, ob die EU diese Abkommen ohne die Mitwirkung der Mitgliedstaaten umsetzten kann, ob in diesen Übereinkünften die Aufnahme von Klauseln zum Investor-Staat-Schiedsverfahren möglich ist, ohne dass dabei die Unionsrechtsordnung beeinträchtigt wird oder wie die Haftung bei der Verletzung der Verpflichtungen aus diesen neuen Abkommen geregelt ist.

III. Ablauf der Untersuchung

Als vorrangige Zielsetzung dieser Promotionsarbeit sollen Inhalt und Reichweite der Kompetenz von EU und Mitgliedstaaten für ausländische Direktinvestitionen zum Zeitpunkt nach der Gültigkeit des Lissaboner Vertrags festgestellt werden. Die gewonnenen Erkenntnisse werden bei der Analyse der EU-Abkommen mit Kanada und den USA eingesetzt, um zu klären, ob es sich um „EU-*only*-Abkommen" handelt.

Die Dissertation ist in insgesamt sieben Kapitel aufgeteilt, die der nachfolgend dargestellten logischen Systematik folgen. Als Basis für eine fundierte Analyse werden nach der Einleitung im zweiten Kapitel zunächst die Grundlagen des Investitionsschutzes thematisiert. Dabei wird der Begriff der „ausländischen Direktinvestitionen" auf den Ebenen des Internationalen Investitionsschutzrechts, des WTO-Rechts, des Europarechts und in den bilateralen Investitionsschutzabkommen dargestellt.

Ein besonderes Augenmerk wird auf die von der EuGH-Rechtsprechung aufgestellten Kriterien zur Bestimmung des Begriffs „Direktinvestition" gelegt. Dabei wird das Verhältnis zwischen ausländischen Investitionen und der Kapital- und

---

2 Siehe z. B. *J. Ahner*, Investor-Staat-Schiedsverfahren nach Europäischem Unionsrecht, 2015; *S. L. Bings*, Neuordnung der Außenhandelskompetenzen der Europäischen Union durch den Reformvertrag von Lissabon, 2014; *R. Schmitt*, Die Kompetenzen der Europäischen Union für ausländische Investitionen in und aus Drittstaaten, 2013.

Niederlassungsfreiheit dargestellt. Mithilfe des vom EuGH ausgearbeiteten Kriteriums des „sicheren Einflusses“ findet eine Abgrenzung zwischen „ausländischen Direktinvestitionen“ und „Portfolioinvestitionen“ statt. Eine möglichst exakte Bestimmung der genannten Begrifflichkeiten ist zur Identifikation des Ausmaßes der EU-Kompetenz unabdingbar. Um die Erweiterung des Handlungsspielraums der EU nach dem Lissaboner Vertrag zu ergründen, werden die historische Entwicklung der Kompetenz der EU in der Handelspolitik sowie das Investitionsschutzrecht durchleuchtet. Dazu wird die Kompetenzentwicklung der EU vor und nach dem 1/94 Gutachten des EuGH und den Verträgen von Amsterdam, Nizza und dem Entwurf des Verfassungsvertrags näher betrachtet.

Im dritten Kapitel und gleichzeitig Hauptteil dieser Arbeit wird primär der Umfang der neuen Unionskompetenz für ausländische Direktinvestitionen untersucht. Dabei steht vor allem Art. 207 AEUV im Vordergrund. Ziel der Untersuchung ist die Beantwortung der Frage, ob die ausschließliche Kompetenz der Union allumfassend ist. Zur Feststellung möglicher Kompetenzbeschränkungen in Art. 207 Abs. 1 AEUV werden grammatikalische, systematische, teleologische und historische Auslegungsmethoden angewendet.

Weiterhin werden Art. 207 Abs. 6 AEUV und Art. 64 AEUV nach Regelungen überprüft, welche das Handeln der Union im Bereich der ausländischen Direktinvestitionen limitieren könnten. In Folge wird die problematische Interaktion des Art. 345 AEUV, welcher die für jeden Investitionsschutz- oder jedes Handelsabkommen relevante Eigentumsordnung regelt, im Zusammenhang mit der Zuständigkeit der Union bewertet. Sollte keine allumfassende Kompetenz nach Art. 207 Abs. 1 AEUV bestehen, werden weitere relevante Vorschriften des AEU-Vertrages betrachtet, die der Union womöglich eine ausdrückliche Kompetenz für ausländische Direktinvestitionen verleihen könnten.

Unter Berücksichtigung der Praxis des Europäischen Gerichtshofes und einer Analyse der Art. 216 Abs. 1 i.V.m. Art. 3 Abs. 2 AEUV werden die Vorschriften des AEU-Vertrages herangezogen, um das Vorhandensein von impliziten Kompetenzen sowohl für ausländische Direkt- als auch Portfolioinvestitionen zu prüfen und ihre mögliche Natur zu identifizieren. Kapitel 3 stellt außerdem Überlegungen zu Optionen und Lösungen der Streitbeilegung in den EU-Investitionsschutzabkommen an und hinterfragt das momentan bestehende *ad hoc* Investor-Staat-Schiedsverfahren. Dabei werden die Vor- und Nachteile des ICSID-Schiedsverfahrens und die Möglichkeit der EU als Partei aufzutreten dargestellt.

Weiterhin wird die Aufnahme von Schiedsklauseln in künftigen Investitionsschutzabkommen durch die EU und eine auf diese Weise potenziell stattfindende

Beeinträchtigung der Unionsrechtsordnung untersucht. Es sollen die Hintergründe der Haftungsverteilung sowie darin versteckte Problematiken zum Vorschein gebracht und die Notwendigkeit von gemischten Abkommen konstatiert werden.

Im vierten Kapitel werden die Vorschriften des Investitionsschutzes der neuen Handelsabkommen der Union mit den USA und Kanada genauer untersucht. Dabei werden beide Abkommen einem detaillierten und kritischen Blick unterzogen, insbesondere hinsichtlich des Investitions- und Investorbegriffs, der Marktzugangsvorschriften, der Nichtdiskriminierung, der enthaltenen Behandlungsstandards sowie des Investor-Staat-Schiedsverfahrens.

Ein spezieller Fokus liegt auf den Bestimmungen zum Investor-Staat-Schiedsverfahren. Die Regelungen zur Transparenz in Schiedsverfahren, zur Unabhängigkeit von Schiedsrichtern und über den Verfahrensablauf werden näher betrachtet. In die Analyse werden auch die in beiden Abkommen geplanten ständigen Investitionsgerichte mit Berufungsinstanz einbezogen.

Abschließend werden mögliche Verbesserungsvorschläge für beide Abkommen vorgestellt und der Bezug zur aktuellen Handlungspraxis der EU aufgezeigt. Der Umfang der Unionskompetenz im Rahmen beider Übereinkünfte und die daraus resultierende Umsetzung als „EU-*only*-Abkommen" oder in Kooperation mit den Mitgliedstaaten werden geklärt.

Das fünfte Kapitel behandelt die Folgen der Kompetenzübertragung für die Mitgliedstaaten und ihre bilateralen Investitionsschutzabkommen. Die Zukunft der mitgliedstaatlichen BIT's wird aus völker- und europarechtlicher Sicht erläutert und es werden die von den Mitgliedstaaten zu unternehmenden Schritte aufgezeigt, um ihre Abkommen mit Drittstaaten gegebenenfalls aufrechtzuerhalten oder neu abschließen zu können. Ebenfalls fließen die diesbezüglichen Auffassungen des Europäischen Gerichtshofes und des Bundesverfassungsgerichts in das Kapitel ein. Die Reichweite des Art. 207 AEUV sowie die Mitgliedschaft der EU-Staaten in der WTO werden erläutert. Da der Schwerpunkt dieser Arbeit nicht auf letztgenanntem Punkt liegt, wird dieser lediglich exkursartig behandelt.

Zur Klärung der Kompetenzübertragung und ihrer Folgen wird parallel die Verordnung zur Einführung einer Übergangsregelung für bilaterale Investitionsschutzabkommen zwischen den Mitgliedstaaten und Drittländern analysiert. Zum Schluss wird die Konsequenz des Zuständigkeitsübergangs für die Abkommen zwischen den Mitgliedstaaten (sog. Intra-EU-BIT's) gezogen. Diese wissenschaftliche Ausarbeitung konzentriert sich auf ausländischen Direktinvestitionen, daher wird dieser Teil des fünften Kapitels nur am Rande ausgeführt.

Im sechsten Kapitel finden sich Überlegungen, wie und in welchen Formen sich die neue Unions-Kompetenz künftig manifestiert. Dabei werden Indizien ermittelt, die vermuten lassen, welche Richtung die Union zur Gestaltung der gemeinsamen Handelspolitik und des Investitionsschutzes anstrebt.

In einem letzten Teil werden die gewonnenen Ergebnisse zusammengefasst dargestellt.

B. Grundlagen

I. Investitionsbegriff

Der Begriff der „Investition" wird im Völkerrecht auf verschiedene Weise interpretiert. Trotz vieler Diskussionen gibt es keine international verbindliche Definition von ausländischen Direktinvestitionen.[3] Die Bestimmung des Investitionsbegriffs ist aber keine rein formale Frage.[4] Ihre Beantwortung dient als Schlüssel für die gesamte Investitionsschiedsgerichtsbarkeit.[5] Der Rechtsbegriff beinhaltet eine eindeutige Aussage darüber, was unter seinen Regelungsbereich fällt.[6]

Mit der Bestimmung des Investitionsbegriffes entscheidet sich die Reichweite des Investitionsschutzes, der Schutz der Eigentumsarten, die Jurisdiktion und die Reichweite der Kompetenzfragen der Europäischen Union und ihrer Mitgliedstaaten. Auch wenn es an einer einheitlichen Investitionsauslegung mangelt, lassen sich einige allgemein anerkannte Merkmale zu ihrer Bestimmung heranziehen. Darunter fallen nicht nur verschiedene Arten des nationalen und internationalen Kapitalverkehrs, sondern auch Formen der Niederlassung.[7] Inhalt des Kapitaltransfers sind regelmäßig auch die Übertragung von Technologie, Know-how und Managementwissen.[8] Als Formen der Niederlassung kommen die Aufnahme und Ausübung selbstständiger Erwerbstätigkeit, die Gründung und Leitung von Unternehmen und der Erwerb einer Beteiligung an einem bestehenden Unternehmen in Betracht.[9]

---

3 Vgl. *F. Panetta,* Ausländische Direktinvestitionen und Welthandelsordnung, 2003, S. 3; *S. Wolf,* Welthandelsrechtliche Rahmenbedingungen für die Liberalisierung ausländischer Direktinvestitionen-Multilaterale Investitionsverhandlungen oder Rückbesinnung auf bestehende Investitionsregelungen im Rahmen der WTO?, in: Tietje/Kraft/Sethe (Hrsg.), Beiträge zum Transnationalen Wirtschaftsrecht, 2006, S. 12.

4 Vgl. *M. Efler,* Internationale Investitionsabkommen, 2007, S. 176.

5 Vgl. *P. Nacimiento,* Streitbeilegung nach Maßgabe der ICSID-Regeln in: Ehlers/Wolfgang/Schröder (Hrsg.), Rechtsfragen internationaler Investitionen, 2009, S. 175.

6 Vgl. *J.-F. Belling,* Die Jurisdiktion *rationae materiae* der ICSID-Schiedsgerichte unter besonderer Berücksichtigung des Investitionsbegriffes des Weltbankübereinkommens vom 18.03.1965, 2008, S. 180.

7 Vgl. *K. Sidhu,* Die Regelung von Direktinvestitionen in der WTO, Das TRIMs-Abkommen und das GATs, 2004, S. 27; *R. Scheibach,* Importrelevante Investitionsauflagen und das GATT, 1992, S. 9.

8 Vgl. *Scheibach,* ebd., S. 9.

9 EuGH, Rs. C-251/98 (*C. Baars v. Inspecteur der Belastingen Particulieren/Ondernemingen Gorinchem*), Urteil vom 13.04.2000, Slg. 2000, I-2805, Rn. 22.

In den neueren bilateralen Investitionsschutzverträgen (BIT's) wird der Begriff der „Investition" großzügig ausgelegt. In der bisherigen EuGH-Praxis zeichnet sich hingegen eine engere Definition des Investitionsbegriffes ab. In der Rechtssache *Winfried L. Holböck gegen Finanzamt Salzburg-Land* unterstrich der EuGH, dass „[sich] der Begriff der Direktinvestitionen auf Investitionen jeder Art durch natürliche oder juristische Personen zur Schaffung oder Aufrechterhaltung dauerhafter und direkter Beziehungen zwischen denjenigen, die die Mittel bereitstellen, und den Unternehmen, für die die Mittel zum Zwecke einer wirtschaftlichen Tätigkeit bestimmt sind, bezieht."[10]

Auch in der Praxis des ICSID-Tribunals wird die Definition des Investitionsbegriffes deutlich eingegrenzter verstanden als in der überwiegenden Anzahl der BIT's. In der ICSID-Schiedspraxis haben sich die Kriterien des sog. „Salini-Tests" durchgesetzt.[11]

Bevor die Reichweite der Unionskompetenz für ausländische Direktinvestitionen bestimmt werden kann, ist zu klären, wie sich der Investitionsbegriff auf den verschiedenen Ebenen darstellt.

1. Direktinvestitionen

a. Investitionsbegriff nach der ICSID-Konvention

Die ICSID-Konvention enthält keine Definition des Investitionsbegriffes. Der Grund liegt darin, dass sich im Rahmen der Entstehung der Konvention im Jahr 1966 die Vertreter der verschiedenen Positionen nicht einigen konnten. Es lag nicht im Interesse von Ländern wie den USA, Deutschland, Großbritannien und Japan, die beim Kapital-Export an der Spitze standen, eine verbindliche Festlegung des Investitionsbegriffes zu treffen. Andere Länder hingegen sprachen sich für eine klare Begrenzung des Investitionsbegriffes aus.[12] Grundsätzlich lag die allgemeine Einschätzung vor, dass das Vorliegen einer Investition im Einzelfall bestimmt werden könne. Allerdings fehlten in Grenzfällen, wegen des Mangels an einer konkreten Definition, die Anhaltspunkte für die Bewertung, ob ein konkreter Streitgegenstand noch innerhalb oder schon außerhalb der Grenzen des Begriffes

---

10 EuGH, Rs. C-157/05 (*Winfried L. Holböck v. Finanzamt Salzburg-Land*), Urteil vom 24.05.2007, Slg. 2007, I-4051, Rn. 34; siehe auch EuGH, Rs. C-446/04 (*Test Claimants in the FII Group Litigation v. Commissioners of Inland Revenue*), Urteil vom 12.12.2006, Slg. 2006, I-11753, Rn. 181.

11 Vgl. *Nacimiento* (Fn. 5), S. 176.

12 Vgl. *S. L. E. Johannsen*, Der Investitionsbegriff nach Art. 25 Abs. 1 der ICSID-Konvention, 2009, S. 5 f.

lag.[13] So sind beispielsweise die *commercial transactions* aus der Zuständigkeit der ICSID-Konvention ausgeschlossen. Für eine genaue Abgrenzung zwischen einer Investition und einem reinen Handelsgeschäft sind festgeschriebene Kriterien unabdingbar. Das Fehlen der Investitionserläuterung führte zur Diskussion, wie die Schiedsgerichte den Begriff auslegen sollen. Für diese Auslegung ist der am Willen der Parteien orientierte subjektive/personenbezogene Ansatz oder der am Vertragstext angelehnte objektive/sachbezogene Ansatz ausschlaggebend.[14]

aa. Subjektive Auslegung des Investitionsbegriffes

Bei der subjektiven Auslegung des Investitionsbegriffes ist der Wille der Parteien im betroffenen BIT relevant. Dabei ist es den Vertragsparteien selbst überlassen, den Begriff der Investition näher zu definieren.[15] Das Schiedsgericht zieht bei einer Streitigkeit die auf dem BIT basierende Investitionsdeutung heran.[16] Um einen umfangreichen Schutz für Investoren zu gewähren, sorgt dies in den BIT's, MIT's oder Investitionsgesetzen für eine weite Ausdehnung der Begrifflichkeit.

Wenn man der Theorie der subjektiven Auslegung folgt, so würde *ratione materiae* des Art. 25 Abs. 1 der ICSID-Konvention im Hinblick auf den Investitionsbegriff allein davon abhängen, ob das jeweilige Handeln des Investors unter den Investitionsbegriff, der im BIT oder MIT definiert ist, fällt.[17] Die subjektive Bestimmung des Investitionsbegriffes kann damit begründet werden, dass jeder Vertragsstaat selbst bestimmen kann, welche Arten von Streitigkeiten er in die Zuständigkeit des ICSID-Schiedsgerichts übergibt.[18] Für eine subjektive Auslegung des Investitionsbegriffes spricht das Argument, dass aus Sicht des Gaststaates die bloßen Dienst- oder Lieferleistungen von ausländischen Auftragnehmern als eine wichtige Investition für die wirtschaftliche Entwicklung des Landes erscheinen könnten, obwohl das Projekt allein genommen nicht als eine Investition anzusehen ist.[19] Auf der anderen Seite könnte man im Einzelfall ohne die ökonomische

13 Vgl. *J. Pirrung*, Die Schiedsgerichtsbarkeit nach dem Weltbankübereinkommen für Investitionsstreitigkeiten, 1972, S. 56.

14 Vgl. *Belling* (Fn. 6), S. 180 f.; *W. Heintschel von Heinegg*, in: Ipsen (Hrsg.), Völkerrecht, 5. Aufl. 2004, S. 139, Rn. 4.

15 Vgl. *Belling* (Fn. 6), S. 196; *P. Schlosser*, Das Recht der internationalen privaten Schiedsgerichtsbarkeit, 2. Aufl. 1989, S. 6.

16 Vgl. *Johannsen* (Fn. 12), S. 8.

17 Vgl. *M. Besch*, Schutz von Auslandsinvestitionen – Risikovorsorge durch Investitionsverträge, 2009, S. 54 f.

18 Vgl. *Belling* (Fn. 6), S. 196.

19 *Belling*, ebd., S. 201.

Beurteilung des ICSID-Schiedsgerichts nicht sicherstellen, dass ein solches Projekt einen positiven Beitrag zur Entwicklung des Gaststaates geleistet hat.

Die rein subjektive Auslegung des Investitionsbegriffes offenbart auch Schwachstellen. Wenn die Parteien tatsächlich den großen Spielraum besäßen unter eine Investition jede Transaktion und jedes Handeln des Investors zu fassen, wäre die in Art. 25 Abs. 1 der ICSID-Konvention vorgesehene Jurisdiktion des Schiedsgerichts bedeutungslos. Sollten sich die Beteiligten für ein ICSID-Schiedsverfahren entscheiden, müssen sie außerdem gemäß Art. 2 Abs. 1 (e) der *ICSID Institution Rules* nachweisen, dass es sich in ihrem Fall um eine Investitionsstreitigkeit handelt.[20] Diese Vorschrift ermöglicht die Prüfung des Streitgegenstandes durch das Schiedsgericht.[21] Aus diesem Grund ist eine rein subjektive Auslegung des Investitionsbegriffes für eine einheitliche Begriffsbestimmung nicht geeignet.

bb. Objektive Auslegung des Investitionsbegriffes in Art. 25 Abs. 1 der ICSID-Konvention

Eine objektive Auslegung des Investitionsbegriffes bedeutet, dass der Begriff ohne Rücksicht auf die Verfügung der Parteien zu interpretieren ist. Damit findet keine individuell subjektive Wortdeutung durch die Beteiligten statt.[22] Um eine Investition objektiv festlegen zu können, sind die historischen Aspekte und der Wille der Verfasser der ICSID-Konvention näher zu erläutern. Der Investitionsbegriff wird dabei im Rahmen der Aufgaben und des Zwecks der Weltbank interpretiert.[23] Deswegen ist an dieser Stelle auch entwicklungspolitischen Zielen Beachtung zu schenken.[24] Die objektive Auslegung soll die Staaten vor dem Willen der Investoren schützen, alle Rechtsstreitigkeiten vor einem ICSID-Verfahren auszutragen. Weiterhin dient sie dazu eine Definitionsgrenze für den Investitionsbegriff zu finden, um diejenigen Transaktionen vom ICSID-Verfahren auszuschließen, die diese Grenze deutlich überschreiten.[25]

Die objektive Investitionsklärung wird in zwei aus der ICSID-Schiedsgerichtspraxis entwickelte Varianten untergliedert.

---

20 Vgl. *Besch* (Fn. 17), S. 55.

21 Vgl. *Belling* (Fn. 6), S. 205.

22 Vgl. *Johannsen* (Fn. 12), S. 9.

23 Vgl. *Pirrung* (Fn. 13), S. 60.

24 Vgl. *A. Escher*, Investitionsschiedsverfahren, in: Tietje (Hrsg.), International Investment, Protection and Arbitration, 2008, S. 39.

25 Vgl. *Belling* (Fn. 6), S. 203.

i. Die objektiv-subjektive Auslegung des Investitionsbegriffes in Art. 25 Abs. 1 der ICSID-Konvention

Reichen die Vereinbarungen der Parteien weiter als die objektiven, in Art. 25 Abs. 1 der ICSID-Konvention genannten Grenzen des Investitionsbegriffes, finden diese keine Berücksichtigung. Dies bedeutet, dass die Schiedsgerichte zur Auslegung sowohl den Willen der Parteien, als auch den Wortlaut und die Grenzen des Artikels 25 Abs. 1 der ICSID-Konvention zugrunde legen.[26]

Bei der objektiv-subjektiven Interpretation des Investitionsbegriffes wird der sog. „*double-barrelled test*"[27] durchgeführt. Dabei wird zuerst geprüft, ob die Vereinbarung zwischen den Parteien eine Investition betrifft, die im BIT der Parteien definiert ist. Hier findet die subjektive Auslegung des Begriffes statt. Im Anschluss wird festgestellt, ob das objektive Kriterium einer Investition im Sinne von Art. 25 Abs. 1 der ICSID-Konvention erfüllt ist. Wenn beim „*double-barrelled test*" die Definition der Investition der Vereinbarung zwischen den Parteien entspricht, aber die objektiven Kriterien einer Investition im Sinne von Art. 25 Abs. 1 der ICSID-Konvention nicht erfüllt sind, kann das Schiedsgericht das Bestehen der Jurisdiktion verneinen. Dass die Vereinbarung als eine Investition im Sinne des BIT's der Parteien zu verstehen ist, bleibt für dieses Szenario unerheblich.[28]

ii. Die Auslegung des Investitionsbegriffes durch den sog. „*Salini-Test*"

Die zweite Untergliederung der objektiven Auslegung des Investitionsbegriffes ist im sog. „*Salini-Test*" abgebildet. Dieser wurde in der Entscheidung *Salini Costruttori S.p.A. v. Marocco*[29] entwickelt. Der „*Salini-Test*" enthält vier objektive Kriterien, anhand derer der Investitionsbegriff klar erfasst werden kann.[30] Diese nachfolgend aufgezählten Merkmale müssen ausnahmslos gegeben sein, damit das Bestehen einer Investition bejaht werden kann.

---

26 Vgl. *Johannsen* (Fn. 12), S. 11.

27 *Malaysian Historical Salvors, SDN, BHD v. Malaysia*, ICSID Case No. ARB/05/10, 17.05.2007, Rn. 55; *Ceskoslovenska obchodni banka, a.s. v Slovak Republic*, ICSID Case No. ARB/97/4, 24.05.1997, Rn. 68; *Joy Mining Machinery Limited v Arab Republic of Egypt*, ICSID Case No. ARB/03/11, 06.08.2004, Rn. 50.

28 *Malaysian Historical Salvors, SDN, BHD v. Malaysia*, ICSID Case No. ARB/05/10, 17.05.2007, Rn. 55; 148.

29 *Salini Costruttori S.p.A. and Italstrade S.p.A. v. Marocco*, ICSID Case No. ARB/00/4, 23.07.2001, Rn. 43–58.

30 Vgl. *Johannsen* (Fn. 12), S. 13 f.

1. Der Investor erbringt eigene Leistungen („*contributions*“). Diese Leistungen können in verschiedenen Formen vorliegen, wie z. B. durch das Bereitstellen notwendiger Ausrüstung, qualifiziertem Personal und Sachmitteln, die Finanzierung der Ausführung von Arbeiten, der Zahlung von Arbeitsgehältern, Vorfinanzierungen, Bankgarantien oder das Zurverfügungstellen von notwendigem *Know-How*.[31] Hierbei spielt es keine Rolle, ob das Kapital aus dem Heimatstaat des Investors oder aus dem Gaststaat stammt.[32] Maßgeblich ist dagegen, dass die Leistungen des Investors zugunsten eines im Gaststaat realisierten Projekts erfolgen.[33]

Dieses Kriterium schließt den Großteil der Portfolioinvestitionen von der Jurisdiktion der ICSID-Schiedsgerichte aus, da bei diesen weder Sachmittel noch *Know-How* zur Verfügung gestellt werden.[34] Zwar stellt ein Investor bei einer Portfolioinvestition auch das Kapital im Gastland zur Verfügung, er leistet damit jedoch keinen gleichwertigen entwicklungspolitischen Beitrag.

2. Der Investor geht ein Risiko ein. Nach den bisherigen Entscheidungen sind folgende Sachverhalte als Risikoübernahme anzusehen: das Vorrecht einer vorzeitigen Vertragsbeendigung seitens des Gaststaates, die Möglichkeit der Anordnung einer Vertragsänderung gegenüber dem Investor, das durch einen potenziellen Anstieg der Lohnkosten im Falle von Gesetzesänderungen verursachte Risiko erhöhter Kosten, Unfälle bzw. Schäden am Eigentum während der Ausführung der Arbeiten und Risiken im Zusammenhang mit Koordinierungsproblemen, welche aus der simultanen Realisierung weiterer Projekte stammen. Unvorhersehbare Zwischenfälle, wie *force majore*, zählen ebenfalls zu den Investoren-Risiken. Zuletzt ist auch der Kompensationsverzicht bei Schwankungen des Arbeitsaufwandes um mehr oder weniger als 20 % vom vertraglich vereinbarten Gesamtvertragspreis als eine anerkannte Gefahr angesehen worden.[35] Im Fall *Salini Costruttori S.p.A. v. Marocco* verneinte das ICSID-Schiedsgericht die Erheblichkeit der Frage, ob sich das Risiko des Investors aus der Vergütung des Auftragnehmers ergibt.[36] Dabei ist zwischen Preis und Profit zu unterscheiden. In solchen Szenarien, bei

---

31 *Salini Costruttori S.p.A. and Italstrade S.p.A. v. Marocco*, ICSID Case No. ARB/00/4, 23.07.2001, Rn. 53.

32 *Saipem S.p.A. v. People's Republic of Bangladesh*, ICSID Case No. ARB/05/7, 21.03.2007, Rn. 106.

33 *L.E.S.I. S.p.A. et ASTALDI S.p.A. v. People's Democratic Republic of Algeria*, ICSID Case No. ARB/05/3, 12.07.2006, Rn. 14 (i).

34 Vgl. *Johannsen* (Fn. 12), S. 18.

35 *Salini Costruttori S.p.A. and Italstrade S.p.A. v. Marocco*, ICSID Case No. ARB/00/4, 23.07.2001, Rn. 55.

36 Ebd., Rn. 56.

denen die Einlage von Kapital lediglich eine zweitrangige Bedeutung hat, liegt die Abgrenzung in der gemeinsamen Aufteilung der Verantwortung und des Gewinns bzw. Verlusts zwischen Investor und Gaststaat.[37]

Das Risikokriterium dient der Unterscheidung zwischen Investitions- und Handelsvertrag. Deswegen sollen typische Geschäftsrisiken, wie beispielsweise die mögliche Nichtigkeit eines Vertrages aufgrund Anfechtung, ebenso wie seine Aufhebung durch Kündigung oder seine Veränderungen durch Mängelrügen, nicht als Risiken im Zusammenhang mit Investitionsprojekten angesehen werden.[38] Allerdings gab das Schiedsgericht in der Entscheidung *Malaysian Historical Salvors, SDN, BHD v. Malaysia* zu Protokoll, dass auch gewöhnliche kommerzielle Risiken als Risiko in quantitativer, nicht aber in qualitativer Hinsicht zu betrachten sind.[39]

3. Die Investition muss für eine gewisse zeitliche Dauer bestimmt sein. In seinem Urteil *Salini Costruttori S.p.A. v. Marocco* hat das Schiedsgericht die Mindestdauer einer Investition auf zwei bis fünf Jahre bestimmt.[40] Dabei werden auch die Zeiten berücksichtigt, in denen der Projektprozess ruht, da bei einem Stillstand die Risiken des Investors faktisch sogar steigen.[41] Eine Investition beginnt mit der Unterzeichnung und endet mit der Vertragserfüllung.[42] Bei der Anwendung dieses Kriteriums spielen sowohl quantitative als auch qualitative Merkmale eine Rolle. Selbst wenn für ein Projekt weniger als zwei Jahre benötigt werden, steht dies einer Anerkennung als Investition nicht zwingend entgegen. Je länger aber sich ein Projekt hinzieht, desto größer wird gleichzeitig sein wirtschaftlicher Beitrag. Das Kriterium des Beitrags zur wirtschaftlichen Entwicklung des Gaststaates ist immer von Relevanz. Wenn die Investition die vorgeschriebene Dauer einhält, aber keine Förderung zum ökonomischen Fortschritt des Gaststaates nach sich zieht, gilt das Kriterium der Dauer aus qualitativer Hinsicht als nicht erfüllt.[43]

---

37 Vgl. *Belling* (Fn. 6), S. 270.

38 Vgl. *Johannsen* (Fn. 12), S. 17.

39 *Malaysian Historical Salvors, SDN, BHD v. Malaysia*, ICSID Case No. ARB/05/10, 17.05.2007, Rn. 112.

40 *Salini Costruttori S.p.A. and Italstrade S.p.A. v. Marocco*, ICSID Case No. ARB/00/4, 23.07.2001, Rn. 54; *Malaysian Historical Salvors, SDN, BHD v. Malaysia*, ICSID Case No. ARB/05/10, 17.05.2007, Rn. 110.

41 *Saipem S.p.A. v. The People's Republic of Bangladesh*, ICSID Case No. ARB/05/07, 21.03.2007, Rn. 102.

42 *Jan de Nul N.V. Dredging International N.V. v. Arab Republic of Egypt*, ICSID Case No. ARB/04/13, 16.06.2006, Rn. 94.

43 *Malaysian Historical Salvors, SDN, BHD v. Malaysia*, ICSID Case No. ARB/05/10, 17.05.2007, Rn. 110, 111.

4. Der Investor muss mit seiner Investition einen Beitrag zur wirtschaftlichen Entwicklung des Gaststaates leisten. Jeder Vertrag muss die Entwicklung des Staates, in dem das Projekt realisiert wird, fördern.[44] Dies ergibt sich unmittelbar aus der Präambel der ICSID-Konvention. Dies führt aber nicht automatisch zur Einstufung des Vertrags als Investition im Sinne des Art. 25 Abs. 1 der ICSID-Konvention. Vielmehr muss sich ein positiver Einfluss auf die wirtschaftliche Entwicklung des Gaststaates einstellen.[45] Politische oder kulturelle Vorteile fließen in die Bewertung also nicht ein, es sei denn, sie sind auch von wirtschaftlicher Bedeutung.[46] Eine positive Prüfung setzt außerdem voraus, dass der geleistete Beitrag dem öffentlichen Interesse dient.[47]

Generell wird das Kriterium des Beitrags zur wirtschaftlichen Entwicklung des Gaststaates nicht unkritisch gesehen, da die Schiedsrichter regelmäßig Juristen sind, bei denen wirtschaftliche Fachkompetenz nicht unbedingt vorausgesetzt werden kann. Konsequentermaßen müssten sie also in nahezu jedem Fall ein Gutachten über die wirtschaftlichen Auswirkungen einer Investition einholen. Diese Vorgehensweise erscheint irrational.[48] So hat das ICSID-Schiedsgericht dieses Kriterium in der Entscheidung *L.E.S.I. S.p.A. et ASTALDI S.p.A.v. People's Democratic Republic of Algeria* gar nicht berücksichtigt und nur die Maßstäbe der zeitlichen Dauer, des Risikos und der Leistungen des Investors angelegt.[49] In nachfolgenden Entscheidungen wurde dagegen das Kriterium der Förderung der wirtschaftlichen Entwicklung des Gaststaates jedoch geprüft.

In diesem Zusammenhang ist nicht klar ersichtlich, ob die Förderung im Gaststaat erheblich sein muss. In Fällen wie *Bayindir v. Pakistan, Joy Mining v. Arab Republic of Egypt* wurde das Vorliegen einer Erheblichkeit gefordert.[50] Im Urteil *Malaysian Historical Salvors, SDN, BHD v. Malaysia* wurde dagegen festgestellt,

---

44 Ebd., Rn. 125.

45 Ebd.

46 *Malaysian Historical Salvors, SDN, BHD v. Malaysia*, ICSID Case No. ARB/05/10, 17.05.2007, Rn. 138.

47 *Salini Costruttori S.p.A. and Italstrade S.p.A. v. Marocco*, ICSID Case No. ARB/00/4, 23.07.2001, Rn. 57.

48 Vgl. *Johannsen* (Fn. 12), S. 20.

49 *L.E.S.I. S.p.A. et ASTALDI S.p.A.v. People's Democratic Republic of Algeria*, ICSID Case No. ARB/05/3, 12.07.2006, Rn. 72.

50 *Bayindir Insaat Turizm Ticaret Ve Sanayi A.S. v. Islamic Republic of Pakistan*, ICSID Case No. ARB/03/29, 14.11.2005, Rn. 137; Joy *Mining Machinery Limited v. Arab Republic of Egypt*, ICSID Case No. ARB/03/11, 06.08.2004, Rn. 53.

dass der Beitrag nur dann wesentlich sein muss, wenn die anderen drei Kriterien nicht ausreichend erfüllt seien.[51]

b. Der Investitionsbegriff nach dem WTO-Recht

Seit der Gründung der WTO wird versucht, ein multilaterales Investitionsabkommen auszuhandeln.[52] Auch nach der 8. Ministerkonferenz der WTO in Genf, die vom 15.12.–17.12.2011 stattfand, konnte keine Einigung über ein multilaterales Investitionsabkommen erzielt werden. Trotz des Fehlens eines multilateralen Investitionsabkommens enthalten mehrere WTO-Abkommen direkte oder indirekte Bestimmungen über Direktinvestitionen.[53]

aa. Das GATT-Abkommen

Das wichtigste WTO-Abkommen namens GATT beinhaltet keine unmittelbar investitionsrelevanten Formulierungen.[54] Die Bestimmungen, welche unmittelbar Investitionen betreffen, befinden sich lediglich im multilateralen Subventionskodex (*Agreement on Subsidies and Countervailing Measures* (ASCM)) sowie im Plurilateralen Kodex für das öffentliche Beschaffungswesen (*Plurilateral Agreement on Government Procurement*). Eine Klärung des Investitionsbegriffs erfolgt in beiden Abkommen nicht. Das ASCM-Abkommen definiert Subventionen, die zudem für verschiedene Investitionsanreize, die einem Investor gewährt werden, relevant sind. Da allerdings der Anwendungsbereich des Subventionskodex auf den Handel mit Waren begrenzt ist, ist das ASCM-Abkommen auf dem Gebiet der Investitionsanreize nur sehr begrenzt anwendbar. Der Plurilaterale Kodex für das öffentliche Beschaffungswesen (*Plurilateral Agreement on Government Procurement*) ist in dem Sinne von investitionspolitischer Bedeutung, als er in Art. III Abs. 2 (a), (b) eine dem Inländerprinzip entsprechende Behandlung ausländischer Produkte und ausländischer Investoren vorschreibt und dem ausländischen Investor ein eigenständiges Recht zugesteht.[55]

51 *Malaysian Historical Salvors, SDN, BHD v. Malaysia*, ICSID Case No. ARB/05/10, 17.05.2007, Rn. 124.

52 Vgl. *Efler* (Fn. 4), S. 149.

53 *Efler*, ebd., S. 151.

54 Vgl. *Wolf* (Fn. 3), S. 16; *Panetta* (Fn. 3), S. 115.

55 Vgl. *Panetta*, ebd., S. 118.

bb. Das TRIPS-Abkommen

Von Bedeutung für die Investitionspolitik könnte auch das sogenannte TRIPS-Abkommen sein. Obwohl das Abkommen keine unmittelbaren Regelungen über ausländische Direktinvestitionen umfasst, beinhaltet es Maßgaben zum geistigen Eigentum, das eine wichtige Komponente der ausländischen Direktinvestitionen darstellt. Diese Folgerung lässt sich aus den Zielen des TRIPS-Abkommens ableiten.

Gemäß Art. 7 sollen der Schutz und die Durchsetzung des geistigen Eigentums zu einer Erhöhung der globalen Innovationsrate und zur Förderung der grenzüberschreitenden Diffusion von Technologie und Wissen beitragen. Der Handel von Auslandsunternehmen ist oft mit einem substantiellen Technologietransfer des Investors verbunden, der den Schutz geistigen Eigentums im Gastland erfordert.[56] Da sich die investitionspolitische Relevanz des TRIPS-Abkommens hierauf beschränkt und ausländische Direktinvestitionen nicht weiter beschrieben werden, wird in der vorliegenden Arbeit auf eine nähere Prüfung dieses Abkommens verzichtet.

cc. Das TRIMs-Abkommen

Das TRIMs-Abkommen regelt die Anwendung von handelsbezogenen Investitionsmaßnahmen und bildet das erste rechtsverbindliche Abkommen der WTO, dessen Schwerpunkt auf der Regelung von Direktinvestitionen liegt.[57] Das TRIMs-Abkommen betrifft mit der Aufzählung von einigen verbotenen handelsspezifischen Investitionsmaßnahmen nur einen Teil der ausländischen Direktinvestitionen. Die Übereinkunft nennt den Begriff der handelsbezogenen Investitionen nicht. In Art. 1 finden lediglich handelsbezogene Investitionsmaßnahmen Erwähnung. Damit sind von diesem Abkommen nur den Warenhandel betreffende Investitionsmaßnahmen erfasst.

In einer gemeinsamen Studie des WTO- und UNCTAD-Sekretariats werden Investitionsmaßnahmen als Maßnahmen gedeutet, die den Zutritt und Arbeitsgang von Investoren beeinflussen. Dabei können die Maßnahmen unterschieden werden in Maßnahmen, welche die Zulassung und Niederlassung betreffen, Maßnahmen bezüglich des Eigentums und der Kontrolle, weitere Maßnahmen im Zusammenhang mit Operationen und Anreizen sowie handelsbezogene Investitionsmaßnahmen.[58]

---

56 Vgl. *Sidhu* (Fn. 7), S. 95.

57 *Sidhu*, ebd., S. 97.

58 WTO, Trade-Related Investment Measures and Other Performance Requirements, WTO Doc. G/C/W/307, 01.10.2001.

Handelsbezogenen Investitionsmaßnahmen werden in einer „nicht erschöpfende[n] Liste" („*illustrative TRIMs*") beschrieben, welche gegen das Prinzip der Inländerbehandlung nach Art. 3 Abs. 4 GATT und die Verpflichtung zur Beseitigung mengenmäßiger Beschränkungen nach Art. 11 Abs. 1 GATT verstößt.[59] Unter „*illustrative TRIMs*" fallen folgende Beschränkungen: Mindestinlandsauflagen (*local content requirements*) und Handelsbilanzauflagen (*trade-balancing requirements*), die den Kauf bereits eingeführter Produkte auf einen Umfang beschränken, der vom Export abhängt, Produktionsauflagen (*manufacturing limitations*), Zahlungsbilanzauflagen (*foreign exchange balancing requirements),* Devisenbeschränkungen (*exchange restrictions*), Exportauflagen (*export performance requirements*), Vertriebsauflagen (*product mandating requirement*), Auflagen im Inlandsverkauf (*domestic sales requirements*), Exportbeschränkungen (*export limitations*), Technologietransferauflagen (*technology transfer requirements*), Lizenzierungsauflagen (*licensing requirements*), Auflagen zur Beschränkung des Gewinntransfers *(remmittance restrictions*), Beteiligungsauflagen (*local equity requirements*) sowie Beschäftigungsauflagen (*local labor requirements*).[60]

Der Anwendungsbereich in Art. 1 des TRIMs-Abkommens ist nicht positiv formuliert, sondern wird auf die Weise eingegrenzt, dass ausschließlich Investitionsmaßnahmen aufgelistet werden, die sich negativ auf den Handel mit Waren auswirken und zu Verzerrungen oder Beschränkungen führen können.[61] Dies führt zu der Schlussfolgerung, dass die Vorschriften des TRIMs-Abkommens nicht für Investitionsmaßnahmen im Übrigen, insbesondere für den Dienstleistungshandel, gelten.[62]

Im „*Indonesischen Auto Fall*" unternahm das Panel vergeblich den Versuch, den Begriff der „Investitionsmaßnahme" zu definieren.[63] Dennoch ist davon auszugehen, dass eine Maßnahme immer dann als handelsbezogene Investitionsmaßnahme anzusehen ist, wenn sie Auswirkungen auf die Investitionstätigkeit

59 Vgl. *Efler* (Fn. 4), S. 159.

60 WTO, Trade-Related Investment Measures and Other Performance Requirements, WTO Doc. G/C/W/307, 01.10.2001.

61 Vgl. *Wolf* (Fn. 3), S. 19; *M. Wilhelm,* Auswirkungen handelsrelevanter Investitionsmaßnahmen, 2000, S. 10.

62 Vgl. C. Herrmann/W. Weiß/C. Ohler (Hrsg.), Welthandelsrecht, 2. Aufl. 2007, § 17, Rn. 793.

63 WTO, Indonesia-Certain Measures Affecting the Automobile Industry, WT/DS54/R, WT/DS59/R, WT/DS64/R, angenommen am 23.07.1998.

hat und Handelsströme verändert, indem inländische Erzeugnisse gegenüber ausländischen bevorzugt werden.[64]

Obwohl das TRIMs-Abkommen das einzige WTO-Abkommen ist, das Direktinvestitionen zum Regelungsgegenstand hat, wird es aufgrund seines sehr begrenzten materiell-rechtlichen Regelungsbereichs kritisiert.[65] Die Übereinkunft bestätigt faktisch lediglich die bereits bestehende materielle Rechtslage unter dem GATT.[66] Folglich nennt sie keine neuen Vorgaben zur Erleichterung für Auslandsinvestitionen und erkennt an, dass die Regelungskompetenz über Auslandsinvestitionen im Hoheitsrecht der einzelnen Staaten anzusiedeln ist.[67]

Eine Verbesserung und Weiterentwicklung des Investitionsschutzes könnte von Art. 9 des TRIMs-Abkommens ausgehen, der die Möglichkeit einer Ergänzung oder Änderung auf eine umfassendere Regelung von Investitionen vorsieht. Eine Erweiterung des Katalogs der „nicht erschöpfenden Liste" wäre denkbar. Eine diesbezügliche Ergänzung oder Änderung gilt jedoch als unwahrscheinlich, da sich viele Entwicklungsländer gegen zusätzliche Regelungen, die zu einer Beschränkung ihrer nationalen Investitionspolitik führen könnten, positionieren.[68]

dd. Das GATS-Abkommen

Die Bezeichnung des GATS als Investitionsabkommen stützt sich auf die Einführung der kommerziellen Präsenz, die gemäß Art. 1 Abs. 2 lit. c eine Form des Dienstleistungshandels darstellt und den Anwendungsbereich für Direktinvestitionen im Zusammenhang mit der Erbringung von Dienstleistungen eröffnet.[69] Art. XXVIII lit. d des GATS erläutert die kommerzielle Präsenz als jede Art der geschäftlichen oder beruflichen Niederlassung im Hoheitsgebiet eines Mitgliedstaats zum Zwecke der Erbringung von Dienstleistungen.

Eine Niederlassung kann in Form einer juristischen Person, einer Zweigstelle oder Repräsentanz vorliegen. Erfasst sind der Erwerb, die Gründung und die Fortführung von Unternehmen. Sie müssen mit mehr als 50 % im wirtschaftlichen

---

64 WTO, Indonesia-Certain Measures Affecting the Automobile Industry, WT/DS54/R, WT/DS59/R, WT/DS64/R, angenommen am 23.07.1998, Rn. 14.82; vgl. Herrmann/Weiß/Ohler (Fn. 62), § 17, Rn. 793; *Panetta* (Fn. 3), S. 119; *K. Ipsen/U. R. Haltern*, Reform des Welthandelssystems?, 1991, S. 110; *Wilhelm* (Fn. 61), S. 10.

65 Vgl. *Wolf* (Fn. 3), S. 25.

66 Vgl. *B. Görs,* Internationales Investitionsrecht, 2005, S. 100.

67 Vgl. Herrmann/Weiß/Ohler (Fn. 62), § 17, Rn. 801.

68 Vgl. *Sidhu* (Fn. 7), S. 184; *Wolf* (Fn. 3), S. 25.

69 Vgl. *K. Sidhu,* Die Regelung von grenzüberschreitenden Investitionen in der WTO: ein Überblick, ZEuS 2 (2004), S. 349; *ders.* (Fn. 7), S. 200.

Eigentum des Investors stehen oder dessen herrschendem Einfluss unterliegen.[70] Im Einzelnen bedeutet dies, dass diese Person befugt sein muss die Mehrheit der Direktoren zu benennen oder die wirtschaftliche Tätigkeit auf andere Weise zu bestimmen.[71] Folglich verwendet das GATS die sogenannte *enterprise based approach* des Investitionsbegriffes, das nur Direktinvestitionen umfasst.[72] Im Sinne des Europarechts findet die „kommerzielle Präsenz“ dagegen Parallelen zur Niederlassungsfreiheit, die von der Kapitalverkehrsfreiheit, wegen des Merkmals des sicheren Einflusses, abgegrenzt wird.[73]

Das GATS sieht in Art. XXVIII lit. d keine Gewinnerzielung vor. Dagegen fällt unter den Begriff der „geschäftlichen Niederlassung“ jede Niederlassung, deren Tätigkeiten nicht ohne Gegenleistung erbracht werden.[74] Für den Begriff der „beruflichen Niederlassung“ ist das Merkmal einer auf eine gewisse Dauer angelegten, der Schaffung und Erhaltung einer Lebensgrundlage dienenden Tätigkeit, von Relevanz.[75] Das GATS trifft keine Aussage darüber, ob die „kommerzielle Präsenz“ eine bestimmte Zeit andauern muss. Deswegen ist an dieser Stelle eine Bewertung nach Bedeutung und Ziel der Niederlassung maßgeblich. Eine Niederlassung könnte also beispielsweise auch durch eine projektbezogene Tätigkeit für nur eine Saison begründet werden.

c. *Der Begriff der Direktinvestitionen nach dem Internationalen Währungsfond und der OECD*

Der Begriff der Direktinvestition wurde grundsätzlich vom Internationalen Währungsfond (IWF) und der Organisation für Wirtschaftliche Zusammenarbeit und Entwicklung (OECD) festgelegt.[76] Der IWF definiert in seinem Zahlungsbilanzhandbuch die Direktinvestition als eine Kategorie der internationalen Investitionen, bei welcher der Investor das Ziel einer langfristigen Beteiligung an einem Unternehmen im Ausland verfolgt. Dies drückt sich in der Existenz einer langfristigen Beziehung zwischen Investor und Investitionsobjekt sowie einem maßgeblichen Einfluss des Investors auf die Geschäftsleitung des Unternehmens aus.

---

70 Vgl. *Sidhu*, ebd., S. 214.

71 Vgl. *Görs* (Fn. 66), S. 115.

72 *UNCTAD*, Scope and Definition, 2011, S. 23 ff.

73 Vgl. *Görs* (Fn. 66), S. 115.

74 Vgl. *Sidhu* (Fn. 7), S. 201.

75 Vgl. *P. Tettingen*, Kommentierung zu Art. 12, in: Sachs (Hrsg.), Grundgesetz, 2007, S. 518, Rn. 29.

76 Vgl. *T. Jost*, Direktinvestitionen und Standort Deutschland, 1997, S. 2; *M. Gast*, Determinanten ausländischer Direktinvestitionen, 2007, S. 3.

Diese Direktinvestitionen umfassen nicht nur die erste Transaktion zum Aufbau des Verhältnisses zwischen Investor und Unternehmen, sondern auch alle nachfolgenden gegenseitigen Transaktionen sowie solcher zwischen verbundenen Unternehmen, die eingebaut und inkorporiert wurden.[77] Diese Konzeption der Direktinvestition wurde als Basis für die dritte Ausgabe der OECD *der Benchmark Definition of Foreign Direct Investment* angewendet. Die OECD spricht die Empfehlung aus, unter Direktinvestitionsunternehmen ein Unternehmen zu verstehen, an dem der ausländische Investor mit mindestens 10 % der Kapitalanteile oder Stimmrechte beteiligt ist.[78] Das Merkmal des Kontrollerwerbs von 10 % ist dabei kein sicheres Kriterium für eine Abgrenzung des maßgeblichen Einflusses des Investors auf die Geschäftsleitung des Unternehmens von einer unwesentlichen Beteiligung.

In der Praxis finden sich die meisten Direktinvestitionen in Form von Zweigniederlassungen oder Tochtergesellschaften, an denen die Investoren mit qualifizierten Mehrheiten beteiligt sind oder hundert Prozent des Kapitalanteils besitzen, sodass ein maßgeblicher Einfluss zweifelsfrei nachzuweisen ist.[79] Dieser wird durch das Zahlungsbilanzhandbuch des IWF, in dem als Direktinvestitionsunternehmen Zweigniederlassungen bzw. Filialen mit einem hundertprozentigen Kapitalanteil, Tochtergesellschaften, an denen der Direktinvestor einen Anteil von mehr als 50 % hält, sowie Minderheitsbeteiligungen zwischen 10 % und 50 % gelten können, bestätigt.[80] Es ist zu beachten, dass sich diese Interpretation des sicheren Einflusses im Zahlungsbilanzhandbuch des IWF von der aus den Entscheidungen des EuGH unterscheidet.

Im Jahr 1998 legte die Organisation für Wirtschaftliche Zusammenarbeit und Entwicklung (OECD) im Entwurf des Multilateralen Investitionsabkommens (MAI) den Investitionsbegriff sehr weit aus. Umfasst wurden nicht nur Direktinvestitionen, sondern auch der Besitz oder die Kontrolle jedes anderen Vermögenswertes. Somit waren Portfolioinvestitionen, Aktien oder andere Arten von Unternehmensbeteiligungen, hieraus abgeleitete Rechte, Anleihen, Schuldverschreibungen, Darlehen, andere Forderungen sowie hieraus entstehende Rechte, Vertragsrechte, geistiges Eigentum, Wertpapiere, Geldforderungen, Eigentums-

77 *IMF*, Balance of Payments Manual, 5th Edition, 1993, Ziff. 359.

78 *OECD*, OECD Benchmark: Definition of Foreign Direct Investment, 3rd Edition, 1999, Ziff. 7.

79 Vgl. *Sidhu* (Fn. 7), S. 28.

80 *IMF*, Balance of Payments Manual, 5th Edition, 1993, Ziff. 362; vgl. *Jost* (Fn. 76), S. 15.

rechte usw. mitinbegriffen. Außerdem war eine Gewährung des Investitionsschutzes in allen Phasen vorgesehen.[81]

Eine solch weit gefasste Definition führt zu logischen Schwachstellen. Die Möglichkeit Investitionen in all ihren Phasen (auch in der Zulassungsphase) zu schützen, entzieht den Gaststaaten die Möglichkeit selbst zu entscheiden, wer in bestimmten Wirtschaftssektoren investieren darf. Die ausschließliche Gewährung von Schutz in der Nachinvestitionsphase hätte auf der einen Seite zur Folge, dass den Investoren selbst ein großer Entscheidungsspielraum in der Frage eingeräumt wäre, welche Projekte als Investitionen zu betrachten sind. Auf der anderen Seite könnte aber diese Trennung von Zulassungs- und Nachinvestitionsphase den Schutz der Investoren unverhältnismäßig vermindern. Dies wäre vom europarechtlichen Standpunkt aus gesehen mit dem Prinzip des freien Marktzugangs nicht vereinbar, da die Forderungen von Lizenzen oder anderen Genehmigungen eine Marktzugangsbeschränkung darstellen.[82] Des Weiteren ist im internationalen Wirtschaftsrecht unter dem Begriff der Liberalisierung auch die Beseitigung von nationalen Beschränkungen zu verstehen.[83]

Die MAI-Verhandlungen scheiterten letztendlich, als Frankreich Ende 1998 seinen Verhandlungsaustritt bekannt gab. Die französische Regierung begründete diesen Schritt damit, dass der MAI-Entwurf Frankreichs Souveränität im Gesetzgebungsbereich limitiere.[84] Daneben wurde der MAI-Entwurf wegen des Mangels an einer Berücksichtigung von Entwicklungszielen infrage gestellt.

d. Der Investitionsbegriff in der EU

Art. 207 AEUV erweitert die gemeinsame Handelspolitik auf Regelungen für ausländische Direktinvestitionen. Gleichzeitig wird auch die Kompetenz der Europäischen Union auf Direktinvestitionen ausgedehnt. Eine nähere Begriffsbestimmung bleibt Art. 207 AEUV schuldig. Für mehr Klarheit darüber, was eine Direktinvestition im Sinne des EU-Rechts darstellt, ist zunächst das Verhältnis zwischen ausländischen Direktinvestitionen und der Kapitalverkehrs- und Niederlassungsfreiheit herauszuarbeiten. Selbst wenn die Direktinvestitionen in

---

81 OECD, The Multilateral Agreement on Investment. The MAI Negotiating Text, 24.04.1998, S. 11.

82 EuGH, Rs. C-465/05 (*Kommission/Italien*), Urteil vom 13. Dezember 2007, Slg. 2007, I - 11091, Rn. 17.; EuGH, Rs. C-400/08 (*Europäische Kommission gegen Königreich Spanien*), Urteil vom 24. März 2011, noch nicht in der amtlichen Sammlung veröffentlicht, Rn. 63.

83 Vgl. *Sidhu* (Fn. 7), S. 64.

84 *Sidhu*, ebd., S. 76.

Art. 63 AEUV und Art. 49 AEUV nicht namentlich genannt sind, bestehen keine Zweifel, dass Investitionen vom Anwendungsbereich der Kapitalverkehrs- und Niederlassungsfreiheit umfasst sind. Zusätzlich sollen auch die Investitionsschutzabkommen (BIT's) der Mitgliedstaaten in die Betrachtung miteinbezogen werden, um das herrschende Investitionsverständnis seitens der EU besser nachvollziehen zu können.

aa. Kapital- und Zahlungsverkehrsfreiheit

Im Rahmen der Kapitalverkehrsfreiheit findet sich ein Klärungsansatz in der EG-Kapitalverkehrsrichtlinie von 1988.[85] In den Begriffsbestimmungen des Anhangs 1 beschreibt die Richtlinie Direktinvestitionen als „Investitionen jeder Art durch natürliche Personen, Handels-, Industrie- oder Finanzunternehmen zur Schaffung oder Aufrechterhaltung dauerhafter und direkter Beziehungen zwischen denjenigen, die die Mittel bereitstellen, und den Unternehmern oder Unternehmen, für die die Mittel zum Zwecke einer wirtschaftlichen Tätigkeit bestimmt sind. Der Begriff der Direktinvestitionen ist also im weitesten Sinne gemeint."[86] Die Richtlinie erläutert weiter, was die Direktinvestitionen umfassen. Erwähnt sind: 1) Gründung und Erweiterung von Zweigniederlassungen oder neuen Unternehmen, die ausschließlich dem Geldgeber gehören sowie die vollständige Übernahme bestehender Unternehmen; 2) Beteiligung an neuen oder bereits bestehenden Unternehmen zur Schaffung oder Aufrechterhaltung dauerhafter Wirtschaftsbeziehungen; 3) langfristige Darlehen zur Schaffung oder Aufrechterhaltung dauerhafter Wirtschaftsverhältnisse und 4) Re-Investitionen von Erträgen zur Konservierung dauerhafter Wirtschaftsbeziehungen.

Bei der Auslegung der Definition von Direktinvestitionen müssen alle vier genannten Beispiele zur Schaffung oder Aufrechterhaltung dauerhafter und direkter Wirtschaftsbeziehungen bestimmt sein. Dies setzt die Gelegenheit zur Beteiligung an der Verwaltung und Kontrolle des Unternehmens seitens des Investors voraus.[87] Des Weiteren muss betont werden, dass die Richtlinie ausschließlich Direktinvestitionen umfasst und Portfolioinvestitionen hiervon ausgeschlossen sind. Dies folgt zum einen aus der Formulierung der Richtlinie, die lediglich von Direktinvestitionen spricht sowie zum anderen aus den Hinweisen, dass die

---

85 Richtlinie des Rates vom 24.06.1988 zur Durchführung von Art. 67 des Vertrages (88/361/EWG), ABL. L 178 vom 08.07.1988.

86 Ebd., Anhang 1.

87 Vgl. S. *Hindelang*, Wie viel Freiheit wagen?, in: Knahr/Reinisch (Hrsg.), Aktuelle Probleme und Entwicklungen im Internationalen Investitionsrecht, 2008, S. 82.

Investitionen zur Schaffung dauerhafter Wirtschaftsbeziehungen dienen, und dass dem Investor die Gelegenheit einer entsprechenden Einflussnahme am Unternehmen zukommt. Portfolioinvestitionen sind kurzfristiger Natur, bei denen die Investoren in der Regel keine Absicht haben, in irgendeiner Form auf das Unternehmen Einfluss zu nehmen.[88]

bb. Niederlassungsfreiheit

i. Anwendungsbereich

Nach Art. 49 Abs. 2 AEUV beinhaltet die Niederlassungsfreiheit die Gründung und Leitung von Unternehmen. Die in Anhang 1 der Kapitalverkehrsrichtlinie genannten Formen der „Gründung und Erweiterung von Zweigniederlassungen oder neuen Unternehmen, die ausschließlich dem Geldgeber gehören, und die vollständige Übernahme bestehender Unternehmen" fallen offensichtlich unter die Definition des Art. 49 Abs. 2 AEUV. Dies lässt allerdings nicht den Schluss zu, dass der Schutzbereich der Niederlassungsfreiheit nur auf neue Unternehmen limitiert ist. Der Erwerb von und die Beteiligung an bereits bestehenden Unternehmen sowie Verschmelzungen zählen ebenfalls zum Regelungsgegenstand.[89] Diese Form der Niederlassungsfreiheit in Gestalt der Partizipation an einem existierenden Unternehmen ist nicht unproblematisch. Wie bereits erwähnt, ist bei einer Niederlassung in Hinsicht auf ausländische Direktinvestitionen maßgeblich, dass dem Investor ein gesicherter Einfluss auf Entscheidungen des Unternehmens zukommt. Gerade hieran könnte es bei der Beteiligung an bestehenden Unternehmen mangeln.[90]

Für die Beurteilung des Kriteriums des „sicheren Einflusses" ist in jeder einzelnen Situation zu bestimmen, ob ein Investor insofern von der Niederlassungsfreiheit Gebrauch macht, als er „eine Beteiligung an einer Gesellschaft mit Sitz in einem anderen Mitgliedstaat hält, die ihm einen solchen Einfluss auf die Entscheidungen der Gesellschaft verleiht, dass er deren Tätigkeiten bestimmen kann."[91] Dabei muss vorausgesetzt sein, dass diese Tätigkeiten die Grundlage

---

88 EuGH, Rs. C-282/04; C-283/04 (*Kommission der Europäischen Gemeinschaften v. Königreich der Niederlande*), Urteil vom 28.09.2006, Slg. 2006, I-9141, Rn. 19; EuGH, Rs. C-182/08 (*Glaxo Wellcome GmbH & Co. KG v. Finanzamt München II*), Urteil vom 17.09.2009, Slg. 2009 I-8591, Rn. 40.

89 Vgl. *S. Hindelang/N. Meydell*, Die Gemeinsame Europäische Investitionspolitik – Alter Wein in neuen Schläuchen?, in: Bungenberg/Griebel/Hindelang (Hrsg.), Internationaler Investitionsschutz und Europarecht, 2010, S. 11 (17).

90 Vgl. *Hindelang* (Fn. 87), S. 85.

91 EuGH, Rs. C-446/04 (*Test Claimants in the FII Group Litigation v. Commissioners of Inland Revenue*), Urteil vom 12.12.2006, Slg. 2006, I-11814, Rn. 37; Nr. 30 der Schluss-

für ein unternehmerisches Handeln bieten.[92] Bei der Frage des „sicheren Einflusses" muss auch geprüft werden, ob im Unternehmen bei wesentlichen oder wichtigen Entscheidungen die Zustimmung des Investors erforderlich ist.[93] Es ist entscheidend, dass die Investoren einen substantiellen Einfluss auf die unternehmerischen Entscheidungen haben, der über die bloßen Stimmrechte eines Aktionärs hinausgeht.[94]

Der EuGH hat entschieden, dass wenn „eine solche Beteiligung ihnen nicht einen gewissen Einfluss auf die Entscheidungen der Gesellschaft verleiht und sie deren Tätigkeiten nicht bestimmen können, der Erwerb von Geschäftsanteilen an einer in einem Mitgliedstaat gegründeten und ansässigen Gesellschaft durch eine oder mehrere natürliche Personen mit Wohnort in einem anderen Mitgliedstaat grundsätzlich den Bestimmungen des EG-Vertrags über den freien Kapitalverkehr [unterliegt]".[95]

ii. Verhältnis zur Kapitalverkehrsfreiheit

Der entscheidende Punkt bei der Bestimmung, ob eine Direktinvestition unter die Niederlassungsfreiheit im Sinne des Art. 49 AEUV fällt, liegt in der Klärung, ob das dauerhafte Darlehen dem Kreditgeber die Möglichkeit zur Umsetzung seiner unternehmerischen Ziele gestattet. Im Szenario, bei dem der Investor das Kapital nur zur Verfügung stellt, könnte vermutet werden, dass weder eine Niederlassung, noch eine Direktinvestition vorliegen.[96] Da aber der EuGH in der Sache *Überseering* auf die Entscheidung *Baars* verweist, liegt auf der Hand, dass

---

anträge des Generalanwalts Geelhoed zum Urteil vom 06.04.2006 in der Rechtssache C-446/06 (*Test Claimants in the FII Group Litigation v. Commissioners of Inland Revenue*), Slg. 2006, I-11753; EuGH, Rs. C-251/98 (*C. Baars v. Inspecteur der Belastingen Particulieren/Ondernemingen Gorinchem*), Urteil vom 13.04.2000, Slg. 2000, I-2805, Rn. 22.

92 Vgl. *Hindelang/Meydell* (Fn. 89), S. 17; *W. Schön, Wolfgang*, Europäische Kapitalverkehrsfreiheit und nationales Steuerrecht, 1997, S. 743 (750).

93 Vgl. *C. Ohler*, Europäische Kapital- und Zahlungsverkehrsfreiheit – Kommentar zu Artikeln 56 bis 60 EGV, der Geldwäsche-Richtlinie und Überweisungsrichtlinie, 2002, S. 94, Rn. 121; *J. Lübke*, Der Erwerb von Gesellschaftsanteilen zwischen Kapitalverkehrs- und Niederlassungsfreiheit, 2006, S. 212 ff.

94 Nr. 33 der Schlussanträge des Generalanwalts Alber zum Urteil vom 13.04.2000 in der Sache C-251/98 (*C. Baars v. Inspecteur der Belastingen Particulieren/Ondernemingen Gorinchem*), Slg. 2000, I-2789.

95 EuGH, Rs. C-208/00 (*Überssering BV v. Nordic Construction Company Baumanagement GmbH (NCC)*), Urteil vom 5.11.2002, Slg. 2002, I-9919, Rn. 77.

96 Vgl. *Hindelang* (Fn. 87), S. 87.

er die Kapitalverkehrsfreiheit nicht exklusiv, sondern parallel zur Niederlassungsfreiheit anwendet. Der EuGH prüft in solchen Fällen des Anteilserwerbs, bei denen im Ausgangssachverhalt eine Direktinvestition ohne Zweifel vorhanden ist, an erster Stelle die Niederlassungsfreiheit ohne die Anwendbarkeit der Kapitalverkehrsfreiheit auszuschließen. Wenn die mitgliedstaatliche Maßnahme sowohl an Direkt- als auch an Portfolioinvestitionen anknüpft, untersucht der EuGH hingegen zunächst die Kapitalverkehrsfreiheit.[97]

Der Generalanwalt *Alber* äußerte sich in der Rechtssache *Baars* über eine parallele Anwendbarkeit der Niederlassungs- und Kapitalverkehrsfreiheit wie folgt: „Auch der Erwerb oder das Halten aller Aktien einer Gesellschaft ist nach diesen Vorschriften geschützt, da ansonsten der Schutz des Investors schwächer würde, je mehr Aktien dieser hält. Erreicht die Beteiligung an einer Gesellschaft allerdings einen Umfang, der dem Investor maßgeblichen Einfluss auf die unternehmerischen Entscheidungen ermöglicht, so tritt die Niederlassungsfreiheit ergänzend neben die Freiheit des Kapitalverkehrs. Diese Investition erfüllt dann nämlich zusätzlich den Tatbestand des Artikels 52 Abs. 2 und ist unter zwei verschiedenen Aspekten durch den EG-Vertrag geschützt."[98]

Maßgeblich bei der Beantwortung der Frage, ob die Direktinvestition unter die Niederlassungs- oder Kapitalverkehrsfreiheit fällt, ist also die Feststellung, ob der Investor eine gewisse Einflussnahme auf das Handeln des Unternehmens besitzt. Wenn der Erwerb durch den Investor sämtliche Geschäftsanteile einer Gesellschaft mit satzungsmäßigem Sitz in einem anderen Mitgliedstaat einschließt und ihm deshalb ein Mitspracherecht bei der Gesellschaft zusteht oder er die Tätigkeit dieser Gesellschaft bestimmen kann, sind die Bestimmungen des EU-Vertrags über die Niederlassungsfreiheit anwendbar. Sollte dieser Einfluss nicht existieren, wird die Investition nach den Vorschriften über den freien Kapitalverkehr behandelt.[99]

Bei der Anwendung der Niederlassungs- oder Kapitalverkehrsfreiheit im Rahmen ausländischer Direktinvestitionen wurde die Frage aufgeworfen, ob beide Freiheiten ausschließlich (exklusiv) anwendbar sind. Dabei wurde die Meinung

---

97 Vgl. *Lübke* (Fn. 93), S. 225 f.

98 Nr. 50 der Schlussanträge des Generalanwalts Alber zum Urteil vom 13.04.2000 in der Sache C-251/98 (*C. Baars v. Inspecteur der Belastingen Particulieren/Ondernemingen Gorinchem*), Slg. 2000, I-2789.

99 EuGH, Rs. C-208/00 (*Überssering BV v. Nordic Construction Company Baumanagement GmbH (NCC)*), Urteil vom 5.11.2002, Slg. 2002, I-9919, Rn. 77; EuGH, C-251/98 (*C. Baars v. Inspecteur der Belastingen Particulieren/Ondernemingen Gorinchem*), Urteil vom 13.04.2000, Slg. 2000, I-2805, Rn. 21 f.

vertreten, dass die Niederlassungsfreiheit bei Direktinvestitionen und die Kapitalverkehrsfreiheit bei Portfolioinvestitionen anzuwenden sei.[100] Begründet wurde dies damit, dass das Kriterium der „effektiven Ausübung von unternehmerischer Kontrolle" nur bei der Niederlassungsfreiheit umsetzbar sei. Dabei sei es unerheblich, dass die Kapitalverkehrsrichtlinie Direktinvestitionen als Kapitalverkehr qualifiziert, da die Richtlinie einen Sekundärrechtsakt darstelle.

Gegen diese Auffassung spricht allerdings, dass Direktinvestitionen aus Drittstaaten in einem solchem Fall ohne grundfreiheitlichen Schutz dastehen würden.[101] Dass Direktinvestitionen der Niederlassungsfreiheit unterliegen, ergibt sich schon aus dem Ziel von Art. 49 AEUV: den effektiven Schutz der selbstständigen und dauerhaften Erwerbstätigkeit in einem anderen Mitgliedstaat zu gewährleisten. Würde man die Direktinvestitionen aus dem Anwendungsbereich von Art. 49 AEUV streichen, unterfielen die in Art. 49 AEUV genannten Erwerbstätigkeiten nie der Niederlassungsfreiheit, wenn sie parallel mit dem Erwerb von Gesellschaftsanteilen oder auch Investitionen in einer Infrastruktur am Ort der Niederlassung verbunden wären. Außerdem umfasst Art. 49 AEUV die Gründung von Unternehmen als eine Form der Niederlassung, welche auch mit Investitionen verknüpft ist.

Die Zuordnung von Direktinvestitionen in die Kapitalverkehrsfreiheit unterstützt Art. 64 AEUV, der den Kapitalverkehr im Zusammenhang mit Direktinvestitionen sieht. Danach beinhalten Direktinvestitionen ein sogenanntes Kapitalverkehrselement.[102] Direktinvestitionen sind also auch als eine Form der Kapitalverkehrsfreiheit zu verstehen. Insgesamt lässt sich damit sagen, dass Direktinvestitionen nur im Drittstaatenverhältnis als eine Art der Kapitalverkehrsfreiheit definiert werden können.

Art. 49 Abs. 2 AEUV stellt die Anwendbarkeit der Niederlassungsfreiheit unter Vorbehalt der Beachtung der Vorschriften des Kapitels über den Kapitalverkehr. Dies bedeutet aber nicht, dass sich die beiden Freiheiten grundsätzlich gegenseitig ausschließen. Eine komplementäre Anwendbarkeit ist weiterhin gegeben.[103] Der EuGH betonte in der Rechtssache *Finanzamt Hamburg-Am Tierpark v. Burda GmbH*, dass die Niederlassungsfreiheit anwendbar ist, wenn „eine Gesellschaft eine Beteiligung an einer anderen Gesellschaft hält, die ihr einen sicheren Einfluss auf die Entscheidungen der anderen Gesellschaft verschafft und es ihr ermöglicht,

100 Vgl. *Hindelang* (Fn. 87), S. 81 ff.

101 Vgl. *Hindelang*, ebd., S. 100.

102 Vgl. *Lübke* (Fn. 93), S. 229 f.

103 Vgl. *M. Schlag*, in: Schwarze (Hrsg.), EU-Kommentar, 3. Aufl. 2012, Art. 49 AEUV, Rn. 10.

deren Tätigkeiten zu bestimmen".[104] Damit sind Direktinvestitionen vom Anwendungsbereich der Kapitalverkehrsfreiheit nicht ausgeklammert. Der Schutz durch die Kapitalverkehrsfreiheit endet nicht an der Stelle, an der ein Investor mehr Anteile erwirbt. Ausschlaggebend ist vielmehr die Feststellung des sicheren Einflusses des Investors auf Gesellschaftsentscheidungen.

An dieser Stelle darf nicht vernachlässigt werden, dass die Zuordnung von Direktinvestitionen zu nur einer der beiden Grundfreiheiten dem Vertrag widerspricht und im Ergebnis nicht gesetzmäßig ist. Bereits aus den Artikeln 63 und 64 AEUV ergibt sich, dass eine Zuordnung der Direktinvestitionen zur Kapitalverkehrs- und Niederlassungsfreiheit parallel vorzunehmen ist.[105] Der Fall der Zuordnung von Direktinvestitionen zu nur einer der beiden Grundfreiheiten, könnte zu Rechtsunsicherheiten führen. Beispielsweise wäre der Erwerb einer Immobilie durch einen Investor zum Zweck einer Kapitalanlage möglich, wobei gleichzeitig die Nutzung aus Gründen der Niederlassung nicht ausgeschlossen werden könnte. Die eigentliche Motivation eines Investors lässt sich kaum nachweisbar bestimmen.[106] Jedoch entschied der EuGH im Rahmen eines Urteils, in dem es um den Kauf einer Immobilie in einem anderen Mitgliedstaat ging, dass der Erwerb eines Grundstücks in einem Mitgliedstaat durch einen Gebietsfremden, aus welchen Gründen auch immer dieser erfolgt, eine Immobilieninvestition darstellt, die in die Kategorie des Kapitalverkehrs zwischen den Mitgliedstaaten fällt.[107]

Eine Direktinvestition, die außerhalb der Gemeinschaft getätigt wird, ist der Kapitalverkehrsfreiheit zuzuordnen, da sie durch das *erga omnes* Prinzip eine globale Wirkung entfaltet. Bei diesem Szenario fällt die Investition nicht unter die Niederlassungsfreiheit. Einerseits wären die Interessen der Beteiligten nicht ausreichend gewahrt, wenn die Freiheiten nicht parallel angewendet würden. Aus Sicht des Investors ist es ausschließlich wichtig, dass die fragliche Transaktion dem Schutz irgendeiner Freiheit unterfällt.[108] Anderseits lässt sich dies nur im Falle des Drittstaatenverhältnisses erreichen. Bei der Feststellung des Vorliegens einer Direktinvestition ist das Kriterium des „sicheren Einflusses" von Wichtigkeit. Dieses spielt jedoch nur im Zusammenhang mit der Niederlassungsfreiheit eine Rolle. Nicht jede Niederlassung begründet automatisch

---

104 EuGH, Rs. C-284/06 (*Finanzamt Hamburg-Am Tierpark v. Burda GmbH*), Urteil vom 26.06.2008, Slg. 2008, I-4571, Rn. 69.

105 Vgl. *J. C. W. Müller*, Kapitalverkehrsfreiheit in der Europäischen Union, 2000, S. 193.

106 Vgl. *U. Haferkamp*, Die Kapitalverkehrsfreiheit im System der Grundfreiheiten des EG-Vertrags, 2003, S. 195.

107 EuGH, Rs. 423/98 (*Alfredo Albore*), Urteil vom 13.07.2000, Slg. 2000, I-5995, Rn. 14.

108 Vgl. *Haferkamp* (Fn. 106), S. 196.

die Existenz einer Direktinvestition. Wenn sich eine selbstständige Person in einem anderen Mitgliedstaat niederlässt, ohne die Absicht zu besitzen eine Investition zu tätigen, so ist diese Niederlassung nicht als eine Direktinvestition einzustufen. Eine Niederlassung in Form einer Direktinvestition kann ebenfalls den Transfer von Kapital miteinschließen. Gleichzeitig können Direktinvestitionen nicht mit einem Kapitaltransfer gleichgesetzt werden.[109] Für die Bestätigung einer Direktinvestition ist also der mehrfach erwähnte „sichere Einfluss" richtungsweisend.

iii. „Kontrollerwerb"

Ein zentraler Aspekt bei der Prüfung des Bestehens einer Direktinvestition ist der Kontrollerwerb durch einen Investor. Wann genau ein „Kontrollerwerb" vorliegt, ist umstritten. Einerseits wird von einer nötigen Mehrheit an Stimmrechten oder Geschäftsanteilen ausgegangen. Das Ziel des Investors läge damit nicht mehr nur in der reinen Gewinnerzielung, sondern auch in dem Willen bei der Unternehmensführung mitgestalten zu können.[110] Dies werde durch eine unmittelbare Beteiligung am Management oder durch den Erwerb eines wesentlichen Anteils des Unternehmenskapitals erreicht.[111] Der geschilderte Sachverhalt sei gleichbedeutend mit dem Kriterium des „sicheren Einflusses". Andererseits wird die Meinung vertreten, dass für das Vorliegen eines „Kontrollerwerbs" die bloße Teilhabe an der Kontrolle und Verwaltung des Unternehmens ausreiche.[112]

Der IMF definiert ausländische Direktinvestitionen als internationale Investitionen, welche die in einem bestimmten Wirtschaftsgebiet ansässige Einheit tätigt, um eine langfristige Beteiligung an einem Unternehmen, welches außerhalb dieses Gebietes agiert, zu erlangen. Eine Direktinvestition liege vor, wenn einem Investor mindestens 10 % der Stimmrechte oder Stimmaktien bzw. ein vergleichbarer Anteil im Fall eines Unternehmens ohne Rechtspersönlichkeit gehören.[113] Dieser Definition einer Direktinvestition stimmte auch der OECD zu. Eine wirksame Stimme in der Verwaltung, die einem Anteilsbesitz von mindestens 10 % gleichzustellen ist, versetzt den Investor in die Lage die Führung des

---

109 Vgl. *P. Strik*, Shaping the Single European Market in the Field of Foreign Direct Investment, 2014, S. 30.

110 Vgl. *Scheibach* (Fn. 7), S. 10.

111 Vgl. *H. Seifert*, Die deutschen Direktinvestitionen im Ausland, 1967, S. 31.

112 Vgl. *Ohler* (Fn. 93), S. 93.

113 *IMF*, Balance of Payments Manual, 5th Edition 1993, Rn. 362.

Unternehmens zu beeinflussen oder daran teilzunehmen. Eine absolute Kontrolle ist somit nicht zwingend erforderlich.[114]

Nach Ansicht des IMF kann eine Direktinvestition in der Zahlungsbilanz ebenfalls bestätigt werden, wenn der Investor eine effektive Stimme im Management besitzt, selbst wenn er keine 10 % der Unternehmensanteile hält.[115] Vielmehr sei der Fokus darauf zu richten, ob der Investor tatsächlich ein effektives Stimmrecht im Management besitze.

Die Richtlinie des Rates der Europäischen Union über das gemeinsame Steuersystem der Mutter- und Tochtergesellschaften verschiedener Mitgliedstaaten (90/435/EWG) vom 23. Juli 1990 definiert den Begriff „Muttergesellschaft" als „wenigstens jede Gesellschaft eines Mitgliedstaats, [...] die einen Anteil von wenigstens 25 % am Kapital einer Gesellschaft eines anderen Mitgliedstaats, die die gleichen Bedingungen erfüllt, besitzt".[116] Seit Januar 2009 wurde dieser Mindestanteil auf 10 % herabgesetzt.[117] Die Schwelle für die mögliche Anerkennung einer ausländischen Direktinvestition wurde folglich deutlich reduziert. Dieser prozentuale Anteil bildet allerdings nur ein Indiz für die Existenz einer Direktinvestition.

Nach Ansicht des EuGH kann sich der Investitionsbegriff bei Beteiligungen an neuen bzw. bereits bestehenden Unternehmen und an deren Verwaltungen beziehungsweise deren Kontrolle auch aus bestehenden nationalen aktienrechtlichen Vorschriften oder aus anderen Gründen ergeben,[118] wenn es sich um einen tatsächlichen Kontrollerwerb handelt.[119] Dementsprechend wird eine Direktinvestition auch angenommen, wenn der Investor eine effektive Stimme im Management besitzt, auch wenn er keine 10 % der Anteile hält, sofern unternehmerische Entscheidungen nicht ohne die Zustimmung des Investors getroffen werden können. Praktisch kommt diese Form des Kontrollerwerbs jedoch nur selten vor, da die Wahrscheinlichkeit einer effektiven Stimmausübung mit solch

---

114 *OECD*, OECD Benchmark: Definition of Foreign Direct Investment, 3rd Edition, 1999, Ziff. 8.

115 *IMF*, Balance of Payments Manual, 5th Edition, 1993, Rn. 363.

116 Richtlinie des Rates vom 23.07.1990 über das gemeinsame Steuersystem der Mutter- und Tochtergesellschaften verschiedener Mitgliedstaaten (90/435/EWG), ABL. L 225 vom 20/08/1990.

117 Ebd., Art. 5, Abs. 4 UAbs. 2.

118 EuGH, Rs. C-446/04 (*Test Claimants in the FII Group Litigation v. Commissioners of Inland Revenue*), Urteil vom 12.12.2006, Slg. 2006, I-11753, Rn. 182.

119 Vgl. *S. Hindelang*, The EC Treaty's Freedom of Capital Movement as an Instrument of International Investment Law?, in: Reinisch/Knahr (Hrsg.), International Investment Law in Context, 2007, 43 (49 f.).

niedrigem Firmenanteil gering ist.[120] Dennoch ist jeder Einzelfall auch in dieser Hinsicht einer Prüfung zu unterziehen.

Der EuGH beschloss in der Rechtssache *Idryma Typou AE v. Ypourgos Typou kai Meson Mazikis Enimerosis*, dass „je nach der Verteilung des übrigen Gesellschaftskapitals, insbesondere im Fall seiner Streuung unter einer großen Zahl von Aktionären, eine Beteiligung von 25 % ausreichen kann, um die Kontrolle über eine Gesellschaft zu halten oder zumindest im Sinne des [...] Urteils *Baars* einen sicheren Einfluss auf die Entscheidungen dieser Gesellschaft auszuüben und deren Tätigkeiten zu bestimmen."[121]

In der *Baars* Entscheidung wurde herausgestellt, dass „in den sachlichen Geltungsbereich von Art. 49 AEUV über die Niederlassungsfreiheit nationale Vorschriften fallen, die anzuwenden sind, wenn ein Angehöriger eines Mitgliedstaats am Kapital einer Gesellschaft mit Sitz in einem anderen Mitgliedstaat eine Beteiligung hält, die es ihm ermöglicht, einen sicheren Einfluss auf die Entscheidungen dieser Gesellschaft auszuüben und deren Tätigkeiten zu bestimmen."[122] Der Wortlaut lässt zunächst den Eindruck entstehen, dass im Rahmen der Niederlassungsfreiheit nur eine höhere Beteiligung für das Vorliegen einer Kontrolle im Sinne der Niederlassungsfreiheit ausreichend ist, während im Rahmen der Kapitalverkehrsfreiheit bereits eine geringere Beteiligungsquote genügen würde. Diese These stellt jedoch einen Trugschluss dar. Wie bereits dargestellt, ist hier nicht die Beteiligungsquote, sondern das Vorliegen des sicheren Einflusses wesentlich.

Wie die aktuellere Rechtsprechung des EuGH bestätigt, ordnet dieser das Merkmal des „sicheren Einflusses" nicht mehr Art. 63 AEUV, sondern lediglich Art. 49 AEUV zu.[123] In der Sache *Europäische Kommission gegen Hellenische Republik* sieht der Gerichtshof „eine Beschränkung der Niederlassungsfreiheit, wenn sich ein Genehmigungserfordernis dahin auswirkt, die Ausübung der mit dem Besitz von Aktien verbundenen Stimmrechte zu verhindern oder einzuschränken, da die

---

120 *IMF*, Balance of Payments Manual, 5th Edition 1993, Rn. 363, 364.

121 EuGH, Rs. C-81/09 (*Idryma Typou AE v. Ypourgos Typou kai Meson Mazikis Enimerosis*), Urteil vom 21.10.2010, Slg. 2010, I-10161, Rn. 51.

122 EuGH, Rs. C-81/09 (*Idryma Typou AE v. Ypourgos Typou kai Meson Mazikis Enimerosis*), Urteil vom 21.10.2010, Slg. 2010, I-10161, Rn. 47; EuGH, Rs. C-251/98 (*C. Baars v. Inspecteur der Belastingen Particulieren/Ondernemingen Gorinchem*), Urteil vom 13.04.2000, Slg. I-2787, Rn. 22; EuGH, Rs. C-112/05 (*Kommission/Deutschland*), Urteil vom 23.10.2007, Slg. 2007, I-8995, Rn. 13.

123 Vgl. *C. Tietje*, Die Außenwirtschaftsverfassung der EU nach dem Vertrag von Lissabon, Beiträge zum Transnationalen Wirtschaftsrecht, 83 (2009), S. 16; EuGH, Rs. C-326/07 (*Kommission/Italien*), Urteil vom 26.03.2009, Slg. 2009, I2291, Rn. 34.

Stimmrechte eines der wesentlichen Instrumente sei, mit denen sich der Aktionär an der Geschäftsführung eines Unternehmens oder dessen Kontrolle aktiv beteiligen könne [...]. Eine solche Regelung [ist] nur anhand von Art. 43 EG zu beurteilen, da sie sich nur auf Entscheidungen im Rahmen der Geschäftsführung der Gesellschaft bezieht und daher nur Aktionäre betrifft, die einen sicheren Einfluss auf diese ausüben können."[124] Wenn eine nationale Regelung nicht nur auf Beteiligungen anwendbar ist, die Einfluss auf die Firma ermöglichen, sondern unabhängig vom Umfang der Beteiligung eines Aktionärs an der Gesellschaft gilt, kann die Vorschrift sowohl von Art. 49 AEUV als auch von Art. 63 AEUV tangiert werden.[125]

cc. Die Begriffsauslegung der „ausländischen Direktinvestitionen" in BIT's

Da keine einheitliche Definition des Investitionsbegriffes im Völkerrecht besteht, sind Bilaterale Investitionsschutzabkommen (BIT's) von großem Gewicht. Die Mehrzahl der BIT's enthalten Listen, in denen die Investitionsformen aufgezählt sind. Sie inkludieren sowohl Direkt- als auch Portfolioinvestitionen. Die holländischen BIT's umfassen sogar sogenannte indirekte Investitionen, die von einer Tochtergesellschaft getätigt wurden, deren Gründung nach dem Recht eines Drittstaates erfolgte, die aber von einem Unternehmen eines Unterzeichnerstaats gesteuert werden.[126]

Im deutschen Mustervertrag finden die indirekten Investitionen keine Erwähnung. Gegenstand der deutschen BIT's sind Kapitalanlagen, die in der englischen Fassung der deutschen BIT's beispielsweise mit China und Indonesien als *Investment* bezeichnet werden. Der Begriff der Kapitalanlagen ist sehr großzügig definiert, um möglichst viele wirtschaftliche Belange einzuschließen, und so dem Investor einen hochgradigen Schutz zu gewährleisten. Daraus folgt, dass die Muster für Investitionsförderungsverträge einen offenen, inhaltlich unbeschränkten sachlichen Anwendungsbereich enthalten.[127]

---

124 EuGH, Rs. C-244/11 (*Kommission/Griechenland*), Urteil vom 08.11.2012, noch nicht in der amtlichen Sammlung veröffentlicht, Rn. 29–30; EuGH, Rs. C-212/09 (*Kommission/Portugal*), Urteil vom 10.11.2011, Slg. 2011, I-10889, Rn. 42; EuGH, Rs. C-326/07 (*Kommission/Italien*), Urteil vom 26.03.2009, Slg. 2009, I-2291, Rn. 34, 39.

125 EuGH, Rs. C-212/09 (*Kommission/Portugal*), Urteil vom 10.11.2011, Slg. 2011, I-10889, Rn. 44; EuGH, Rs. C-326/07 (*Kommission/Italien*), Urteil vom 26.03.2009, Slg. 2009, I-2291, Rn. 36.

126 Vgl. *Görs* (Fn. 66), S. 174.

127 Vgl. *B. Schöbener/J. Herbst/M. Perkams* (Hrsg.), Internationales Wirtschaftsrecht, 2010, S. 258, Rn. 143.

Im deutschen Mustervertrag sind unter „*Kapitalanlagen*“ Vermögenswerte jedweder Art zu verstehen. Dazu zählen: 1) Eigentum an beweglichen und unbeweglichen Sachen sowie sonstige dingliche Rechte wie Hypotheken und Pfandrechte, die das Eigentum an Grundstücken und Produktionsmitteln, aber auch an Waren betreffen; 2) Anteilsrechte an Gesellschaften und andere Arten von Beteiligungen an Gesellschaften; 3) Ansprüche auf Geld, das verwendet wurde, um einen wirtschaftlichen Wert zu schaffen oder Ansprüche auf Leistungen, die einen wirtschaftlichen Wert besitzen. Die Investition in dieser Kategorie umfasst nicht nur Eigentums-, sondern auch vertragliche Rechte. Die Einbeziehung der vertraglichen Rechte in den Begriff der „Investition“ öffnet neue Fragestellungen. Klarzustellen ist an erster Stelle, ob die Definition der Investition alle Verträge umfasst oder eine Trennung zwischen Handelsverträgen (z. B. Verträge zum Verkauf von Dienstleistungen oder Waren) und solchen, in denen der Investor erhebliche technische, finanzielle oder *human resources* Leistungen erbracht hat, durchzuführen ist; 4) Rechte des geistigen Eigentums, wie insbesondere Urheberrechte, Patente, Gebrauchsmuster, gewerbliche Muster und Modelle, Marken, Handelsnamen, Betriebs- und Geschäftsgeheimnisse und technische Verfahren wie auch *Know-how*, das darauf hindeutet, dass zu den Investitionen Formen wertvoller Informationen gehören, die im Prinzip rechtlich nicht unter den Schutz des geistigen Eigentums fallen. Hierzu zählt auch der sogenannte *Goodwill*, der nicht nur die geschützten Vermögenswerte eines Unternehmens, sondern auch dessen Ruf, seinen Kundenstamm, seine Geschäftsbeziehungen und seine Organisation, möglicherweise aber auch seine Marktstellung als solche, beinhaltet; 5) öffentlich-rechtliche Konzessionen einschließlich Aufsuchungs- und Gewinnungs-Konzessionen. Zu ihnen gehören auch Privilegien, die durch einen öffentlichen Akt oder ein Gesetz der Regierung geschaffen wurden.[128,129]

Diese fünf Kategorien sind bei bilateralen Investitionsschutzabkommen häufig vorzufinden, obwohl sie in den verschiedenen Sprachfassungen variieren können. Diese Variationen sind zu vernachlässigen, da sie nur Beispiele dafür sind, was alles eine Investition darstellen kann. Allein die Bezeichnung „Vermögenswerte jeder Art“ weist darauf hin, dass diese Aufzählung nicht abschließend ist. Demzufolge können auch Interessen, die nicht unter die genannten fünf Kategorien fallen, als Investition aufgefasst werden, wenn sie einen Vermögenswert darstellen. Ein Vorteil des vermögensorientierten („*asset-based*“) Ansatzes besteht darin,

---

128 *Bundesministerium für Wirtschaft und Technologie*, Deutscher Mustervertrag über die Förderung und den gegenseitigen Schutz von Kapitalanlagen, 1998, Art. 1, Abs. 1.

129 *Unctad*, Scope and Definition, 1999, S. 19–21.

dass dieser durch eine nicht erschöpfende Liste auch neue Investitionsformen mit einschließen kann.[130]

In den Investitionsabkommen ist der verwendete Begriff der „Investition" juristischer und nicht ökonomischer Natur. Kapital wird hiernach nicht als Produktionskapazität, sondern als Inventar verstanden, welches beispielsweise die Aufbewahrung von Fertigprodukten in einem Lagerhaus vor dem Verkauf an die Verbraucher, umfasst. Zudem zählen kurzfristige Dienstleistungsvereinbarungen zur Gruppe der Investitionen. Die vierte Kategorie verdeutlicht, dass die Definition einer Investition auch Technologien als Vermögenswerte umfasst, die Ökonomen oft vom Kapital und anderen Produktionsfaktoren trennen. So entsteht ein gewisser Spielraum für die Parteien, um ihre wirtschaftlichen und politischen Ziele zu verfolgen. Im bilateralen Investitionsschutzvertrag stellt sich diese Deutung einer „Investition" anders als in anderen Zusammenhängen dar, wie z. B. in der volkswirtschaftlichen Gesamtrechnung oder anderen ökonomischen Fällen.[131]

Für die Begriffsbestimmung ist die Feststellung von Schranken allgemeiner Natur unabdingbar. Daher ist zu klären, welche Vermögenswerte in Form einer Investition geschützt sind. Da keine einheitlichen Abgrenzungskriterien existieren, ist für jeden Investitionsschutzvertrag eine Einzelfallanalyse anzustellen. Gewisse Investitionsschutzabkommen enthalten spezifische Regelungen, wonach eine Investition erst unter bestimmten Bedingungen gegeben ist. Nach einer dieser Voraussetzungen muss die Investition im Einklang mit dem Recht des Gaststaates stehen. In Vereinbarungen, die diese Einschränkung vorsehen, wird eine Investition, die nicht mit dem Recht des Gaststaates übereinstimmt, nicht als Investition anerkannt.[132] Eine andere Möglichkeit der Limitierung des sachlichen Anwendungsbereichs der Investitionsschutzverträge ist der ausdrückliche Ausschluss bestimmter Vermögenswerte, Transaktionen oder Rechte. Das BIT zwischen den USA und Uruguay klammert beispielsweise Verträge über den Kauf von Waren oder Dienstleistungen von der Investitionsdefinition aus.[133] Eine Begrenzung durch das Ausschließen von Portfolioinvestitionen wegen ihres

---

130 Vgl. *B. Grubenmann*, Der Begriff der Investition in der ICSID-Schiedsgerichtsbarkeit, in: Knahr/Reinisch (Hrsg.), Aktuelle Probleme und Entwicklungen im Internationalen Investitionsrecht, 2008, S. 72.

131 *Unctad*, Scope and Definition, 1999, S. 21–22.

132 Ebd., S. 24.

133 Treaty between the United States of America and the Oriental Republic of Uruguay concerning the encouragement and reciprocal protection of investment, 2005, Art. 1, in: www.bilaterals.org, letzter Stand: 14.03.2013.

kurzfristigen Charakters und eines fehlenden Beitrags zur wirtschaftlichen Entwicklung des Gaststaates, wäre ebenfalls denkbar.[134]

Zur Bestimmung einer Investition sind die bereits erwähnten Kriterien des „*Salini-Tests*" in Betracht zu ziehen, welche im Rahmen der ICSID-Konvention von den Schiedsgerichten entwickelt wurden. Wie in Kapitel B I 1 a. bb. ii. dargestellt, müssen für das Vorhandensein einer Investition folgende Voraussetzungen kumulativ erfüllt sein: 1) der Investor erbringt eigene Leistungen („*contributions*"), 2) der Investor geht ein Risiko ein, 3) die Investition muss für eine gewisse zeitliche Dauer bestimmt sein, 4) der Investor muss mit seiner Investition einen Beitrag zur wirtschaftlichen Entwicklung des Gaststaates leisten.

Der Anwendungsbereich des deutschen Mustervertrags ist nicht durch die Bestimmung der Natur und Dauer der wirtschaftlichen Tätigkeiten eingeschränkt. Nach dem Wortlaut des Art. 1 Nr. 1 des Mustervertrages sind alle Vermögenswerte geschützt. Hieraus ergibt sich, dass die Anwendung des Begriffes „Kapitalanlage" den sachlichen Anwendungsbereich von anderen internationalen Wirtschaftsbeziehungen, wie z. B. dem Warenhandel, abgrenzen sollte. Geringwertige, untergeordnete und kurzfristige Vermögenswerte werden aufgrund des schon genannten „*Salini-Tests*" ausgeklammert.[135]

2. Portfolioinvestitionen

Einige Investitionsabkommen beinhalten nicht nur ausländische Direkt-, sondern auch Portfolioinvestitionen. Als Hauptunterschied zwischen den beiden Investitionsarten besteht eine Portfolioinvestition auch dann, wenn ihr ein rein finanzieller Charakter innewohnt und der Anleger passiv bleibt, also keine Kontrolle über die Verwaltung der Anlage besitzt. In Form von Portfolioinvestitionen gewährleisten Wertpapieranlagen keinen Technologietransfer, keine Ausbildung der Mitarbeiter vor Ort und führen zu keinen weiteren Vorteilen, die unmittelbar mit der Anlage verbunden sind.[136] Bei Portfolioinvestitionen handelt es sich also um reine Finanzinvestitionen, wie die Vergabe von Darlehen, die Gewährung

134 Siehe z. B. Protocol to the Agreement between the People's Republic of China and the Federal Republic of Germany on the Encouragement and Reciprocal Protection of Investments, Ad Article 1 (a) unter: http://investmentpolicyhub.unctad.org/Download/TreatyFile/736, letzter Stand: 18.04.2018. Hier werden Portfolioinvestitionen vom Anwendungsbereich des BIT's ausgeschlossen.

135 Vgl. *J. Ceyssens/N. Sekler*, Bilaterale Investitionsabkommen (BITs) der Bundesrepublik Deutschland, unter: http://opus.kobv.de/ubp/volltexte/2005/612/pdf/BITSStudie.pdf, letzter Stand: 17.09.2012, S. 30.

136 *UNCTAD*, Scope and Definition, 2011, S. 29.

von Genusskapital oder sogenannte stille Einlagen.[137] Auch der Erwerb von Immobilien wird vom EuGH den Portfolioinvestitionen zugeordnet.[138]

Der Anteil bei Portfolioinvestitionen muss geringfügiger als 10 % des Gesamtkapitals eines Unternehmens im Empfängerland sein.[139] Im Gegensatz zu Direktinvestitionen hat diese Investitionsart einen kurzfristigen Charakter und stellt das Erzielen einer Dividende in den Vordergrund.[140] Sie hat kein selbstständiges wirtschaftliches Vorgehen im Mitgliedsstaat zum Zweck, sondern ist in erster Linie auf die Realisierung von Anlagen- und Investitionsgewinnen ausgelegt.[141]

Der EuGH definiert Portfolioinvestitionen als „den Erwerb von Wertpapieren auf dem Kapitalmarkt allein in der Absicht einer Geldanlage, ohne auf die Verwaltung und Kontrolle des Unternehmens Einfluss nehmen zu wollen."[142] Sie unterfallen genauso wie Direktinvestitionen der Kapitalverkehrsfreiheit nach Art. 63 AEUV. Im Unterschied dazu beinhalten Direktinvestitionen Investitionen jeder Art, die „durch natürliche oder juristische Personen zur Schaffung oder Aufrechterhaltung dauerhafter und direkter Beziehungen [...] bestimmt sind. Dieses Ziel setzt voraus, dass die Aktien ihrem Inhaber die Möglichkeit geben, sich effektiv an der Verwaltung dieser Gesellschaft oder an deren Kontrolle zu beteiligen."[143]

Hinsichtlich der Kompetenz der Europäischen Union bei Investitionen unterscheiden Art. 206 und 207 AEUV zwischen Direkt- und Portfolioinvestition. Danach sind ausschließlich Direktinvestitionen im Verantwortungsbereich der EU für ausländische Investitionen inbegriffen. Konkret findet sich der Begriff der Portfolioinvestitionen nicht in den Art. 206 und 207 AEUV wieder. Auch im Positionspapier der Gemeinschaft und ihrer Mitgliedstaaten für die WTO-

---

137 Vgl. *J. Bröhmer*, in: Calliess/Ruffert (Hrsg.), EUV/EVG Kommentar, Art. 56 EG, Rn. 25.

138 EuGH, Rs. C-302/97 (*Klaus Konle v. Republik Österreich*), Urteil vom 01.06.1999, Slg. 1999, I-3099, Rn. 22.

139 Vgl. *H. Drillisch/N. Sekler*, Bilaterale Investitionsabkommen und Investitionsgarantien, 2004, S. 12.

140 Vgl. *Schöbener/Herbst/Perkams* (Fn. 127), S. 260, Rn. 149.

141 Vgl. *P. G. Dupalan*, Europarechtliche Rahmenbedingungen für Investitionen aus Drittstaaten in der Bundesrepublik Deutschland, 2008, S. 26.

142 EuGH, Rs. C-282/04; C-283/04 (*Kommission der Europäischen Gemeinschaften v. Königreich der Niederlande*), Urteil vom 28.09.2006, Slg. 2006, I-9141, Rn. 19; EuGH, Rs. C-182/08 (*Glaxo Wellcome GmbH & Co. KG v. Finanzamt München II*), Slg. 2009, I-8591, Rn. 40.

143 EuGH, Rs. C-212/09 (*Kommission/Portugal*), Urteil vom 10.11.2011, Slg. 2011, I-10889, Rn. 43; EuGH, Rs. C-112/05 (*Kommission/Deutschland*), Urteil vom 23.10.2007, Slg. 2007, I-8995, Rn. 18.

Arbeitsgruppe über das Verhältnis zwischen Handel und Investitionen wird zwischen Direkt- und Portfolioinvestitionen unterschieden, wobei auch hier bei der Letztgenannten der Investor keine Kontrolle über das Unternehmen anstrebt. Sein Hauptanliegen ist vielmehr die Aufwertung (Wertsteigerung) von Kapital. Dies bildet das wesentliche Abgrenzungsmerkmal von Portfolio- zu Direktinvestitionen.

Portfolioinvestitionen können vorliegen in Form von Aktien, Schuldverschreibungen (auch in Form von Anleihen), Geldmarktinstrumenten und Finanzderivaten, die auch eine Vielzahl neuer Finanzprodukte beinhalten können. Sobald eines dieser Instrumente die Kriterien der ausländischen Direktinvestitionen bezüglich der Kapitaltransaktionen erfüllt, bildet es einen Teil der ausländischen Direktinvestitionen.[144] Es ist beachtenswert, dass es im internationalen Investitionsschutzrecht keine Differenzierung mehr zwischen Direkt- und Portfolioinvestitionen gibt. Sowohl in den meisten BIT's als auch in der Praxis der internationalen Schiedsgerichte sind die Portfolioinvestitionen vom Internationalen Investitionsschutzrecht erfasst.[145] Ob Portfolioinvestitionen dem Kompetenzbereich der EU zuzuordnen sind, ist derzeit ungeklärt.

3. Zwischenfazit

Selbst wenn es an einer festgeschriebenen, klaren Definition von ausländischen Direktinvestitionen mangelt, haben sich in der Praxis bestimmte Merkmale herausgebildet, die auf das Vorliegen einer Direktinvestition schließen lassen. In der ICSID-Praxis hat sich die Anwendung des bereits geschilderten „*Salini-Tests*" durchgesetzt, wonach eine Direktinvestition vorliegt, wenn der Investor eigene Leistungen erbringt, ein Risiko eingeht, die Investition für eine gewisse zeitliche Dauer bestimmt ist und er mit seinem Investment zur wirtschaftlichen Entwicklung des Gaststaates beiträgt.[146]

Im Vergleich zu bilateralen Investitionsschutzabkommen (BIT's) wird die Definition einer Direktinvestition in der ICSID-Praxis enger ausgelegt. In den BIT's bestehen wesentlich mehr Varianten von „Investitionen", mit der Absicht möglichst viele wirtschaftliche Angelegenheiten zu erfassen. In der Mehrzahl werden

144 Communication from the European Community and its Member States, WTO Dok. WT/WGTI/W/115 vom 16.04.2002, Rn. 14 f.

145 Vgl. ICSID Case No. ARB/96/3, *Fedax N.V. v. The Republic of Venezuela*, 09.03.1998, Rn. 24 ff.

146 *Salini Costruttori S.p.A. and Italstrade S.p.A. v. Marocco*, ICSID Case No. ARB/00/4, 23.07.2001, Rn. 43 ff.

sogar Portfolioinvestitionen nicht aus dem Regelungsbereich ausgegliedert. Diese Ausdehnung spiegelt nicht die Praxis des ICSID und der europäischen Ebene wieder.

Europarechtlich ist die Definition von „Direktinvestitionen" enger gefasst, als es in vielen BIT's der Fall ist. In der Praxis des EuGH handelt es sich um eine ausländische Direktinvestition, wenn der Investor „eine Beteiligung an einer Gesellschaft mit Sitz in einem anderen Mitgliedstaat hält, die ihm einen solchen Einfluss auf die Entscheidungen der Gesellschaft verleiht, dass er deren Tätigkeiten bestimmen kann."[147] Portfolioinvestitionen, die nicht auf eine Einwirkung auf das Unternehmen abzielen, sondern die Realisierung einer Dividende verfolgen, werden aus dem Begriff der ausländischen Direktinvestitionen ausgeklammert.

Im Gegensatz zu den Begriffsbestimmungen der Direktinvestition der OECD und des IMF, die das Element des „Kontrollerwerbs" als entscheidend für das Vorliegen einer Direktinvestition bezeichnen, spricht der EuGH hier von einem „sicheren Einfluss" des Investors. Er präzisiert damit den Begriff „Kontrollerwerb", indem er feststellt, dass nicht die Beteiligungsquote, sondern der „sichere[r] Einfluss" für das Bestehen einer Direktinvestition relevant ist. Denn eine starre Grenze, ab wann von einem „Kontrollerwerb" gesprochen werden kann, ist kaum definierbar. Ungeachtet dessen spielt es bei ausländischen Direktinvestitionen eine größere Rolle, dass der Investor tatsächlich bei wichtigen Unternehmensentscheidungen ein Mitspracherecht besitzt. Wie bereits dargestellt, steuert der Investor bei einer Portfolioinvestition keine Unternehmenstätigkeiten. Wenn also eine Beteiligung keine Wirkung auf die Geschäftsprozesse nach sich zieht und kein Steuerungsmittel gegeben ist, liegt lediglich eine Portfolioinvestition vor.

Verschiedene WTO-Abkommen enthalten direkte oder indirekte Bestimmungen über Direktinvestitionen. Parallelen zu den Bestimmungen über die Niederlassungsfreiheit im Europarecht weist das GATS-Abkommen bei der sog. kommerziellen Präsenz auf, die von einer fünfzigprozentigen Beteiligung oder herrschendem Einfluss des Investors ausgeht. Das GATT und das TRIPS-Abkommen beinhalten keine unmittelbar investitionsrelevanten Regelungen. Das TRIMS-Abkommen regelt lediglich die Anwendung von handelsbezogenen

147 EuGH, C-446/04 (*Test Claimants in the FII Group Litigation v. Commissioners of Inland Revenue*), Urteil vom 12.12.2006, Slg. 2006, I-11814, Rn. 37; Nr. 30 der Schlussanträge des Generalanwalts Geelhoed zum Urteil vom 06.04.2006 in der Rechtssache C-446/06, Slg. 2006, I-11753 (*Test Claimants in the FII Group Litigation v. Commissioners of Inland Revenue*); EuGH, C-251/98 (*C. Baars v. Inspecteur der Belastingen Particulieren/Ondernemingen Gorinchem*), Urteil vom 13.04.2000, Slg. 2000, I-2805, Rn. 22.

Investitionsmaßnahmen. Zwar haben diese Abkommen keinen direkten Einfluss auf die Auslegung der Definition einer ausländischen Direktinvestition auf der Unionsebene, sie helfen jedoch dabei die Entwicklung und den Umfang der Unionskompetenzen bezüglich ausländischer Investitionen besser nachvollziehen zu können.

Die Definition einer ausländischen Investition ist für die Kompetenzreichweite der Europäischen Union elementar. So würde die Heranziehung der Begriffsbestimmungen der BIT's dazu führen, dass sowohl Direktinvestitionen als auch Portfolioinvestitionen umfasst werden. Die Rechtsprechung des EuGH und der Wortlaut des Art. 207 Abs. 1 AEUV bekräftigen jedoch, dass sich die Kompetenz der Union lediglich auf ausländische Direktinvestitionen beschränkt. Eine Ausdehnung dieser Definition würde die Kompetenzgrenzen der Europäischen Union überschreiten. In den kommenden Kapiteln dieser Arbeit wird noch einmal detaillierter auf die Kompetenzen der Union im Rahmen ausländischer Investitionen eingegangen.

II. Historische Entwicklung der Kompetenz der EU bei ausländischen Direktinvestitionen

1. Die Kompetenz der EG bei Auslandsinvestitionen vor dem 1/94 Gutachten

a. Vorschlag einer Verordnung zur Einführung eines gemeinschaftlichen Garantiesystems für Privatinvestitionen in dritten Ländern von 1972

Historisch gesehen entwickelte sich die Kompetenz der Europäischen Union für ausländische Direktinvestitionen bereits seit dem Jahr 1972.[148] Am 29. Dezember 1972 legte die Kommission der Europäischen Wirtschaftsgemeinschaft dem Rat den Vorschlag einer Verordnung zur Einführung eines gemeinschaftlichen Garantiesystems für Privatinvestitionen in Drittländern vor.[149] Dieser sah die Gründung eines Europäischen Garantieamts für Privatinvestitionen vor. Angedacht war, dass dieser gemeinsamen Versicherungsinstitution nicht nur die EG Staaten, sondern auch die OECD Staaten angehören sollten. Die Verordnung sollte insbesondere

148 Vgl. *S. L. E. Johannsen*, Die Kompetenz der Europäischen Union für ausländische Direktinvestitionen nach dem Vertrag von Lissabon, in: Tietje/Kraft/Lehmann (Hrsg.), Beiträge zum Transnationalen Wirtschaftsrecht, 90 (August 2009), S. 5.

149 Europäisches Parlament, Sitzungsdokumente 1972/1973, Dokument 290/72 vom 08.03.1973, BT-Drucks. 7/145 vom 07.02.1973; vgl. *I. Seidl-Hohenveldern*, Versicherung nichtkommerzieller Risiken und die Europäische Gemeinschaft, 1977, S. 57 ff.

zur Verbesserung der Lage in kleineren Industriestaaten beitragen, die sich bisher keine staatlich abgesicherte Versicherung gegen nichtkommerzielle Risiken leisten konnten.[150]

Gemäß Art. 9 dieser Verordnung, setzt die Gewährung einer solchen Garantie für nichtkommerzielle Risiken ein Investitionsschutzabkommen der Europäischen Gemeinschaft mit dem Gaststaat der Auslandsinvestition voraus. Die Kompetenz der Europäischen Gemeinschaft sollte auf Art. 113 des EWG-Vertrages, der Gemeinsamen Handelspolitik, beruhen. Somit ließ die Kommission die indirekte Andeutung fallen, dass diese Art von Investitionen nicht unter die Vorschriften des Kapitalverkehrs fallen sollte.[151] Letztendlich wurde diese Idee jedoch verworfen. Die Gründung eines neuen Organs auf europäischer Ebene wurde als überflüssig angesehen, da die nationalen Investitionsversicherungen ausreichend seien.[152]

b. „Uruguay-Runde"

Am 29. November 1982 wurde die achte Handelsrunde des GATT von den Ministern der Vertragsparteien in Uruguay eröffnet. Mit dem Abkommen der Uruguay-Runde wurden strukturelle Änderungen am GATT vorgenommen, obwohl die Gründung einer Welthandelsorganisation (WTO) im Vorfeld nicht als Ziel des Treffens galt.[153] Dem zum Trotze entstand hieraus die Welthandelsorganisation mit eigener Rechtspersönlichkeit.[154] Aus der Perspektive der EG spielte dies eine wichtige Rolle. Obwohl die Europäische Gemeinschaft dem GATT nie formell beitrat, ging ihre Rolle in selbigem über die einer reinen Mitgliedschaft *de facto* hinaus.[155] So übernahm sie immer stärker die Funktion der Mitgliedstaaten. Diese Rollenzuordnung wurde von den anderen Vertragsparteien des GATT akzeptiert. Der Vorgang hatte zur Folge, dass die Europäische Gemeinschaft ebenfalls *de jure* zur Vertragspartei wurde. Daneben behielten die Mitgliedstaaten der EG ihre vorherige Stellung im GATT.[156]

---

150 Vgl. *Seidl-Hohenveldern*, ebd., S. 60.

151 *Seidl-Hohenveldern*, ebd., S. 59.

152 Vgl. *Seidl-Hohenveldern*, ebd., S. 59; *Johannsen* (Fn. 148), S. 6.

153 Vgl. *G. M. Berrisch*, Neuerungen im Außenhandelsrecht der Gemeinschaft – Die Umsetzung der multilateralen Handelsabkommen der Uruguay-Runde, S. 3, unter: http://europainstitut.de/fileadmin/schriften/327.pdf, letzter Stand: 08.01.2013.

154 Abkommen zur Errichtung der Welthandelsorganisation (WTO-Übereinkommen) vom 15.04.1994, Abl. 1994 L/336/3, Art. VIII (1).

155 Vgl. *G. M. Berrisch*, Der Völkerrechtliche Status der Europäischen Wirtschaftsgemeinschaft im GATT, 1992, S. 227 ff.

156 Vgl. *Berrisch*, ebd., S. 227 ff.; *ders.* (Fn. 153), S. 4 f.

Art. XI des WTO-Übereinkommens bestimmt, dass die Vertragsparteien des GATT, darunter also auch die Europäische Union, zu den Mitgliedern der WTO zählen. Laut Art. XIV ist die EU befähigt das WTO-Übereinkommen anzunehmen. Demzufolge ist der Status der Europäischen Union offiziell.[157] Zusätzlich haben auch ihre Mitgliedstaaten das Abkommen ratifiziert. In der Unterzeichnung des WTO-Übereinkommens durch Union und Mitgliedstaaten liegt die Ursache für die herrschende geteilte Zuständigkeit.

In der mehrere Jahre andauernden Uruguay-Runde wurden im Bereich der ausländischen Direktinvestitionen kaum Fortschritte in Form klarer Regelungen erzielt.[158] Bereits vor ihrer Einberufung bestand zwischen Kommission und Mitgliedstaaten ein unterschiedliches Verständnis darüber, ob der Kommission eine ausschließliche Kompetenz für den Vertragsabschluss in der Außenhandelspolitik zusteht, welche die Entscheidungsbefugnis für ausländische Direktinvestitionen als logische Folge einschließen würde. Die Kommission untermauerte ihre Position mit der Begründung, dass eine wirkungsvolle Repräsentation der Mitgliedstaaten nur durch ihre ausschließliche Kompetenz zu erreichen sei.[159] Diese ergebe sich bereits aus der handelspolitischen Zuständigkeit der Kommission.[160] Acht der zwölf damaligen Mitgliedstaaten der Gemeinschaft, darunter auch Deutschland, vertraten einen anderen Standpunkt. Danach sollten die Regelungen des WTO-Abkommens der nationalen Zuständigkeit der Mitgliedstaaten unterliegen. Bei diesen Bestimmungen handelte es sich um die Liberalisierung von Dienstleistungen durch das GATS und die Ausdehnung des Schutzes des Geistigen Eigentums durch das TRIPS. Aufgrund dieser Uneinigkeit forderte die Kommission vom EuGH ein Gutachten an.[161]

2. Verneinung der Kompetenz der EG für ausländische Direktinvestitionen durch den EuGH im Gutachten 1/94

Die Kommission reichte beim Gerichtshof einen Antrag auf Gutachtenerstellung gemäß Artikel 228 Abs. 6 des EG-Vertrags (ex. Art. 300 Abs. 6 EGV, jetzt Art. 218 AEUV) ein. Das Schreiben bat um Klärung der Frage, ob der Gemeinschaft für

---

157 Vgl. *Berrisch*, ebd., S. 5.

158 Vgl. *H. G. Krenzler/H. da Fonseca-Wollheim*, Die Reichweite der gemeinsamen Handelspolitik nach dem Vertrag von Amsterdam – eine Debatte ohne Ende?, EuR 2 (1998), S. 223 (226).

159 Vgl. *J. Karl*, The Competence for Foreign Direct Investment – New Powers for the European Union, JWIT 5 (2004), S. 413 ff.

160 Vgl. *Johannsen* (Fn. 148), S. 6.

161 *Johannsen*, ebd.

den Abschluss multilateraler Handelsübereinkünfte eine ausschließliche Zuständigkeit zukomme. Es wurde die Frage formuliert, ob die Gemeinschaft nach Artikel 113 EG-Vertrag (ex. Art. 133 EGV, jetzt Art. 207 AEUV) aufgrund der Parallelität von internen und externen Zuständigkeiten oder nach den Artikeln 100a (ex. Art. 95 EGV, jetzt 114 AEUV) bzw. 235 EG-Vertrag (ex. 308 EGV, jetzt 352 AEUV) eine ausschließliche Zuständigkeit für den Abschluss des Allgemeinen Abkommens über den Dienstleistungsverkehr (GATS) und des Abkommens über handelsbezogene Aspekte der Rechte an geistigem Eigentum, einschließlich des Handels mit nachgeahmten Waren (TRIPS), besitzt.[162]

a. *Zuständigkeit zum Abschluss des GATS-Abkommens*

Der EuGH machte in seinem Gutachten vom 15. November 1994 deutlich, dass der Begriff der Handelspolitik den Warenhandel und die grenzüberschreitende Erbringung von Dienstleistungen umfasst. Dienstleitungen werden hierbei an einen Empfänger außerhalb des Landes erbracht, in dem der Dienstleister seinen Firmensitz hat. Im aufgeführten Fall begibt sich also weder der Erbringer in das Empfängerland noch umgekehrt.

Der EuGH begründete die Zuordnung der grenzüberschreitenden Dienstleistungen in die Handelspolitik mit der Ähnlichkeit zur Situation des Warenverkehrs.[163] Allerdings zählte der EuGH die Erbringungsweisen der Dienstleistungen, die im Rahmen des GATS als „Auslandserbringung“, „gewerbliche Niederlassung“ und „Niederlassung natürlicher Personen“ bezeichnet werden, nicht zur gemeinsamen Handelspolitik. Diese Schlussfolgerung zog der EuGH, weil „die Behandlung von Angehörigen dritter Länder bei Überschreiten der Außengrenzen der Mitgliedstaaten, nicht als unter die gemeinsame Handelspolitik fallend angesehen werden kann“.[164]

Folglich schloss der EuGH die gewerbliche Niederlassung, auch kommerzielle Präsenz (*Commercial presence*) (vgl. Art. I:2 lit. c, XXVIII lit. d des GATS) genannt, von der Gemeinsamen Handelspolitik aus. Demnach besitzt die EG-Kommission (heute EU-Kommission) auch für ausländische Direktinvestitionen keine ausschließliche externe Kompetenz, da dieser Rechtsbereich des GATS Auslandsinvestitionen betrifft.

---

162 EuGH, Gutachten 1/94 (*Zuständigkeit der Gemeinschaft für den Abschluss völkerrechtlicher Abkommen auf dem Gebiet der Dienstleistungen und des Schutzes des geistigen Eigentums – Verfahren des Artikels 228 Absatz 6 EG-Vertrag*), Gutachten vom 15.11.1994, Slg. 1994, I-5267, Rn. 1.

163 Ebd., Rn. 27, 44.

164 Ebd., Rn. 46, 47.

Die Kommission führte zur ausschließlichen Zuständigkeit für den Abschluss des GATS zudem aus, dass die Befugnisse zum Erlass von Maßnahmen auf interner Ebene, in den Kapiteln über das Niederlassungsrecht, den freien Dienstleistungsverkehr und den Verkehr, niedergelegt seien. Aus diesen internen Befugnissen folge ausschließliches externes Recht.[165]

Im AETR-Urteil führte der EuGH aus, dass „sich die Zuständigkeit der Gemeinschaft auf Beziehungen erstreckt, die dem internationalen Recht unterliegen und [...] damit insoweit die Notwendigkeit [einschließt], mit den beteiligten dritten Ländern Abkommen zu schließen".[166] Im Gegenzug hob er im Gutachten 1/94 hervor, dass die Kapitel über das Niederlassungsrecht und den freien Dienstleistungsverkehr keine Bestimmungen enthalten, welche die Zuständigkeit der Gemeinschaft ausdrücklich auf „Beziehungen [...], die dem internationalen Recht unterliegen", ausweiten. Der EuGH verneinte es, aus diesen Kapiteln eine ausschließliche Zuständigkeit der Gemeinschaft abzuleiten, mit Drittstaaten ein Abkommen zur Liberalisierung der ersten Niederlassung und des Zugangs zu den Märkten für andere Dienstleistungen als diejenigen, die Gegenstand einer grenzüberschreitenden Erbringung im Sinne des GATS sind und unter Artikel 113 EG-Vertrages (ex. Art. 133 EGV, jetzt Art. 207 AEUV) fallen zu schließen.[167] Eine stillschweigende Kompetenz der EG (heute EU) kann aus dem Grundsatz der Parallelität der Außen- und Innenkompetenz zur Verfolgung von Gemeinschaftszielen, wie in der AETR-Entscheidung[168] bemerkt, nicht begründet werden.

Weiterhin berief sich die Kommission auf das Gutachten 1/76. Dabei führte sie an, dass „die ausschließliche externe Zuständigkeit der Gemeinschaft nicht auf die Fälle beschränkt sei, in denen von der internen Zuständigkeit bereits zum Erlass von Maßnahmen im Rahmen der Verwirklichung gemeinsamer Politiken Gebrauch gemacht worden sei."[169] Nach dem Gutachten 1/76 des EuGH „[ergibt] sich eine Zuständigkeit der Gemeinschaft zur Eingehung völkerrechtlicher Vorschriften nicht nur aus der ausdrücklichen Verleihung durch den Vertrag [...], sondern [kann] die internationale Zuständigkeit der Gemeinschaft auch stillschweigend aus diesen Bestimmungen hergeleitet werden."[170]

165 Ebd., Rn. 74.

166 EuGH, Rechtssache 22/70 (*Kommission/Rat*), Urteil vom 31.03.1971, (Europäisches Übereinkommen über Straßenverkehr), Slg. 1971, 00263, Rn. 23/29.

167 EuGH, Gutachten 1/94 (*WTO*) vom 15.11.1994, Rn. 81.

168 EuGH, Rechtssache 22/70 (*Kommission/Rat*), Urteil vom 31.03.1971, Slg. 1971, 00263, Rn. 15/19.

169 EuGH, Gutachten 1/94 (*WTO*), Gutachten vom 15.11.1994, Rn. 82.

170 EuGH, Gutachten 1/76 (*Gutachten erstattet aufgrund von Artikel 228, Absatz 1, Unterabsatz 2 des EWG Vertrages – Entwurf zu einem Übereinkommen über die Er-*

Im Gutachten 1/94 wird hingegen klargestellt, dass es sich im Gutachten 1/76 um ein anderes Problem handelte, als es sich beim GATS darstellt. Im letztgenannten Gutachten wird die Sanierung der wirtschaftlichen Situation der Binnenschifffahrt behandelt. Dieses Ziel ließ sich aufgrund der traditionellen Teilnahme von Schiffen aus der Schweiz (und damit aus einem Nichtmitgliedsstaat) an der Schifffahrt auf den betroffenen Wasserstraßen nicht durch die Einführung autonomer gemeinsamer Regeln erreichen. Es war deshalb notwendig die Schweiz, als Nichtmitgliedstaat, durch eine völkerrechtliche Vereinbarung an die geplante Regelung zu binden.[171] Dies hatte eine externe Zuständigkeit der Gemeinschaft zur Folge, ohne die vorige Verabschiedung eines internen Rechtsakts. Diese Notwendigkeit begründete eine ausschließliche Zuständigkeit der EG.[172]

Die Kommission berief sich außerdem auf Artikel 100a und 235 des EG-Vertrags als Grundlage für eine ausschließliche externe Zuständigkeit. Der EuGH schloss jedoch aus, dass eine Zuständigkeit für die Harmonisierung auf interner Ebene, die nicht in einem bestimmten Bereich ausgeübt wurde, an dieser Stelle zur Schaffung einer ausschließlichen externen Zuständigkeit zugunsten der Gemeinschaft führen kann. Dieser Ausschluss sollte ungeachtet der Tatsache bestehen, dass durch auf diese Weise erlassene Harmonisierungsmaßnahmen der Gemeinschaft die Freiheit der Mitgliedstaaten mit Drittstaaten zu verhandeln begrenzt oder sogar beseitigt. Eine solche ausschließliche Zuständigkeit der Gemeinschaft auf internationaler Ebene kann auch nicht aus Artikel 235 des EG-Vertrages abgeleitet werden.[173]

Im Ergebnis ist damit festzuhalten, dass sich die Gemeinschaft ihre Zuständigkeit für den Abschluss des GATS mit den Mitgliedstaaten teilt.

b. Zuständigkeit zum Abschluss des TRIPS-Abkommens

Obwohl das TRIPS-Abkommen bezüglich Investitionen keine direkten Formulierungen enthält, erscheint eine Kompetenzklärung notwendig. Die Frage nach der Befugnis ist ein maßgeblicher Part, da im TRIPS-Abkommen Know-how geschützt ist, welches als Einsatz des Investors eine charakteristische Eigenschaft einer Investition darstellen kann.[174]

---

richtung eines europäischen Stilllegungsfonds für die Binnenschifffahrt), Gutachten vom 26.04.1977, Slg. 1977, 00741, Rn. 3.

171 Ebd., Rn. 2.

172 EuGH, Gutachten 1/94 (*WTO*), Gutachten vom 15.11.1994, Rn. 85.

173 Ebd., Rn. 88 f.

174 Vgl. *Johannsen* (Fn. 148), S. 8; *ders.* (Fn. 12), S. 18, 32; *Salini Costruttori S.p.A. and Italstrade S.p.A. v. Marocco,* ICSID Case No. ARB/00/4, 23.07.2001, Rn. 53.

Als Grundlage für eine ausschließliche Zuständigkeit der Gemeinschaft für den Abschluss des TRIPS nennt die Kommission das AETR-Urteil. Im Speziellen finden die hier enthaltenen Rechtsakte des abgeleiteten Rechts Erwähnung, die beeinträchtigt sein könnten, wenn die Mitgliedstaaten am Abschluss eines Abkommens mitwirken. Des Weiteren berief sich die Kommission auf die sogenannte Gutachten 1/76-Doktrin – insbesondere auf die Notwendigkeit für die Gemeinschaft sich zur Verwirklichung der im Vertrag festgeschriebenen Ziele am Abkommen beteiligen zu können – sowie auf Artikel 100a und 235 des EGV.[175]

Die Berufung auf das Gutachten 1/76 bezüglich des TRIPS wurde vom EuGH als wenig überzeugend angesehen, da die Vereinheitlichung oder Harmonisierung des Schutzes des geistigen Eigentums im Rahmen der Gemeinschaft nicht unbedingt durch Abkommen mit Drittstaaten gewahrt werden müsse, um praktisch wirksam zu sein. Daneben würden auch die Artikel 100a und 235 EG-Vertrag keine alleinige Befugnis zugunsten der Gemeinschaft begründen.[176]

Der EuGH prüfte daher nur die Berufung der Kommission auf das AETR-Urteil detailliert. Hierbei musste die Aussage getroffen werden, ob die im Rahmen der Gemeinschaft erlassenen Rechtsakte des abgeleiteten Rechts im Sinne des AETR-Urteils beeinträchtigt sein können, wenn die Mitgliedstaaten am Abschluss des TRIPS mitwirken. Der EuGH erinnerte daran, dass in bestimmten vom TRIPS erfassten Bereichen, im Rahmen der Gemeinschaft lediglich eine teilweise Harmonisierung realisiert wurde und es auf anderen Gebieten an einer solchen Umsetzung mangele. Zum Beispiel beschränke sich die Richtlinie 89/104/EWG des Rates vom 21. Dezember 1988[177] auf die Angleichung der nationalen Rechtsvorschriften, „die sich am unmittelbarsten auf das Funktionieren des Binnenmarktes auswirken". Für andere im TRIPS befindlichen Zweige, wie z. B. des Schutzes vertraulicher technischer Informationen der gewerblichen Muster und der Patente, seien keine gemeinschaftlichen Harmonisierungsmaßnahmen erlassen worden.[178]

Einige Mitgliedstaaten gaben eine Stellungnahme zur Zuständigkeit der Gemeinschaft für den Abschluss des TRIPS-Abkommens ab. Nach ihrer Auffassung sind nachfolgende Bestimmungen des TRIPS dem Verantwortungsbereich der Mitgliedstaaten zuzuordnen: Maßnahmen zum wirksamen Schutz der geistigen Eigentumsrechte, wie die Sicherstellung eines gerechten und billigen Verfahrens,

---

175 EuGH, Gutachten 1/94 (*WTO*), Gutachten vom 15.11.1994, Rn. 99.

176 Ebd., Rn. 100 f.

177 Richtlinie 89/104/EWG des Rates vom 21. Dezember 1988 zur Angleichung der Rechtsvorschriften der Mitgliedstaaten über die Marken, ABl. 1989, L 40, S. 1.

178 EuGH, Gutachten 1/94 (*WTO*), Gutachten vom 15.11.1994, Rn. 103.

die Vorschriften über die Beschaffung von Beweismitteln, das Recht zur Äußerung, die Begründung der Entscheidungen, das Klagerecht, die einstweiligen Maßnahmen und der Schadensersatz. Der EuGH folgte diesem Ansatz nicht. Er unterstrich, dass die Gemeinschaft eine Zuständigkeit für die Harmonisierung von nationalen Vorschriften in Bereichen besitzt, soweit sich diese nach Artikel 100 EG-Vertrag, „unmittelbar auf die Errichtung oder das Funktionieren des Gemeinsamen Marktes auswirken".[179]

Nach dem Prüfungsergebnis des EuGH ist der Kompetenzbereich für den TRIPS-Abschluss zwischen Mitgliedstaaten und Gemeinschaft zu teilen.

3. Die Entwicklung der Kompetenz der EG nach dem Vertrag von Amsterdam

Das Gutachten 1/94 des EuGH war Anlass einer Vielzahl von Diskussionen. Einerseits wurde es als Beeinträchtigung der Außenkompetenz der EG angesehen.[180] Anderseits stärkte die Erhaltung der Weiterbeteiligung der nationalen Parlamente die Legitimation des WTO-Übereinkommens.[181] Nach einer Lösung für die Kompetenzfragen der Gemeinschaft wurde dagegen weiter gesucht. Im Anschluss an die Regierungskonferenz der EG vom 05. Dezember 1996 wurde im sogenannten „Dublin II" Dokument die Einführung des Artikels 113a EGV vorgeschlagen.[182] Dieser sah eine Erweiterung der Gemeinsamen Handelspolitik um den Schutz geistigen Eigentums und Dienstleistungen vor. Es wurde eine ausdrückliche Kompetenz für ausländische Direktinvestitionen festgesetzt.[183] So sollte auch der EG eine effiziente Teilnahme an den WTO-Verhandlungen ermöglicht werden, da nur wenige Tage nach der Regierungskonferenz die WTO-Ministerkonferenz in Singapur veranstaltet wurde. Eine separate Arbeitsgruppe wurde beauftragt, die Beziehung zwischen Auslandsinvestitionen und Handel zu untersuchen.[184] An diesem Punkt ist eine gewisse Analogie zwischen dem Versuch der Kompetenzausweitung der EG auf Auslandsinvestitionen und den Themengebieten der Verhandlungen im Rahmen der WTO-Ministerkonferenz erkennbar.

179 Ebd., Rn. 104.

180 Vgl. *Johannsen* (Fn. 148), S. 8; *Krenzler/da Fonseca-Wollheim* (Fn. 158), S. 223 (227 f.).

181 Vgl. *M. Hilf*, EG-Außenkompetenzen in Grenzen, EuZW 1 (1995), S. 7 (8).

182 The European Union today and tomorrow, CONF 2500/96 vom 05.12.1996 "Dublin II", S. 80.

183 Ebd.

184 Ministerial Declaration of Singapore, WTO Doc. WT/MIN(96)/DEC, 13.12.1996, Rn. 20.

Die Mitgliedstaaten sollten ihre „interne Kompetenz“ gemäß Art. 113a Abs. 6 nicht an die Gemeinschaft übergeben.[185] Zielsetzung des Kommissionsvorschlags war die Beseitigung von Handelshemmnissen in Drittstaaten bei Dienstleistungen sowie der Schutz von geistigem Eigentum und ausländischen Direktinvestitionen.

Auf der Tagung des Europäischen Rats am 13. und 14. Dezember 1996 in Dublin wurde der Vorschlag der Einführung des Art. 113a EGV seitens der Staats- und Regierungschefs nicht mehr diskutiert. Die Thematik kam erst im März 1997 wieder auf. Statt die Einführung des Art. 113a EGV voranzutreiben, sollte Art. 113 EGV durch einen neuen Abs. 5 auf Dienstleistungen und den Schutz der Rechte am geistigen Eigentum ergänzt werden. Direktinvestitionen waren darin nicht mehr vorgesehen.[186] Der endgültige Entwurf vom 30. Mai 1997 von dem Europäischen Rat in Amsterdam umfasste unter anderem diesen neuen Absatz 5, der eine Gemeinschaftszuständigkeit für internationale Verhandlungen und Abkommen schaffen sollte. Weiterhin beinhaltete der Entwurf ein Protokoll zu Art. 113 Abs. 5 EGV, das die Aufzählung der Ausnahmen wiedergab, welche sich bereits aus dem EG-Vertrag oder WTO-Abkommen ergaben. Zusätzlich war ein Protokoll bezüglich Art. 113 EGV vorgesehen, welches für eine entsprechende Transparenz sorgen sollte.[187]

Die neuen Vorschläge wurden im Vertrag von Amsterdam wegen der Ablehnung der Kompetenzausweitung im Bereich der Außenhandelspolitik durch die Mitgliedstaaten (insbesondere durch Frankreich) nicht aufgenommen.[188] Die Mitgliedstaaten lehnten weitere Eingriffe in ihre Souveränität kategorisch ab. Immerhin kam es in Amsterdam zu der Entscheidung, einen Absatz 5 zu Art. 113 EGV aufzunehmen. So konnte der Rat auf Vorschlag der Kommission und nach Anhörung des Europäischen Parlaments per einstimmigen Beschluss eine Kompetenzausweitung auf die internationalen Verhandlungen über Dienstleistungen und Rechte des geistigen Eigentums ohne eine neue Regierungskonferenz und anschließende Ratifizierung durch die Mitgliedstaaten erwirken.[189] Diese Zuständigkeit der EG war nicht nur für die Aushandlung, sondern auch

185 The European Union today and tomorrow, CONF 2500/96 vom 05.12.1996 "Dublin II", S. 78.

186 Vgl. *Krenzler/da Fonseca-Wollheim* (Fn. 158), S. 223 (237).

187 *Krenzler/da Fonseca-Wollheim*, ebd., S. 237 f.

188 Vgl. *Schmitt* (Fn. 2), S. 33.

189 Vertrag von Amsterdam zur Änderung des Vertrags über die Europäische Union, der Verträge zur Gründung der Europäischen Gemeinschaften sowie einiger damit zusammenhängender Rechtsakte, Abl. C 340, vom 10.11.1997, Art. 113.

für den Abschluss der Übereinkünfte gedacht.[190] Die Debatte über die geteilte Zuständigkeit zwischen der Europäischen Gemeinschaft und den Mitgliedstaaten für Dienstleistungen und das Recht des geistigen Eigentums konnte durch diese Entwicklung nicht entscheidend beruhigt werden. Die Mitgliedstaaten behielten auch nach dem Vertrag von Amsterdam ihre Zuständigkeit für ausländische Direktinvestitionen, da diese nicht der Gemeinsamen Handelspolitik zugeordnet waren.

4. Die Kompetenzentwicklung der EG nach dem Vertrag von Nizza

Nachdem die Kompetenzausdehnung der EG zugunsten einer Gemeinsamen Handelspolitik mit dem Amsterdamer Vertrag nicht beschlossen wurde, kam die Frage der materiellen Ausweitung der Kompetenzreichweite der Gemeinsamen Handelspolitik bei der Regierungskonferenz von Nizza wieder auf. Dabei blieb die Zielsetzung unverändert, ausländische Direktinvestitionen in den Bereich der gemeinsamen Handelspolitik miteinzubeziehen. Der in dem Vertrag von Amsterdam vom 10. November 1997 eingefügte Artikel 113 EGV wurde mit dem Vertrag von Nizza vom 10. März 2001 als Art. 133 EGV neu gefasst. Dabei wurde Absatz 5 des Art. 133 EGV vollständig umformuliert. Im ersten Unterabsatz wurden Aushandlung und Abschluss der Abkommen betreffend den Handel mit Dienstleistungen und der Handelsaspekte des geistigen Eigentums, soweit diese bereits von den Absätzen 1 bis 4 genannt waren, vorgesehen.[191]

Nach Art. 133 Abs. 1 EGV waren sogar Maßnahmen der Mitgliedstaaten auf dem Gebiet der gemeinsamen Handelspolitik grundsätzlich nicht mehr zulässig.[192] Nach Absatz 4 musste der Rat die Ausübung der in diesem Artikel übertragenen Befugnisse mit einer qualifizierten Mehrheit bestimmen. Im Umkehrschluss zog dies nach sich, dass die Realisierung von Abkommen auf dem Gebiet des Handels mit Dienstleistungen und der Handelsaspekte des geistigen Eigentums keine Einstimmigkeit im Rat mehr benötigten. Folglich war auch eine erforderliche Ratifikation für die genannten Abkommen durch die Mitgliedstaaten hinfällig. Die Übereinkünfte wurden somit nicht mehr als „gemischte Abkommen" geschlossen.

---

190 Vgl. *Krenzler/da Fonseca-Wollheim* (Fn. 158), S. 223 (239).

191 Vertrag von Nizza zur Änderung des Vertrags über die Europäische Union, der Verträge zur Gründung der Europäischen Gemeinschaften sowie einiger damit zusammenhängender Rechtsakte, Abl. C 80/16, vom 10.03.2011, Art. 133.

192 Vgl. *C. Calliess/M. Ruffert*, EUV/EGV-Kommentar, 2007, Art. 133 Rn. 17.

Es wurde die Basis für eine ausschließliche Kompetenz der Gemeinschaft geschaffen.[193]

Es liegt die Vermutung nahe, dass die Europäische Gemeinschaft eine ausschließliche Kompetenz für den Abschluss der Abkommen im Sinne des Gutachtens 1/94 erworben hat. Allerdings war der im Gutachten 1/94 beschriebene Dienstleistungsbegriff des GATS viel weiter gefasst, als der Begriff der Dienstleistungen im Sinne des EG-Vertrages. Zur Begriffsbestimmung des GATS zählen die „gewerbliche Niederlassung", die „Auslandserbringung" und die „Niederlassung natürlicher Personen". Der EG-Vertrag unterscheidet dagegen zwischen den Dienstleistungen und der Niederlassung, die in verschiedenen Artikeln geregelt sind. Aufgrund dieser Tatsache ist die ausschließliche Kompetenz der Gemeinschaft für ausländische Direktinvestitionen, die der Niederlassungsfreiheit unterfallen, zu verneinen.[194]

Ebenfalls wies Art. 133 Abs. 5 Unterabsatz 1 des EGV der Gemeinschaft die (Außen-) Kompetenz für Dienstleistungen und Handelsaspekte des geistigen Eigentums zu. Dabei wurde allerdings wegen der in Abs. 5 UAbs. 4, Abs. 6 UAbs. 1 und 2 genannten Ausnahmen, ausdrücklich die gemischte Zuständigkeit bestätigt.[195] Die Bestimmung des letztgenannten Unterabsatzes tangierte nur solche Verträge über den Handel mit Dienstleistungen bzw. die Handelsaspekte des geistigen Eigentums, die nicht von Art. 133 Abs. 1–4 EGV erfasst waren. Grund dafür war Abs. 5 Art. 133 EGV, der nur solche Arten regelte, die nicht in den Anwendungsbereich der ersten vier Absätze fielen. Danach stand den Mitgliedstaaten weiterhin das Recht zu, mit Drittländern oder internationalen Organisationen Vereinbarungen auf dem Gebiet der Dienstleistungserbringung in Form der Auslandserbringung, gewerblichen Niederlassung und der Niederlassung natürlicher Personen zu schließen. Dies gilt gleichlautend für die Handelsaspekte des geistigen Eigentums, welche nicht der ausschließlichen Kompetenz der EG zugeordnet sind.

Mitgliedstaaten können ausschließlich dann Verträge in den genannten Bereichen unterzeichnen, wenn diese mit den gemeinschaftlichen Rechtsvorschriften und anderen internationalen Abkommen im Einklang stehen.[196] Des Weiteren können Beibehaltung und Vertragsabschluss nach dem Maßstab der AETR-Doktrin nur vollzogen werden, wenn die Gemeinschaft die von einem solchen

193 Vgl. *H. G. Krenzler/C. Pitschas*, Fortschritt oder Stagnation?, EuR 3 (2001), S. 442 (451).

194 Vgl. *Johannsen* (Fn. 148), S. 9.

195 Vgl. *Calliess/Ruffert* (Fn. 192), Art. 133 Rn. 15.

196 Vgl. *Krenzler/Pitschas* (Fn. 193), S. 442 (455).

Übereinkommen geregelten Gebiete noch nicht aufgrund interner Vorschriften harmonisiert hat. Im Falle einer Harmonisierung erlangt die Gemeinschaft die alleinige Zuständigkeit.[197] Bis dato wurde eine solche im Dienstleistungsbereich in Form der Auslandserbringung, gewerblichen Niederlassung oder der Niederlassung natürlicher Personen noch nicht realisiert, sodass von einer gemischten Zuständigkeit zwischen Gemeinschaft und Mitgliedstaaten für die drei genannten Dienstleistungserbringungsformen auszugehen ist.

5. Die Entwicklung der Kompetenz der EU nach dem Entwurf des Verfassungsvertrags

Der Vertrag über eine Verfassung für Europa[198] sah viele Neuerungen in der gemeinsamen Handelspolitik vor. Nachdem die Kompetenz der Gemeinschaft im Vertrag von Nizza nicht auf ausländische Direktinvestitionen ausgeweitet wurde, empfahl der Europäische Konvent diese in die gemeinsame Handelspolitik einzuschließen.[199] Durch den vom Europäischen Rat von Laeken im Dezember 2001 ins Leben gerufenen Konvent sollte die innereuropäische Kompetenzfrage verdeutlicht und vereinfacht werden.[200]

Im später folgenden Dokument CONV 707/03 offenbarten sich die diesbezüglichen herrschenden Meinungsverschiedenheiten. Einige Konventsmitglieder wollten die Aufnahme der ausländischen Direktinvestitionen aus den Artikeln 23 und 24 mit der Begründung streichen, dass dieser Bereich nicht zur gemeinsamen Handelspolitik gehöre.[201] Mit der gleichen Begründung wurde von einigen Mitgliedstaaten auch im Dokument CONV 821/03 vom 27. Juni 2003 eine Streichung verlangt.[202]

Trotz dieser Einwände wurde die gemeinsame Handelspolitik in ihrer Endfassung des Vertrags über eine Verfassung für Europa auf ausländische Direktinvestitionen ausgedehnt. Gemäß Art. I-13 Abs. 1 e) EVV obliegt die gemeinsame Handelspolitik der alleinigen Verantwortung der Union. Die Einführung dieser

---

197 *Krenzler/Pitschas*, ebd.; *C. Herrmann*, Vom misslungenen Versuch der Neufassung der gemeinsamen Handelspolitik durch den Vertrag von Nizza, EuZW 9 (2001), S. 269 (272).

198 Vertrag über eine Verfassung für Europa, vom 16.12.2004, Abl. 2004 C 310/1.

199 Europäischer Konvent, CONV 685/03, vom 23.04.2003, S. 52, Art. 24 Abs. 1; Vgl. *Johannsen* (Fn. 148), S. 9.

200 Erklärung von Laeken zur Zukunft der Europäischen Union vom 15.12.2001, Dok. Nr. SN 300/1/01, REV 1, S. 3.

201 Europäischer Konvent, CONV 707/03 vom 09.05.2003 (14.05), S. 7.

202 Europäischer Konvent, CONV 821/03 vom 27.06.2003, S. 125.

Vorschrift dokumentiert den Versuch, die AETR-Rechtsprechung des EuGH über implizite Vertragsschlusskompetenzen der Europäischen Gemeinschaft zu kodifizieren.[203]

Art. III-315 EVV bezieht ausländische Direktinvestitionen in den Bereich der gemeinsamen Handelspolitik ein. Demnach besitzt die Europäische Union nach dem Vertrag über eine Verfassung für Europa die ausschließliche Kompetenz für ausländische Direktinvestitionen. In diesem Kontext ist Art. III-315 Abs. 4 EVV hervorzuheben. Nach diesem beschließt der Rat einstimmig über die Aushandlung und den Abschluss eines Abkommens über den Dienstleistungsverkehr oder über Handelsaspekte des geistigen Eigentums sowie über ausländische Direktinvestitionen, wenn Bestimmungen aufgeführt sind, bei denen für die Annahme interner Vorschriften auch Einstimmigkeit erforderlich ist.

Es ist zu klären, welche Rechtsgrundlagen mit dem Bereich der ausländischen Direktinvestitionen im Binnenverhältnis übereinstimmen.[204] Wie oben dargelegt, macht ein Investor dann von der Niederlassungsfreiheit Gebrauch, wenn er „eine Beteiligung an einer Gesellschaft mit Sitz in einem anderen Mitgliedstaat hält, die ihm einen solchen Einfluss auf die Entscheidungen der Gesellschaft verleiht, dass er deren Tätigkeiten bestimmen kann."[205] Da aber der Vertrag über eine Verfassung für Europa keine Vorschriften bezüglich der Niederlassungsfreiheit enthält, die eine Einstimmigkeit durch den Rat vorsehen, besteht hier kein Einstimmigkeitserfordernis.[206]

Als weiterer Anhaltspunkt für die Frage der Übereinstimmung der Rechtsgrundlagen im Binnenverhältnis mit dem Bereich der ausländischen Direktinvestitionen, kommt die Kapitalverkehrsfreiheit in Betracht. Im Falle einer Beteiligung von Investoren an einer Gesellschaft, die diesen „nicht einen gewissen Einfluss auf die Entscheidungen der Gesellschaft verleiht und deren

---

203 Vgl. *C. Herrmann*, Das auswärtige Handeln der Union, in: Jopp/Matl (Hrsg.), Der Vertrag über eine Verfassung für Europa, 2005, S. 307 (311).

204 Vgl. *H. G. Krenzler/C. Pitschas*, Die Gemeinsame Handelspolitik nach dem Entwurf des Europäischen Verfassungsvertrags – ein Schritt in die richtige Richtung, RIW 11 (Nov. 2005), S. 801 (807).

205 EuGH, Rs. C-446/04 (*Test Claimants in the FII Group Litigation v. Commissioners of Inland Revenue*), Urteil vom 12.12.2006, Slg. 2006, I-11814, Rn. 37; Nr. 30 der Schlussanträge des Generalanwalts Geelhoed zum Urteil vom 06.04.2006 in der Rechtssache C-446/04, Slg. 2006, I-11753 (*Test Claimants in the FII Group Litigation v. Commissioners of Inland Revenue*); EuGH, Rs. C-251/98 (*C. Baars v. Inspecteur der Belastingen Particulieren/Ondernemingen Gorinchem*), Urteil vom 13.04.2000, Slg. 2000, I-2805, Rn. 22.

206 Vgl. *Krenzler/Pitschas* (Fn. 204), S. 807.

Tätigkeiten [sie] nicht bestimmen können, unterliegt der Erwerb von Geschäftsanteilen an einer in einem Mitgliedstaat gegründeten und ansässigen Gesellschaft durch eine oder mehrere natürliche Personen mit Wohnort in einem anderen Mitgliedstaat, grundsätzlich den Bestimmungen des EG-Vertrags über den freien Kapitalverkehr“.[207]

Im Rahmen der Kapitalverkehrsfreiheit beschließt der Rat gemäß Art. III-157 Abs. 3 EVV dann einstimmig, wenn Maßnahmen ergriffen werden sollen, die im Rahmen des Unionsrechts für eine Liberalisierung des Kapitalverkehrs mit Drittländern einen Rückschritt darstellen. Sobald also ein Abkommen über ausländische Direktinvestitionen Vorschriften enthält, deren Annahme eine Verschlechterung für den Kapitalverkehr mit Drittländern bedeutet, müsste der Rat über das Wirksamwerden des Abkommens einstimmig entscheiden.[208] Auch wenn der Rat keinen Rechtsakt nach Art. III-157 Abs. 3 EVV erlassen hat, kann er einen einstimmigen Beschluss gemäß Art. III-158 Abs. 4 EVV erwirken, um die von einem Mitgliedstaat in Bezug auf ein oder mehrere Drittländer getroffenen restriktiven steuerlichen Maßnahmen mit dem ordnungsgemäßen Funktionieren des Binnenmarktes für vereinbar erklären zu lassen. Die Entscheidung über den Antrag seitens des Rats bedarf auch hier der Einstimmigkeit. Aufgrund dieses Einstimmigkeitserfordernisses behalten die Mitgliedsstaaten zumindest in solchen Konstellationen ihre Zuständigkeit parallel zur Union bei. Ausländische Direktinvestitionen können an dieser Stelle ebenfalls tangiert sein.

6. Zwischenfazit

Die Kompetenz der Gemeinschaft bezüglich ausländischer Direktinvestitionen entwickelte sich bis zum Verfassungsvertrag nur mühsam. Zwischen Kommission und Mitgliedstaaten herrschte keine Einigkeit darüber, ob die Erstgenannte über eine alleinige Kompetenz für den Abschluss von Übereinkünften in der Außenhandelspolitik, darunter auch für ausländische Direktinvestitionen, verfügt. Die Kompetenz der EU für ausländische Direktinvestitionen wurde durch den EuGH im Gutachten 1/94 verneint. Zu einer entsprechenden Ausweitung ist es auch in den Verträgen von Amsterdam und Nizza nicht gekommen. Diese war erst in dem Verfassungsvertrag für Europa enthalten, der vorsah auslän-

207 EuGH, Rs. C-208/00 (*Überssering BV v. Nordic Construction Company Baumanagement GmbH (NCC)*), Urteil vom 5.11.2002, Slg. 2002, I-9919, Rn. 77.

208 Vgl. *Krenzler/Pitschas* (Fn. 204), S. 807.

dische Direktinvestitionen den Entscheidungsbefugnissen der EU zuzuordnen. Der Verfassungsvertrag für Europa trat allerdings bekanntermaßen nie in Kraft.[209]

Die Entwicklung der Kompetenzreichweite für ausländische Direktinvestitionen ist für die Analyse von Relevanz, wieso diese Kompetenz grundsätzlich in den Lissaboner Vertrag aufgenommen wurde. In welchem Umfang sich die Kompetenz der EU nach diesem Vertrag darstellt, wird nachfolgend näher analysiert.

209 Vgl. R. *Streinz*, Europarecht, 8. Aufl. 2008, S. 21 ff.

C. Die Reichweite der Kompetenz der EU und der Mitgliedstaaten bei Auslandsinvestitionen nach dem Vertrag von Lissabon

I. Grundlagen

Zur Reichweitenbestimmung der Kompetenz der Europäischen Union für ausländische Direktinvestitionen nach dem Vertrag von Lissabon ist es zwingend notwendig den Kompetenzbegriff auf nationaler und supranationaler Ebene klar voneinander abzustecken und Arten sowie Bereiche der Unionskompetenzen zu erläutern.

1. Allgemeiner Kompetenzbegriff

An erster Stelle stehen die Beschreibung des allgemeinen Kompetenzbegriffs und seine Bedeutung nach staatlichem Recht. Das Wort „Kompetenz" beruht auf dem lateinischen Ausdruck „*competens*", das wörtlich als „zuständig, passend, geeignet, angemessen, entsprechend" übersetzt wird. Aus dieser Übersetzung lassen sich bereits die Aspekte herleiten, welche ebenfalls für die Interpretation des Begriffs im Staatsrecht förderlich sind. Dabei liegt auf der Hand, dass es sich um die Befugnis zur Durchführung einer bestimmten Tätigkeit oder eines Akts handelt. Kompetenz ist also nichts anderes als die Gesamtheit der Aufgaben und Befugnisse eines Aufgabenträgers hoheitlicher Gewalt.[210] Dabei spielt es keine Rolle, ob dieses Tätigwerden eine Verpflichtung oder eine Berechtigung darstellt. Kompetenz ist als eine Bündelung von Berechtigungen und Verpflichtungen zur Wahrnehmung einer Aufgabe zu verstehen.[211]

Konkret auf das Staatsgefüge bezogen, werden die Kompetenzen auf die staatlichen Organe der Legislative, Exekutive und Judikative verteilt. Es ist die Handlungsvollmacht, die im staatlichen Gemeinwohlauftrag zugewiesenen staatlichen Aufgaben zu erfüllen sowie entsprechend festgelegte hoheitliche Rechtsakte durchzuführen und zu verabschieden.[212] Das Handeln der Organe ist immer

---

210 Vgl. C. *Creifelds*, Rechtswörterbuch, 20. Aufl. 2011, Stichwort Kompetenz.

211 Vgl. G. *Köbler*, Juristisches Wörterbuch, 2012, Stichwort Zuständigkeit.

212 Vgl. F. *Jürgens*, Die Kompetenzabgrenzung zwischen der Europäischen Union und den Mitgliedstaaten, 2010, S. 6; R. *Stettner*, Grundfragen einer Kompetenzlehre, 1983, S. 35.

einem Handeln des Staates gleichzusetzen. Dieser kann je nach Staatsform auch in verschiedene Verbände oder in Gebietskörperschaften untergliedert sein. Nach Art. 30 des Grundgesetzes sind beispielsweise in Deutschland grundsätzlich die Länder für die Erfüllung der staatlichen Aufgaben zuständig.[213] Die Verteilung der Kompetenzen zwischen Bund und Ländern folgt aus Art. 70 ff. des Grundgesetzes. Neben der bereits genannten Kompetenzabgrenzung zwischen den Organen kann folglich auch eine Abgrenzung innerhalb staatlicher Verbände bestehen.[214] Der genannte Begriff der Aufgabe unterscheidet sich von dem der Kompetenz im Staatsrecht darin, dass Aufgaben nur allgemeine Ziele, wie die Wahrung von Freiheiten oder die Schaffung von sozialer Gleichberechtigung, beschreiben. Die rechtliche Zuweisung einer Aufgabe ist als Zwischenschritt notwendig, damit dem Staat oder Verband die Entscheidungsgrundlage zur Ausführung der Aufgaben übertragen werden kann.[215]

Nach Begriffsherkunft und Wortgebrauch ist eine Kompetenz nicht ausschließlich eine reine Befugnis oder Handlungsvollmacht. Vielmehr steht sie im Zusammenhang mit den aus der lateinischen Übersetzung zitierten Wörtern „passend, geeignet und angemessen". Sie unterstellt also dem Kompetenzinhaber gewisse Fähigkeiten, die für die aktive Ausübung unabdingbar sind. Bei ihrer Zuweisung im Staat wird davon ausgegangen, dass die Prüfung der Geeignetheit bereits durch die Verfassungsgebung geschehen ist.[216] Die Verfassung muss folglich sicherstellen, dass die Kompetenzen an die geeigneten Organe und Verbände übertragen werden.[217]

Der Begriff der Kompetenz wird gleichbedeutend mit dem Begriff der Zuständigkeit verwendet.[218]

2. Arten und Bereiche der Unionskompetenzen

Gleichwohl wird die Kompetenz auf Ebene der Europäischen Union als Handlungsmacht Aufgaben zu erfüllen und hoheitliche Rechtsakte zu verabschieden

---

213 Vgl. *C. Trüe*, Das System der Rechtsetzungskompetenzen der Europäischen Gemeinschaft und der Europäischen Union, 2002, S. 61 f.

214 Vgl. *Jürgens* (Fn. 212), S. 6.

215 Vgl. *Trüe* (Fn. 213), S. 62.

216 Vgl. *C. Ritzer*, Europäische Kompetenzordnung, 2006, S. 36.

217 Vgl. *N. Rosin*, Kompetenzabgrenzung und Kompetenzausübung in der Europäischen Union, 2003, S. 22.

218 Vgl. *Trüe* (Fn. 213), S. 61; *Stettner* (Fn. 212), S. 31 ff.; *G. Köbler/H. Pohl*, Deutsch-Deutsches Rechtswörterbuch, 1991, Stichwort Zuständigkeit; *Ritzer* (Fn. 216), S. 37 ff.

verstanden.[219] In Titel I des Ersten Teils (Art. 2 bis 6) AEUV wurden Bestimmungen geschaffen, welche die Arten und Bereiche der Zuständigkeit der Union enthalten. Die einzelnen Kompetenzvorschriften sind über den gesamten AEUV verteilt. Die Auflistung der Zuständigkeiten erfolgt in Art. 2 AEUV. Art und Umfang der Zuständigkeit für bestimmte Politikbereiche ergeben sich hingegen aus den darauffolgenden Artikeln.

Art. 2 AEUV differenziert zwischen ausschließlichen, geteilten sowie Unterstützungs-, Koordinierungs- und Ergänzungskompetenzen. Für das in dieser Arbeit behandelte Thema sind lediglich die ausschließlichen und geteilten Kompetenzen von Relevanz, da unter die Unterstützungs-, Koordinierungs- und Ergänzungskompetenzen keine ausländischen Investitionen als Regelungsgegenstand fallen. Ferner besagt Art. 2 Abs. 5 AEUV, dass im Falle einer sich aus Maßgabe der Verträge ergebenden Zuständigkeit der Union für die Unterstützung, Koordinierung oder Ergänzung von Maßnahmen der Mitgliedstaaten, die Handlungsvollmacht der Union nicht die der Mitgliedstaaten ersetzt. In Sachbereichen mit unterstützenden, koordinierenden und ergänzenden Kompetenzen der Union bestehen folglich geteilte Zuständigkeiten seitens Mitgliedstaaten und Union.

Bei einer ausschließlichen Zuständigkeit der Europäischen Union ist eine Kompetenz aufseiten der Mitgliedstaaten ausgeschlossen.[220] Im Fall einer geteilten Zuständigkeit obliegt es den Mitgliedstaaten tätig zu werden, sofern die Union zuvor selbst nicht aktiv geworden ist.[221] Sobald diese Ausübung der Kompetenz stattgefunden hat, entfaltet sich die Sperrwirkung zulasten der Mitgliedstaaten, jedoch nicht auf den gesamten Politikbereich, sondern nur auf die im Rechtsakt geregelten Elemente.[222] Dies entspricht auch den im Protokoll Nr. 25[223] niedergeschriebenen Regelungen über geteilte Zuständigkeiten.

Die in Art. 2 AEUV enthaltene Abgrenzung zwischen ausschließlichen und geteilten Kompetenzen basiert auf dem in Art. 5 EUV niedergelegten Prinzip der be-

---

219 Vgl. *Trüe* (Fn. 213), S. 65.

220 EuGH, Rs. 804/79 (*Kommission v. Vereinigtes Königreich*), Urteil vom 05.05.1981, Slg. 1981, 1045, Rn. 20.

221 Vgl. *R. Streinz*, in: ders. (Hrsg.), EUV/AEUV Vertrag über die Europäische Union und Vertrag über die Arbeitsweise der Europäischen Union, 2012, Art. 2 AEUV, Rn. 8.

222 *E. Lenski*, in: Lenz/Borchardt (Hrsg.), EU-Verträge: Kommentar nach dem Vertrag von Lissabon, 5. Aufl. 2010, Art. 2 AEUV, Rn. 9.

223 Protokoll (Nr. 25) über die Ausübung der geteilten Zuständigkeit vom 13.12.2007, Amtsblatt der EU vom 31.03.2010, C 83/307.

grenzten Einzelermächtigung.[224] Nach diesem müssen den Rechtssetzungsorganen der Europäischen Union die Kompetenzen ausdrücklich in den Verträgen zugewiesen werden. Mit anderen Worten dürfen die Rechtssetzungsorgane der EU nur auf solchen Gebieten tätig werden, für die die Verträge die Verbandskompetenz der Union dezidiert vorsehen. Die Organe können dabei ausschließlich die vorgeschriebene Form des Rechtsaktes (Verordnung, Richtlinie, Beschluss, allgemeine Leitlinien, Empfehlungen und Stellungnahmen) wählen.[225] Nach dem Prinzip der begrenzten Einzelermächtigung erlangen dem Grunde nach die Mitgliedstaaten die entsprechende Zuständigkeit. Alle Bereiche, die nicht unter einer Kompetenznorm der EU einzuordnen sind, fallen danach in die alleinige Verantwortung der Mitgliedstaaten.[226]

Das Prinzip ist auch für die Bevollmächtigung der Organe der Europäischen Union von Bedeutung. Dabei wird bestimmt, ob der Rat Entscheidungen einstimmig oder mit qualifizierter Mehrheit trifft.[227] Die Wahl der korrekten Grundlage hat auch Folgen für die zulässige Regelungsdichte nach dem eröffneten Kompetenztyp.[228]

Aufgrund der Völkerrechtspersönlichkeit der Europäischen Union nach Art. 47 EUV entscheidet selbige über den Abschluss völkerrechtlicher Verträge gemäß Art. 216 ff. AEUV. Art. 216 AEUV unterscheidet explizite und implizite Kompetenzen bei internationalen Abkommen. Beide Arten sind für die vorliegende Arbeit von entscheidender Relevanz, weil über ihre genauere Betrachtung aufgezeigt werden kann, ob die Union auch eine implizite Außenkompetenz zum Abschluss von internationalen Übereinkünften bezüglich ausländischer Investitionen erwerben kann.

II. Ausdrückliche und implizite Kompetenzen der EU für den internationalen Vertragsabschluss bei ausländischen Investitionen

In diesem Unterkapitel wird festgestellt, in welchen Fällen eine ausdrückliche ausschließliche oder eine ausdrückliche geteilte Außenkompetenz der Union besteht und unter welchen Voraussetzungen eine implizite ausschließliche sowie eine implizite geteilte Außenkompetenz der EU vorliegen. Auf diese Weise wird die Erkenntnis gewonnen, ob der Union eine Außenkompetenz für ausländische

224 Vgl. *Streinz* (Fn. 221), Art. 2 AEUV, Rn. 3.

225 *Streinz*, ebd., Art. 5 EUV, Rn. 8.

226 Vgl. *F. Kaiser*, Gemischte Abkommen im Lichte bundesstaatlicher Erfahrungen, 2009, S. 13.

227 *Streinz* (Fn. 221), Art. 5 EUV, Rn. 9.

228 *Streinz*, ebd., Rn. 10.

Investitionen gemäß Art. 216 AEUV und Art. 3 AEUV zukommt. Im Falle einer Bejahung ist als Folgeschritt ihr ausschließlicher Charakter einer möglichen Zuständigkeitsaufteilung gegenüberzustellen. Die Untersuchung ist notwendig, falls sich herausstellen sollte, dass die Kompetenz für ausländische Investitionen aus Art. 207 AEUV nicht umfassend ist.

1. Die EU-Kompetenz zur Regelung ausländischer Direktinvestitionen nach Art. 207 AEUV

a. Allgemeines zum Art. 207 AEUV

Art. 207 AEUV ist im fünften Teil des AEUV über das auswärtige Handeln der Union aufgeführt und bildet die relevanteste Kompetenznorm zur Durchführung der gemeinsamen Handelspolitik.[229] Ihre Umsetzung zählt zu den außenpolitischen Zielen und ist beim Außenhandel mit Drittstaaten richtungsweisend.[230] Mit dem Vertrag von Lissabon wurde der Verantwortungsbereich der Union hinsichtlich ausländischer Direktinvestitionen, des Dienstleistungsverkehrs und des geistigen Eigentums ergänzt. Grundlegende Norm für ihr Tätigwerden und ihre Wahrnehmungsbedingungen ist Art. 207 AEUV.[231]

Auf dieser Grundlage werden zudem die Interessen von Mitgliedstaaten und Union nach außen vertreten.[232] Die gemeinsame Handelspolitik wird durch die EU nach einheitlichen Grundsätzen, unter Beachtung der welthandelsfreundlichen Prinzipien gemäß Art. 206 AEUV und allgemeinen Zielen des auswärtigen Handels, geformt.[233] Dabei ist ein besonderes Augenmerk auf Art. 21 EUV zu legen. Obwohl weder Art. 206 noch Art. 207 AEUV explizit auf die allgemeinen Vorschriften des Art. 21 EUV verweisen, sondern lediglich auf die „Grundsätze und Ziele des auswärtigen Handels der Union" Bezug nehmen, gilt Art. 21 EUV als Hauptvorschrift zur Wahrung der Grundsätze und Ziele für das gesamte auswärtige Handeln der Union.[234]

---

229 Vgl. *W. Hummer* in: Vedder/Heintschel von Heinegg (Hrsg.), Europäisches Unionsrecht, 2012, Art. 207 AEUV, Rn. 8; *D.-E. Kahn* in: Geiger/ders./Kotzur (Hrsg.), EUV/AEUV Kommentar, 2010, Art. 207 AEUV, Rn. 1; *M. Hahn* in: Calliess/Ruffert (Hrsg.), EUV/AEUV Kommentar, 2011, Art. 207 AEUV, Rn. 1.

230 Vgl. *Kahn* (Fn. 229), Art. 207 AEUV, Rn. 1 f.

231 Vgl. *M. Nettesheim/J. L. Duvigneau*, in: Streinz. (Hrsg.), EUV/AEUV Vertrag über die Europäische Union und Vertrag über die Arbeitsweise der Europäischen Union, 2012, Art. 207 AEUV, Rn. 3.

232 Vgl. *Hahn* (Fn. 229), Art. 207 AEUV, Rn. 1.

233 Vgl. *Kahn* (Fn. 229), Art. 207 AEUV, Rn. 2.

234 Vgl. *Nettesheim/Duvigneau* (Fn. 231), Art. 207 AEUV, Rn. 24.

b. Begriff und Regelungsgegenstand der gemeinsamen Handelspolitik

Nach allgemeinem Verständnis bedeutet der Begriff „gemeinsam“ gemeinschaftlich, kollektiv, solidarisch, vereint, zusammen, in Zusammenarbeit. Eine detailliertere Beschreibung der „gemeinsamen Handelspolitik“ ist im Vertragstext nicht vorhanden. Art. 207 AEUV führt lediglich exemplarisch handelspolitische Maßnahmen an. Die gemeinsame Handelspolitik wird nach einheitlichen Grundsätzen gestaltet. Dies gilt insbesondere für die Änderung von Zollsätzen, für den Abschluss von Zoll- und Handelsabkommen, welche den Handel mit Waren und Dienstleistungen betreffen, und für die Handelsaspekte des geistigen Eigentums, die ausländischen Direktinvestitionen, die Vereinheitlichung der Liberalisierungsmaßnahmen, die Ausfuhrpolitik sowie handelspolitische Schutzmaßnahmen.[235] Diese Aufzählung ist nicht abschließend. Die Begriffsklärung muss anhand der Betrachtung der aufgezählten Beispiele stattfinden. Zusammengefasst besteht die gemeinsame Handelspolitik aus der Gesamtheit der Maßnahmen der Union zur Regulierung des Außenhandels mit Drittstaaten und ist nicht binnenmarktbezogen.[236]

aa. Finale und instrumentelle Theorien zur Klärung der Definition der gemeinsamen Handelspolitik

Die Klärung des Begriffs „gemeinsame Handelspolitik“ könnte dazu beitragen, auch den Kompetenzumfang der EU für ausländische Direktinvestitionen klarzustellen. Wie bereits erwähnt, enthält Art. 207 Abs. 1 AEUV eine Auflistung beispielhafter Maßnahmen, erklärt jedoch nicht weiter ihren Umfang oder den Begriff der Handelspolitik. Um beurteilen zu können, zu welchen Maßnahmen Art. 207 Abs. 1 AEUV die Union berechtigt, können sowohl finale als auch instrumentelle Theorien herangezogen werden.

Nach der finalen Theorie liegt eine Maßnahme i.S. des Art. 207 AEUV nur dann vor, wenn mit ihr das Ziel verfolgt wird, Handelsvolumen und Handelsströme zu beeinflussen. Nach der instrumentellen Theorie wird von Art. 207 AEUV jeglicher Einsatz handelspolitischer Instrumente abgedeckt. Ziel und Zweck dieser Instrumente sind dabei nicht von Belang.[237] Die Reichweite der Unionskompetenz ist unmittelbar davon abhängig, welcher der beiden Theorien gefolgt wird. Die

235 Vgl. *Hahn* (Fn. 229), Art. 207 AEUV, Rn. 7.

236 Vgl. *F. Geiger*, Beschränkungen von Direktinvestitionen aus Drittstaaten, 2013, S. 75.

237 Vgl. *Hahn* (Fn. 229), Art. 207 AEUV, Rn. 40; *P. Gilsdorf*, Die Grenzen der Gemeinsamen Handelspolitik, 1988, S. 5 f.; *W. Weiß* in: Grabitz/Hilf/Nettesheim (Hrsg.), Das Recht der Europäischen Union, München 2013, Art. 207 AEUV, Rn. 68.

Kommission vertritt im eigenen Interesse die instrumentelle, während Rat und Mitgliedstaaten die finale Theorie bevorzugen.[238]

Der EuGH vertritt im Gutachten 1/78 die Ansicht, dass „Artikel 113 EWG-Vertrag somit nicht in einer Weise ausgelegt werden [darf], die dazu führen würde, die gemeinsame Handelspolitik auf den Gebrauch der Instrumente zu beschränken, deren Wirkung ausschließlich auf die herkömmlichen Aspekte des Außenhandels gerichtet sind, und weiterentwickelte Mechanismen, wie sie das beabsichtigte Übereinkommen bereitstellt, auszuschließen. Eine so verstandene ‚Handelspolitik' wäre dazu verurteilt, allmählich bedeutungslos zu werden. [...]. Artikel 113 verleiht der Gemeinschaft die Zuständigkeit für die Gestaltung einer ‚Handelspolitik nach einheitlichen Grundsätzen'; daraus erhellt, dass die Frage der Außenhandelsbeziehungen in einer offenen Perspektive und nicht nur im Hinblick auf die Handhabung einiger bestimmter Systeme, wie Zölle und mengenmäßige Beschränkungen, zu regeln ist."[239]

Durch das Gutachten werden instrumentelle und finale Theorien miteinander verknüpft. Hiernach umfasst der Begriff der Handelspolitik nicht nur Maßnahmen, die den Handelsverkehr mit Drittstaaten offen und spezifisch regeln, sondern auch solche, deren Zweck in der Beeinflussung der Handelsströme oder des Handelsvolumens zu finden ist.[240] Auf diese Weise kann auch die Zuständigkeit der EU bestimmt werden. Durch die Verknüpfung der beiden Theorien besitzt die Union eine Kompetenzgrundlage sowohl für handelspolitische Maßnahmen, die speziell den Handelsverkehr mit Drittstaaten regeln, als auch für Maßnahmen mit handelspolitischer Zielsetzung.[241] Der Begriff der gemeinsamen Handelspolitik und die Zuständigkeit der EU werden hier weiträumig interpretiert.

bb. Verknüpfung zwischen der Definition der gemeinsamen Handelspolitik und der Kompetenz der EU für ausländische Direktinvestitionen

Die gemeinsame Handelspolitik in Art. 207 Abs. 1 AEUV ist als Oberbegriff zu deuten. Unter die Regelungsbereiche dieses Politikfelds fallen unter anderem ausländische Direktinvestitionen. Art. 207 Abs. 1 AEUV ermächtigt die Union zum Einsatz handelspolitischer Instrumente, um Ziele der gemeinsamen Handelspolitik zu verfolgen. Durch die Verknüpfung der finalen und der instrumentellen Theorie umfasst die Kompetenz der Union sowohl Maßnahmen, die sich gezielt

238 Vgl. *R. Streinz*, in: ders., Europarecht, 9. Aufl. 2012, S. 486, Rn. 1219 f.

239 EuGH, Gutachten 1/78 (*Gutachten erstattet aufgrund von Artikel 228, Absatz 1, Unterabsatz 2 des EWG Vertrages – Internationales Naturkautschukübereinkommen*), Gutachten vom 04.10.1979, Slg. 1979, 2871, Rn. 44 f.

240 Vgl. *Hahn* (Fn. 229), Art. 207 AEUV, Rn. 41.

241 Vgl. *Weiß* (Fn. 237), Art. 207 AEUV, Rn. 69.

auf Handelsvolumina oder Handelsfluss auswirken, als auch solche, die aufgrund anderer handelspolitischer Ziele zum Einsatz kommen.[242] Dies gilt zweifellos auch für den Abschluss von Handelsabkommen mit Drittstaaten, die auch ausländische Direktinvestitionen zum Regelungsgegenstand haben. Der Geltungsbereich des Art. 207 Abs. 1 AEUV kann auch nicht dadurch umgangen werden, dass ein Mitgliedstaat eine handelspolitische Maßnahme einem anderen Zweck widmet.[243]

Der Kompetenzumfang der EU für ausländische Direktinvestitionen kann nicht ohne Weiteres unmittelbar durch die Heranziehung der finalen und der instrumentellen Theorie analysiert werden. Vielmehr dienen sie der Erläuterung der Reichweite der gemeinsamen Handelspolitik. Der Zeitpunkt der für dieses Themenfeld relevanten Urteile und Gutachten liegt vor dem Abschlussdatum des Lissaboner Vertrags. Ältere Verträge der EG weisen keine Direktinvestitionen als Regelungsgegenstand auf. Demzufolge kann man aus der Rechtspraxis des EuGH nicht herleiten, dass der EU bereits vor dem Lissaboner Vertrag eine Kompetenz für ausländische Direktinvestitionen zugesprochen wurde.

c. Begriff der ausländischen Direktinvestitionen im Art. 207 AEUV

Art. 207 Abs. 1 AEUV sieht vor, dass „die gemeinsame Handelspolitik nach einheitlichen Grundsätzen gestaltet [wird]“ und dass „dies insbesondere [...] für die ausländischen Direktinvestitionen [gilt]“. Um die Reichweite der EU-Kompetenz zur Regelung von Investitionen bestimmen zu können, ist die Sinndeutung von „ausländischen Direktinvestitionen“ nach Art. 207 AEUV vorzunehmen. Eine nähere Erläuterung der Ausdrücke „ausländisch“ und „Direktinvestitionen“ findet im Artikel nicht statt. Dabei ist unstrittig, dass mit „ausländisch“ Investments der EU-Bürger in Drittstaaten und umgekehrt aus Drittstaaten in die EU gemeint sind.[244] Von der Regelung des Art. 207 AEUV nicht erfasst sind hingegen grenzüberschreitende Direktinvestitionen innerhalb der EU, sog. Intra-EU-Investitionen.[245]

Weder Art. 207 AEUV noch andere Vorschriften des Vertrages beinhalten eine Definition von Direktinvestitionen. Um eine solche herbeizuführen, muss

---

242 *Weiß*, ebd., Rn. 68.

243 Vgl. *H.-W. Arndt/K. Fischer/T. Fetzer*, Fälle zum Europarecht, 8. Aufl. 2015, S. 160.

244 Vgl. *C. Herrmann*, Die Zukunft der mitgliedstaatlichen Investitionspolitik nach dem Vertrag von Lissabon, EuZW 6 (2010), S. 207 (208); *Weiß* (Fn. 237), Art. 207 AEUV, Rn. 39; *J. Wedekind*, Die Mitbestimmungsbefugnisse des Europäischen Parlaments im Bereich der Gemeinsamen Handelspolitik, 2012, S. 40.

245 *Weiß* (Fn. 237), Art. 207 AEUV, Rn. 39.

auf die bereits erwähnte Kapitalverkehrsrichtlinie sowie die Rechtsprechung des EuGH zurückgegriffen werden. Die Kapitalverkehrsrichtlinie erklärt Direktinvestitionen als Gründung und Erweiterung von Zweigniederlassungen oder neuer Unternehmen, welche ausschließlich dem Geldgeber angehören, die vollständige Übernahme bestehender Unternehmen, die Beteiligung an neuen oder bereits bestehenden Unternehmen, langfristige Darlehen sowie Reinvestitionen von Erträgen zur Schaffung oder Aufrechterhaltung dauerhafter Wirtschaftsbeziehungen.[246]

Auch der EuGH nutzt die Kapitalverkehrsrichtlinie zur Erläuterung von Direktinvestitionen in seiner Rechtsprechung.[247] Der Begriff der Direktinvestitionen bezieht sich laut EuGH „auf Investitionen jeder Art durch natürliche oder juristische Personen zur Schaffung oder Aufrechterhaltung dauerhafter und direkter Beziehungen zwischen denjenigen, die die Mittel bereitstellen, und den Unternehmen, für die die Mittel zum Zwecke einer wirtschaftlichen Tätigkeit bestimmt sind".[248]

Nach der OECD liegt eine Direktinvestition dann vor, wenn eine langfristige, mindestens zehnprozentige Beteiligung an einem ausländischen Unternehmen erfolgt.[249] Das IMF geht vom gleichen Prozentsatz aus.[250] Die Rechtsprechung des EuGH weist diesbezüglich keine klare Linie auf. Im Fall *Test Claimants in the Thin Cap Group Litigation* bejahte er einen bestimmenden Einfluss auf die Entscheidungen einer Gesellschaft, wenn das Kapital einer Tochtergesellschaft unmittelbar oder mittelbar zu mindestens 75 % von einer gebietsfremden Muttergesellschaft gehalten wird.[251] In der Rechtssache *Cadbury Schweppes* hielt der EuGH dagegen einen Anteil von 50 % für einen ausreichenden Einfluss.[252] Im *Lasertec* Urteil wurde diese Mindestgrenze sogar auf eine nötige Beteiligung von 25 % verringert.[253] Im Fall *Test Claimants in the FII Group Litigation* entschied

246 Richtlinie des Rates vom 24.06.1988 zur Durchführung von Art. 67 des Vertrages (88/361/EWG), Abl. L 178, Anhang I.

247 Siehe EuGH, Rs. C-446/04 (*Test Claimants in the FII Group Litigation*), Urteil vom 12.12.2006, Slg. 2006, I-11753, Rn. 177 ff.

248 Ebd., Rn. 181.

249 OECD, Benchmark Definition of Foreign Direct Investment, 3. Aufl. 1999, S. 7 f.

250 IMF, Balance of Payments Manual, 5th ed. 1993, Rn. 362.

251 EuGH, Rs. C-524/04 (*Test Claimants in the Thin Cap Group Litigation*), Urteil vom 13.03.2007, Slg. 2007, I-2107, Rn. 27 ff.; vgl. *Johannsen* (Fn. 148), S. 12.

252 EuGH, Rs. C-196/04 (*Cadbury Schweppes*), Urteil vom 12.09.2006, Slg. 2006, I- 7995, Rn. 31 ff.; vgl. *Johannsen* (Fn. 148), S. 12.

253 EuGH, Rs. C-492/04 (*Lasertec*), Beschluss vom 10.05.2007, Slg. 2007, I-3775, Rn. 21 f. Vgl. *Johannsen* (Fn. 148), S. 12.

der EuGH: „Bei Beteiligungen an neuen oder bereits bestehenden Unternehmen setzt das Ziel der Schaffung oder Aufrechterhaltung dauerhafter Wirtschaftsbeziehungen [...] voraus, dass die Aktien ihrem Inhaber [...] die Möglichkeit geben, sich tatsächlich an der Verwaltung dieser Gesellschaft oder an deren Kontrolle zu beteiligen."[254] Dabei bezeichnete er in diesem Fall den sicheren Einfluss als entscheidenden Faktor.[255] Demnach könnte theoretisch eine Direktinvestition selbst bei einer Unterschreitung der 10 %-Schwelle vorliegen, falls dem Investor ein sicherer Einfluss zukommt.

Wie bereits erwähnt, ist jedoch ein solches Szenario nur äußerst selten vorzufinden.[256] Investitionen, die diese Schwelle nicht erreichen, sind als Portfolioinvestitionen zu bezeichnen, die von Art. 207 AEUV nicht umfasst sind.[257] Dies bestätigt dessen Wortlaut, welcher lediglich „ausländische Direktinvestitionen" erwähnt, obwohl in der Praxis des internationalen Investitionsschutzrechts kein Unterschied zwischen Direkt- und Portfolioinvestitionen gemacht wird.[258]

Diese Differenzierung wird jedoch nicht nur durch die Formulierung des Art. 207 AEUV gestützt, sondern ergibt sich daneben aus dem Positionspapier der Europäischen Union und ihrer Mitgliedstaaten für die WTO-Arbeitsgruppe im Rahmen der Doha-Runde über das Verhältnis zwischen Handel und Investitionen. Auch hier wurden die Direkt- von den Portfolioinvestitionen klar abgegrenzt.[259] Demzufolge wurde auch in der Vergangenheit eine Differenzierung angestrebt und der Union eine alleinige Handlungsvollmacht bewusst nur zur Regelung von Direktinvestitionen zugestanden. Inzwischen geht die Kommission davon aus, dass Art. 207 AEUV keine Portfolioinvestitionen einschließt.[260] Aus

---

254 EuGH, Rs. C-446/04 (*Test Claimants in the FII Group Litigation*), Urteil vom 12.12.2006, Slg. 2006, I-11753, Rn. 182.

255 Vgl. *Johannsen* (Fn. 148), S. 14; *Hindelang* (Fn. 119), S. 43 (49 f.).

256 IMF, Balance of Payments Manual, 5th ed., 1993, Rn. 364; vgl. *Johannsen* (Fn. 148), S. 15.

257 Vgl. *Herrmann* (Fn. 244), S. 207 (209); *Johannsen* (Fn. 148), S. 15; *Tietje* (Fn. 123), S. 15.

258 Vgl. *Tietje*, ebd., S. 15; *Wedekind* (Fn. 244), S. 41.

259 Vgl. *Tietje* (Fn. 123), S. 15; *C. Tietje*, Die Gemeinsame Handelspolitik der EU im System des Welthandelsrechts, in: Pache/Schorkopf (Hrsg.), Die Europäische Union nach Lissabon, 2009, S. 33 (50); *Wedekind* (Fn. 244), S. 41; Communication from the European Community and its Member States, WTO Dok. WT/WGTI/W/115 vom 16.04.2002, Rn. 14 ff.; *Hahn* (Fn. 229), Art. 207 AEUV, Rn. 20.

260 Mitteilung der Kommission: Auf dem Weg zu einer umfassenden europäischen Auslandsinvestitionspolitik, KOM (2010) 343 endg., vom 07.07.2010, S. 2 f.; vgl. *Hahn* (Fn. 229), Art. 207 AEUV, Rn. 20.

diesen Gründen kommt der Union auf Grundlage des Art. 207 AEUV keine ausschließliche Zuständigkeit zur Regelung von Portfolioinvestitionen zu.

d. Beschränkung der EU-Kompetenz auf handelsbezogene Aspekte der Direktinvestitionen

Gemäß Art. 3 Abs. 1 lit. e) AEUV besitzt die Union eine ausdrückliche ausschließliche Zuständigkeit für die Gemeinsame Handelspolitik. Im Vergleich zu Art. 133 EGV enthalten die Vorschriften des Art. 207 AEUV wesentliche Kompetenzerweiterungen zugunsten der EU. Als Gegenstand der gemeinsamen Handelspolitik werden unter anderem ausländische Direktinvestitionen aufgeführt. Ausgangspunkt dieser Zuständigkeit ist die seit dem Vertrag von Nizza bestehende Kompetenz für den Dienstleistungshandel. Diese gestattet es der Union sich dem Themenkomplex „*commercial presence*" des Dienstleistungserbringers zuzuwenden und damit Bereiche zu regeln, die traditionell in Investitionsschutzverträgen bestimmt wurden.[261]

Da Art. 206 und 207 AEUV Bestimmungen zu ausländischen Direktinvestitionen enthalten, erlangt die Union zudem die ausschließliche Zuständigkeit zum Abschluss von Übereinkommen mit Drittstaaten oder Internationalen Organisationen (sog. vertragliche Handelspolitik) sowie zum Erlass von solchen Sekundärrechtsakten (sog. autonome Handelspolitik), die ausländische Direktinvestitionen zum Regelungsgegenstand haben.[262] Die Grenzen dieser Kompetenz gelten als umstritten.[263] Es erscheint durchaus diskussionswürdig, ob sich die diesbezügliche Kompetenz der Union nur auf die handelsbezogenen Aspekte erstreckt oder im Gegenteil allumfassend ist.[264]

Eine enge Auslegung des Art. 207 Abs. 1 AEUV und die daraus folgende Limitierung der Kompetenz auf handelsbezogene Aspekte der Direktinvestitionen würde bedeuten, dass sich die Kompetenz der Union nur bis zum Marktzugang von Direktinvestitionen zum europäischen Binnenmarkt erstreckt.[265] Die Behand-

---

261 Vgl. *Hahn*, ebd., Art. 207 AEUV, Rn. 18.

262 Vgl. *Herrmann* (Fn. 244), S. 207 (209); *Wedekind* (Fn. 244), S. 44.

263 Vgl. *Bungenberg* (Fn. 1), S. 81 (88 ff.); *Wedekind* (Fn. 244), S. 45.

264 Vgl. *M. Krajewski*, External Trade Law and the Constitution Treaty, CMLR 2005, S. 91 (113 f.); *Geiger* (Fn. 236), S. 76 ff.; *Tietje* (Fn. 123), S. 15; *ders.* (Fn. 259), S. 33 (50); *Johannsen* (Fn. 148), S. 16 ff.; *Weiß* (Fn. 237), Art. 207 AEUV, Rn. 40; *Hahn* (Fn. 229), Art. 207 AEUV, Rn. 67 ff.

265 Vgl. *A. Reinisch*, The Division of Powers between the EU and its Member States „after Lisbon", in: Bungenberg/Griebel/Hindelang (Hrsg.), Internationaler Investitionsschutz und Europarecht, 2010, S. 99 (107).

lung von Direktinvestitionen nach dem Marktzugang würde dann nicht in die Zuständigkeit der EU fallen, sondern wäre den Mitgliedstaaten überlassen.[266] Bei der Behandlung von zugelassenen Investitionen sind die sog. Behandlungsstandards, wie Meistbegünstigung, Inländergleichbehandlung, gerechte und billige Behandlung sowie voller Schutz und volle Sicherheit zu berücksichtigen.[267] Für ein finales Fazit in der Kompetenzfrage zur Regelung von ausländischen Direktinvestitionen ist eine tiefer gehende Analyse und Auslegung der Normen unerlässlich.

aa. Grammatikalische Auslegung

Eine restriktive Auslegung der Kompetenz begünstigt der Wortlaut des Art. 206 AEUV. Laut diesem trägt die Europäische Union zur „schrittweisen Beseitigung der Beschränkungen im internationalen Handelsverkehr und bei den ausländischen Direktinvestitionen" bei. Daraus lässt sich schlussfolgern, dass die Union nur für die Beseitigung von Hindernissen im Rahmen des Marktzugangs eingreift und die Mitgliedstaaten selbst für den Schutz der zugelassenen Investitionen Sorge tragen.[268] Laut erstem Satz des Art. 207 Abs. 1 AEUV „[wird] die gemeinsame Handelspolitik nach einheitlichen Grundsätzen gestaltet; dies gilt insbesondere für [...] die ausländischen Direktinvestitionen". Auch dies könnte als Argument für eine Beschränkung der Unionskompetenz für ausländische Direktinvestitionen auf Handelsaspekte angeführt werden.[269]

Die enge Auslegung einer „Beschränkung" nach Art. 206 AEUV sowie die hieraus resultierende Eingrenzung auf die „Handelsaspekte" der ausländischen Direktinvestitionen wird in der Fachliteratur mehrheitlich als unschlüssig beurteilt. Ein ungenügender Investitionsschutz kann eine Einschränkung des internationalen Handelsverkehrs verursachen.[270] Grundsätzlich kann dieser Ar-

266 *Reinisch*, ebd., S. 108.

267 Vgl. *Wedekind* (Fn. 244), S. 47; *R. Dolzer/C. Schreuer*, Principles of International Investment Law, 2008, S. 119 ff.; *J. Griebel*, Internationales Investitionsrecht, 2008, S. 67 ff.; *R. Dolzer*, Generalklauseln in Investitionsschutzverträgen, in: Frowein/Scharioth/Winkelmann/Wolfrum (Hrsg.), Verhandeln für den Frieden – Negotiating for Peace, 2003, S. 291 ff.

268 Vgl. *Wedekind* (Fn. 244), S. 45 f.; *Krajewski* (Fn. 264), S. 91 (114); *D. Leczykiewicz*, Common Commercial Policy, GLJ, Vol. 6, No. 11, 2005, S. 1673 (1678); a.A. *Johannsen* (Fn. 148), S. 16; *Herrmann* (Fn. 244), S. 207 (210 f.).

269 Vgl. *Geiger* (Fn. 236), S. 77.

270 Vgl. *Wedekind* (Fn. 244), S. 46; *Herrmann* (Fn. 244), S. 207 (210 f.); *W. Shan/S. Zhang*, The Treaty of Lisbon, EJIL 2011, S. 1029 (1061); *Schmitt* (Fn. 2), S. 86; *Weiß* (Fn. 237), Art. 207 AEUV, Rn. 44.

gumentation nur teilweise gefolgt werden, da sie unterstellt, dass das Überlassen der Zuständigkeit für Behandlungsstandards aufseiten der Union gleichzeitig mit einem besseren Schutz von Investitionen einhergeht. Dabei fehlt es an der logischen Schlussfolgerung, warum ein möglicher Investitionsschutz durch die Mitgliedstaaten automatisch geringer ausfallen würde. Die jahrelang funktionierende Praxis der Mitgliedstaaten zur Behandlung von zugelassenen Investitionen sowie deren rechtlichen Schutz plötzlich als flächendeckend mangelhaft zu bezeichnen, erscheint fragwürdig. Die Gewährleistung eines stabilen Investitionsschutzes wird von den Mitgliedstaaten im eigenen wirtschaftlichen Interesse verfolgt, um den Zufluss von Investitionen im eigenen Land zu fördern.

Für die strikte Auslegung der „Beschränkung" in Art. 206 AEUV könnte auch die englische Fassung des Art. 207 Abs. 1 AEUV sprechen.[271] Hier lautet die Formulierung wie folgt: *„the commercial aspects of intellectual property, foreign direct investment, the achievement of uniformity in measures of liberalisation, export policy and measures to protect trade ..."*. Der Verweis auf *„commercial aspects"* deutet darauf hin, dass sich dieser auch auf *„foreign direct investment"* bezieht.[272] In der Literatur wird überwiegend die Meinung vertreten, dass das Komma hinter *„property"*, sowie der Zusatz *„and measures to protect trade"* dafür sprechen, dass es sich um eine Aufzählung handele und sich das Wort *„commercial aspects"* nicht auf *„foreign direct investment"* beziehe (sinngleich der deutschen Fassung).[273] Um einen Bezug der Direktinvestitionen auf die Handelsaspekte herzustellen, bedürfe es des Genitivs. Im Deutschen würde es dann lauten: „Handelsaspekte *der*[274] ausländischen Direktinvestitionen". In der englischen Fassung könnte die Vokabel *„of"* auf den Genitiv hindeuten. Zieht man beide Sprachfassungen heran, ist eine eindeutige grammatikalische Auslegung nicht möglich.[275] Eine parallele Anwendung der Sprachfassungen ist im Rahmen dieser Methode jedoch zwingend notwendig.[276] Die Formulierung des Art. 207 Abs. 1 AEUV gibt also keinen Aufschluss darüber, ob die Kompetenz der Union auf die Handelsaspekte der Direktinvestitionen beschränkt ist. Infolgedessen müssen andere Auslegungsmethoden herangezogen werden, um die Frage zu beantworten, ob eine Beschränkung der

271 Vgl. *Geiger* (Fn. 236), S. 76 f.; *Schmitt* (Fn. 2), S. 86.

272 Vgl. *Tietje* (Fn. 123), S. 15; *Geiger* (Fn. 236), S. 76 f.; *Schmitt* (Fn. 2), S. 87.

273 Vgl. *Tietje* (Fn. 259), S. 33 (50); *ders.* (Fn. 123), S. 15; *Schmitt* (Fn. 2), S. 87; *Johannsen* (Fn. 148), S. 16; *Reinisch* (Fn. 265), S. 99 (108 f.).

274 Hervorhebung durch die Autorin.

275 Vgl. *Bings* (Fn. 2), S. 60.

276 Vgl. *W. G. v. Leisner*, Die subjektiv-historische Auslegung des Gemeinschaftsrechts, EuR 6 (2007), S. 689 (695).

Kompetenz der Europäischen Union für ausländische Direktinvestitionen auf Handelsaspekte gilt.

bb. Systematische Auslegung

Art. 207 AEUV ist im fünften Teil („Das auswärtige Handeln der Union") unter Titel II („Gemeinsame Handelspolitik") des Vertrages aufgeführt. Aus dieser Stellung ist der Hinweis zu entnehmen, dass die in Art. 207 AEUV erwähnten Direktinvestitionen in Verbindung mit der Handelspolitik der Union zu verstehen sind.[277] Somit erfolgt der Verantwortungszuschnitt der Union auf die Handelsaspekte ausländischer Direktinvestitionen, da die Gemeinsame Handelspolitik „traditionell nur Handelsabkommen betraf" und es „angemessen sei, nur Investitionsabkommen mit Handelskomponenten zur Kompetenz der EU zu rechnen".[278]

Teilweise wird im juristischen Schrifttum die Ansicht vertreten, dass es sich bei der Ausdehnung der Gemeinsamen Handelspolitik auf ausländische Direktinvestitionen um ein veraltetes Verständnis handele und an der traditionellen Betrachtungsweise nicht festgehalten werden sollte.[279] Dabei ist durchaus beachtenswert, dass die Union zusätzlich die Möglichkeit besitzt, Maßnahmen für den Kapitalverkehr mit Drittstaaten im Zusammenhang mit Direktinvestitionen zu beschließen. Sowohl Art. 64 Abs. 2 AEUV als auch Art. 207 Abs. 1 AEUV normieren die Kompetenzen der EU bezüglich Direktinvestitionen im Verhältnis zu Drittstaaten. Eine folgerichtige Abgrenzung ist daher ausschließlich durch die Bestimmung unterschiedlicher Anwendungsbereiche möglich. Eine Limitierung der Kompetenz in Art. 207 Abs. 1 AEUV auf handelsbezogene Aspekte erscheint daher als sinnvoll.[280] Aufgrund der systematischen Stellung der ausländischen Direktinvestitionen im Vertrag von Lissabon lässt sich jedoch nicht herleiten, ob der Handlungsbereich der Union auf die Handelsaspekte der ausländischen Direktinvestitionen reduziert ist.

---

277 Vgl. *Geiger* (Fn. 236), S. 77; *Krajewski* (Fn. 264), S. 91 (114).

278 Vgl. *Krajewski*, ebd., S. 91 (114); *Johannsen* (Fn. 148), S. 16; *Schmitt* (Fn. 2), S. 88.

279 Vgl. *Bings* (Fn. 2), S. 58; *Schmitt* (Fn. 2), S. 88; *Johannsen* (Fn. 148), S. 16; *M. Burgstaller*, The Future of Bilateral Investment Treaties of EU Member States, in: Bungenberg/Griebel/Hindelang (Hrsg.), Internationaler Investitionsschutz und Europarecht, 2010, S. 113 (125).

280 Vgl. *Geiger* (Fn. 236), S. 77 f.; *Krajewski* (Fn. 264), S. 91 (114); *Leczykiewicz* (Fn. 268), S. 1673 (1678).

cc. Teleologische Auslegung

Eine weitere Deutungsmethode bildet die Erforschung der Sinn- und Zweckhaftigkeit einer Vorschrift. Auch nach Sinn und Zweck der Norm des Art. 207 Abs. 1 AEUV könnte argumentiert werden, dass die Kompetenz der Union auf den Marktzugang der Direktinvestitionen beschränkt sei und die Mitgliedstaaten weiterhin für die Regelung von ausländischen Direktinvestitionen nach der Marktzugangsphase zuständig seien. Dahinter verbirgt sich die Idee, dass an dieser Stelle eine Beschränkung für die Union vorgesehen ist, da die BIT's der Mitgliedstaaten regelmäßig keine Zugangsregeln aufzeigen.[281]

Es liegt die Vermutung nahe, dass der Vertrag die Limitierung der Unionskompetenz nicht primär im Sinn gehabt hat, da Investoren Stabilität und Schutz auch nach erfolgtem Marktzugang benötigen.[282] Hieraus resultierend wird den Mitgliedstaaten der eigenständige Schutz von Investitionen nicht zugetraut. Diese Erkenntnis gilt es auf ihre Korrektheit zu prüfen.

Nicht nur das deutsche Muster BIT, sondern auch viele andere mitgliedstaatliche BIT's, einschließlich der großer Exportnationen, wie des Vereinigten Königreichs, statten den Investor mit umfassenden Rechten aus.[283] Die zurzeit diskutierte Problematik einer Reform des Investitionsschutzsystems übt an dieser Stelle keinen Einfluss aus. Sie thematisiert keine zu niedrigen Schutzstandards für Investitionen bei den mitgliedstaatlichen BIT's. Vielmehr geht es um die Schwierigkeiten des Investor-Staat-Schiedsverfahrens und dessen Reformbedarf. Dass der Investitionsschutz durch die Union generell weder besser noch schlechter gestaltet ist, wird aus den neuen Freihandelsabkommen der Union mit Kanada und den USA erkennbar.[284] Die These, dass der AEU-Vertrag die Kompetenzeingrenzung der Union nicht als Sinn und Zweck verfolgte, ist folglich nicht haltbar.

Bei der Argumentation für einen Wegfall der Beschränkung auf Handelsaspekte der Direktinvestitionen wird der Versuch unternommen, das herrschende Risiko

---

281 Vgl. *Tietje* (Fn. 123), S. 14; *A. N. Diehl*, Auf der Spur eines Erfolgsmodells oder „Das dichte Spinnennetz der BIT's", in: Knahr/Reinisch (Hrsg.), Aktuelle Probleme und Entwicklungen im Internationalen Investitionsrecht, 2008, S. 9 (14); *Schmitt* (Fn. 2), S. 90.

282 Vgl. *Schmitt*, ebd., S. 90; siehe auch *Johannsen* (Fn. 148), S. 17; *P. Eeckhout*, EU External Relations Law, 2nd ed. 2011, S. 65.

283 *The Transnational Institute on behalf of the Investment Working Group of the Seattle to Brussels Network*, EU Investment Agreements in the Lisbon Treaty Era: A Reader, 2010, S. 22; Vgl. *S. Woolcock*, Das Konzept für die Auslandsinvestitionspolitik der EU nach dem Inkrafttreten des Vertrags von Lissabon, 2010, S. 35.

284 Näher hierzu: Kapitel D.

durch unionale Kontrolle scheinbar komplett zu minimieren. Dies widerspricht der Logik der freien Marktwirtschaft, dass jeder Investition ein gewisses Risiko anhaftet. Dieses ökonomische Wagnis ist für die Entscheidung des Investierenden das maßgeblichste und nicht die Tatsache, ob ein hoher oder sehr hoher staatlicher Schutz gewährleistet wird. Daneben ist es im Sinne der einzelnen Mitgliedstaaten eine größtmögliche Sicherheit für Investoren zu bieten, um für diese auf Dauer attraktiv zu bleiben und so die Wirtschaft des Landes zu fördern.

Die teleologische Auslegungsmethode der Norm bietet jedoch keine eindeutige Antwort darüber, ob die Kompetenz der EU auf die Handelsaspekte der ausländischen Direktinvestitionen begrenzt ist.

dd. Historische Auslegung

Im Kontext der historischen Untersuchung fokussierte sich die Europäische Union auf die Marktzugangsphase bei Investitionen. Bereits im Jahr 1996 verfasste die Kommission eine diesbezügliche Mitteilung[285] an Rat, Parlament, Wirtschafts- und Sozialausschuss sowie den Ausschuss der Regionen der EU. Sie betonte die Bedeutung von Investitionen und forderte, dass Ende 1996 innerhalb der WTO Investitionsverhandlungen beginnen.[286] Im Rahmen der Verhandlungen der WTO[287] und im Positionspapier der EG sowie ihrer Mitgliedstaaten für die WTO-Arbeitsgruppe[288] ging die EG von einer starken Abhängigkeit zwischen Handel, Investitionen und Beschränkungen während des Marktzugangs aus. In der Fachliteratur wird dieser Aussage mit dem simplen Argument widersprochen, dass der Vorschlag zur Beschränkung auf die Handelsaspekte schließlich auch keinen Eingang in die Endfassung gefunden habe.[289] Bei einer genaueren Be-

---

285 *European Commission*, The Global Challenge of International Trade. A Market Access Strategy for the European Union, Brussels 1996.

286 Vgl. *A. Schultheis*, Politische Ökonomie internationaler Investitionsabkommen, 2010, S. 123. Siehe auch European Commission, The Global Challenge of International Trade (Fn. 285), S. 16: „Since it is the main interested party, the Community should already be acting within the WTO to push the principles of the effective *market access* [Hervorhebung durch die Autorin], national treatment and non-discrimination.".

287 Ministerial Declaration, WTO Dok. WT/MIN(01)/DEC/1, vom 20.11.2001, Rn. 22: *„In the period until the Fifth Session, further work in the Working Group on the Relationship Between Trade and Investment will focus on the clarification of: […] modalities for pre-establishment commitments based on a GATS-type …"*.

288 Working Group on the Relationship between Trade and Investment, Communication from the European Community and its Member States, WTO Dok. WT/WGTI/W/115, vom 16.04.2002, Rn. 2; vgl. *Johannsen* (Fn. 148), S. 17.

289 Vgl. *Burgstaller* (Fn. 279), S. 113 (125 f.); *Schmitt* (Fn. 2), S. 92.

trachtung ist festzuhalten, dass diese Aussage ohne weitere Darlegungen nicht aufrechterhalten werden kann. In diesem Zusammenhang muss zwingend die Frage gestellt werden, ob der Eingang des Vorschlags in die Endfassung aus anderen Gründen scheiterte.

Im Rahmen der Doha-Runde wurde über ein Investitionsabkommen verhandelt. Klare Befürworterin eines WTO-Investitionsabkommens war die EG mit dem Ziel, einen erweiterten Marktzugang für europäische Konzerne zu schaffen und den Schutz der Eigentumsrechte dieser Unternehmen zu verbessern.[290] Bevorzugt wurde ein Modell nach dem GATS-Vorbild (sog. „*GATS-Type approach*"), nach welchem die Inländerbehandlung in der *pre-establishment*-Phase über einen sogenannten Positivlistenansatz geregelt werden sollte.[291] Dabei entscheidet jedes Land selbst, welche Industriebereiche es für Investitionen öffnen möchte.[292]

Eine Gruppe von Entwicklungsländern, allen voran Indien, wehrte sich gegen die Aufnahme von Investitionsverhandlungen[293] innerhalb der WTO.[294] Dabei wurden nachfolgende Gründe für die Blockade vorgetragen. Die Entwicklungsländer hatten zu dieser Zeit bereits Schwierigkeiten mit der Umsetzung der bestehenden Abkommen. Daneben war die Agenda der WTO sehr weitreichend. Deshalb befürchteten sie, dass ihre Kapazitäten für eine Realisierung nicht ausreichen würden. Zudem gab es keinen konkreten Nachweis für den Zusammenhang zwischen dem Abschluss eines Investitionsabkommens und einem dadurch verursachten Anstieg von ausländischen Direktinvestitionen. Die Entwicklungsländer bemängelten, dass individuelle Regulierungsmöglichkeiten, welche zur Stärkung der positiven Effekte von ausländischen Direktinvestitionen unabdingbar seien, weiter eingeschränkt würden.

Einige Länder (u. a. Kenia, China, und Zimbabwe) forderten die Aufnahme von Verpflichtungen für Konzerne in das Abkommen, ohne Rücksicht darauf,

---

290 Vgl. *Schultheis* (Fn. 286), S. 124 ff.

291 Vgl. *A. Böhmer/G. Glania*, The Doha Development Round: Reintegrating Business Interests into the Agenda, in: Tietje (Hrsg.), Beiträge zum Transnationalen Wirtschaftsrecht, 15 (2003), S. 23; *Schultheis* (Fn. 286), S. 172.

292 Vgl. *Böhmer/Glania* (Fn. 291), S. 23.

293 Das Investitionsthema wurde bei der Doha-Runde und auch später auf der Ministerkonferenz in Cancun auch als „Singapurthema" („Singapur Issues") in Bezug auf die WTO-Ministerkonferenz 1996 in Singapur genannt.

294 Vgl. *Schultheis* (Fn. 286), S. 167 ff.; *Weltwirtschaft, Ökologie und Entwicklung*, Ein Internationales Investitionsabkommen im Rahmen der WTO? Positionen und Hintergründe aus entwicklungspolitischer Sicht, unter: http://www.weed-online.org/suchen/index.html, 15.10.2003, zuletzt gesehen: 30.10.2014; *S. Mildner*, Die Doha-Runde der WTO, 2009, S. 7.

dass die Aussicht auf Erfolg hierbei nur sehr gering war.[295] Insgesamt herrschten viele Interessendivergenzen zwischen den verschiedenen WTO-Mitgliedern.[296] Die umstrittenen Themen, wozu auch das Thema Investitionen zählte, wurden wegen des starken Widerstands der Entwicklungsländer im Jahr 2003 von der Agenda gestrichen.[297] Letzten Endes sind die Bemühungen der EG um ein WTO-Investitionsabkommen gescheitert.

Die Dokumente der Arbeitsgruppe VII des Verfassungskonvents bekräftigen eine Beschränkung der Kompetenz der Union auf die Handelsaspekte der Direktinvestitionen.[298] Dem Europäischen Verfassungskonvent wurde vom Präsidium ein Entwurf derjenigen Artikel des Verfassungsvertrags vorgelegt, die das außenpolitische Handeln betreffen. Die neuen Regelungen wurden mit Kommentaren versehen, welche die Auslegung der Vorschriften erleichtern sollten. Einer dieser Kommentare beinhaltet die folgende Erklärung, die auf eine Eingrenzung schließen lässt: „… der Hinweis auf die ausländischen Direktinvestitionen wurde aufgenommen, um anzuerkennen, dass die Finanzströme den Güterverkehr ergänzen und heute einen großen Teil des Handels ausmachen …“[299]. Diese Passage weist auf einen engen Bezug zwischen Handel und Investitionen hin, ein Zeichen dafür, dass die Kompetenz der Union für Direktinvestitionen auf Handelsaspekte beschränkt sein soll.[300]

Für die Begrenzung der Unionskompetenz spricht auch, dass es in der Arbeitsgruppe des Konvents keine tiefere Diskussion über die Ausweitung der Gemeinsamen Handelspolitik auf Direktinvestitionen gab, welche jedoch bei einer allumfassenden Kompetenz seitens der Union hätte stattfinden müssen.[301]

ee. Zwischenergebnis

Die Regelungsdeutung des Art. 207 AEUV nach der grammatikalischen, systematischen und teleologischen Methode führt zu keinem eindeutigen Ergebnis der Frage, ob die Kompetenz der Union auf die Handelsaspekte der Direktinvestitionen limitiert oder eben doch allumfassend ist. Selbst wenn sich eine Abgrenzung

---

295 Ein Internationales Investitionsabkommen im Rahmen der WTO? (Fn. 294); vgl. *Schultheis* (Fn. 286), S. 176 ff.

296 Vgl. *Schultheis*, ebd., S. 184.

297 Vgl. *Mildner* (Fn. 294), S. 8.

298 Vgl. *Bings* (Fn. 2), S. 61.

299 CONV 685/03 vom 23.04.2003, Entwurf der Artikel des Verfassungsvertrags, die das außenpolitische Handeln betreffen, S. 54; vgl. *Bings* (Fn. 2), S. 61.

300 Vgl. *Krajewski* (Fn. 264), S. 91 (114).

301 *Krajewski*, ebd.

als schwierig erweist, ist sie dennoch rechtlich zwingend notwendig. In der Fachliteratur wird unter anderem die Position vertreten, dass sich keine Beschränkung auf Handelsaspekte nachweisen lässt.[302] Im Gegensatz hierzu deutet die historische Auslegungsmethode jedoch zweifelsfrei auf eine entsprechende Begrenzung hin.

Bei einer Annahme dieser Kompetenzeinschränkung kann die Union bezüglich Direktinvestitionen lediglich handelsbezogene Vereinbarungen treffen. Diese reduzieren sich auf die Marktzugangsphase (*pre-establishment*). Der Union ist es ausschließlich möglich, die Zulassung ausländischer Direktinvestitionen zu bestimmen. Für die Behandlung dieser nach dem Marktzugang behalten die Mitgliedstaaten ihre Zuständigkeit bei. Eine eindeutige Zuordnung des Abkommens zur Handelspolitik ist allerdings kaum möglich. An dieser Stelle ist herauszustellen, dass Abkommen von der Union nur gemeinsam mit den Mitgliedstaaten in Form eines gemischten Vertrags geschlossen werden sollten.[303]

Die Betrachtung des Art. 207 Abs. 1 AEUV nach der historischen Methode führt zu der Annahme, dass die Kompetenz der EU bezüglich ausländischer Direktinvestitionen auf Handelsaspekte beschränkt ist.

Ferner wird analysiert, ob andere Bestimmungen des Vertrages die Kompetenz der EU bezüglich ausländischer Direktinvestitionen beschränken und ob die Kompetenz explizit oder implizit aus anderen Vorschriften des Vertrags hervorgehen könnte.

e. *Kompetenzbeschränkung der EU bei der Regelung von ausländischen Direktinvestitionen*

aa. *Kompetenzbeschränkung nach Art. 207 Abs. 6 AEUV*

Art. 207 Abs. 6 AEUV enthält eine Vorschrift, welche die in Art. 207 Abs. 1 AEUV enthaltene Kompetenz der Union einschränkt. Nach Abs. 6 hat die Ausübung der Zuständigkeiten im Bereich der gemeinsamen Handelspolitik keine Auswirkung auf die Abgrenzung der Zuständigkeiten zwischen Union und Mitgliedstaaten. Die Absicht dieser Norm könnte darin liegen, dass die Zuordnung der Kompetenzen durch die Außenhandelspolitik der Union nicht zum Nachteil der Mitgliedstaaten geändert werden soll.[304] Dies deckt sich mit dem Grundsatz der begrenzten Einzelermächtigung, welcher sich in Art. 5 Abs. 2 EUV wiederfindet.

---

302 Vgl. *Ahner* (Fn. 2), S. 121 ff.; *Burgstaller* (Fn. 279), S. 113 (125); *Johannsen* (Fn. 148), S. 17; *Schmitt* (Fn. 2), S. 92.

303 Vgl. *Hahn* (Fn. 229), Art. 207 AEUV, Rn. 60.

304 Vgl. *Hahn* (Fn. 229), Art. 207 AEUV, Rn. 120; *H. G. Krenzler/C. Pitschas*, Die Gemeinsame Handelspolitik im Verfassungsvertrag – ein Schritt in die richtige Richtung, in:

Nach diesem wird die Union nur innerhalb der ihr von den Mitgliedsstaaten übertragenen Grenzen zuständig.

Ein Eingriff in die Bereiche der Mitgliedstaaten könnte durch die Existenz von impliziten Kompetenzen geschehen.[305] Diese würden es der Union ermöglichen, ohne ausdrückliche Kompetenzgrundlage innerhalb der Handelspolitik zu agieren. Die Basis bildet Art. 216 Abs. 1 AEUV i.V.m. Art. 3 Abs. 2 AEUV unter Einbeziehung der Rechtsprechung des EuGH, welche feststellen, wann und unter welchen Voraussetzungen der Union eine implizite Außenkompetenz zuzusprechen ist.

Auf der anderen Seite ließe sich auch annehmen, dass Art. 207 Abs. 6 AEUV keine Kompetenzbegrenzung, sondern lediglich eine Klarstellung dahin gehend enthält, dass die Ausübung der in diesem Artikel niedergelegten Kompetenzen keinen generellen Einfluss auf die Zuständigkeitsverteilung hat.[306] Diese Annahme wird durch die grammatikalische Auslegung der Norm begründet. Die Formulierung des Artikels deutet darauf hin, dass in der Norm des Art. 207 Abs. 6 AEUV die Kompetenzausübung aus Art. 207 Abs. 1 AEUV „keine Auswirkung" auf die schon bestehende Zuständigkeitsabgrenzung besitzt.[307]

Art. 207 Abs. 6 AEUV könnte aber auch als Beschränkung der ausschließlichen Außenkompetenz der Union auf die Gemeinsame Handelspolitik gedeutet werden.[308] Der Wortlaut des Art. 207 Abs. 6 AEUV ist an dieser Stelle nicht eindeutig.[309] Er lässt lediglich die Vermutung zu, dass nicht die Zuständigkeiten an sich limitiert werden sollen, sondern nur ihre Ausübung.[310] Eine eindeutige Schlussfolgerung lässt sich hieraus nicht ziehen.

Die Formulierung des Art. 207 Abs. 6 AEUV bezieht sich im Gegensatz zu Art. 133 Abs. 6 des Vertrags von Nizza nicht mehr explizit nur auf die interne Zuständigkeit.[311] Wäre dies doch der Fall, würde die EU-Zuständigkeit zur in

---

Herrmann/Krenzler/Streinz (Hrsg.), Die Außenwirtschaftspolitik der Europäischen Union nach dem Verfassungsvertrag, 2006, S. 26 f.

305 Vgl. *Hahn* (Fn. 229), Art. 207 AEUV, Rn. 120.

306 Vgl. *Nettesheim/Duvigneau* (Fn. 231), Art. 207 AEUV, Rn. 5; *Tietje* (Fn. 123), S. 11; *Weiß* (Fn. 237), Art. 207 AEUV, Rn. 77.

307 Vgl. *Krajewski* (Fn. 264), S. 91 (115 ff.).

308 *Weiß* (Fn. 237), Art. 207 AEUV, Rn. 77.

309 *Weiß*, ebd., Rn. 82.

310 *Weiß*, ebd.

311 Der Wortlaut des Art. 133 Abs. 6 des Vertrags von Nizza lautet: *„Ein Abkommen kann vom Rat nicht geschlossen werden, wenn es Bestimmungen enthält, die die internen Zuständigkeiten der Gemeinschaft überschreiten würden …"*; siehe auch *Bings* (Fn. 2), S. 78 f.; *Johannsen* (Fn. 148), S. 18.

Art. 207 Abs. 6 AEUV untersagten Harmonisierung führen, wenn die EU auf solchen Gebieten, auf denen eine Harmonisierung ausgeschlossen ist, internationale Verträge abschließen würde.[312] Wenn eine Kompetenzbeschränkung durch Art. 207 Abs. 6 AEUV ihre Wirkung nicht nur auf interne Zuständigkeiten entfaltet, würde hieraus die Begrenzung der ausschließlichen Außenkompetenz der Union folgen.[313] So würde den Mitgliedstaaten weiterhin die Möglichkeit zur Regelung von Direktinvestitionen obliegen. Ein internationales Abkommen müsste folglich als gemischtes Abkommen zum Abschluss gebracht werden.

In Teilen der Fachliteratur wird dem mit der Begründung widersprochen, dass in Art. 3 Abs. 1 lit. e) AEUV eine ausschließliche Zuständigkeit der Union für die Gemeinsame Handelspolitik festgelegt sei.[314]

Sollte sich Art. 207 Abs. 6 AEUV ausschließlich auf die Beschränkung der internen Zuständigkeit beziehen, könnte aus der Außenkompetenz der Union gemäß Art. 207 Abs. 3 AEUV, abgesehen von den im AEUV ausdrücklich genannten Zuständigkeiten, keine weiterreichende Kompetenz zur Ausführung interner Rechtsakte hergeleitet werden. Somit wäre die Sekundärrechtsetzungskompetenz aus Art. 207 Abs. 2 AEUV keine echte materiell-rechtliche Kompetenznorm. Vielmehr dürfte über sie nur der Rahmen der Umsetzung von Investitionsschutzabkommen bestimmt werden, während die materiellen Zuständigkeiten für die Implementierung der Abkommen aus anderen Ermächtigungsnormen des AEUV einzusetzen wären.[315]

Diese Ableitungen sind einer detaillierteren Betrachtung zu unterziehen. Außer Frage steht, dass die Union nach Art. 3 Abs. 1 lit. e) AEUV eine ausschließliche Zuständigkeit für die Gemeinsame Handelspolitik besitzt. Gemäß Art. 207 Abs. 1 AEUV hat die Union zusätzlich eine Innen- und Außenkompetenz zur Regelung von Direktinvestitionen. Allerdings ist es nicht eindeutig, ob diese Kompetenz allumfassend ist. Im Kontext des Investitionsschutzrechts fragt sich, in welchen Bereichen die Mitgliedstaaten ihre Handlungsmöglichkeiten beibehalten.

Art. 207 Abs. 6 AEUV akzentuiert, dass die Ausübung der durch Artikel 207 AEUV übertragenen Zuständigkeiten keine Auswirkung auf die Zuständigkeitsfrage erzeugt. Demnach müssten solche Übereinkünfte, welche die Ver-

---

312 Vgl. *Weiß* (Fn. 237), Art. 207 AEUV, Rn. 82.

313 Vgl. *K. H. Fischer*, Der Vertrag von Lissabon: Text und Kommentar zum Europäischen Reformvertrag, 2008, S. 364; *P. Craig*, The Lisbon Treaty, 2010, S. 390; *W. Hummer*, in: Vedder/Heintschel von Heinegg (Hrsg.), Europäischer Verfassungsvertrag, 2007, Art. III-315, Rn. 32 f.

314 Vgl. *Bings* (Fn. 2), S. 79.

315 Vgl. *Bings*, ebd., S. 81.

antwortung den Mitgliedstaaten oder der Union zuweisen, als gemischte Abkommen abgeschlossen werden. Der Wortlaut des Art. 207 Abs. 6 AEUV ist jedoch nicht präzise genug, um ein zweifelsfreies Fazit zu ziehen. Selbst aus der systematischen Auslegungsmethode folgt keine letzte Klarheit. Zum einen gibt die Eingliederung des Abs. 6 am Ende des Art. 207 AEUV zwar den Hinweis, dass sich seine Gültigkeit auf den kompletten Artikel 207 AEUV erstreckt.[316] Ob sich die Beschränkung der Zuständigkeiten aber zum anderen sowohl auf die Internen- als auch auf die Außenkompetenzen bezieht, bleibt dabei offen. Folglich ist die Norm mithilfe anderer Auslegungsmöglichkeiten in Augenschein zu nehmen.

Nach der in der Literatur überwiegend vertretenen Meinung bezieht sich die Beschränkung nach Sinn und Zweck der Norm des Art. 207 Abs. 6 AEUV allein auf die internen Zuständigkeiten.[317] Dabei wird die These aufgestellt, dass eine Erweiterung der Gemeinsamen Handelspolitik in Art. 207 Abs. 1 AEUV auf die verschiedenen Wirtschaftsbereiche um sie in Art. 207 Abs. 6 direkt wieder einzuschränken, keinen Sinn ergäbe.[318] Diesem Schluss ist insoweit zu widersprechen, als die Beschränkung auf interne als auch auf externe Zuständigkeiten nichts daran ändert, dass die EU internationale Handelsabkommen in den Bereichen vorantreiben darf, die nicht dem Harmonisierungsverbot unterliegen. Hintergrund ist Art. 207 Abs. 6 AEUV, der die Kompetenzen zum Abschluss internationaler Übereinkünfte nur für diejenigen Bereiche beschränkt, in denen Harmonisierungen durch die EU ausdrücklich ausgeschlossen sind.[319]

Eine Begrenzung der Kompetenzen aus Art. 207 Abs. 1 AEUV ist auch im zweiten Teil des Art. 207 Abs. 6 AEUV erkennbar. Hiernach führt die Ausübung der nach Art. 207 Abs. 1 AEUV übertragenen Kompetenzen nicht zu einer Harmonisierung der Rechtsvorschriften der Mitgliedstaaten, soweit eine solche in den Verträgen ausgeschlossen wird. Folglich würde die Außenkompetenz der Union keine Bereiche umfassen, welche durch dieselbige nicht harmonisiert werden können.[320] Die EU darf nach dieser Auslegung also über ihre Kompetenz für die Gemeinsame Handelspolitik keine Politikbereiche harmonisieren, in denen ihr

---

316 Vgl. *Schmitt* (Fn. 2), S. 98.

317 Vgl. *Schmitt*, ebd.; *K. Kaiser*, Comment on Dorota Leczykiewicz: Common Commercial Policy, GLJ 2005, S. 1687 ff.; *Burgstaller* (Fn. 279), S. 113–137; *Krajewski* (Fn. 264), S. 91–127; *Johannsen* (Fn. 148).

318 Vgl. *Schmitt* (Fn. 2), S. 98; *Kaiser* (Fn. 317), S. 1687 (1691); *Burgstaller* (Fn. 279), S. 113 (127); *Krajewski* (Fn. 264), S. 91 (116).

319 Vgl. *Weiß* (Fn. 237), Art. 207 AEUV, Rn. 85.

320 Vgl. *Johannsen* (Fn. 148), S. 19.

diese Harmonisierung untersagt ist.[321] Dieses Verbot betrifft die in Art. 6 AEUV genannten Gebiete, auf denen die Union zur Unterstützung, Koordinierung oder zur Ergänzung der Maßnahmen der Mitgliedstaaten tätig werden darf.[322]

Im Falle eines vertraglich verankerten Harmonisierungsverbots[323], darf die Union nach Art. 207 Abs. 6 AEUV auch keine indirekte Harmonisierung durch die Verabschiedung von internen Rechtsvorschriften gemäß Art. 207 Abs. 2 AEUV oder durch den Abschluss eines internationalen Abkommens nach Art. 207 Abs. 3 AEUV erwirken.[324] Das Unionsrecht hat Vorrang vor dem Recht der Mitgliedstaaten. Deshalb ist zu befürchten, dass eine theoretische Harmonisierung des Rechts der Mitgliedstaaten erfolgen könnte, da die durch die Union abgeschlossenen internationalen Übereinkünfte die Mitgliedstaaten binden.[325] Somit können für jene Regelungsbereiche, für die ein internes Harmonisierungsverbot herrscht, auch keine Abkommen durch die Union umgesetzt werden.[326] Dementsprechend beschränkt Art. 207 Abs. 6 AEUV die Außenkompetenz des Art. 207 Abs. 1 AEUV.[327]

Im Schrifttum wird auch die Meinung vertreten, dass das Harmonisierungsverbot ausschließlich die interne Kompetenzverteilung zwischen der Union und den Mitgliedstaaten beinhalte.[328] Diese Ansicht wird auf historische Hintergründe gestützt. Im Zuge der Grundlagenerarbeitung des Verfassungsvertrages schlug die Arbeitsgruppe VII vor, dass die Bestimmung, wonach die Union in Fragen, die unter ihre interne Zuständigkeit fallen, für den Abschluss von Übereinkünften zuständig ist, in keinem Fall eine Änderung der Abgrenzung der Zuständigkeiten zwischen der EU und den Mitgliedstaaten zur Folge haben soll.[329] Die Umsetzung durch den Konvent erfolgte mit folgender Formulierung: „Die Ausübung der in diesem Artikel übertragenen handelspolitischen Befugnisse [hat] keine Auswirkung auf die Verteilung der internen Zuständig-

---

321 Vgl. *Weiß* (Fn. 237), Art. 207 AEUV, Rn. 77; *K. H. Fischer*, Der Vertrag von Lissabon, 2. Aufl. 2010, S. 364.

322 Vgl. *Hahn* (Fn. 229), Art. 207 AEUV, Rn. 121.

323 Bildungspolitik (Art. 165 Abs. 4, Art. 166 Abs. 4 AEUV), Kulturpolitik (Art. 167 Abs. 5 AEUV), Gesundheitspolitik (Art. 168 Abs. 5 AEUV), Tourismus (195 Abs. 2 AEUV), siehe auch *Weiß* (Fn. 237), Art. 207 AEUV, Rn. 77.

324 Vgl. *Bings* (Fn. 2), S. 81 f.

325 Vgl. *Hummer* (Fn. 229), Art. 216 AEUV, Rn. 19.

326 Vgl. *Leczykiewicz* (Fn. 268), S. 1673 (1678); *Weiß* (Fn. 237), Art. 207 AEUV, Rn. 77 f.

327 Vgl. *Bings* (Fn. 2), S. 81 f.

328 Vgl. *Johannsen* (Fn. 148), S. 19–20; *Tietje* (Fn. 123), S. 11.

329 Europäischer Konvent, CONV 685/03, vom 23.04.2003, S. 55.

keit zwischen der Union und den Mitgliedstaaten und [führt] nicht zu einer Harmonisierung der Rechts- und Verwaltungsvorschriften der Mitgliedstaaten, soweit eine solche Harmonisierung in der Verfassung ausgeschlossen wird."[330] Es scheint, als beziehe sich die Beschränkung der Zuständigkeiten lediglich auf interne Zuständigkeiten.[331]

Das im Verfassungskonvent vorgeschlagene Angebot einen Absatz 6 hinzufügen, der sich auf „das Recht der Mitgliedstaaten bezieht, mit Drittländern oder internationalen Organisationen Abkommen aufrechtzuerhalten und zu schließen, die mit dem Unionsrecht und mit anderen einschlägigen internationalen Übereinkünften im Einklang stehen"[332], wurde nicht angenommen.[333] Einen zwingenden Rückschluss auf eine Auslegungsweise des Art. 207 Abs. 6 AEUV, nach der sich das Harmonisierungsverbot auf interne Zuständigkeiten beschränkt, lässt sich daraus nicht ziehen. Der Verweis auf die internen Zuständigkeiten, die im ursprünglichen Präsidiumsvorschlag noch inbegriffen waren[334], wurde entfernt. Der Verzicht auf das Wort „interne" ist ein deutlicher Beleg dafür, dass die Limitierung der Zuständigkeiten sowohl interne als auch Außenkompetenzen erfasst.[335]

In Bezug auf ausländische Direktinvestitionen wird die Erforderlichkeit der Kompetenzbeschränkung in Art. 207 Abs. 6 AEUV deutlich. BIT's enthalten nur abstrakte Regelungsstandards, die sich auf alle denkbaren wirtschaftlichen Aktivitäten des Investors und auf eine Vielzahl hoheitlicher Maßnahmen beziehen.[336] Dies hat zur Folge, dass ein Investitionsschutzabkommen durch die EU voraussichtlich in jedem Fall unter das Harmonisierungsverbot des Art. 207 Abs. 6 AEUV fällt, da insbesondere die Standards, wie *„fair and equitable treatment"* oder *„national treatment standard"* steuerrechtliche Fragen berühren können, welche durch die EU gemäß Art. 114 Abs. 2 AEUV nicht harmonisiert werden dürfen.[337]

---

330 Ebd., S. 53.

331 Vgl. *Johannsen* (Fn. 148), S. 18.

332 Europäischer Konvent, CONV 707/03, 09.05.2003, S. 108.

333 Vgl. *Tietje* (Fn. 123), S. 11 f.; *Johannsen* (Fn. 148), S. 19.

334 Europäischer Konvent, CONV 685/03, vom 23.04.2003, S. 53.

335 *Weiß* (Fn. 237), Art. 207 AEUV, Rn. 84.

336 Vgl. *Johannsen* (Fn. 148), S. 19 f.; *Tietje* (Fn. 123), S. 17.

337 Vgl. *Johannsen* (Fn. 148), S. 19 f.; *Tietje* (Fn. 123), S. 17; *K. Kampermann*, Aktuelle Entwicklungen im internationalen Investitionsschutzrecht mit Blick auf die staatliche Steuersouveränität, 2006, S. 12 f.

bb. Kompetenzbeschränkung durch Art. 64 AEUV

Gemäß Art. 64 Abs. 2 AEUV können „das Europäische Parlament und der Rat [...] Maßnahmen für den Kapitalverkehr mit dritten Ländern im Zusammenhang mit Direktinvestitionen einschließlich Anlagen in Immobilien, mit der Niederlassung, der Erbringung von Finanzdienstleistungen oder der Zulassung von Wertpapieren zu den Kapitalmärkten" beschließen. Andere, nicht ausdrücklich erwähnte Bereiche des Kapitalverkehrs, sind nicht eingeschlossen.[338] Damit zählen auch die Portfolioinvestitionen zum Ausschlusstatbestand.

Die Maßnahmen dienen der Verwirklichung des Zieles eines freien Kapitalverkehrs mit Drittstaaten und sind gemäß Art. 289 Abs. 1 AEUV i.V.m. Art. 294 AEUV im ordentlichen Gesetzgebungsverfahren zu erlassen. Die Union verfügt nach Art. 64 Abs. 2 und 3 AEUV zudem über die Kompetenz, Beschränkungen sekundärrechtlicher Art hinsichtlich des freien Kapitalverkehrs zwischen den Mitgliedstaaten und Drittstaaten zu beschließen. Da die Einschränkungen des Kapitalverkehrs dem Ziel eines offenen Marktes des Art. 64 AEUV widersprechen[339], sind Maßnahmen, die für die Liberalisierung des Kapitalverkehrs mit Drittländern einen Rückschritt darstellen (Art. 64 Abs. 3 AEUV) beziehungsweise den Kapitalverkehr mit Drittstaaten beschränken, in einem besonderen Gesetzgebungsverfahren (Art. 289 Abs. 2 AEUV) einstimmig im Rat zu beschließen.[340] Dabei findet eine bloße Anhörung des Parlaments statt. Wenn Maßnahmen dagegen im Sinne des Art. 64 Abs. 2 AEUV verabschiedet werden, entscheidet das Parlament im Rahmen des ordentlichen Gesetzgebungsverfahrens mit.[341]

Eine Erläuterung, welche konkreten „Maßnahmen" in Art. 64 Abs. 2 und 3 AEUV gemeint sind, ist nicht vorhanden. Da diese Maßnahmen in einem ordentlichen bzw. in einem besonderen Gesetzgebungsverfahren erlassen werden müssen, ist anzunehmen, dass es sich um eine interne Kompetenz handelt.

Nichtdestotrotz könnte sich der Erlass solcher Sekundärrechtsakte, welche Kapitalverkehrsbeschränkungen im Zusammenhang mit Direktinvestitionen im Drittstaatenkontext vorsehen, auch auf die Kompetenz der Union zum Abschluss von internationalen Übereinkünften in Bezug auf Direktinvestitionen auswirken. Dabei sind die internationalen Abkommen zwischen dem Primär- und

---

338 *M. Sedlaczek/M. Züger*, in: Streinz (Hrsg.), EUV/AEUV Kommentar, 2012, Art. 64 AEUV, Rn. 13.

339 Vgl. *H. Lecheler/C. F. Germelmann*, Zugangsbeschränkungen für Investitionen aus Drittstaaten im deutschen und europäischen Energierecht, 2010, S. 49.

340 Vgl. *Schmitt* (Fn. 2), S. 186 f.

341 Vgl. *Lecheler/Germelmann* (Fn. 339), S. 49.

Sekundärrecht einzuordnen.[342] In der Normenhierarchie der Europäischen Union stehen internationale Abkommen über dem Sekundärrecht. Eine sekundärrechtliche Normsetzung nach Art. 64 Abs. 2 und Art. 3 AEUV darf nicht gegen die in einem Investitionsschutzabkommen verankerten Pflichten verstoßen.[343] An sich kann keine Beschränkung der Außenkompetenz der EU für ausländische Direktinvestitionen aus Art. 64 Abs. 2 und Abs. 3 AEUV gefolgert werden.[344] Sollten Einschränkungen im Kapitalverkehr im Hinblick auf Direktinvestitionen über Sekundärrechtsakte nach Art. 64 Abs. 2 und 3 AEUV möglich sein, spricht dem Grunde nach nichts gegen Beschränkungen im Rahmen internationaler Abkommen nach Art. 207 Abs. 3 AEUV. Dabei muss vorausgesetzt sein, dass die Einschränkungen mit den völkervertraglichen und sekundärrechtlichen Normen im Einklang stehen.[345]

Unklar bleibt, ob diese interne Kompetenz der Union zur Beschränkung des Kapitalverkehrs bezüglich Direktinvestitionen ausschließlich oder geteilt ist. Art. 4 Abs. 2 lit. a) AEUV besagt ausdrücklich, dass die Kompetenz für den Binnenmarkt zwischen der Union und den Mitgliedstaaten aufgeteilt ist. Beim Kapitalverkehr handelt es sich um eine Querschnittsmaterie.[346] Das Themengebiet des Kapitalverkehrs ist nicht in einem einzigen, bestimmten Rechtsgebiet abschließend umfasst. Aus unterschiedlichen Rechtsbereichen wie z. B. dem Sachenrecht, Gesellschaftsrecht, Anlegerschutz, Aufsichts- oder Steuerrecht gehen verschiedene Vorschriften zum Kapitalverkehr hervor. Eine alleinige Zuständigkeit der Union für den Kapitalverkehr ist aufgrund dieser Verflechtung nicht denkbar.

Das Verhältnis zwischen Art. 64 Abs. 2 und 3 AEUV sowie Art. 207 AEUV bleibt undeutlich, da letztgenannter Artikel eine ausschließliche Kompetenz der Union für ausländische Direktinvestitionen beinhaltet. Als Konfliktlösungsregel kann der Grundsatz *lex specialis derogat legi generali* herangezogen werden. Dieser

---

342 Vgl. *Hummer* (Fn. 229), Art. 216 AEUV, Rn. 21.

343 Vgl. *Hummer*, ebd., Rn. 21 ff.; *C. Meurs*, Normenhierarchien im europäischen Sekundärrecht, 2012, S. 16; *Bings* (Fn. 2), S. 87.

344 Vgl. *Schmitt* (Fn. 2), S. 189.

345 EuGH, Rs. C-162/96 (*Racke*), Urteil vom 16.06.1998, Slg. 1998, I-3655, Rn. 45; EuGH, Rs. C-286/90 (*Poulsen und Diva Navigation*), Urteil vom 24.11.1992, Slg. 1992, I-6019, Rn. 9; vgl. *Hummer* (Fn. 229), Art. 216 AEUV, Rn. 23; *Bings* (Fn. 2), S. 88.

346 Vgl. *S. Weber*, Kapitalverkehr und Kapitalmärkte im Vertrag über die Europäische Union, EuZW 1992, S. 561 (565); *D.-E. Khan*/*D. Eisenhut*, in: Vedder/Heintschel von Heinegg (Hrsg.), Europäisches Unionsrecht, 2012, Art. 64 AEUV, Rn. 8; *Ohler* (Fn. 93), Art. 57 EGV, Rn. 17.

besagt, dass eine Spezialnorm, die einen Einzel- oder Ausnahmefall regelt, einer allgemeinen Norm in der Anwendung vorgezogen wird.

Wenn man also annimmt, dass Art. 64 Abs. 2 und 3 AEUV als *lex specialis* zu Art. 207 AEUV anzusehen sind, würde den Mitgliedstaaten aus Art. 64 Abs. 2 und 3 AEUV eine geteilte Zuständigkeit für Marktzugangsfragen bezüglich der Auslandsinvestitionen aus Drittstaaten zukommen. Aus den beiden Absätzen kann keine Kompetenz der EU zur Einräumung der Behandlungsstandards, wie die gerechte und billige Behandlung, Meistbegünstigung, Inländergleichbehandlung sowie der Schutz und die Sicherheit für Investoren in der Phase nach Marktzugang abgeleitet werden.[347] Art. 64 AEUV ist eine speziellere Norm als Art. 207 AEUV, da sie den Erlass der Maßnahmen bezüglich des Kapitalverkehrs (darunter auch Direktinvestitionen) mit Drittländern gesondert regelt.

Das Ergebnis der durchgeführten Analyse führt nicht zum Aufschluss, ob die Zuständigkeit der Union gemäß Art. 207 AEUV lediglich bis zur Behandlung während des Marktzugangs von Direktinvestitionen begrenzt ist oder auch im Anschluss andauert. Eine Begrenzung würde bedeuten, dass die Union bei internationalen Übereinkünften nach Art. 207 Abs. 3 AEUV nur Fragen des Zugangs der Direktinvestitionen zum Binnenmarkt regeln kann. Alle anderen Punkte, wie die Festlegung von Behandlungsstandards, würden im Regelungsbereich der Mitgliedstaaten verbleiben. Im Nationalrecht würden die bisherigen Regelungen zur Behandlung der zugelassenen Investitionen ihre Gültigkeit behalten. Die Unterscheidung zwischen dem Marktzugang und der *post-establishment* Phase wird in der Fachwelt zum Teil angezweifelt. In der Praxis[348] finden sich Fälle, in denen sich die Gemeinschaft auf Art. 64 Abs. 2 AEUV (ex. Art. 57 Abs. 2 EGV) gestützt hat, um Übereinkünfte mit Drittländern zu schließen.[349] Diese Schlussfolgerung ist nicht vollends nachvollziehbar, weil das internationale Investitionsschutzrecht doch zwischen dem Marktzugang, also der Zulassung von ausländischen Investitionen und der Phase nach der Zulassung unterscheidet.[350]

---

347 Vgl. *Schmitt* (Fn. 2), S. 189; *T. Eilmansberger*, Bilateral Investment Treaties and EU Law, CMLR 2009, S. 383 (391); *Tietje* (Fn. 123), S. 14.

348 Beschluss 97/800, ABl. 1997, Nr. L 327, S. 1; Beschluss 98/149, ABl. 1998, Nr. L 49, S. 1; Beschluss 98/401, ABl. 1998, Nr. L 181, S. 1; vgl. *Khan/Eisenhut* (Fn. 346), Art. 64 AEUV, Rn. 8.

349 Vgl. *Ohler* (Fn. 93), S. 214; *S. L. Beuttenmüller*, Das deutsche Außenwirtschaftsgesetz vor dem Hintergrund der neuen Unionskompetenz für ausländische Direktinvestitionen, Ritsumeikan Law Review 28 (2011), S. 281 (284).

350 Vgl. *Schöbener/Herbst/Perkams* (Fn. 127), S. 268; vgl. 2012 US Model Bilateral Investment Treaty, unter: http://www.state.gov/e/eb/ifd/bit/index.htm, zuletzt gese-

cc. *Zwischenergebnis*

Zusammengefasst überzeugt tendenziell die Argumentation, dass Art. 207 Abs. 6 AEUV als Beschränkung sowohl der internen als auch der externen Kompetenzen ausgelegt werden muss. Hierauf deutet vor allem die historische Auslegung der Norm hin. Nach der historischen Untersuchung liegt das Indiz im Verzicht auf das Wort „interne" im Lissaboner Vertrag.[351] Auch die Frage nach Sinn und Zweck der Regelung des Art. 207 Abs. 6 AEUV führt zu keinen gegenteiligen Erkenntnissen. Das Argument, dass die Beschränkung der Außenkompetenz der EU nicht logisch wäre, da die in Art. 207 Abs. 1 AEUV zugewiesene Kompetenz so beschränkt wäre, dass die EU kein internationales Abkommen ohne die Mitgliedstaaten abschließen könne[352], lässt sich insoweit entkräften, als die Union internationale Übereinkünfte in solchen Politikbereichen, die nicht unter das Harmonisierungsverbot fallen, abschließen darf.

Art. 64 Abs. 2 und 3 AEUV zielen dagegen rein auf die interne Zuständigkeit ab. Dies liegt daran, dass die Maßnahmen in Art. 64 AEUV in einem ordentlichen bzw. besonderen Gesetzgebungsverfahren erlassen werden müssen. Nicht außer Acht zu lassen ist die Normenhierarchie des Unionsrechts, durch welche völkervertraglichen Regelungen Vorrang gegenüber dem Sekundärrecht haben. Dem Grunde nach steht diesen Beschränkungen über Sekundärrechtsakte nach Art. 64 Abs. 2 und 3 AEUV im Rahmen internationaler Abkommen nach Art. 207 Abs. 3 AEUV nichts entgegen, solange vorausgesetzt ist, dass die sekundärrechtlichen Normen mit den völkervertraglichen Normen konform sind.

f. Art. 207 Abs. 3 und 4 AEUV in Verbindung mit Art. 218 AEUV

Gemäß Art. 207 Abs. 3 AEUV finden für die Aushandlung und das Abschließen von Abkommen mit einem bzw. mehreren Drittländern oder internationalen Organisationen die allgemeinen Vertragsschlussregelungen des Art. 218 AEUV, vorbehaltlich der besonderen Bestimmungen des Art. 207 AEUV, Anwendung. Die Grundlage für einen solchen Abschluss bildet Art. 218 AEUV. Dieser ist als Verfahrensvorschrift für alle völkerrechtlichen Übereinkommen der EU zu betrachten und stellt keine Sachkompetenznorm dar.[353]

---

hen: 05.12.2013; North American Free Trade Agreement (NAFTA), unter: https://www.nafta-sec-alena.org/Default.aspx?tabid=97&language=en-US, zuletzt gesehen: 05.12.2013.

351 Vgl. *Weiß* (Fn. 237), Art. 207 AEUV, Rn. 84.

352 Vgl. *Schmitt* (Fn. 2), S. 101.

353 Vgl. *S. Lorenzmeier*, in: Grabitz/Hilf/Nettesheim (Hrsg.), Das Recht der Europäischen Union, 2011, Art. 218 AEUV, Rn. 1.

Die Zustimmung des Europäischen Parlaments zum Abschluss einer Übereinkunft muss gemäß Art. 218 Abs. 6 UAbs. 2 lit. a) Ziff. v) eingeholt werden, wenn Bereiche tangiert sind, für die entweder das ordentliche Gesetzgebungsverfahren (Art. 294 AEUV) oder, bei Erfordernis der Zustimmung durch das Europäische Parlament, das besondere Gesetzgebungsverfahren (Art. 289 Abs. 2 AEUV) gilt. Art. 218 Abs. 6 UAbs. 2 lit. a) Ziff. v) sagt also nichts anderes aus, als dass der Abschluss von Handelsabkommen der Union mit Drittstaaten oder internationalen Organisationen in den meisten Fällen der Zustimmung des Europäischen Parlaments bedarf, wie es nach Art. 207 Abs. 2 AEUV bei allen internen handelspolitischen Maßnahmen der Fall ist. Um den Abschluss eines Abkommens nicht zu gefährden, muss die Kommission die Position des Europäischen Parlaments schon während den Verhandlungen, nachdem sie vom Rat ein entsprechendes Verhandlungsmandat erhalten hat, berücksichtigen.[354]

Aus demokratietheoretischer Sicht ist das Zustimmungserfordernis des Europäischen Parlaments für die demokratische Legitimation der Handelspolitik von großer Bedeutung, da das Parlament die Zustimmung zu einem völkerrechtlichen Abkommen verweigern oder Nachbesserungen verlangen kann. Dies zeigt auch ein Blick in die Vergangenheit, in der das Europäische Parlament insbesondere bei Assoziierungsabkommen von diesem Verweigerungsrecht Gebrauch gemacht hat.[355] Die ersten internationalen Handelsabkommen im Anschluss an die Änderungen durch den Lissaboner Vertrag, die einer Zustimmung des Europäischen Parlaments bedurften, wurden als EU-Handelsabkommen mit Südkorea, Kolumbien und Peru, Honduras, Nicaragua, Panama, Costa Rica, El Salvador und Guatemala unterzeichnet.[356]

Bei Direktinvestitionen muss der Rat gemäß Art. 207 Abs. 4 UAbs. 2 AEUV über die Aushandlung der Übereinkünfte mit Drittländern oder internationalen Organisationen im Bereich der Direktinvestitionen einstimmig beschließen, wenn das Abkommen Bestimmungen enthält, bei denen die Einstimmigkeit für die

---

354 Vgl. *S. L. Beuttenmüller*, Die Beteiligung des Europäischen Parlaments an der Gemeinsamen Handelspolitik nach dem Reformvertrag von Lissabon, in: Bungenberg/Griebel/Hindelang (Hrsg.), Internationaler Investitionsschutz und Europarecht, 2010, S. 231 (235).

355 Vgl. *M. Krajewski*, Die neue handelspolitische Bedeutung des Europäischen Parlaments, in: Bungenberg/Herrmann (Hrsg.), Die gemeinsame Handelspolitik der Europäischen Union nach Lissabon, 2011, S. 55 (65).

356 Europäische Kommission, Overview of FTA and Other Negotiations, unter: http://trade.ec.europa.eu/doclib/docs/2006/december/tradoc_118238.pdf, zuletzt gesehen: 16.01.2014.

Annahme interner Vorschriften ausdrücklich erforderlich ist. Auf den ersten Eindruck scheint das Ziel dieser Vorschrift die Handlungsfähigkeit der Union einzuschränken, da die Einstimmigkeit das Vetorecht jedes Mitgliedstaats umfasst. Da allerdings das ordentliche Gesetzgebungsverfahren als Regelfall eingeführt wurde, gibt es ferner kaum Vorschriften, welche eine Einstimmigkeit vorsehen.[357]

Entsprechend der Interpretation des Begriffs der ausländischen Direktinvestitionen, fallen die Direktinvestitionen hinsichtlich ihrer Rechtsgrundlage im Innenverhältnis unter die Niederlassungsfreiheit. Dabei enthalten die Vorschriften über die Niederlassungsfreiheit keine einstimmige Beschlussfassung durch den Rat.[358] Ordnet man ausländische Direktinvestitionen der Kapitalverkehrsfreiheit zu, ergibt sich ein anderes Bild. Gemäß Art. 64 Abs. 3 AEUV muss der Rat über Aushandlung und Abschluss eines Abkommens über ausländische Direktinvestitionen einstimmig beschließen, wenn diese Bestimmungen beinhalten, deren Annahme für den Kapitalverkehr mit Drittländern einen Rückschritt darstellen würde.[359]

Im anderen Fall, bei dem eine Einstimmigkeit des Rates notwendig ist, sind keine Maßnahmen nach Artikel 64 Abs. 3 zu erlassen. Dies ist in Art. 65 Abs. 4 verankert. Der Rat kann bestimmen, dass die von einem Mitgliedstaat in Bezug auf ein oder mehrere Drittländer getroffenen restriktiven steuerlichen Maßnahmen als mit den Verträgen vereinbar anzusehen sind, wenn sie durch eines der Unionsziele gerechtfertigt und mit dem ordnungsgemäßen Funktionieren des Binnenmarkts vereinbar sind. Es existieren nur diese beiden abgebildeten Szenarien, bei denen der Rat über Direktinvestitionen einstimmig beschließen muss. In allen anderen Fällen, die Direktinvestitionen zum Regelungsgegenstand haben, entscheidet der Rat mit qualifizierter Mehrheit, da gem. Art. 207 Abs. 2 AEUV das ordentliche Gesetzgebungsverfahren Anwendung findet (Art. 289 Abs. 1 AEUV i.V.m. Art. 294 AEUV). Aus diesem Grund besitzt Art. 207 Abs. 4 UAbs. 2 AEUV kaum eine praktische Relevanz.

g. Problematik bei der Unionskompetenz und Reichweite nach Art. 345 AEUV

Die Verträge lassen die Eigentumsordnung der Mitgliedstaaten nach Art. 345 AEUV unberührt. Mit Blick auf die durch den Vertrag von Lissabon zugewiesene Kompetenz wird nachfolgend untersucht, ob die Union den Abschluss solcher in-

357 Vgl. *Hahn* (Fn. 229), Art. 207 AEUV, Rn. 117.

358 Vgl. *Hummer* (Fn. 229), Art. 207, Rn. 30.

359 Vgl. *Hummer*, ebd., Art. 207, Rn. 31; *Krenzler/Pitschas* (Fn. 304), S. 34 f.

vestitionsrelevanten Abkommen realisieren kann, die Fragen der Eigentumsordnung der Mitgliedstaaten tangieren. Darunter fallen auch Themen, die in früheren Investitionsschutzabkommen vorgesehen waren, wie z. B. die Voraussetzungen für eine rechtmäßige Enteignung und Modalitäten im Entschädigungsfall.[360] Um die Reichweite des Art. 345 AEUV bestimmen zu können, wird zunächst der Begriff der Eigentumsordnung untersucht.

aa. Enge Auslegung der Eigentumsordnung

Die Eigentumsordnung in Art. 345 AEUV wird in der Literatur partiell als „wirtschaftspolitisch motivierte Eigentumsordnung in die private oder öffentliche Trägerschaft“[361] eingeordnet. Dementsprechend bliebe nicht die komplette Eigentumsordnung durch die Verträge unberührt, sondern lediglich die Form des Innehabens von Eigentum.[362] Die Formen der Eigentumsausübung wären somit nicht von Art. 345 AEUV gedeckt.[363] Die Mitgliedstaaten könnten dann beispielsweise nicht über die Bedingungen einer Enteignung entscheiden, sondern lediglich ob und wann eine Enteignung stattfindet.[364]

Die enge Auslegung des Art. 345 AEUV wird damit gerechtfertigt, dass der Wortlaut des Art. 345 AEUV zwischen Eigentumsrecht und Eigentumsordnung unterscheidet, in dem er nur die Eigentumsordnung explizit benennt.[365] Deshalb führt diese Auslegung zur Betrachtung der Eigentumsordnung als einer Eigentumszuordnung.[366] Diese lediglich auf dem Wortlaut beruhende Interpretation des Art. 345 AEUV erscheint wenig überzeugend. Die Eigentumsordnung kann genauso gut wie alle anderen verfassungsrechtlichen Vorschriften der Mitgliedstaaten bezüglich des Privateigentums interpretiert werden, womit die Gesamtheit aller Eigentumsrechte inkludiert wäre.[367]

---

360 Vgl. *M. Krajewski*, Wirtschaftsvölkerrecht, 3. Aufl. 2012, Rn. 612.

361 *T. Kingreen*, in: Calliess/Ruffert (Hrsg.), EUV/AEUV Kommentar, 4. Aufl. 2011, Art. 345 AEUV, Rn. 10.

362 Vgl. *B. Akkermans/E. Ramaekers*, Article 345 TFEU (ex Article 295 EC) – Its Meanings and Interpretations, ELJ Vol. 16, No. 3, 2010, S. 292 (303).

363 Vgl. *Schmitt* (Fn. 2), S. 106.

364 Vgl. *A. Dimopoulos*, Rethinking the European Constitution in an Enlarged European Union, Draft Paper, 2013, S. 26 f.; *ders.*, The Common Commercial Policy after Lisbon, CYELP 4 (2008), S. 101 (116).

365 Vgl. *C. Calliess*, Entflechtung im europäischen Energiebinnenmarkt, 2008, S. 39.

366 Vgl. *Kingreen* (Fn. 361), Art. 345 AEUV, Rn. 9.

367 Vgl. *Calliess* (Fn. 365), S. 37; *B. Bär-Bouyssiere*, in: von der Groeben/Schwarze (Hrsg.), EU/EG Kommentar, Bd. 4, 6. Aufl. 2004, Art. 295 EGV, Rn. 7; *M. Ludwigs*, Rechtsangleichung nach Art. 94, 95 EG-Vertrag, 2004, S. 265. Auch Burghardt ist

Auch bei der Frage nach Sinn und Zweck des Vertrags führt die enge Auslegung von Art. 345 AEUV zu keinem eindeutigen Ergebnis.[368] Die allgemein gehaltene Argumentation, nach der es nicht die Intention des Vertrags gewesen sein kann, dass sich die Mitgliedstaaten auf ihre verfassungsrechtlichen Regelungsbefugnisse in Eigentumsfragen gegenüber Unionsakten berufen können, und die Einheit der Unionsordnung gefährdet wäre[369], lässt Zweifel offen. Angenommen die Ansprüche der Mitgliedstaaten aus ihrem Eigentumsrecht würden beispielsweise die Verwirklichung des Binnenmarkts beeinträchtigen, begründet dies dennoch keine enge Interpretation des Art. 345 AEUV, welche zu einer expliziten Kompetenz der Union für die Eigentumsfragen der Mitgliedstaaten führen würde. Wenn ein solcher Schritt zur Stärkung des Binnenmarkts notwendig ist, kommt ausschließlich eine aus Art. 216 AEUV begründete implizite Kompetenz in Betracht.

bb. Weite Auslegung der Eigentumsordnung

Als gegensätzlicher Standpunkt wird die Interpretation eines weit gefassten Eigentumsordnungsbegriffs vertreten. Folgt man dieser Ansicht, besäße die Union keine Kompetenz zur Regelung von Fragen der Enteignung und Entschädigung.[370] Nach dieser Definition erfasst die Eigentumsordnung „alle verfassungsrechtlichen Vorschriften über das Privateigentum, die Enteignung bzw. Sozialisierung und die Schranken der Eigentumsnutzung […], also die wesentlichen Elemente der verfassungsrechtlichen Eigentumsvorschriften".[371] Dementsprechend wäre nicht nur die Eigentumszuordnung von öffentlicher oder privater Trägerschaft,[372] sondern

---

von der grammatikalischen Auslegung nicht überzeugt, da hieraus keine eindeutige Antwort abgeleitet werden könne, siehe *G. Burghardt*, Die Eigentumsordnungen in den Mitgliedstaaten und der EWG-Vertrag, 1969, S. 20.

368 A.A. *C. von Milczewski*, Der grundrechtliche Schutz des Eigentums im Europäischen Gemeinschaftsrecht, 1994, S. 27.

369 Vgl. *Calliess* (Fn. 365), S. 42; *von Milczewski* (Fn. 368), S. 27.

370 Vgl. *Tietje* (Fn. 123), S. 14 f.; *J. Griebel*, Überlegungen zur Wahrnehmung der neuen EU-Kompetenz für ausländische Direktinvestitionen nach Inkrafttreten des Vertrags von Lissabon, RIW 7 (2009), S. 469, 471; *T. M. Braun*, Für einen komplementären, europäischen Investitionsschutz, in: Bungenberg/Griebel/Hindelang (Hrsg.), Internationaler Investitionsschutz und Europarecht, 2010, S. 191, 195.

371 Vgl. *M. Schweitzer*, in: Grabitz/Hilf (Hrsg.), Das Recht der Europäischen Union, Bd. 3, 40. EL, Oktober 2009, Art. 295 EGV, Rn. 3; ähnlich *Bär-Bouyssiere* (Fn. 367), Art. 295 EGV, Rn. 7; *Burghardt* (Fn. 367), S. 18.

372 Vgl. *Calliess* (Fn. 365), S. 31; *J. Kühling*, in: Streinz (Hrsg.), EUV/AEUV Kommentar, 2. Aufl. 2012, Art. 345 AEUV, Rn. 11.

auch die Formen der Ausübung und Nutzung des Eigentums sowie alle Rechte des Eigentümers im Falle eines Entzugs des Eigentums erfasst.[373]

Die Mitgliedstaaten erhielten daneben die Entscheidungsgewalt über die Bedingungen der Enteignung. Die EU hätte keine Möglichkeit zur Regelung von Mindestanforderungen oder Bedingungen im Rahmen von Enteignungen. Diesem Szenario kann auch nicht entgegen gestellt werden, dass die mitgliedstaatlichen BIT's die Voraussetzungen für eine Enteignung vorgesehen haben, weil die Mindestanforderungen für Enteignungen durch das internationale Enteignungsrecht ohnehin garantiert seien.[374] Es ist daher äußerst fraglich, ob der EU eine Regelungskompetenz für Fragen im Zusammenhang mit Enteignungsvoraussetzungen zusteht, wenn diese bereits durch Mindeststandards gesichert sind.

cc. Historische Auslegung des Art. 345 AEUV

Die historische Auslegung des Art. 345 AEUV bestätigt, dass die Union nach dieser Norm zur Neutralität in Eigentumsfragen der Mitgliedstaaten verpflichtet ist.[375] Diese Neutralität der Verträge wird durch die systematische Stellung von Art. 345 AEUV im siebten Teil des AEU-Vertrags hervorgehoben.[376]

Entstehungsgeschichtlicher Ausgangspunkt von Art. 345 AEUV war die Befürchtung der Gründungsmitglieder der damaligen Europäischen Wirtschaftsgemeinschaft, dass es durch ihre Gründung zu einer Änderung der Eigentumsordnungen in den Mitgliedstaaten kommen könnte.[377] Im Anschluss an den Zweiten Weltkrieg erfolgte eine Sanierung der Volkswirtschaften durch nationale Maßnahmen. In diesem Kontext wurde die bestehende Divergenz der Standpunkte über das Ausmaß von staatlichen Unternehmensbeteiligungen innerhalb der Mitgliedstaaten deutlich. Nach Kriegsende wurden insbesondere in Frankreich und Italien in zentralen Industriebereichen (Erdöl, Strom, Schwerindustrie) im Zuge wirtschaftlicher Sanierungen Verstaatlichungen durchgeführt.[378] Deshalb hatten einige Mitgliedstaaten Angst, dass die EG in ihre nationalen Eigentums-

---

373 Vgl. *Bär-Bouyssiere* (Fn. 367), Art. 295 EGV, Rn. 7; *Ludwigs* (Fn. 367), S. 265.

374 Vgl. *Görs* (Fn. 66), S. 26 ff.

375 Vgl. *Calliess* (Fn. 365), S. 30.

376 Vgl. *Bär-Bouyssiere* (Fn. 367), Art. 295 EGV, Rn. 9; *Kühling* (Fn. 372), Art. 345 AEUV, Rn. 7.

377 Vgl. *Kingreen* (Fn. 361), Art. 345 AEUV, Rn. 2; *Calliess* (Fn. 365), S. 29; *Bär-Bouyssiere* (Fn. 367), Art. 295 EGV, Rn. 1.

378 Vgl. *Calliess* (Fn. 365), S. 29; *Kingreen* (Fn. 361), Art. 345 AEUV, Rn. 2; *Kühling* (Fn. 372), Art. 345 AEUV, Rn. 3.

ordnungen eingreifen könnte, indem sie Unternehmen verstaatlicht oder privatisiert.[379]

Bereits die Fassung des Art. 83 EGKSV[380] von 1951 enthält folgende Aussage: „Die Einrichtung der Gemeinschaft berührt in keiner Weise die Ordnung des Eigentums an den Unternehmen, für welche die Bestimmungen dieses Vertrages gelten". Die Entwürfe zum späteren Art. 222 EWGV – dem heutigen Art. 345 AEUV – wiesen zunächst einen vergleichbaren Regelungsvorschlag auf, der lautete: „Dieser Vertrag lässt die in der Gemeinschaft bestehende Eigentumsordnung an den Produktionsmittel unberührt".[381] Auf diesen Vorschlag wurde in der endgültigen Fassung von Art. 222 EWGV verzichtet.[382] Daraus wird deutlich, dass der Gesetzgeber nicht nur die bestehende Eigentumsordnung an den Produktionsmitteln unberührt lassen wollte, sondern auch die Ausgestaltung des Eigentumsrechts.[383]

Aus der Entstehungsgeschichte von Art. 345 AEUV geht hervor, dass die Union keine explizite Kompetenz aus Art. 345 AEUV im Bereich von Enteignungs- und Entschädigungsregelungen zum Eigentumsschutz besitzt. Das Bestehen einer solchen Ermächtigung zur Entziehung der Eigentumsrechte eines Mitgliedstaats, aber auch zur Bestimmung ihrer Voraussetzungen, ist nicht vorstellbar. Selbst wenn eine Enteignung durch die EU nicht aus wirtschaftspolitischen Motiven[384] erfolgen würde, bliebe sie rechtlich in hohem Maße bedenklich.

dd. Zwischenfazit

Nach Prüfung der Argumente ist eine weitumfassende Auslegung des Begriffs der Eigentumsordnung naheliegend. Selbst jener Fall, in welchem die Union den Mitgliedstaaten nicht die Entscheidung über das „ob" und „wann" einer Enteignung streitig macht und mit einem Investitionsschutzabkommen „nur" die Modalitäten und Zulässigkeit regelt, ist rechtlich kaum haltbar. Art. 345 AEUV setzt den Kompetenzansprüchen der Union im Bereich von Enteignungs- und Entschädigungsregelungen zum Eigentumsschutz ausdrücklich Grenzen.[385]

---

379 Vgl. *Calliess* (Fn. 365), S. 29; *Bär-Bouyssiere* (Fn. 367), Art. 295 EGV, Rn. 1; *Schmitt* (Fn. 2), S. 108.

380 Vertrag über die Gründung der Europäischen Gemeinschaft für Kohle und Stahl vom 18.04.1951, BGBl. 1952 II, S. 447.

381 Vgl. *von Milczewski* (Fn. 368), S. 23; *Burghardt* (Fn. 367), S. 26 ff.

382 Vgl. *Calliess* (Fn. 365), S. 30.

383 A.A. *Schmitt* (Fn. 2), S. 108 f.

384 A.A. *von Milczewski* (Fn. 368), S. 30.

385 Vgl. *F. C. Mayer*, Stellt das geplante Freihandelsabkommen der EU mit Kanada (Comprehensive Economic and Trade Agreement, CETA) ein gemischtes Abkom-

Nach Ansicht des EuGH entziehen sich eigentumsrechtliche Fragen nicht komplett dem Anwendungsbereich der Unionskompetenz, weil sich mitgliedstaatliche Regelungen an europarechtliche Vorgaben im Bereich der Grundfreiheiten halten müssen und Art. 345 (ex. Art. 295 EGV) nicht dazu führt, „dass die in den Mitgliedstaaten bestehende Eigentumsordnung den Grundprinzipien des Vertrages entzogen ist".[386] Diese Begründung kann nicht als Bestätigung für eine Kompetenz der Union in eigentumsrechtlichen Fragen im Investitionsschutzabkommen dienen. Die Aufforderung gegenüber den Mitgliedstaaten zur Beachtung der Vorschriften der Verträge, wie beispielsweise des Nichtdiskriminierungsgebots, führt nicht *per se* zur Unvereinbarkeit von nationalen Maßnahmen mit dem Vertrag. Aus der Bestimmung des Art. 295 EGV (jetzt Art. 345 AEUV) ergibt sich eine Vermutung der Vereinbarkeit der nationalen Maßnahmen mit den Verträgen.[387] Die Achtung und Aufrechterhaltung der parlamentarischen Demokratie und der Menschenrechte (vor allem in Fällen der Enteignung und bei Anwendung des Nichtdiskriminierungsgebots) vonseiten der Mitgliedstaaten, sind Grundpfeiler ihrer Zugehörigkeit zur Europäischen Union.[388]

Demnach ist davon auszugehen, dass die Eigentumsordnungen der Mitgliedstaaten mit den Verträgen ohnehin im rechtlichen Einklang stehen, da dies als Voraussetzung zum Beitritt in die EU gilt. Die Schlussfolgerung, dass sich mitgliedstaatliche Regelungen an europarechtliche Vorgaben im Bereich der Grundfreiheiten halten müssen, um aus Art. 345 AEUV doch eine Kompetenz der Union zur Regelung von Eigentumsfragen in Investitionsschutzabkommen herzuleiten, ist folglich nicht haltbar.

h. Zwischenergebnis

Mit dem Vertrag von Lissabon wurden die Kompetenzen der Union auf ausländische Direktinvestitionen, den Dienstleistungsverkehr und das geistige Eigentum durch Art. 207 Abs. 1 AEUV ausgedehnt. Der Artikel umfasst nicht nur Maß-

---

men dar?, 2014, S. 15, unter: http://www.bmwi.de/BMWi/Redaktion/PDF/C-D/ceta-gutachten-einstufung-als-gemischtes-abkommen,property=pdf,bereich=bmwi2012,sprache=de,rwb=true.pdf, zuletzt gesehen: 17.10.2014.

386 EuGH, Rs. C-463/00 (*Kommission/Spanien*), Urteil vom 13.05.2003 Slg. 2003, I-4581, Rn. 67.

387 Schlussanträge des GA Colomer vom 03.07.2001, zu EuGH verb. Rs. C-367/98 (*Kommission/Portugal II*), C-483/99 (*Kommission/Frankreich II*) und C-503/99 (*Kommission/Belgien II*), vom 04.06.2002, Slg. 2002, I-4731, Rn. 67; vgl. *B. M. Czigler*, Die Rechtsprechung zu Golden Shares, 2009, S. 43.

388 *Bär-Bouyssiere* (Fn. 367), Art. 295 EGV, Rn. 19.

nahmen, die den Handelsverkehr mit Drittstaaten offen und spezifisch regeln, sondern auch solche, deren Zweck in der Beeinflussung der Handelsströme oder des Handelsvolumens liegt.[389]

Art. 207 Abs. 6 AEUV begrenzt die ausschließliche Zuständigkeit der Union in der Gemeinsamen Handelspolitik durch ein Harmonisierungsverbot der Rechtsvorschriften der Mitgliedstaaten in den Fällen, in denen eine solche Harmonisierung in den Verträgen ausgeschlossen ist. Eine Harmonisierung ist in sensiblen Bereichen, wie z.B. im Sozial-, Bildungs- oder Gesundheitssektor untersagt. Weiterhin ist sie gemäß Art. 114 Abs. 2 AEUV der Rechtsvorschriften der Mitgliedsaaten im Bereich der Steuern verboten. Da diese empfindlichen Gebiete in der Zuständigkeit der Mitgliedstaaten verbleiben, bedarf es einer gemischten Zuständigkeit zwischen Union und Mitgliedstaaten. Folgerichtig ist für den Abschluss völkerrechtlicher Handelsabkommen in Bereichen, in denen die Harmonisierung untersagt ist, ein gemischtes Abkommen notwendig.

Auch wenn Art. 3 Abs. 1 lit. e) AEUV i.V.m. Art. 207 Abs. 1 AEUV der Union eine ausschließliche Kompetenz für ausländische Direktinvestitionen verleiht, kann man aus seinem Wortlaut keine allumfassende Kompetenz herleiten. Aus Art. 207 Abs. 1 AEUV kann kein gesamtheitliches und eindeutiges Bild über die Kompetenz der EU zur Regelung von ausländischen Direktinvestitionen gewonnen werden.

Eine Begrenzung der Unionskompetenz für ausländische Direktinvestitionen könnte auf den ersten Blick aus Art. 207 Abs. 4 UAbs. 2 AEUV hervorgehen. Hier heißt es, der Rat beschließt einstimmig über die Aushandlung der Übereinkünfte mit Drittländern oder internationalen Organisationen im Bereich der Direktinvestitionen, wenn ein Abkommen Bestimmungen enthält, bei denen für die Annahme interner Vorschriften die Einstimmigkeit erforderlich ist. Diese vermutete Begrenzung rührt daher, dass die Einstimmigkeit das Vetorecht eines jeden Mitgliedstaats implementiert. Allerdings gilt das ordentliche Gesetzgebungsverfahren nach dem Vertrag von Lissabon als Regelfall. Infolgedessen existieren lediglich die Vorschriften der Art. 64 Abs. 3 AEUV und Art. 65 Abs. 4 AEUV, die bezüglich Direktinvestitionen eine Einstimmigkeit vorschreiben.

Art. 345 AEUV setzt der unionalen Kompetenz dahin gehend eine Grenze, als die Union in künftigen Investitionsschutzabkommen keine Bestimmungen bezüglich Eigentums- und Enteignungsfragen im Alleingang treffen kann. Die Entscheidung, „ob“ und „wie“ enteignet wird, verbleibt bei den Mitgliedstaaten. Allein aus diesem Grund ist ein gemischtes Abkommen zwingend erforderlich.

389 *Hahn* (Fn. 229), Art. 207 AEUV, Rn. 41.

Aus alledem wird der Konflikt zwischen dem Unionsziel einer einheitlichen Außenvertretung und den mitgliedstaatlichen Autonomieinteressen deutlich. Ursächlich ist das Aufeinandertreffen einer Menge komplexer Interessen im Rahmen der Abstimmung von Binnen- und Außenkompetenzen.[390] Da vor allem ausländische Investitionen viele dieser verschiedenen Aspekte tangieren, die sowohl unter die ausschließliche Unionskompetenz, als auch unter die geteilte Kompetenz fallen, kann die Union künftige Investitionsschutzabkommen höchstwahrscheinlich nicht ohne die Mitgliedstaaten abschließen.

2. Andere relevante ausdrückliche Kompetenzen der EU bei ausländischen Direktinvestitionen

a. Ausdrückliche Kompetenzen

aa. Ausdrückliche geteilte Kompetenz der EU

Nach Art. 2 Abs. 2 AEUV ist die geteilte Zuständigkeit in den Bereichen gegeben, in denen die Mitgliedstaaten tätig sein dürfen, solange und soweit die Union ihre Zuständigkeit nicht ausgeübt, erneut wahrgenommen oder entschieden hat, von dieser keinen Gebrauch mehr zu machen.[391] Die „Erklärung Nr. 18 zur Abgrenzung der Zuständigkeiten“[392] wiederholt die Regelung des Art. 4 Abs. 1 EUV, wonach gemäß dem vorgesehenen System der Aufteilung der Zuständigkeiten zwischen Union und Mitgliedstaaten alle der Union nicht in den Verträgen übertragenen Zuständigkeiten den Mitgliedstaaten zugeordnet bleiben.

Diese Art der Zuständigkeit stellt den Regelfall dar.[393] Formal werden die Mitgliedstaaten nicht daran gehindert nationale Vorschriften zu erlassen, auch wenn die Union im gleichen Bereich eine eigene Regelung verabschiedet hat.

---

390 Vgl. *Nettesheim/Duvigneau* (Fn. 231), Art. 207 AEUV, Rn. 51.

391 Vgl. *B. Braams*, in: Pernice (Hrsg.), Der Vertrag von Lissabon: Reform der EU ohne Verfassung?, 2008, S. 121; *S. Sattler*, Gemischte Abkommen und gemischte Mitgliedschaften der EG und ihrer Mitgliedstaaten, 2007, S. 51; *Konferenz der Vertreter der Regierungen der Mitgliedstaaten*, Erklärung Nr. 18 zu Abgrenzung der Zuständigkeiten vom 03.12.2007, CIG 15/07.

392 Erklärung Nr. 18 der „Erklärung zur Schlussakte der Regierungskonferenz, die den am 13.12.2007 unterzeichneten Vertrag von Lissabon angenommen hat“, ABl. vom 30.03.2010, C 83/344.

393 Vgl. *Lenski* (Fn. 222), Art. 4 AEUV, Rn. 2; *Streinz* (Fn. 221), Art. 2 Abs. 2 AEUV, Rn. 8; *C. Vedder*, in: ders./von Heinegg (Hrsg.), Europäisches Unionsrecht, 2012, Art. 4 AEUV, Rn. 2; *C. Calliess*, in: ders./Ruffert (Hrsg.), EUV/AEUV Kommentar, 2011, Art. 4 AEUV, Rn. 2.

Im Kollisionsfall findet, aufgrund des Vorrangs des Unionsrechts, die nationale Vorschrift keine Anwendung.

Die von der Union und den Mitgliedstaaten geteilte Zuständigkeit erstreckt sich auf die in Art. 4 Abs. 2 AEUV niedergelegten Hauptbereiche. Die Liste der Politikgebiete ist nicht abschließend. Dies ergibt sich aus dem in Art. 4 Abs. 2 AEUV vorzufindenden Wort „Hauptbereiche", woraus geschlossen werden kann, dass es daneben auch andere Bereiche geben muss, in denen die Zuständigkeiten zwischen Union und den Mitgliedstaaten geteilt sind.[394] Der Begriff der geteilten Zuständigkeiten ist der Definition der konkurrierenden Zuständigkeiten gleichzusetzen.[395]

Fällt also ein Politikbereich nicht unter die ausschließlichen oder eine der speziellen geteilten Kompetenzen der EU, ist dieser der geteilten Zuständigkeit i.S. des Art. 2 Abs. 2 AEUV zuzuordnen.[396] Art. 4 Abs. 2 legt unter anderem fest, dass der Union eine ausdrückliche geteilte Zuständigkeit für den Binnenmarkt zukommt, die auch die Niederlassungs- und Kapitalverkehrsfreiheiten umfasst. Vorausgesetzt, dass Direktinvestitionen unter die Niederlassungs- und Kapitalverkehrsfreiheit fallen, stellt sich sogleich die Frage, ob die Kompetenz für Direktinvestitionen zwischen Union und Mitgliedstaaten geteilt ist. Hierbei ist jedoch zu beachten, dass es sich bei Art. 4 Abs. 2 AEUV um eine interne Zuständigkeit handelt. Auch wenn diese Frage zu bejahen wäre, würde dies nicht die Frage beantworten, ob die geteilte Zuständigkeit der Union im Bereich des Binnenmarkts auch für den Abschluss von Übereinkünften mit Drittstaaten besteht.

Der Ausgangspunkt für eine Klärung, wann die Union über eine geteilte Außenzuständigkeit verfügt, ist Art. 2 Abs. 6 AEUV. Dieser verweist darauf, dass sich der Umfang der Zuständigkeiten der Union und die Einzelheiten ihrer Ausübung aus den Bestimmungen der Verträge zu den einzelnen Bereichen ergeben.

bb. Ausdrückliche ausschließliche Zuständigkeit der EU nach Art. 3 Abs. 1 AEUV

Die Zuordnung von Bereichen in die ausschließliche Zuständigkeit der Union hat erhebliche Folgen für die Handlungsmöglichkeiten der Mitgliedstaaten.[397] Die Liste der ausschließlichen Kompetenzen der EU in Art. 3 AEUV ist abschlie-

---

394 Vgl. *Vedder* (Fn. 393), Art. 4 AEUV, Rn. 3; *Calliess* (Fn. 393), Art. 4 AEUV, Rn. 2.

395 Vgl. *Calliess*, ebd., Art. 4 AEUV, Rn. 1.

396 Vgl. *Streinz* (Fn. 221), Art. 2 Abs. 2 AEUV, Rn. 8.

397 Vgl. *M. Nettesheim*, in: Grabitz/Hilf/ders. (Hrsg.), EUV/AEUV Kommentar, Bd. 1, 2013, Art. 3 AEUV, Rn. 3.

ßend.[398] Sie beinhaltet solche Politikbereiche, die nur durch die EU einheitlich geregelt werden können.[399]

Art. 3 Abs. 1 AEUV legt eine ausschließliche Zuständigkeit der Union für die Zollunion, die Festlegung der für das Funktionieren des Binnenmarkts erforderlichen Wettbewerbsregeln, die Währungspolitik der Mitgliedstaaten mit Eurowährung, die Erhaltung der biologischen Meeresschätze im Rahmen der gemeinsamen Fischereipolitik und die gemeinsame Handelspolitik fest.

Die Relevanz dieses Themenkomplexes für die vorliegende Arbeit begründet sich durch Art. 207 Abs. 1 AEUV, der die gemeinsame Handelspolitik regelt und auch ausländische Direktinvestitionen zu seinem Regelungsbereich zählt. Betroffen ist hier lediglich die ausschließliche Innenkompetenz der EU.[400] Ob die EU eine Kompetenz im Rahmen internationaler Übereinkünfte bezogen auf ausländische Direktinvestitionen besitzt, muss durch Heranziehung ihrer Außenkompetenz für die Handelspolitik geklärt werden. Da Art. 3 Abs. 1 AEUV hierzu keine Antworten bietet, müssen nachfolgend andere Normen des AEUV und die Rechtsprechung des EuGH betrachtet werden.

cc. *Ausdrückliche Innenkompetenz der EU für ausländische Direktinvestitionen aus den Vorschriften der Kapital-, Zahlungs- und Niederlassungsfreiheit*

i. Kapital- und Zahlungsverkehrsfreiheit

Wie bereits festgestellt, fallen Direktinvestitionen unter den Anwendungsbereich der Kapitalverkehrsfreiheit. Die EU und ihre Mitgliedstaaten sind auf dem Gebiet der Regulierung von Kapitalbewegungen in und aus Drittländern sehr aktiv gewesen. In ihren Bemühungen zur Förderung ausländischer Investitionen sowie zur Maximierung von Vorteilen aus Investitionsströmen lagen die Ambitionen offenkundig darin, liberalisierende Regulierung zu treffen: Art. 63 Abs. 1 AEUV verbietet Beschränkungen des Kapitalverkehrs zwischen Mitgliedstaaten und Drittländern. Obwohl die EU in Ausnahmefällen bestimmte Beschränkungen nach Art. 64 bis Art. 66 AEUV verhängen kann, ist es bemerkenswert, dass sie den Kapitalverkehr mit Drittländern einseitig liberalisiert und ihr Hoheitsgebiet für Investoren aus Drittländern geöffnet hat, ohne dass diese Vorzugsbehandlung

---

398 Zu beachten ist jedoch, dass als ausschließlich zu konzipierende Sachbereiche des internen Organisationsrechts nicht genannt sind. Siehe hierzu *Nettesheim* (Fn. 397), Art. 3 AEUV, Rn. 7.

399 Vgl. *Lenski* (Fn. 222), Art. 3 AEUV, Rn. 4.

400 Vgl. *Streinz* (Fn. 221), Art. 3 Abs. 1 AEUV, Rn. 3.

auf Gegenseitigkeit beruht.[401] Die Bindung von Union und Mitgliedstaaten durch Art. 63 AEUV bildet keine Grundlage zur Schaffung einer expliziten Außenkompetenz zur Regelung von Direktinvestitionen.[402]

Gemäß Art. 64 Abs. 2 AEUV beschließen das Europäische Parlament und der Rat nach dem ordentlichen Gesetzgebungsverfahren Maßnahmen für den Kapitalverkehr mit Drittländern im Zusammenhang mit Direktinvestitionen, einschließlich Anlagen in Immobilien, der Niederlassung, der Erbringung von Finanzdienstleistungen oder der Zulassung von Wertpapieren zu den Kapitalmärkten. Maßnahmen, die im Rahmen des Unionsrechts für die Liberalisierung des Kapitalverkehrs mit Drittländern einen Rückschritt darstellen, beschließt der Rat gemäß einem besonderen Gesetzgebungsverfahren und nach Anhörung des Europäischen Parlaments gemäß Art. 64 Abs. 3 AEUV einstimmig.

Die Zahlungsverkehrsfreiheit findet im zweiten Abs. von Art. 64 AEUV keine Berücksichtigung.[403] Ebenso wird der Kapitalverkehr zwischen den Mitgliedstaaten von dieser Regelung nicht umfasst. Maßnahmen können also nur im Rahmen des Kapitalverkehrs zwischen den Mitgliedstaaten und Drittländern erlassen werden. Genauso verhält es sich mit reinen Portfolioinvestitionen, die dieser Absatz nicht umfasst.[404] Die genannten Beschränkungen und Regulierungen beziehen sich somit nur auf Direktinvestitionen. Zudem sind ausschließlich solche Maßnahmen betroffen, die mit dem Kapitalverkehr ausländischer Direktinvestitionen verbunden sind. Konkret handelt es sich um das Verlagern von Geld- oder Sachkapital aus einem Drittstaat in die EU zum Zwecke einer Anlage.[405] Dies führt zur Schlussfolgerung, dass der EU zur Gewährung von Behandlungsstandards,

---

401 Vgl. *A. Dimopoulos*, EU Foreign Investment Law, 2011, S. 50; *Beuttenmüller* (Fn. 349), S. 281 (285); *Sedlaczek/Züger* (Fn. 338), Art. 64 AEUV, Rn. 2; s.a. *S. Hindelang*, Direktinvestitionen und die Europäische Kapitalverkehrsfreiheit im Drittstaatenverhältnis, JZ 17 (2009), S. 829 (831 f.).

402 Vgl. *Beuttenmüller* (Fn. 349), S. 281 (285).

403 Vgl. *D. Scharf*, Die Kapitalverkehrsfreiheit gegenüber Drittstaaten, in: Tietje/Kraft/Sethe (Hrsg.), Beiträge zum Transnationalen Wirtschaftsrecht 76 (2008), S. 11; *Haferkamp* (Fn. 106), S. 209.

404 Vgl. *G. Ress/J. Ukrow*, in: Grabitz/Hilf/Nettesheim (Hrsg.), Das Recht der Europäischen Union, Bd. 1, 42. EL, September, 2010, Art. 64 AEUV, Rn. 12; *F. Ortino/P. Eeckhout*, Towards an EU Policy on Foreign Direct Investment, in: Biondi/Eeckhout/Ripley (Hrsg.), EU Law after Lisbon, 2012, S. 312 (317); *Eeckhout* (Fn. 282), S. 150.

405 Vgl. *J. Bröhmer*, in: Calliess/Ruffert (Hrsg.), Das Verfassungsrecht der Europäischen Union mit Europäischer Grundrechtecharta, EUV/AEUV Kommentar, 4. Aufl., München 2011, Art. 64 AEUV, Rn. 8; *Schmitt* (Fn. 2), S. 189.

wie der gerechten und billigen Behandlung oder zum Eigentumsschutz, in der Phase nach dem Marktzugang keine Kompetenzen nach Art. 64 Abs. 2 AEUV zugeordnet werden können.[406]

Nach Art. 4 Abs. 2 lit. a) teilt die Union ihre Zuständigkeit für den Binnenmarkt mit den Mitgliedstaaten. Nach Art. 64 Abs. 2 und 3 AEUV ist die Innenkompetenz eine ausdrücklich geteilte Kompetenz zwischen Union und Mitgliedstaaten. Weil es sich hier um eine interne Kompetenz der Union handelt, kann aus diesem Artikel keine ausdrückliche Kompetenz zum Abschluss internationaler Übereinkünfte bezüglich der Direktinvestitionen entnommen werden.

Gemäß Art. 66 AEUV kann der Rat auf Vorschlag der Kommission und nach Anhörung der Europäischen Zentralbank gegenüber Drittländern kurzfristige Schutzmaßnahmen treffen.[407] Ihre Geltungsdauer darf sechs Monate nicht überschreiten; zudem müssen sie unbedingt erforderlich sein.[408] Diese Maßnahmen finden dann Anwendung, wenn Kapitalbewegungen nach oder aus Drittländern unter außergewöhnlichen Umständen das Funktionieren der Wirtschafts- und Währungsunion schwerwiegend stören oder zu stören drohen und hierfür Kapitalbewegungen nach oder aus Drittstaaten verantwortlich sind.[409] Diese Regelung schließt Portfolioinvestitionen mit ein, da die Vorschrift des Art. 66 AEUV auch den Zahlungsverkehr erfasst.[410] Die Kompetenz erstreckt sich nicht auf die gerechte und billige Behandlung oder Inländergleichbehandlung bezüglich der Portfolioinvestitionen. Demzufolge folgt aus Art. 66 AEUV keine allgemeine Kompetenz der Union zur Regulierung von Portfolioinvestitionen aus Drittstaaten.[411]

Obwohl Art. 75 AEUV unter den Vorschriften zu Raum der Freiheit, Sicherheit und des Rechts eingegliedert ist, können das Europäische Parlament und der Rat gemäß dem ordentlichen Gesetzgebungsverfahren durch Verordnungen einen Rahmen für Verwaltungsmaßnahmen bei Kapitalbewegungen und Zahlungen zur Verhütung und Bekämpfung von Terrorismus sowie damit verbundenen

---

406 Vgl. *Eilmansberger* (Fn. 347), S. 383 (391); *M. Bungenberg*, Going Global?, in: Herrmann/Terchechte (Hrsg.), European Yearbook of International Economic Law, 2010, S. 123 (147); *Schmitt* (Fn. 2), S. 189.

407 Vgl. *Lecheler/Germelmann* (Fn. 339), S. 48.

408 *Lecheler/Germelmann*, ebd., S. 50.

409 Vgl. *P. von Wilmowsky*, Freiheit des Kapital- und Zahlungsverkehrs, in: Ehlers (Hrsg.), Europäische Grundrechte und Grundfreiheiten, 2009, S. 402 (430); *Lecheler/Germelmann* (Fn. 339), S. 50.

410 Vgl. *von Wilmowsky* (Fn. 409), S. 402 (430).

411 Vgl. *Eeckhout* (Fn. 282), S. 150; *Ortino/Eeckhout* (Fn. 404), S. 312 (317).

Aktivitäten schaffen. Dazu gehören das Einfrieren von Geldern, finanziellen Vermögenswerten oder wirtschaftlichen Erträgen, deren Eigentümer, beziehungsweise Besitzer, natürliche oder juristische Personen, Gruppierungen oder nichtstaatliche Einheiten sind. Es können alle vermögenswerten Rechte, die einen Geldwert oder eine Geldforderung betreffen, eingefroren werden.[412] Der Begriff „Gelder" umfasst auch Guthaben auf Bankkonten und nicht kostengebundene Zahlungen der Zielperson.[413] Der Kapitalbegriff erstreckt sich auf das Eigentum und auf sonstige Rechte an Grundstücken.[414] Die Maßnahmen können Direkt- und Portfolioinvestitionen tangieren, begründen aber genau wie die in Art. 66 AEUV genannten Maßnahmen keine allgemeine Kompetenz zur Regelung dieser Investitionsarten.[415]

ii. Niederlassungsfreiheit

Direktinvestitionen unterliegen auch dem Regelungsbereich der Niederlassungsfreiheit (Art. 49 ff.). Wenngleich die Vorschriften über die Niederlassungsfreiheit ausdrücklich die Sicherstellung der Freiheit für Angehörige der Mitgliedstaaten als einziges Ziel haben, „ergibt sich indes nicht, dass es den Unionsorganen verwehrt wäre, von den Befugnissen Gebrauch zu machen, die ihnen in diesem Rahmen zustehen, um im Einzelnen festzulegen, wie die Angehörigen von Drittstaaten zu behandeln sind."[416]

Nach Art. 50 Abs. 1 AEUV können das Europäische Parlament und der Rat im Rahmen des ordentlichen Gesetzgebungsverfahrens (Art. 289 Abs. 1 und Art. 294 AEUV) sowie nach Anhörung des Wirtschafts- und Sozialausschusses, Richtlinien zur Verwirklichung der Niederlassungsfreiheit für eine bestimmte Tätigkeit erlassen. Art. 50 Abs. 2 AEUV enthält dabei keine abschließenden handlungsbestimmenden Vorgaben.[417] Art. 49 Abs. 2 AEUV besagt, dass die Niederlassungsfreiheit unter anderem die Gründung und Leitung von Unternehmen einschließt. Anhang 1 der Kapitalverkehrsrichtlinie definiert Direktinvestitionen auch als die Gründung und

---

412 Vgl. *C. Ohler*, in: Streinz (Hrsg.), EUV/AEUV Kommentar, 2012, Art. 75 AEUV, Rn. 19.

413 *Ohler*, ebd.

414 EuGH, Rs. C-117/06 (*Gerda Möllendorf*), Urteil vom 11.10.2007, Slg. 2007, I-8361, Rn. 46 ff.; Vgl. *Ohler* (Fn. 412), Art. 75 AEUV, Rn. 19.

415 Vgl. *Eeckhout* (Fn. 282), S. 150; *Ortino/Eeckhout* (Fn. 404), S. 312 (317).

416 EuGH, Gutachten 1/94 (*WTO*) vom 15.11.1994, Slg. 1994, I-5267, Rn. 90.

417 Vgl. *P. C. Müller-Graf*, in: Streinz (Hrsg.), EUV/AEUV Kommentar, 2012, Art. 50, Rn. 1.

Erweiterung von neuen Unternehmen.[418] Somit kann den erlassenen Richtlinien Einfluss auf die Regelungen von Direktinvestitionen zukommen. Grundsätzlich ist die Bedeutung des Art. 50 Abs. 1 AEUV jedoch gering, da nach der unmittelbaren Wirksamkeit des Art. 49 AEUV die Rechtssetzungstätigkeit für die Bereiche, in denen die Beschränkungen der Niederlassungsfreiheit durch die Vorschrift des Art. 49 AEUV verboten sind, nahezu entbehrlich ist.[419] Außerdem handelt es sich hierbei ausschließlich um eine Innenkompetenz, die zwischen Mitgliedstaaten und Union geteilt ist. Eine ausdrückliche Außenkompetenz zur Regelung von Direktinvestitionen kann aus Artikel 50 Abs. 1 nicht entnommen werden.

Gemäß Art. 51 Abs. 2 AEUV können das Parlament und der Rat gemäß dem ordentlichen Gesetzgebungsverfahren beschließen, dass bestimmte Tätigkeiten von der Anwendung des Kapitels über die Niederlassungsfreiheit ausgenommen sind. Somit hat der Sekundärrechtgeber die Möglichkeit, die Niederlassungsliberalisierung in einzelnen Tätigkeitsbereichen zu modifizieren.[420] Demzufolge könnte die Vorschrift der Union eine interne Kompetenz verleihen, die Niederlassung von Investoren in bestimmten Tätigkeitsbereichen aus dem Anwendungsgebiet des Kapitels über die Niederlassungsfreiheit herauszunehmen. Bisher wurde von dieser Norm weder Gebrauch gemacht, noch ist in naher Zukunft damit zu rechnen.[421]

Art. 52 Abs. 1 AEUV gestattet den Mitgliedstaaten Rechts- und Verwaltungsvorschriften anzuwenden, die Sonderregelungen für Ausländer vorsehen. Den Mitgliedstaaten wird die Möglichkeit eröffnet, die in Art. 49 Abs. 2 AEUV festgeschriebene Garantie der Inländergleichbehandlung zu begrenzen.[422] Gemäß Art. 52 Abs. 2 AEUV können das Parlament und der Rat Richtlinien im ordentlichen Gesetzgebungsverfahren für die Koordinierung von Rechts- und Verwaltungsvorschriften der Mitgliedstaaten erlassen. Diese Kompetenz wurde bisher einmalig durch den

418 Richtlinie des Rates vom 24.06.1988 zur Durchführung von Art. 67 des Vertrages (88/361/EWG), ABl. L 178/5, Anhang 1.

419 Vgl. *U. Forsthoff*, in: Grabitz/Hilf/Nettesheim (Hrsg.), Das Recht der Europäischen Union, Band 1, EL 46, Art. 50, Rn. 3.

420 Vgl. *Müller-Graf* (Fn. 417), Art. 51 AEUV, Rn. 11.

421 Vgl. *Müller-Graf*, ebd., Art. 51 AEUV, Rn. 11; *Forsthoff* (Fn. 419), Art. 51 AEUV, Rn. 23.

422 Vgl. *Müller-Graf* (Fn. 417), Art. 52 AEUV, Rn. 1.

Erlass der RL 64/221/EWG[423], die mittlerweile durch die RL 2004/38/EG[424] abgelöst wurde, angewendet.[425] Nach einem ersten Eindruck erscheint es unklar, ob die Union eine Kompetenz für die Koordinierung von Rechts- und Verwaltungsvorschriften der Mitgliedstaaten bezüglich Ausländern mit Staatsangehörigkeit aus Nicht-Mitgliedstaaten oder nur bezüglich solcher mit Staatsangehörigkeit aus einem Mitgliedstaat erlangt.[426] Die ausdrückliche Innenkompetenz der Union begrenzt sich dabei auf die Angleichung von Sonderregelungen für Unionsbürger und betrifft keine Ausländer mit einer Staatsangehörigkeit aus Drittstaaten.[427] Eine Bestätigung hierfür bildet Richtlinie 2004/38/EG, die ausschließlich von Unionsbürgern spricht. Die Union kann nur Richtlinien bezüglich Investoren aus den Mitgliedstaaten erlassen.

Gemäß Art. 53 Abs. 1, 2. Alt. AEUV können das Parlament und der Rat, Richtlinien gemäß dem ordentlichen Gesetzgebungsverfahren zur Koordinierung der Rechts- und Verwaltungsvorschriften der Mitgliedstaaten über die Aufnahme und Ausübung selbstständiger Tätigkeiten beschließen. Die Begriffe der Aufnahme und Ausübung sind hier als weitumfassend zu verstehen.[428]

Zur Koordinierung auf Grundlage der Vorgängernorm (Art. 47 Abs. 2 EGV) wurden Richtlinien über die Aufnahme und Ausübung der Tätigkeit der Kreditinstitute (sog. „Bankenrichtlinie“)[429], zur Verhinderung von Geldwäsche und

---

423 Richtlinie 64/221/EWG des Rates vom 25. Februar 1964 zur Koordinierung der Sondervorschriften für die Einreise und den Aufenthalt von Ausländern, soweit sie aus Gründen der öffentlichen Ordnung, Sicherheit oder Gesundheit gerechtfertigt sind, ABl. 56 vom 04/04/1964, S. 850–857.

424 Richtlinie 2004/38/EG des Europäischen Parlaments und des Rates vom 29. April 2004 über das Recht der Unionsbürger und ihrer Familienangehörigen, sich im Hoheitsgebiet der Mitgliedstaaten frei zu bewegen und aufzuhalten, zur Änderung der Verordnung (EWG) Nr. 1612/68 und zur Aufhebung der Richtlinien 64/221/EWG, 68/360/EWG, 72/194/EWG, 73/148/EWG, 75/34/EWG, 75/35/EWG, 90/364/EWG, 90/365/EWG und 93/96/EWG (Text von Bedeutung für den EWR), ABl. L 158 vom 30/04/2004, S. 77–123.

425 Vgl. *Forsthoff* (Fn. 419), Art. 52 AEUV, Rn. 37.

426 Vgl. *Forsthoff*, ebd., Art. 52 AEUV, Rn. 8; *D.-E. Kahn/D. Eisenhut*, in: Vedder/Heintschel von Heinegg (Hrsg.), Europäisches Unionsrecht, Handkommentar, 2012, Art. 52, Rn. 4.

427 Vgl. *Müller-Graf* (Fn. 417), Art. 52, Rn. 22; *M. Kotzur*, in: Geiger/Khan/ders. (Hrsg.), EUV/AEUV Kommentar, 2010, Art. 52 AEUV, Rn. 3.

428 Vgl. *Forsthoff* (Fn. 419), Art. 53 AEUV, Rn. 10.

429 Richtlinie 2006/48/EG, des Europäischen Parlaments und des Rates vom 14. Juni 2006 über die Aufnahme und Ausübung der Tätigkeit der Kreditinstitute (Neufassung), ABl. L 177/1.

Terrorismusfinanzierung[430], über E-Geld-Institute[431], über die angemessene Eigenkapitalausstattung von Wertpapierfirmen und Kreditinstituten (sog. „Kapitaladäquanzrichtlinie“)[432] und über die Märkte für Finanzinstrumente (sog. „Finanzmarktrichtlinie“)[433] in Kraft gesetzt.[434] Dass nicht nur die Behandlung von Angehörigen der Mitgliedstaaten, sondern auch die von Drittstaatangehörigen durch die Richtlinien berührt werden können, bekräftigt die „Bankenrichtlinie“. Der dort enthaltene Erwägungsgrund 19 besagt, „dass die Regelung für Zweigstellen von Kreditinstituten mit Sitz außerhalb der Gemeinschaft in allen Mitgliedstaaten gleich sein sollte. [...] Die Gemeinschaft sollte mit Drittländern Abkommen schließen können, welche die Anwendung von Bestimmungen vorsehen, nach denen diesen Zweigstellen in ihrem gesamten Hoheitsgebiet die gleiche Behandlung gewährt wird.“[435] Daher könnte die Union über eine geteilte Kompetenz zur Behandlung von Direktinvestoren aus Drittstaaten verfügen. In diesem Fall liegt eine ausdrückliche Innenkompetenz vor. Wie im nachfolgengen Unterkapitel näher erläutert wird, kann diese Innenkompetenz für die Herleitung einer impliziten Außenkompetenz maßgeblich sein.

iii. Zwischenfazit

Zusammenfassend hat die Union eine ausdrückliche interne Kompetenz zur Regelung von Direktinvestitionen aus Art. 64 Abs. 2 und 3 AEUV. Diese Kompetenz ist nach Art. 4 Abs. 2 lit. a) zwischen Union und Mitgliedstaaten geteilt.

---

430 Richtlinie 2005/60/EG des Europäischen Parlaments und des Rates vom 26. Oktober 2005 zur Verhinderung der Nutzung des Finanzsystems zum Zwecke der Geldwäsche und der Terrorismusfinanzierung, ABl. L 309/15.

431 Richtlinie 2000/46/EG des Europäischen Parlaments und des Rates vom 18. September 2000 über die Aufnahme, Ausübung und Beaufsichtigung der Tätigkeit von E-Geld-Instituten, ABl. L 275/39.

432 Richtlinie 2006/49/EG des Europäischen Parlaments und des Rates vom 14. Juni 2006 über die angemessene Eigenkapitalausstattung von Wertpapierfirmen und Kreditinstituten (Neufassung), ABl. L 177/201.

433 Richtlinie 2004/39/EG des Europäischen Parlaments und des Rates vom 21. April 2004 über Märkte für Finanzinstrumente, zur Änderung der Richtlinien 85/611/EWG und 93/6/EWG des Rates und der Richtlinie 2000/12/EG des Europäischen Parlaments und des Rates und zur Aufhebung der Richtlinie 93/22/EWG des Rates, ABl. L 145/1.

434 Ausführlicher *Müller-Graf* (Fn. 417), Art. 53, Rn. 18 ff.

435 Richtlinie 2006/48/EG, des Europäischen Parlaments und des Rates vom 14. Juni 2006 über die Aufnahme und Ausübung der Tätigkeit der Kreditinstitute (n.F.), ABl. L 177/1; vgl. *Schmitt* (Fn. 2), S. 196.

Aus Art. 66 und 75 AEUV kann sich zusätzlich eine Kompetenz der Union zur Regelung von Direkt- und Portfolioinvestitionen ergeben. Allerdings haben die Vorschriften das Funktionieren der Wirtschafts- und Währungsunion und die Verhütung und Bekämpfung von Terrorismus zum Ziel. Eine allgemeine und umfassende Kompetenz zur Regelung von Investitionen kann hieraus nicht geschlossen werden. Weiterhin liegt hierbei ausschließlich eine ausdrückliche Innenkompetenz vor. Eine ausdrückliche Außenkompetenz der Union zur Regelung von Investitionen begründen diese Artikel nicht.

Im Rahmen der Niederlassungsfreiheit kann die Union Sekundärrechtsakte erlassen, die auch ausländische Direktinvestitionen zum Regelungsgegenstand haben können. Hier würde es sich um eine geteilte Innenkompetenz handeln. Eine ausdrückliche Außenkompetenz kann aus den Vorschriften zur Niederlassungsfreiheit nicht hergeleitet werden.

Ob sich aus den Regelungen zur Kapital- und Zahlungsverkehrsfreiheit sowie zur Niederlassungsfreiheit eine implizite Außenkompetenz folgern lässt, wird im Kapitel C.II.3.c. analysiert.

dd. Kompetenzen der EU aus den Art. 114 und 115 AEUV

Nicht nur die Vorschriften der Kapital-, Zahlungs- und Niederlassungsfreiheit sind eine Basis zur Regelung von Investitionen. Auch andere Abschnitte im AEU-Vertrag kommen als Kompetenzgrundlage der EU zur Regelung von Investitionen infrage. In diesem Zusammenhang sind auch Art. 114 Abs. 1 und Art. 115 AEUV zu nennen.

Art. 114 und 115 AEUV sind als Kapitel 3 im Titel VII des Vertrags eingegliedert. Titel VII enthält Vorschriften über „Gemeinsame Regeln betreffend Wettbewerb, Steuerfragen und Angleichung der Rechtsvorschriften". Die systematische Stellung beider Artikel im Vertrag hat kaum eine Bedeutung. Resultierend aus dem historischen Hintergrund, besaß bei den Verhandlungen zum EWG-Vertrag die Beseitigung bestehender Wettbewerbsverzerrungen Priorität. Die Zielsetzung wurde jedoch nach dem In-Kraft-Treten des EWG-Vertrages durch die gängige Praxis auf die Beseitigung von Waren- und Personenverkehrshemmnisse im Gemeinsamen Markt ausgedehnt.[436] Heute sind die Bestimmungen des Art. 114 Abs. 1 AEUV so zu verstehen, dass die Maßnahmen das Ziel einer Verbesserung von Bedingungen für die Errichtung und das Funktionieren des Binnenmarktes

---

436 Vgl. *C. Tietje*, in: Grabitz/Hilf/Nettesheim (Hrsg.), EUV/AEUV Kommentar, März 2011, EL 43, Art. 114 AEUV, Rn. 4.

tatsächlich verfolgen müssen.[437] Der Binnenmarktbegriff im Sinne des Artikels umfasst verkehrserleichternde und verkehrsbeschränkende Maßnahmen.[438]

Nach Art. 114 Abs. 1 AEUV beschließen das Parlament und der Rat die Maßnahmen zur Angleichung der Rechts- und Verwaltungsvorschriften der Mitgliedstaaten, die die Errichtung und das Funktionieren des Binnenmarkts zum Gegenstand haben. Diese Angleichung zählt zu den zentralen Aufgaben der EU.[439] Der Erlass der Maßnahmen findet im ordentlichen Gesetzgebungsverfahren und nach Anhörung des Wirtschafts- und Sozialausschusses statt. Die Rechts- und Verwaltungsvorschriften der Mitgliedstaaten müssen sich also unmittelbar auf die Errichtung oder das Funktionieren des Binnenmarkts auswirken. Die Unmittelbarkeit ist gegeben, wenn eine effektive Ausübung der Grundfreiheiten durch den Handel der Mitgliedstaaten behindert wird.[440] Ein nach Art. 114 AEUV erlassener Rechtsakt der EU muss dabei den tatsächlichen Zweck haben, die Voraussetzungen für die Errichtung und das Funktionieren des Binnenmarktes zu verbessern.[441]

Art. 114 Abs. 1 AEUV könnte dazu dienen, dass die Union Rechtsangleichungsmaßnahmen erlässt, die beispielsweise die Beseitigung von solchen Beschränkungen der Kapitalverkehrsfreiheit zum Gegenstand haben, die auch Portfolioinvestitionen betreffen können.[442] Es handelt sich hierbei um eine Innenkompetenz der Union zur Regelung von Investitionen.

Art. 114 Abs. 2 AEUV schreibt vor, dass Absatz 1 nicht für Bestimmungen über Steuern, die Freizügigkeit und Rechte oder Interessen der Arbeitnehmer gilt. Die Rechtsangleichung für die im Absatz 2 genannten Bereiche ist damit ausgeschlossen. Für das Thema Investitionen könnte der Ausschluss der Rechtsangleichung für die Bestimmungen über Steuern von Relevanz sein. Art. 207 Abs. 6 AEUV verbietet eine Harmonisierung der Rechtsvorschriften der Mitgliedstaaten, soweit eine solche durch die Verträge ausgeklammert wird. Art. 114 Abs. 2 AEUV verbietet eine Harmonisierung der Rechtsvorschriften in Bezug auf Steuern. Dies

---

437 EuGH, Rs. C-491/01(*The Queen/Secretary of State for Health v. British American Tobacco [Investments] Ltd*), Urteil vom 10.12.2002, Slg. 2002, I-11453, Rn. 60.

438 Vgl. *Tietje* (Fn. 436), Art. 114 AEUV, Rn. 86.

439 *Tietje*, ebd., Rn. 1.

440 *Tietje*, ebd., Art. 115 AEUV, Rn. 23.

441 EuGH, Rs. C-376/98 (*Deutschland/Parlament und Rat*), Urteil vom 05.10.2000, Slg. 2000, I-8419, Rn. 84; EuGH, Rs. C-491/01(*The Queen/Secretary of State for Health v. British American Tobacco [Investments] Ltd*) Urteil vom 10.12.2002, Slg. 2002, I-11453, Rn. 60; EuGH, Rs. C-380/03 (*Deutschland/Parlament und Rat*), Urteil vom 12.12.2006, Slg. 2006, I-11573, Rn. 36.

442 Vgl. *Ahner* (Fn. 2), S. 185.

führt zu tatsächlichen Konsequenzen, wenn ein durch die Union abgeschlossenes Investitionsschutzabkommen das Harmonisierungsverbot, insbesondere in steuerlichen Fragen im Sinne des Art. 114 Abs. 2 AEUV, berührt. Weil Art. 114 Abs. 2 AEUV eine Rechtsangleichung für direkten Steuern ausschließt, besteht sonach keine Kompetenz der Union. Da aber Investitionsschutzabkommen Regelungen bezüglich Steuern vorschreiben können, sollte sich allein deshalb für ein gemischtes Abkommen entschieden werden.[443] Für die Klärung, ob die Union eine Innenkompetenz zur Regelung von ausländischen Investitionen auf Grundlage des Art. 114 AEUV besitzt, spielt Absatz 2 des Art. 114 AEUV grundsätzlich eher eine untergeordnete Rolle.

Von Relevanz hingegen ist Art. 115 AEUV, nach dem der Rat solche Richtlinien für die Angleichung der Rechts- und Verwaltungsvorschriften der Mitgliedstaaten aufstellt, welche unmittelbar für die Errichtung oder das Funktionieren des Binnenmarkts dienen. Sie treten nach einstimmigem Beschluss in einem besonderen Gesetzgebungsverfahren und nach Anhörung des Europäischen Parlaments und des Wirtschafts- und Sozialausschusses in Kraft. Art. 115 AEUV ist nur für Bereiche maßgeblich, die gemäß Art. 114 Abs. 2 AEUV von der Rechtsangleichung ausgeschlossen sind.[444] Dies gilt insbesondere für die Harmonisierung der materiellen mitgliedstaatlichen Regelungen bei direkten Steuern.[445] Direkte Steuern sind auch für den Bereich der Investitionen wichtig. Bis heute wurden jedoch keine Harmonisierungsmaßnahmen bei direkten Steuern durchgeführt, da die Union keine diesbezügliche Kompetenz besitzt.[446]

Im Hinblick auf ausländische Investitionen könnte die Aussage getroffen werden, dass die Einschränkung des Privateigentums durch die Mitgliedstaaten einen enormen Einfluss auf die Ausübung der Grundfreiheiten haben könnte. Die Schaffung eines gemeinsamen Rahmens für die Festlegung der Rechtmäßigkeit bei der Enteignung privaten Eigentums, einschließlich der Regelung des Entschädigungsfalles, würde potentiell negative Auswirkungen auf die Freizügigkeit verhindern. Somit wäre die Harmonisierung der Eigentumsrechte für die Vollendung des Binnenmarktes notwendig. Die Enteignung könnte auch ein Thema der Rechtsangleichung sein.[447] Es scheint, als wäre es der EU ausnahmslos möglich,

---

443 Vgl. *Tietje* (Fn. 123), S. 17.

444 Vgl. *Tietje* (Fn. 436), Art. 115 AEUV, Rn. 1.

445 Vgl. *Tietje*, ebd., Art. 115 AEUV, Rn. 1; *D.-E. Khan*, in: Geiger/ders./Kotzur (Hrsg.), EUV/AEUV, 2010, Art. 115 AEUV, Rn. 2.

446 Vgl. *C. Seiler*, in: Grabitz/Hilf/Nettesheim (Hrsg.), EUV/AEUV Kommentar, Bd. 2, 46. EL, Oktober 2011, Art. 113 AEUV, Rn. 52 f.

447 Vgl. *Dimopoulos* (Fn. 401), S. 115.

die Regeln für die Enteignung von solchem Eigentum zu harmonisieren, welches im Hoheitsgebiet der Mitgliedstaaten liegt, unabhängig von der Nationalität der Eigentümer. Eingeschlossen wäre danach das Eigentum ausländischer Investoren.[448] Wie bereits erwähnt, setzt aber Art. 345 AEUV den Kompetenzansprüchen der Union Grenzen. Die Fragen „ob" und „wie" enteignet wird, verbleibt in der Disposition der Mitgliedstaaten.

Die Unionszuständigkeit aus Art. 114 und 115 AEUV kann eine Innenkompetenz zur Behandlung von Direkt- und Portfolioinvestitionen darstellen.[449] Eine explizite Außenkompetenz kann aus beiden Artikeln nicht begründet werden. Ungeachtet dessen sind beide Bestimmungen für die Beantwortung der Frage, ob eine implizite Außenkompetenz der EU auf Grundlage der beiden Artikel zur Regelung von Investitionen vorhanden ist, heranzuziehen. Eine Untersuchung hierzu findet im Unterkapitel C.II.3. statt.

b. Ausdrückliche Außenkompetenzen der EU

aa. Ausdrückliche Außenkompetenz der EU im Art. 216 Abs. 1 1. Var. AEUV

i. Grundlagen des Art. 216 Abs. 1 AEUV

Die Vorschrift des Art. 216 Abs. 1 AEUV ist für das auswärtige Handeln der Union in Bezug auf internationale Übereinkünfte[450] maßgeblich.[451] Sie tritt an die Stelle der Abs. 1 und 7 von Art. 300 EGV und regelt die Zuständigkeiten der Union zum Abschluss von Übereinkünften mit Drittländern oder internationalen Organisationen.

In Art. 216 Abs. 1 AEUV sind vier Konstellationen aufgezählt, bei denen die EU eine Übereinkunft im Rahmen ihrer Politik schließen kann: erstens wenn es in den Verträgen vorgesehen ist, zweitens wenn es zur Verwirklichung eines der in den Verträgen festgesetzten Ziele notwendig ist, drittens wenn dies in einem verbindlichen Rechtsakt der Union vorgesehen ist und viertens wenn der Abschluss

---

448 *Dimopoulos*, ebd.

449 Vgl. *Hindelang/Maydell* (Fn. 89), S. 11 (74).

450 Im EG-Vertrag wurde der Begriff der „Abkommen" benutzt, siehe z. B. Art. 300 EGV (jetzt Art. 218 AEUV). Der EuGH hat allerdings in seiner Rechtsprechung betont, dass der Begriff „Abkommen" im allgemeinen Sinne zu verstehen ist und jede von Völkerrechtssubjekten eingegangene bindende Verpflichtung ungeachtet ihrer Form erfassen sollte. Siehe hierzu EuGH, Gutachten 1/75 (*Lokale Kosten*), Slg. 1975, S. 1355, 1360; EuGH, Rs. C-327/91 (*Frankreich/Kommission*), Urteil vom 09.08.1994, Slg. 1994, I-3641, 3674 f. Rn. 27; EuGH, Gutachten 2/92 (OECD), Slg. 1995, I-521, Rn. 8; vgl. *W. Obwexer*, Die Vertragsschlusskompetenzen und die vertragsschlussbefugten Organe der Europäischen Union, EuR, Beiheft 2, 2012, S. 49 (51).

451 Vgl. *R. Mögele*, in: Streinz (Hrsg.), EUV/AEUV Kommentar, 2012, Art. 216 AEUV, Rn. 1.

einer Übereinkunft im Rahmen der Politik der Union gemeinsame Vorschriften beeinträchtigt oder deren Anwendungsbereich ändern könnte. Somit enthält Art. 216 Abs. 1 AEUV sowohl eine ausdrückliche Zuweisung der Kompetenz als auch eine implizite Kompetenzzuweisung. Allerdings beschränkt sich dieser Artikel auf die deklaratorische Festlegung der Fälle, wann der Union überhaupt eine Außenkompetenz zukommt. Die Qualifizierung der Kompetenz nach ihrer Art und Natur ergibt sich aus Art. 2 ff. AEUV. Diese nennen die Sachbereiche der ausschließlichen Kompetenz seitens der EU, die Fälle der geteilten Zuständigkeit und die Tatbestände in denen eine parallele Kompetenz besteht.[452]

Obzwar es in Art. 216 Abs. 1 AEUV an der vertikalen Kompetenzverteilung fehlt, können die Vertragsschlusskompetenzen aus Art. 216 Abs. 1 AEUV als geteilte und ausschließliche Kompetenzen betrachtet werden. Ihre Art folgt aus der zusammenhängenden Betrachtung der in Art. 216 Abs. 1 vorgesehenen Kompetenzen, den entsprechenden sachbereichsspezifischen Zuständigkeitsvorschriften und aus den Bestimmungen der Art. 2 ff. AEUV. Die Zuständigkeitsarten werden in den nachfolgenden Unterkapiteln analysiert.

ii. Abschluss einer internationalen Übereinkunft, wenn dies in den Verträgen vorgesehen ist

Gemäß Art. 216 Abs. 1 1. Var. AEUV kommt der Union eine Kompetenz zum Abschluss von Übereinkünften mit Drittstaaten oder internationalen Organisationen in all den Politikbereichen zu, in denen dieser Abschluss ausdrücklich in den Verträgen vorgesehen ist. Man spricht hier von einer ausdrücklichen Außenkompetenz der Union.

Mit dem Vertrag von Lissabon wurde der Katalog der Vertragsschlusskompetenzen der EU erweitert. Seitdem verfügt die Union über ausdrückliche Kompetenzen zum Abschluss internationaler Übereinkünfte für den Beitritt zur EMRK sowie für die Nachbarschaftspolitik, die gemeinsame Außen- und Sicherheitspolitik, die Einwanderungspolitik, den Bereich Forschung und Technologie, die Umweltpolitik (Zusammenarbeit mit Drittstaaten und internationalen Organisationen), die gemeinsame Handelspolitik, die Entwicklungszusammenarbeit, die wirtschaftliche, technische und finanzielle Zusammenarbeit mit Nichtentwicklungsländern, die humanitäre Hilfe, die Assoziierung, die Währungspolitik, die Beziehungen zu internationalen Organisationen und sonstigen kompetenzähnlichen Bestimmungen wie Bildung, Jugend, Sport, Kultur, Gesundheitswesen, Raumfahrt sowie für die

452 Vgl. *Mögele*, ebd., Art. 216 AEUV, Rn. 13; *Obwexer* (Fn. 450), S. 49 (51).

Transeuropäischen Netze.[453] Nicht alle dieser Bestimmungen erwähnen explizit den Abschluss von internationalen Übereinkünften. An dem Erfordernis des Abschlusses solcher Übereinkünfte in Fällen der internationalen Zusammenarbeit gibt es jedoch keinen Zweifel. Die Art der Außenkompetenz folgt aus den Art. 2 ff. AEUV. Durch die Beurteilung der Art. 216 Abs. 1 i.V.m. Art. 2 ff. AEUV lässt sich feststellen, ob die Union allein für den Abschluss internationaler Übereinkünfte zuständig ist oder gemeinsam mit ihren Mitgliedstaaten zu agieren hat.

Für die vorliegende Arbeit ist die in Art. 207 Abs. 3 AEUV verankerte Kompetenz der Union zum Abschluss von Übereinkünften im Bereich der Handelspolitik, unter welche unter anderem ausländische Direktinvestitionen fallen, von zentraler Bedeutung. Die Union kann eine Übereinkunft mit Drittländern oder internationalen Organisationen im Bereich der Handelspolitik schließen, weil dies im AEU-Vertrag ausdrücklich vorgesehen ist.

Aus Art. 3 Abs. 1 lit. e AEUV geht eine ausschließliche Zuständigkeit seitens der Union für die gesamte Handelspolitik hervor. Diese umfasst nicht nur die Innenkompetenz gemäß Art. 207 Abs. 2 AEUV (der auf das ordentliche Gesetzgebungsverfahren nach Art. 294 und Art. 289 Abs. 1 AEUV verweist), sondern gem. Art. 207 Abs. 3 AEUV auch die Außenkompetenz. Dies begründet die Annahme, dass beim Abschluss einer internationalen Übereinkunft im Bereich der Handelspolitik durch die EU nach Art. 216 Abs. 1 1. Var. AEUV, diese ausgeübte Kompetenz ausschließlich ist, da die Ausschließlichkeit in Art. 3 Abs. 1 lit. e AEUV vorgesehen ist. Folglich handelt es sich an dieser Stelle unzweifelhaft um eine ausdrückliche Kompetenz der Union. Dabei umfasst die Außenkompetenz nicht alle Fälle von ausländischen Direktinvestitionen. Bei den anderen in Art. 216 Abs. 1 AEUV erwähnten Vertragsschlussszenarien liegt eine implizite Kompetenz vor, die in Folge näher erläutert wird.

bb. Außenkompetenz der EU gemäß Art. 217 AEUV

Gemäß Art. 217 AEUV kann die Union mit einem oder mehreren Drittländern bzw. internationalen Organisationen Assoziierungsabkommen schließen. Ein Assoziierungsabkommen schafft eine besondere und privilegierte völkerrechtliche Beziehung zwischen der Union und einem oder mehreren Nicht-Mitgliedstaaten bzw. internationalen Organisationen, die ein Element der Dauerhaftigkeit besitzt.[454] Art. 217 AEUV ist eine Kompetenznorm, die zum Abschluss völker-

453 Vgl. *Mögele* (Fn. 451), Art. 216 AEUV, Rn. 15; *Eeckhout* (Fn. 282), S. 122; *Obwexer* (Fn. 450), S. 49 (51 f.).

454 EuGH, Rs. C-12/86 (*Demirel*), Urteil vom 30.09.1987, Slg. 1987, I-3719, Rn. 9; Vgl. *S. Vöneky/B. Beylage-Haarmann*, in: Grabitz/Hilf/Nettesheim (Hrsg.), EUV/AEUV Kommentar, 2011, Art. 217 AEUV, Rn. 12.

rechtlicher Abkommen auf allen der Union zugewiesenen Tätigkeitsfeldern ermächtigt.[455] Darüber hinaus können Assoziierungsabkommen Verpflichtungen gegenüber Drittstaaten in allen von EU-Primärrecht gedeckten Bereichen inkludieren und somit die EU-Außenkompetenz in Bereichen erweitern, in denen die EU eigentlich nur über eine interne Zuständigkeit verfügt.[456] So eine expansive Auslegung des Art. 217 AEUV durch den EuGH ermächtigt die Union, ausländische Investitionen in ihrer Gesamtheit in bilaterale, regionale und sogar in multilaterale Abkommen aufzunehmen.[457]

Für den Abschluss der Assoziierungsabkommen besitzt die Union in der Regel keine ausschließliche Zuständigkeit.[458] Grundsätzlich umfassen die Assoziierungsabkommen so viele verschiedene Regelungsgegenstände, dass manche davon die Unionskompetenz überschreiten. Demzufolge werden sie in aller Regel als „gemischte Abkommen" auf den Weg gebracht.[459]

Zu den wichtigsten Abkommen, die auf Art. 217 AEUV gestützt wurden, zählen das Assoziierungsabkommen der EG mit der Türkei[460], das AKP-EWG-Abkommen[461], der EWR-Vertrag mit den EFTA-Staaten[462], die Stabilisierungs- und Assoziierungsabkommen[463] und das Abkommen von Cotonou[464].

---

455 Vgl. *Khan* (Fn. 445), Art. 217 AEUV, Rn. 5; EuGH, Rs. C-12/86 (*Demirel*), Urteil vom 30.09.1987, Slg. 1987, I-3719, Rn. 7 ff.; *Vöneky/Beylage-Haarmann* (Fn. 454), Art. 217 AEUV, Rn. 17.

456 Vgl. *Dimopoulos* (Fn. 401), S. 120; vgl. auch EuGH, Rs. 22/70, Urteil vom 31.03.1971, *AETR*, Slg. 1971, 263.

457 Vgl. *Dimopoulos* (Fn. 401), S. 120.

458 A.A. *Vöneky/Beylage-Haarmann* (Fn. 454), Art. 217 AEUV, Rn. 20; *Ahner* (Fn. 2), S. 147.

459 Vgl. *Khan* (Fn. 445), Art. 217 AEUV, Rn. 8.

460 Abkommen zur Gründung einer Assoziation zwischen der Europäischen Wirtschaftsgemeinschaft und der Republik Türkei, ABl. 217 vom 29/12/1964, S. 3687–3697.

461 Viertes AKP-EWG-Abkommen, unterzeichnet am 15. Dezember 1989 in Lomé, ABl. L 229 vom 17/08/1991, S. 3–286.

462 Beschluss des Rates und der Kommission vom 13. Dezember 1993 über den Abschluss des Abkommens über den Europäischen Wirtschaftsraum zwischen den Europäischen Gemeinschaften und ihren Mitgliedstaaten sowie der Republik Österreich, der Republik Finnland, der Republik Island, dem Fürstentum Liechtenstein, dem Königreich Norwegen, dem Königreich Schweden und der Schweizerischen Eidgenossenschaft, ABl. L 1 vom 03/01/1994, S. 1–1.

463 Z.B. mit Kroatien, ABl. 2005 L 26/3 ff., Mazedonien, ABl. 2004 L 84/1 ff., und Albanien, ABl. 2009 L 107/165 ff.

464 2000/483/EG: Partnerschaftsabkommen zwischen den Mitgliedern der Gruppe der Staaten in Afrika, im Karibischen Raum und im Pazifischen Ozean einerseits und der

Die Zuständigkeit der EU für den Abschluss der Assoziierungsabkommen beinhaltet die Ermächtigung, auf Investitionen bezogene Regelungen zu treffen.[465] Dies bestätigt das dritte Kapitel des III. Titels des AKP-EWG-Abkommens, das Maßnahmen zur Förderung, den Schutz und die Finanzierung von Investitionen vorsieht.[466] Bis dato gibt es Assoziierungsabkommen ausschließlich in Form gemischter Abkommen.[467] Es ist durchaus bemerkenswert, dass obwohl Art. 217 AEUV der Union eine breite Kompetenz zur Regulierung von ausländischen Investitionen bietet, die auf Art. 217 AEUV gestützten Abkommen aber keine reinen Investitionsabkommen sind, die ähnliche Inhalte im Vergleich zu den aktuellen BIT's haben. Reine Investitionsschutzabkommen unterliegen nicht dem Anwendungsbereich von Artikel 217 AEUV.[468] Ursächlich ist der Umstand, dass sich ein Assoziierungsabkommen wegen des Näheverhältnisses und der teilweisen Einbindung eines Drittstaates in das Unionssystem auf mehrere Politikbereiche bezieht. Ein auf lediglich ein einzelnes Politikfeld, z. B. der Investitionsförderung, beschränktes Abkommen kann nicht als Assoziierungsabkommen umgesetzt werden.[469] Vor diesem Hintergrund kann keine weitreichende Kompetenz der Union zur Regulierung von ausländischen Investitionen aus Art. 217 AEUV hervorgehen.

c. *Andere explizite Kompetenzen der EU, die zur Regelung von Investitionen von Relevanz sein könnten*

aa. *Art. 352 AEUV*

Art. 352 AEUV bietet der Union die Möglichkeit zum Erlass von Vorschriften, um solche Ziele aus den Verträgen zu verwirklichen, für welche ihr die erforderlichen Befugnisse nicht explizit eingeräumt werden. Der Artikel erlaubt der Union nicht, das Prinzip der begrenzten Einzelermächtigung zu umgehen.[470] Die Vorschrift des

---

Europäischen Gemeinschaft und ihren Mitgliedstaaten andererseits, unterzeichnet in Cotonou am 23. Juni 2000, ABl. 2000 L 317/03.

465 Vgl. *Herrmann* (Fn. 244), S. 207 (208); *Dimopoulos* (Fn. 401), S. 120.

466 Siehe Viertes AKP-EWG-Abkommen, unterzeichnet am 15. Dezember 1989 in Lomé, ABl. L 229 vom 17.08.1991, S. 84 ff.

467 Vgl. *Herrmann* (Fn. 244), S. 207 (208); *Eeckhout* (Fn. 282), S. 125; *Vöneky/Beylage-Haarmann* (Fn. 454), Art. 217 AEUV, Rn. 21.

468 Vgl. *Dimopoulos* (Fn. 401), S. 121.

469 Vgl. *C. Vedder*, Die Außenbeziehungen der EU und die Mitgliedstaaten, EuR, 2007, Beiheft 3, S. 57 (60); *Schmitt* (Fn. 2), S. 211.

470 Vgl. *Strik* (Fn. 109), S. 77.

Art. 352 AEUV verlangt die Feststellung der Erforderlichkeit und damit deren Geeignetheit, diese Zuständigkeit zu begründen.[471]

Bezüglich ausländischer Investitionen hat Art. 352 AEUV eine begrenzte Relevanz. Im Gutachten 1/94 unterstrich der EuGH, dass Art. 235 EWGV (jetzt Art. 352 AEUV) keine ausschließliche Außenkompetenz der Union schaffen kann.[472] Dabei herrscht eine Ausnahme, wenn eine interne Zuständigkeit nur zugleich mit der externen wirksam ausgeübt werden kann. Hier kommen die Voraussetzungen der impliziten Kompetenzen in Betracht.[473] Die Außenkompetenz kann gemäß Art. 352 AEUV darüber hinaus nur dann die Frage des Investitionsschutzes umfassen, soweit keine Kompetenz aus anderen Vorschriften besteht.

Art. 352 AEUV kommt folglich als explizite Kompetenzgrundlage für ausländische Direktinvestitionen nicht in Betracht, da Art. 207 AEUV eine explizite Kompetenzgrundlage zur Regelung von ausländischen Direktinvestitionen enthält. Nach der Rechtsprechung des EuGH ist der Rückgriff auf Art. 352 AEUV nur dann möglich, wenn keine anderen Bestimmungen in den Verträgen die Unionsorgane zum Erlass eines Rechtsakts ermächtigen.[474] Dies ist selbst dann möglich, wenn implizite Befugnisnormen fehlen.[475]

Obwohl die Anwendung des Art. 352 AEUV als Kompetenzgrundlage zur Regelung von ausländischen Direktinvestitionen ausscheidet, könnte Art. 352 AEUV eventuell als Ermächtigungsnorm zur Regelung von Portfolioinvestitionen herangezogen werden.[476] In diesem Zusammenhang ist entscheidend, ob Art. 352 AEUV erst dann zum Tragen kommt, wenn überhaupt keine Befugnisnormen bestehen, oder auch dann, falls diese bestehen, aber unzureichend sind.[477]

---

471 Schlussanträge des Generalanwalts Antonio Tizzano vom 31. Januar 2002 zur Rs. C-466/98 (*Kommission/Vereinigtes Königreich*) und Rs. C-467/98 (*Kommission/Dänemark*) und Rs. C-468/98 (*Kommission/Schweden*) und Rs. C-469/98 (*Kommission/Finnland*) und Rs. C-471/98 (*Kommission/Belgien*) und Rs. C-472/98 (*Kommission/Luxemburg*) und Rs. C-475/98 (*Kommission/Österreich*) und Rs. C-476/98 (*Kommission/Deutschland*), Rn. 53.

472 EuGH, Gutachten 1/94 (*WTO*), Gutachten vom 15.11.1994, Slg. 1994, I-5267, Rn. 89.

473 Dies wird näher im Kapitel C.II.3. analysiert.

474 Vgl. *Streinz* (Fn. 221), Art. 352 AEUV, Rn. 8; EuGH, Rs. 45/86 (*Kommission/Rat*), Urteil vom 26. März 1987, Slg. 1987, 1493, Rn. 13; EuGH, Rs. C-350/92 (*Spanien/Rat*), Urteil vom 13. Juli 1995, Slg. 1995, I-1985, Rn. 26; EuGH, Rs. C-436/03 (*Europäisches Parlament/Rat*), Urteil vom 2. Mai 2006, Slg. 2006, I-3733, Rn. 36.

475 Vgl. *Streinz* (Fn. 221), Art. 352 AEUV, Rn. 40; *Vedder* (Fn. 393), Art. 352 AEUV, Rn. 6.

476 Vgl. *Schmitt* (Fn. 2), S. 218.

477 Vgl. *Streinz* (Fn. 221), Art. 352 AEUV, Rn. 40.

Im ersten Fall könnte Art. 352 AEUV auch nicht als Kompetenzbasis zur Regelung von Portfolioinvestitionen gedeutet werden, da zwar keine umfassende Regulierung von Portfolioinvestitionen im Unionsrecht besteht, jedoch einzelne Regelungsbereiche existieren, welche für Portfolioinvestitionen maßgeblich sind. Die bisherige Praxis der Unionsorgane macht deutlich, dass der Rechtsakt bei unzureichenden Befugnisnormen auf eine spezielle Rechtsgrundlage und kumulativ auf Art. 352 AEUV gestützt wird.[478] Hieraus resultiert die Möglichkeit, Regelungen über Portfolioinvestitionen auf der Grundlage von Art. 352 AEUV zu treffen.

bb. Art. 77 und 79 AEUV

Es existieren diverse andere Vorschriften im AEU-Vertrag, nach denen die EU Rechtsakte oder internationale Abkommen abschließen kann, die potentiell ausländische Investitionen berühren.[479] Zu nennen ist beispielsweise Art. 77 Abs. 2 lit. a), nach dem das Europäische Parlament und der Rat im ordentlichen Gesetzgebungsverfahren Maßnahmen, welche die gemeinsame Politik in Bezug auf Visa und andere kurzfristige Aufenthaltstitel betreffen, erlassen können.

Gemäß Art. 79 Abs. 2 lit. a) können Maßnahmen bezüglich Einreise- und Aufenthaltsvoraussetzungen sowie Normen für die Erteilung von Visa und Aufenthaltstiteln für einen langfristigen Aufenthalt durch die Union verabschiedet werden. Die Einwanderung mit kurzfristigem Aufenthalt, die in Art. 77 AEUV definiert ist, wird ausgegrenzt.[480]

Hinsichtlich ausländischer Investitionen könnten diese Maßnahmen Investoren aus Drittstaaten betreffen, da ihr kurzfristiger oder langfristiger Aufenthalt von der Regelung der Einwanderungspolitik durch die Union abhängig gemacht wird. Die Kompetenz, diese Maßnahmen auch in Bezug auf diese Investoren zu treffen, ist gemäß Art. 4 Abs. 2 lit. j) zwischen der Union und den Mitgliedstaaten geteilt.

cc. Art. 209 AEUV

Nach Art. 209 Abs. 1 AEUV erlassen das Europäische Parlament und der Rat Maßnahmen, die zur Durchführung der Politik im Bereich der Entwicklungszusammenarbeit erforderlich sind. Gemäß Art. 209 Abs. 2 AEUV kann die Union mit Drittländern und den zuständigen internationalen Organisationen alle Über-

---

478 *Streinz*, ebd., Rn. 42.

479 Vgl. *Schmitt* (Fn. 2), S. 219.

480 Vgl. *H. Rosenau/S. Petrus*, in: Vedder/Heintschel von Heinegg (Hrsg.), Europäisches Unionsrecht, EUV/AEUV/Grundrechte-Charta, 2012, Art. 79 AEUV, Rn. 4.

einkünfte schließen, die zur Verwirklichung der Ziele des Art. 21 EUV und des Art. 208 AEUV beitragen. Diese Kompetenz ist geteilter Natur.[481] Im Hinblick auf ausländische Direktinvestitionen ist als Kompetenzgrundlage Art. 209 AEUV zu prüfen. Zur Verwirklichung der erwähnten Ziele kann die Union auch solche internationalen Übereinkünfte mit Drittstaaten und Organisationen schließen, die ausländische Direktinvestitionen betreffen, da diese zur Entwicklung des Gaststaates beitragen sollen. Ein auf Art. 209 Abs. 2 AEUV gestütztes Abkommen muss seinen Schwerpunkt in der Entwicklungszusammenarbeit haben.[482] Deshalb kann zumindest keine umfassende Kompetenz der EU zur Regelung von ausländischen Direktinvestitionen aus Art. 209 AEUV hergeleitet werden.

dd. Zwischenfazit

Obgleich es viele Vorschriften gibt, die zur Regelung von ausländischen Investitionen von Relevanz sind, klären diese Vorschriften die Kompetenz der EU nicht vollumfänglich. Es werden lediglich vereinzelte Bereiche und Fragen umfasst. Aufgrund all dieser Aspekte lässt sich keine umfangreiche Kompetenz der EU aufgrund der genannten Artikel für ausländische Investitionen begründen.

3. Implizite Kompetenzen der EU

Implizite Kompetenzen sind solche Kompetenzarten, die nicht ausdrücklich in den Vertragsvorschriften enthalten sind, sondern die man stillschweigend aus den Vertragsnormen ableiten kann. Die impliziten Zuständigkeiten sind auf die *„implied-powers"* Lehre zurückzuführen, die im Verfassungsrecht der USA zwischen Ende des 18. und Anfang des 19. Jahrhunderts entwickelt wurde.[483] Dabei schafft die *„implied-powers"* Lehre keine neuen Kompetenzen, sondern definiert lediglich die ausdrücklichen Kompetenzzuweisungen.[484]

Der EuGH erkannte die Lehre im Jahr 1956 im Urteil 8/55 (*Fédéchar*) an. Der Gerichtshof erklärte „die Anwendung einer sowohl im Völkerrecht als auch im innerstaatlichen Recht allgemein anerkannten Auslegungsregel für zulässig, wonach die Vorschriften eines völkerrechtlichen Vertrages oder eines Gesetzes zugleich

---

481 Vgl. *Obwexer* (Fn. 450), S. 49 (55).

482 EuGH, Rs. C-268/94 (*Portugal*/Rat), Urteil vom 03.12.1996, Slg. 1996, I-6177, Rn. 39; vgl. *Khan* (Fn. 445), Art. 209, Rn. 7.

483 Vgl. *A. Metz*, Die Außenbeziehungen der Europäischen Union nach dem Vertrag über eine Verfassung für Europa, 2007, S. 114.

484 Vgl. *Metz*, ebd., S. 114; *A. Neubauer*, Implizite Vertragsschlusszuständigkeiten der Europäischen Gemeinschaft und Subsidiaritätsprinzip, 1999, S. 10.

diejenigen Vorschriften beinhalten, bei deren Fehlen sie sinnlos wären oder nicht in vernünftiger und zweckmäßiger Weise zur Anwendung gelangen könnten."[485] Die „*implied-powers*" Lehre entwickelte der EuGH in Bezug auf die impliziten Kompetenzen unter anderem in den Urteilen AETR, Kramer, Stilllegungsfonds und Gutachten 2/91, 1/94, 1/03 weiter. Implizite Kompetenzen können sowohl ausschließlicher wie geteilter Natur sein. Unter welchen Voraussetzungen eine implizite ausschließliche Kompetenz vorliegt, wird im Unterkapitel C.II.3.b. betrachtet.

a. Implizite geteilte Kompetenz der EU

Neben der ausdrücklichen geteilten, existiert auch eine implizite geteilte Kompetenz der Union.

Ihr Bestehen lässt sich dem Gutachten 1/03 des EuGH entnehmen. Der Gerichtshof unterstreicht, dass „[sich] die Zuständigkeit der Gemeinschaft für den Abschluss völkerrechtlicher Abkommen nicht nur aus einer ausdrücklichen Zuweisung durch den EG-Vertrag ergeben kann, sondern auch stillschweigend aus anderen Vertragsbestimmungen und aus in ihrem Rahmen ergangenen Rechtsakten der Gemeinschaftsorgane fließen (vgl. AETR-Urteil, Randnr. 16). [...] Diese Zuständigkeit der Gemeinschaft kann ausschließlich sein oder sie kann zwischen dieser und den Mitgliedstaaten geteilt sein."[486]

Der EuGH erkannte im Gutachten 1/03 zwar an, dass die Zuständigkeit entweder ausschließlich oder zwischen Union und Mitgliedstaaten geteilt sein kann, charakterisierte jedoch die Bedingungen für diese geteilte Zuständigkeit nicht näher.

In diesem Zusammenhang sind die Theorien zu prüfen, ob eine implizite geteilte Außenkompetenz besteht, wenn die Union eine explizite geteilte Innenkompetenz besitzt oder wenn doch andere bestimmte Kriterien erfüllt sind.[487] Es besteht Klärungsbedarf, ob der EuGH einen Parallelismus von Innen- und Außenkompetenzen

---

485 EuGH, Rs. 8/55 (*Fédération Charbonnière de Belgique gegen Hohe Behörde der Europäischen Gemeinschaft für Kohle und Stahl*), Urteil vom 29.11.1956, Slg. 1956, 297 (312).

486 EuGH, Gutachten 1/03 (*Zuständigkeit der Gemeinschaft für den Abschluss des neuen Übereinkommens von Lugano über die gerichtliche Zuständigkeit und die Anerkennung und Vollstreckung von Entscheidungen in Zivil- und Handelssachen*), Gutachten vom 07.02.2006, Slg. 2006, I-1145, Rn. 114 f.

487 Vgl. *S. Hindelang/N. Maydell*, Die Gemeinsame Europäische Investitionspolitik – Alter Wein in neuen Schläuchen?, in: Bungenberg/Griebel/Hindelang (Hrsg.), Internationaler Investitionsschutz und Europarecht, 2010, S. 65.

im Gutachten 1/94 abgelehnt hat.[488] Für eine Ablehnung spricht der Umstand, dass der Parallelismus von Innen- und Außenkompetenzen dem Prinzip der begrenzten Einzelermächtigung widerspricht. Nach diesem wird die Union nur innerhalb der Grenzen der Zuständigkeit tätig, welche ihr die Mitgliedstaaten in den Verträgen zur Verwirklichung der niedergelegten Ziele übertragen haben.[489] Würde man einen solchen Kompetenzparallelismus anerkennen, liefe Art. 5 EUV und das darin niedergelegte Prinzip der begrenzten Einzelermächtigung ins Leere. Allerdings ist diese Theorie nicht haltbar, da das Gutachten 1/94 nicht auf die Ablehnung des Parallelismus zwischen der Innen- und Außenkompetenz abzielte, sondern auf die Ablehnung der impliziten ausschließlichen Kompetenz der Union.[490]

Im Gutachten 1/94 stellte der EuGH fest, dass „nach dem Urteil AETR […] die Mitgliedstaaten, ob einzeln oder gemeinsam handelnd, das Recht zum Eingehen von Verpflichtungen gegenüber Drittstaaten nur in dem Maße verlieren, wie gemeinsame Rechtsnormen erlassen werden, die durch diese Verpflichtungen beeinträchtigt werden könnten. Nur in dem Maße, wie gemeinsame Vorschriften auf interner Ebene erlassen werden, wird die externe Zuständigkeit der Gemeinschaft zu einer ausschließlichen."[491] Somit bestätigte der EuGH nicht nur, dass für den Abschluss des WTO-Abkommens die Zuständigkeit zwischen Mitgliedstaaten und Gemeinschaft geteilter Natur ist, sondern schuf gleichzeitig eine Voraussetzung für das Vorliegen der geteilten Zuständigkeit. So kann die Union, falls sie noch keine Normen im Innenbereich zu einem Politikbereich erlassen hat, mit Drittländern internationale Abkommen ausschließlich dann schließen, wenn diese einen untrennbaren Zusammenhang zu innergemeinschaftlichen Normen darstellen. Präzisiert ausgedrückt also, wenn eine Ausübung der Außenkompetenz zwingend notwendig ist.[492] Der Begriff der Notwendigkeit wird hier

488 EuGH, Gutachten 1/94 (*WTO*), Gutachten vom 15.11.1994, Slg. 1994, I-5267 Rn. 60; vgl. *L. Sloot*, Die Lehre von den implied powers im Recht der Europäischen Gemeinschaften, 2005, S. 220.

489 Vgl. *Hindelang/Maydell* (Fn. 487), S. 65.

490 Siehe EuGH, Gutachten 1/94 (*WTO*), Gutachten vom 15.11.1994, Slg. 1994, I-5267, Rn. 60, welches besagt, dass wenn der Gemeinschaft (jetzt Union) eine *ausschließliche* Zuständigkeit zuerkannt würde mit Drittländern Abkommen zu schließen, „so könnten sich die Gemeinschaftsorgane den Zwängen entziehen, denen sie intern hinsichtlich des Verfahrens und der Art der Beschlussfassung unterliegen". Es geht hier offensichtlich nicht um die implizite Kompetenz allgemein, sondern lediglich um die Zuerkennung der ausschließlichen Zuständigkeit.

491 EuGH, Gutachten 1/94 (*WTO*), Gutachten vom 15.11.1994, Slg. 1994, I-5267, Rn. 77.

492 EuGH, Gutachten 1/94 (*WTO*), Gutachten vom 15.11.1994, Slg. 1994, I-5267, Rn. 86; vgl. *Sloot* (Fn. 488), S. 224.

eng ausgelegt.[493] Sollte für das Funktionieren des Innenbereichs der Union kein zwingendes Erfordernis gegeben sein, mit Drittländern ein internationales Abkommen zu schließen, erlangt die Union auch keine implizite ausschließliche Außenkompetenz.

Die Formulierung des EuGH, dass die Verwirklichung der Niederlassungsfreiheit und des freien Dienstleistungsverkehrs nicht untrennbar mit der Behandlung von Angehörigen aus Drittstaaten in der Gemeinschaft verbunden ist, muss an dieser Stelle Berücksichtigung finden.[494] Beide Materien sind folglich nicht zwingend miteinander verknüpft. Damit lehnte der EuGH die Notwendigkeit der Außenkompetenz für das Funktionieren des Binnenmarkts ab. Zur Verwirklichung des Binnenmarkts ist also der Abschluss eines Abkommens zwischen Union und einem Drittland nicht notwendig.[495] Der Union kommt eine ausschließliche Außenkompetenz zu, wenn die Innenkompetenz ohne das Abschließen der Abkommen mit Drittländern nicht wirksam ausgeübt werden könnte. Die Union erhält erst dann eine ausschließliche Außenkompetenz, wenn der betroffene Bereich vollständig harmonisiert ist.[496]

Bei einer impliziten geteilten Außenkompetenz bedeutet dies nicht, dass die Union ausschließlich unter Teilnahme der Mitgliedstaaten internationale Übereinkünfte treffen darf. Ein Abschluss ist auch ohne eine solche Teilnahme möglich. Die Mitgliedstaaten ihrerseits können völkerrechtliche Übereinkünfte abschließen, solange die Union von ihrer Kompetenz keinen Gebrauch gemacht hat.[497]

Zusammenfassend handelt es sich bei der Deutung der impliziten Außenkompetenzen um einen korrekten Ansatz, diese Kompetenzen als geteilt anzusehen, da die unionalen Außenkompetenzen der EU nicht *per se* als solche eine Sperrwirkung enthalten. Die Sperrwirkung entsteht nur dann, wenn die EU von Ihren Befugnissen auch Gebrauch macht.[498] Eine implizite ausschließliche Außenkompetenz erlangt die Union erst, wenn die Voraussetzungen des Art. 3 Abs. 2 AEUV erfüllt sind. In allen anderen Szenarien kommt der Union grundsätzlich eine implizite geteilte Außenkompetenz zu. Die Fälle, in welchen die entsprechenden Bedingungen vorliegen, werden im folgenden Unterkapitel aufgezeigt.

---

493 Vgl. *Sloot*, ebd., S. 224.

494 EuGH, Gutachten 1/94 (*WTO*) Gutachten vom 15.11.1994, Slg. 1994, I-5267, Rn. 86.

495 Ebd., Rn. 100.

496 Ebd., Rn. 88.

497 Vgl. *Y. Nakanishi*, Die Entwicklung der Außenkompetenzen der Europäischen Gemeinschaft, 1998, S. 100.

498 Vgl. *M. Nettesheim*, in: von Bogdandy/Bast (Hrsg.), Europäisches Verfassungsrecht, 2009, S. 430.

b. *Implizite ausschließliche Außenkompetenz der EU?*

Um genauer feststellen zu können, wann die Union eine implizite ausschließliche Außenkompetenz besitzt, werden Art. 216 AEUV i.V.m. Art. 3 AEUV und die diesbezügliche Rechtsprechung des EuGH betrachtet.

Art. 216 Abs. 1 AEUV regelt, wann die Europäische Union die Kompetenz zum Abschluss internationaler Übereinkünfte besitzt. Demnach verfügt die Union unter anderem über eine entsprechende Kompetenz, wenn dies aus den Verträgen hervorgeht. Wie bereits erörtert, handelt es sich hierbei um eine ausdrückliche Außenkompetenz der EU. Aus Art. 216 Abs. 1 AEUV i.V.m. Art. 3 Abs. 2 AEUV und unter Einbeziehung der Rechtsprechung des EuGH lässt sich feststellen, wann und unter welchen Voraussetzungen der Union eine implizite Außenkompetenz zukommt.

Die Verknüpfung beider Artikel ist nicht unproblematisch. Auf den ersten Blick erscheinen ihre Normen identisch zu sein. In diesem Fall wäre die Kompetenz der Union ausschließlich, weil Art. 3 Abs. 2 AEUV eine ausschließliche Zuständigkeit der Union für den Abschluss internationaler Übereinkünfte für die dort genannten Fälle vorsieht. Eine implizite geteilte Zuständigkeit wäre somit faktisch nicht mehr vorhanden. Eine solche Interpretation lässt sich aber nur schwer vertreten. Eine potentiell große Erweiterung der impliziten ausschließlichen Zuständigkeiten würde mit sich bringen, dass in Bereichen ohne ausdrückliche Vertragsschlusskompetenz der Union, wie solchen mit geteilten oder ergänzenden Zuständigkeiten, die Vertragsschlussmöglichkeit der Mitgliedstaaten sehr beschränkt wäre.

Der Gerichtshof positionierte sich in seinem Gutachten 1/03 hierzu deutlich und hielt fest, dass sowohl implizite ausschließliche als auch implizite geteilte Zuständigkeiten grundsätzlich existieren. Eine von dieser Rechtsprechung abweichende Argumentation, wonach außer den im Vertrag explizit vorgesehenen geteilten Zuständigkeiten für die Union entweder gar keine impliziten oder nur implizite ausschließlichen Kompetenzen bestünden, wäre unschlüssig.[499]

Daneben fallen bei der näheren Untersuchung beider Artikel doch Unterschiede auf. Art. 216 Abs. 1 AEUV definiert weder Art noch Reichweite der Kompetenz, sondern spricht der Union lediglich eine implizite Zuständigkeit für den Abschluss internationaler Übereinkünfte zu. Ob ihr daneben auch eine implizite ausschließliche Zuständigkeit für den Abschluss internationaler Übereinkünfte

499 Vgl. *M. Cremona*, The Union's External Action: Constitutional Perspectives, in: Amato/Bribosia/de Witte (Hrsg.), Genesis and Destiny of the European Constitution, 2007, S. 1175 (1185 f.).

zukommt, folgt aus der Betrachtung des Art. 216 Abs. 1 AEUV i.V.m. Art. 3 Abs. 2 AEUV.

Art. 3 Abs. 2 1. Var. AEUV legt fest, wann die Union über eine ausschließliche Außenkompetenz verfügt. Diese liegt unter anderem vor, wenn der Abschluss einer solchen Übereinkunft in einem Gesetzgebungsakt der Union vorgesehen ist. Gleichwohl muss der Tatsache Rechnung getragen werden, dass es sich hier nicht um eine „echte“ ausschließliche Kompetenz der Union handelt, die bereits von vornherein gegeben ist. Vielmehr tritt ihre Ausschließlichkeit erst nachträglich, als Folge der Wahrnehmung der geteilten Zuständigkeit, ein.[500]

Ferner bestimmt Art. 3 Abs. 2 2. Var. AEUV die Voraussetzungen, unter denen die Europäische Union eine implizite ausschließliche Zuständigkeit zum Abschluss der Übereinkünfte besitzt.[501] Dafür muss der Abschluss eines Abkommens zur Ausübung der internen Zuständigkeit der Union notwendig sein. Es handelt sich dabei um eine implizite ausschließliche Außenkompetenz der Europäischen Union. Der Abschluss einer Übereinkunft muss *notwendig*[502] sein, damit die interne Zuständigkeit der Union ausgeübt werden kann. Dies ist der einzige und unausweichliche Weg für die EU von einer internen Zuständigkeit Gebrauch zu machen.

Überdies wird der Union nach Art. 3 Abs. 2 3. Var. AEUV eine ausschließliche Zuständigkeit übertragen, soweit ein Abschluss gemeinsame Regeln beeinträchtigt oder deren Tragweite verändern könnte. Die Formulierung „könnte“ unterstreicht, dass es nicht zwingend zu einer tatsächlichen Beeinträchtigung oder Veränderung der Tragweite der gemeinsamen Regeln kommen muss. Vielmehr reicht die bloße Eignung einer internationalen Übereinkunft aus, eine solche Wirkung auszulösen. Mit der Übereinkunft muss also die konkrete Gefahr einer solchen Beeinträchtigung oder Veränderung der Tragweite gemeinsamer Regeln einhergehen.[503]

Bei der dritten Variante von Art. 3 Abs. 2 AEUV liegt die Vermutung nahe, dass es sich um den Versuch der Kodifizierung der AETR-Doktrin handelt. Bei der AETR-Rechtsprechung geht es um die Beeinträchtigung des Unionsrechts durch den Abschluss von Abkommen seitens der Mitgliedstaaten.[504] Der Wortlaut des Art. 3 Abs. 2 3. Var. AEUV spricht vom Abschluss einer Übereinkunft

500 Vgl. *Nettesheim* (Fn. 397), Art. 3 AEUV, Rn. 22.

501 Vgl. *Mögele* (Fn. 451), Art. 3 Abs. 2 AEUV, Rn. 11.

502 Hervorhebung durch die Autorin.

503 Vgl. Schlussanträge der Generalanwältin Juliane Kokott vom 27.06.2013, Rs. C-137/12, (*Europäische Kommission gegen Rat der Europäischen Union*), Rn. 100.

504 EuGH, Rs. 22/70 (*AETR*), Urteil vom 31.03.1971, Slg. 1971, 263, Rn. 15/19.

durch die Union, die gemeinsame Regeln beeinträchtigt bzw. deren Tragweite ändern könnte.[505] Generalanwältin Juliane Kokott erkannte an, dass es sich hierbei tatsächlich um die AETR-Rechtsprechung handelt.[506] Nichts Gegenteiliges folgt aus dem Protokoll Nr. 25 zum EU- und AEU-Vertrag, nach welchem sich die Ausübung einer geteilten Zuständigkeit durch die Union „nur auf die durch den entsprechenden Rechtsakt der Union geregelten Elemente und nicht auf den gesamten Bereich" erstreckt. Denn ausweislich seines Wortlauts bezieht sich dieses Protokoll allein auf die Ausübung der geteilten Zuständigkeiten durch die Union im Sinne von Art. 2 Abs. 2 AEUV, nicht jedoch auf die Reichweite der ausschließlichen Zuständigkeiten im Sinne von Art. 2 Abs. 1 AEUV. Insgesamt fehlt es an Anhaltspunkten, dass die Verfasser des Vertrags von Lissabon mit diesem Protokoll speziell die Reichweite der ausschließlichen Vertragsschlusskompetenz der Union gemäß der dritten Variante von Art. 3 Abs. 2 AEUV direkt oder indirekt limitieren wollten. Gegen eine solche Beschränkung spricht nicht zuletzt, dass es im Protokoll Nr. 25 an jedweder Bezugnahme auf Art. 3 Abs. 2 AEUV mangelt.[507]

Es bleibt offen, ob sich die implizite ausschließliche Außenkompetenz der EU auch auf die gemeinsame Handelspolitik erstreckt. Zwar enthält Art. 3 Abs. 2 AEUV die Formulierung, dass der Union *ferner*[508] die ausschließliche Zuständigkeit für den Abschluss internationaler Übereinkünfte in oben genannten Fällen zukommt. Diese Aussage beantwortet aber nicht, ob die in Abs. 2 des Art. 3 AEUV genannten Fälle die Politikbereiche des Abs. 1 von Art. 3 AEUV einschließen. Das Wort „ferner" bedeutet an dieser Stelle sinngemäß: außerdem, weiterhin, auch. Die englische Fassung von Art. 3 Abs. 2 des Vertrages über die Arbeitsweise der Europäischen Union nutzt das englische Wort „*also*", dem die gleiche Bedeutung zukommt. Somit zählt Art. 3 Abs. 1 und Abs. 2 lediglich die Fälle auf, in denen der Union eine ausschließliche Zuständigkeit zukommt.

In der nachstehenden Analyse soll das Verhältnis zwischen Art. 216 Abs. 1 AEUV und Art. 3 Abs. 2 AEUV untersucht werden.

---

505 Vgl. *Mögele* (Fn. 451), Art. 3 Abs. 2 AEUV, Rn. 17. Auch die englische Fassung des AEU-Vertrags deutet darauf hin, dass der Abschluss einer Übereinkunft durch die Union gemeinsame Regeln beeinträchtigen oder deren Anwendungsbereich ändern könnte: „*The Union shall also have exclusive competence for the conclusion of an international agreement when* [...] *its conclusion may affect common rules or alter their scope.*".

506 Schlussanträge der Generalanwältin Juliane Kokott vom 27.06.2013, Rs. C-137/12, (*Europäische Kommission gegen Rat der Europäischen Union*), Rn. 112.

507 Ebd., Rn. 114 f.

508 Hervorhebung durch die Autorin.

aa. Wenn der Abschluss internationaler Übereinkünfte zur Verwirklichung eines der in den Verträgen festgesetzten Ziele erforderlich ist

Nach Art. 216 Abs. 1 2. Var. AEUV kann die Union mit einem bzw. mehreren Drittländern oder internationalen Organisationen eine Übereinkunft schließen, wenn dies zur Verwirklichung eines der in den Verträgen festgesetzten Ziele erforderlich ist. Art. 3 Abs. 2 2. Var. AEUV verleiht dagegen dann eine ausschließliche Kompetenz, falls dies für die Union zur Ausübung ihrer internen Zuständigkeit notwendig ist. Die beiden Begriffe „erforderlich“ und „notwendig“ sind an dieser Stelle bedeutungsgleich. Dies bestätigt auch die englische Fassung des AEU-Vertrages, in der sowohl in Art. 216 Abs. 1 2. Var. AEUV als auch in Art. 3 Abs. 2 2. Var. AEUV der Begriff „*necessary*“ verwendet wird.

Im Rahmen einer grammatikalischen Auslegung beider Normen ist die erste Vorschrift als Voraussetzung der Kompetenz und die zweite als Bedingung der Ausschließlichkeit zu deuten.[509] Art. 3 Abs. 2 2. Var. AEUV ist auf das Gutachten 1/76 gestützt: „Hinsichtlich einer ausschließlichen Zuständigkeit hat der Gerichtshof festgestellt, dass das Gutachten 1/76 den Fall betrifft, in dem die interne Zuständigkeit nur zugleich mit der Außenkompetenz wirksam ausgeübt werden kann [...], der Abschluss der völkerrechtlichen Vereinbarung somit erforderlich ist, um Ziele des EG-Vertrags zu verwirklichen, die sich durch die Aufstellung autonomer Regeln nicht erreichen ließen.“[510] Gemäß Art. 3 Abs. 2 2. Var. AEUV besitzt die Union dann eine ausschließliche Zuständigkeit, wenn der Abschluss einer internationalen Übereinkunft „notwendig“ ist, damit sie ihre interne Zuständigkeit ausüben kann. Infolgedessen muss die Ausübung dieser Zuständigkeit die einzige Möglichkeit[511] sowie für diesen Zweck unbedingt notwendig und unerlässlich sein.

Der EuGH hob im Gutachten 1/94 hervor, dass die Verwirklichung der Niederlassungs- und Dienstleistungsfreiheit *nicht untrennbar*[512] mit der Außenkompetenz verbunden ist.[513] Es soll demnach eine untrennbare Verbindung zwischen der Innen- und Außenkompetenz bestehen, damit die Union eine implizite ausschließliche Kompetenz zum Abschluss internationaler Übereinkunft erlangen kann.

Das Kriterium der „Notwendigkeit“ ist im Gutachten 1/76 mit dem der „Untrennbarkeit“ verbunden. Folglich kann die interne Zuständigkeit nur zugleich

---

509 Vgl. *Cremona* (Fn. 499), S. 1175 (1187).

510 EuGH, Gutachten 1/03 (*Übereinkommen von Lugano*), Gutachten vom 07.02.2006, Slg. 2006, I-1145, Rn. 115.

511 Vgl. *Hindelang/Maydell* (Fn. 487), S. 11 (66).

512 Hervorhebung durch Autorin.

513 EuGH, Gutachten 1/94 (*WTO*), Gutachten vom 15.11.1994, Slg. 1994, I-5276, Rn. 86.

mit der Außenkompetenz wirksam vollzogen werden. Innen- und Außenkompetenz sind untrennbar. Allerdings gilt dieses Kriterium der „Untrennbarkeit" nur für die Begründung der impliziten ausschließlichen Kompetenz der Union.[514] Deshalb ist dieses Merkmal der „Untrennbarkeit" nicht für die Auslegung von Art. 216 Abs. 1 2. Var. AEUV geeignet, da die impliziten Kompetenzen in Art. 216 Abs. 1 AEUV *per se* geteilte Kompetenzen sind.

Gemäß Art. 216 Abs. 1 2. Var. AEUV kommt der Union eine implizite Außenkompetenz zu, wenn dies zur Verwirklichung eines der in den Verträgen festgesetzten Ziele erforderlich ist. Maßgebliche Bestimmung ist Art. 3 EUV, der in Abs. 1 bis 5 die wesentlichen Ziele der Union zusammenfasst. Des Weiteren sind auch die Zielbestimmungen aus verschiedenen Politikbereichen zu beachten, da diese die in Art. 3 EUV dargelegten Ziele sowie den abstrakten Aufgabenrahmen der Union konkretisieren. Sie beinhalten damit die „in den Verträgen festgesetzten Ziele", unter anderem nach Art. 216 Abs. 1 2. Var. AEUV.[515] Allein aus Art. 216 Abs. 1 2. Var. AEUV ergibt sich keine Ausweitung der impliziten Außenkompetenz der Union. Vielmehr resultiert diese aus den mit dem Vertrag von Lissabon entstandenen Kompetenznormen.

Der EuGH hat den Zusammenhang zwischen den Vertragszielen und der Außenkompetenz der Union bereits im AETR-Urteil zur Kompetenz der EWG zum Abschluss eines Verkehrsabkommens mit Drittstaaten sowie in hierauf folgenden Urteilen angedeutet.[516] Im AETR-Urteil verknüpfte der EuGH die Fähigkeit der Gemeinschaft zum Vertragsschluss mit Drittstaaten noch mit der Verwirklichung eines in den Grundsatzbestimmungen des ersten Teils des EG-Vertrags enthaltenen Ziels.[517] Dagegen kann eine Vertragsschlusskompetenz nach Art. 216 Abs. 1 2. Var. AEUV grundsätzlich aus der Basis der gesamten, erheblich erweiterten Zielbestimmungen des Unionsrechts, abgeleitet werden. Die erwähnten Vertragsziele sind deshalb die maßgeblichen Kriterien zur Folgerung einer internationalen Vertragsschlusskompetenz.

Im weitesten Sinne lässt sich also vermuten, dass aus bestimmten Zielvorschriften des Unionsrechts indirekt entsprechende Kompetenzen begründet werden können. Da die Zielbestimmungen sehr umfänglich sind, wäre damit die Außenkompetenz der Union beinahe grenzenlos. Die neue Regelung des Art. 216

514 EuGH, Gutachten 1/03 (*Übereinkommen von Lugano*), Gutachten vom 07.02.2006, Slg. 2006, I-1145, Rn. 115.

515 Vgl. *Vöneky/Beylage-Haarmann* (Fn. 454), 2011, Art. 216 AEUV, Rn. 10.

516 Vgl. *Vöneky/Beylage-Haarmann*, ebd., Rn. 8; EuGH, Rs. 22/70 (*AETR*), Slg. 1971, 263, Rn. 13 f.; EuGH, verb. Rs. 3/76, 4/76 und 6/76 (*Kramer*), Slg. 1976, 1279, Rn. 21 ff.

517 EuGH, Rs. 22/70 (*AETR*), Slg. 1971, 263, Rn. 13/14.

Abs. 1 2. Var. AEUV ist aus diesem Grund nicht unwesentlich und lässt Raum für Interpretationen. Deshalb ist die Prüfung anzustellen, ob eine einschränkende Auslegung der internationalen Vertragsschlusskompetenz nach Art. 216 Abs. 1 2. Var. AEUV infrage kommt.

Zunächst hat es den Anschein, als ob Art. 216 Abs. 1 2 Var. AEUV die im Gutachten 1/76 des EuGH festgelegten Grundsätze übernimmt.[518] Der EuGH traf die Aussage, dass „wenn das Gemeinschaftsrecht den Gemeinschaftsorganen in Hinblick auf ein bestimmtes Ziel im Innenverhältnis eine Zuständigkeit verleiht, die Gemeinschaft befugt [ist], die zur Erreichung dieses Ziels erforderlichen völkerrechtlichen Verpflichtungen einzugehen, auch wenn eine ausdrückliche diesbezügliche Bestimmung fehlt."[519] Hierbei setzt der Gerichtshof, sowohl im Gutachten 1/76 als auch im Urteil *Kramer*[520], das Bestehen der Innenzuständigkeit voraus.[521] Art. 216 Abs. 1 2. Var. AEUV geht hingegen lediglich von einer *Erforderlichkeit*[522] eines Vertragsschlusses zur Zielerreichung aus. Die Voraussetzung der Innenkompetenz ist hier nicht erforderlich.

Rechtsprechung und Terminologie des EuGH sind in diesem Kontext nicht eindeutig. Einerseits spricht der EuGH in seinem Gutachten 1/76 Rn. 3 der Entscheidungsgründe von einer *Erforderlichkeit*, andererseits bezieht sich diese nicht auf das Verb „eingehen" der völkerrechtlichen Verpflichtungen zur Zielerreichung, sondern auf das Nomen „Vorschriften". Folglich geht es im Gutachten 1/76 nicht zwingend um einen nötigen Vertragsschluss im Sinne einer Zielrealisierung, wie es in Art. 216 Abs. 1 2. Var. AEUV der Fall ist, sondern darum, dass der Gemeinschaft zum Erfüllen des Ziels die Eingehung der erforderlichen völkerrechtlichen Verpflichtungen gestattet ist. In Rn. 4 der Entscheidungsgründe spricht der EuGH von der *Notwendigkeit* der Beteiligung an völkerrechtlichen Vereinbarungen zur Zielerreichung. Wie zuletzt festgestellt, ist das Kriterium der „Notwendigkeit" mit dem der „Untrennbarkeit der Innen- und Außenkompetenzen" verbunden und somit nicht für die Auslegung des Art. 216 Abs. 1 2. Var. AEUV geeignet. Die enge Deutung der „Erforderlichkeit" im Gutachten 1/76 kommt nur im Einzelfall zur

518 Vgl. *Mögele* (Fn. 451), Art. 216 Abs. 1 AEUV, Rn. 30.

519 EuGH, Gutachten 1/76 (*Entwurf zu einem Übereinkommen über die Errichtung eines europäischen Stilllegungsfonds für die Binnenschifffahrt*), Gutachten vom 26.04.1977, Slg. 1977, 741, Rn. 3.

520 EuGH, verb. Rs. 3, 4 und 6/76 (*Kramer*), Urteil vom 14.07.1976, Slg. 1976, 1279, Rn. 30 ff.

521 Vgl. *Vedder* (Fn. 469), S. 57 (64 f.); *K. Schmalenbach*, in: Calliess/Ruffert (Hrsg.), EUV/AEUV, 4. Aufl. 2011, Art. 216 AEUV, Rn. 12.

522 Hervorhebung durch die Autorin.

Anwendung, wenn dies zur Begründung einer ausschließlichen Unionskompetenz dient. In diesem Sinne kann die „Erforderlichkeit" nur dann bejaht werden, wenn der Abschluss des Abkommens unabdingbar für eine sinnvolle und wirksame interne Regelung ist. Wie vorangegangen herausgestellt, ist die Frage der Ausschließlichkeit der Kompetenz nicht Gegenstand der Regelung des Art. 216 Abs. 1 2. Var. AEUV, sondern die des Art. 3 Abs. 2 2. Var. AEUV.[523] Demzufolge kann das Gutachten 1/76 nicht als einschränkende Auslegung der internationalen Vertragsschlusskompetenz nach Art. 216 Abs. 1 2. Var. AEUV in Betracht gezogen werden.

Die strikte Auslegung der „Erforderlichkeit" ausschließlich in den Fällen, bei denen die Vertragsschlusskompetenz unabdingbar zur Erreichung des Vertragsziels ist[524] oder in denen die enge Verknüpfung einer ausdrücklichen Innenkompetenz mit einer impliziten Außenkompetenz zugrunde liegt, ist für die Anwendung in Art. 216 Abs. 1 2. Var. AEUV abzulehnen. Aufgrund der geschilderten Sachlage kann die Anknüpfung der Außenkompetenz an die entsprechende Innenkompetenz nicht für die Deutung des Art. 216 Abs. 1 2. Var. AEUV herangezogen werden. Es ist eine weit umfassende Auslegung des Art. 216 Abs. 1 2. Var. AEUV vorzuziehen. Eine erleichterte Zielerreichung durch einen völkerrechtlichen Vertrag reicht für das Zustandekommen dieser Kompetenz aus.[525] Es kann der Regelung des Art. 216 Abs. 1 2. Var. AEUV nicht entnommen werden, dass für die Legitimierung der Außenkompetenz die Ausübung einer entsprechenden Innenkompetenz erforderlich ist.

Es bleibt die Frage offen, wie umfassend diese Regelung zu interpretieren ist und ob die Union in allen Politikbereichen, ohne das Bestehen konkreter Regelungsgrundlagen, internationale Abkommen schließen darf und die von der Union angedachten Maßnahmen tatsächlich erforderlich sind, um dieses bestimmte Ziel zu erreichen.[526] Nach dem Grundsatz der begrenzten Einzelermächtigung in Art. 5 Abs. 2 EUV wird die Union nur innerhalb der Grenzen der Zuständigkeiten tätig, die die Mitgliedstaaten ihr in den Verträgen übertragen haben. Dabei muss der Abschluss der Übereinkünfte zur Erreichung der in den Verträgen fest-

523 Vlg. GA Tizzano, Schlussanträge vom 31.01.2002, Rs. C-466/98, C-467/98, C-468/98, C-469/98, C-471/98, C-472/98, C-475/98, C-476/98 (*Open Skies*), Slg. 2002, I-9431, Rn. 49 ff.

524 EuGH, Gutachten 1/94 (*WTO*), Gutachten vom 15.11.1994, Slg. 1994, I-5267, Rn. 85 f.

525 Vgl. *Vöneky/Beylage-Haarmann* (Fn. 454), 2011, Art. 216, Rn. 11.

526 Vgl. *Mögele* (Fn. 451), Art. 216 AEUV, Rn. 30; *T. Eilmansberger*, Vertikale Kompetenzverteilung zwischen der Union und den Mitgliedstaaten, in: Hummer (Hrsg.) Der Vertrag von Lissabon, 2009, S. 189 (205).

gesetzten Ziele *erforderlich*[527] sein.[528] Das Kriterium der Erforderlichkeit besitzt hier einen stark wertungsabhängigen Charakter, der eine klare Definition erschwert.[529] Daher muss in jedem Einzelfall untersucht werden, ob der Abschluss einer internationalen Übereinkunft tatsächlich erforderlich ist.

Es ist im Auge zu behalten, dass die Voraussetzungen zum Vorliegen einer Kompetenz gemäß Art. 3 Abs. 2 2. Var. AEUV viel höher als die Voraussetzungen einer Kompetenz nach Art. 216 Abs. 1 2. Var. AEUV anzusiedeln sind. Während Art. 3 Abs. 2 2. Var. AEUV einen untrennbaren Zusammenhang der Innen- und Außenkompetenzen verlangt, reicht in Art. 216 Abs. 1 2. Var. AEUV eine Erforderlichkeit zur Verwirklichung eines der in den Verträgen festgesetzten Ziele aus. Dies erscheint folgerichtig, da für eine implizite ausschließliche Außenkompetenz höhere Maßstäbe vorauszusetzen sind als für die implizite geteilte Außenkompetenz. Die Vertragsstaaten entschieden sich bewusst dafür keine anderen impliziten ausschließlichen Kompetenzen als die in Art. 3 Abs. 2 2. Var. AEUV genannten anzuerkennen. Die Verankerung der Natur der Kompetenzen in Art. 3 Abs. 2 2. Var. AEUV und die Existenz der impliziten Kompetenzen in Art. 216 Abs. 1 2. Var. AEUV zeigen, dass hier eine Differenzierung angestrebt war.

Die neue Bestimmung des Art. 216 Abs. 1 2. Var. AEUV unterscheidet sich somit nicht nur im Wortlaut von Art. 3 Abs. 2 2. Var. AEUV, sondern hebt sich bewusst von diesem ab. Für die Deutung des Art. 216 Abs. 1 2. Var. AEUV sind also nicht die gleichen von der Rechtsprechung herausgearbeiteten Kriterien anzulegen, wie für Art. 3 Abs. 2 2. Var. AEUV. Art. 216 Abs. 1 2. Var. AEUV verleiht im Gegensatz zu Art. 3 Abs. 2 2. Var. AEUV eine implizite geteilte Außenkompetenz. Das Kriterium der „Erforderlichkeit" ist hierbei im weiträumigen Sinne zu verstehen und immer dann zu bejahen, wenn der Abschluss einer internationalen Übereinkunft und somit die Verwirklichung eines Unionsziels gefördert oder erleichtert wird.

bb. Wenn der Abschluss einer Übereinkunft in einem verbindlichen Rechtsakt der Union vorgesehen ist

Art. 216 Abs. 1 3. Var. AEUV ermächtigt die Union Abkommen mit Drittländern oder internationalen Organisationen zu schließen, wenn dies in einem verbindlichen Rechtsakt der Union verankert ist. Eine implizite Außenkompetenz

---

527 Hervorhebung durch die Autorin.

528 Es wird auch die Meinung vertreten, dass die Erforderlichkeit dann gegeben sei, wenn der Abschluss internationaler Übereinkünfte die Ausübung der Innenkompetenz erleichtert und somit ein vertragliches Ziel erreicht wird, siehe *Hindelang/Maydell* (Fn. 487), S. 11 (67).

529 Vgl. *Metz* (Fn. 483), S. 339.

gewinnt die Union dann, wenn sie sich selbst durch einen internen verbindlichen Rechtsakt zum Abschluss einer Übereinkunft ermächtigt.[530] Art. 288 AEUV definiert verbindliche Rechtsakte als Verordnungen, Richtlinien und Beschlüsse.

Die implizite Außenkompetenz der Union ist aber damit nicht automatisch auch eine implizite ausschließliche. Die Ausschließlichkeit wird erst dann erreicht, wenn der interne verbindliche Rechtsakt in Form eines Gesetzgebungsakts erlassen wurde.[531] Verordnungen, Richtlinien und Beschlüsse sind *per se* keine Gesetzgebungsakte. Der Wortlaut des Art. 216 Abs. 1 3. Var. AEUV spricht nicht von einem Gesetzgebungsakt, sondern lediglich von einem verbindlichen Rechtsakt. Somit könnte eine Vertragsabschlusskompetenz grundsätzlich auch in einem delegierten Rechtsakt nach Art. 290 Abs. 1 AEUV oder einem Durchführungsakt nach Art 291 Abs. 2 AEUV vorgesehen sein.[532] Dem widerspricht, dass der Abschluss einer Übereinkunft mit einem Drittstaat einen wesentlichen Aspekt im Sinne von Art. 290 Abs. 1 UAbs. 2 AEUV darstellt und es damit ausgeschlossen ist, Vertragsschlussbefugnisse zu delegieren.[533] Es muss bereits ein legislativer Gesetzgebungsakt existieren, in dem zum einen der Abschluss völkerrechtlicher Verträge vorgesehen ist und zum anderen die Entscheidung über den Vertragsschluss delegiert wird. Die implizite Kompetenz wird zu einer ausschließlichen Kompetenz, wenn ein verbindlicher Rechtsakt in einem Gesetzgebungsverfahren angenommen wurde und es sich um einen Gesetzgebungsakt gemäß Art. 289 Abs. 3 AEUV handelt. Gemäß Art. 3 Abs. 2 1. Var. AEUV ist in diesem Fall die Union für den Abschluss der internationalen Übereinkunft ausschließlich zuständig. Die sekundärrechtlichen Vertragsschlussbefugnisse sind ausschließlich.

Anders als nach der früheren Rechtslage, nach der die Existenz der impliziten geteilten Kompetenz zum Abschluss internationaler Übereinkünfte zu verneinen war, kodifiziert die Regelung des Art. 216 Abs. 1 3. Var. AEUV eine implizite Außenkompetenz und ist damit geteilter Natur. Bestätigung findet dies in der Unterscheidung zwischen den verbindlichen Rechtsakten ohne Gesetzgebungscharakter und den verbindlichen Rechtsakten mit Gesetzgebungscharakter. Diese Differenzierung macht das aktive Bestreben deutlich, neben einer ausschließlichen auch eine nicht-ausschließliche implizite Kompetenz zu kodifizieren.

---

530 Vgl. *Mögele* (Fn. 451), Art. 216 AEUV, Rn. 34; EuGH, Gutachten 1/94 (*WTO*), Gutachten vom 15.11.1994, Slg. 1994, I-5267, Rn. 95.

531 Vgl. *Mögele* (Fn. 451), Art. 3 AEUV, Rn. 15; *V. Hellmann*, Der Vertrag von Lissabon, 2009, S. 82; *W. Frenz*, Handbuch Europarecht, Band 6, 2011, Rn. 5173, S. 1503.

532 Vgl. *Vöneky/Beylage-Haarmann* (Fn. 454), 2011, Art. 216, Rn. 13.

533 *Vöneky/Beylage-Haarmann*, ebd.

Nur wenn ein verbindlicher Rechtsakt in einem Gesetzgebungsverfahren angenommen wurde, ist er gemäß Art. 289 Abs. AEUV als Gesetzgebungsakt zu bezeichnen. Gemäß Art. 3 Abs. 2 1. Var. AEUV besteht für die Union dann eine ausschließliche Kompetenz für den Abschluss internationaler Übereinkünfte, wenn dies in einem Gesetzgebungsakt der Union vorgesehen ist. Dabei wurde der Versuch einer Anlehnung an das Gutachten 1/94 des EuGH unternommen. So erwirbt die Union eine ausschließliche externe Zuständigkeit, sobald sie in ihren internen Rechtsetzungsakten Klauseln über die Behandlung der Angehörigen von Drittstaaten aufgenommen oder ihren Organen ausdrücklich eine Zuständigkeit für Verhandlungen mit Drittstaaten übergeben hat.[534] Die Regelung ist nicht so zu interpretieren, dass durch den Sekundärrechtsakt eine Außenkompetenz begründet wird. Vielmehr erteilt eine primärrechtliche Vorschrift der Union eine entsprechende Ermächtigung zur Handlung, die durch einen Sekundärrechtsakt konkretisiert wird.[535]

Nach Art. 289 AEUV werden Gesetzgebungsakte in einem ordentlichen oder besonderem Verfahren angenommen. Nur falls beim Zustandekommen des Rechtsaktes beide gesetzgebende EU-Organe zusammengewirkt haben, erwächst eine implizite ausschließliche Außenkompetenz für die EU.[536] Im Umkehrschluss entsteht für die vorgesehenen internationalen Übereinkünfte im Rahmen aller Verordnungen, Richtlinien und Beschlüsse, die nicht in einem Gesetzgebungsverfahren erlassen wurden, keine ausschließliche, sondern eine geteilte Vertragsschlusskompetenz.

Diese Art der Selbstermächtigung wird nicht kritiklos hingenommen. Es wird bemängelt, dass die Kompetenz der EU überschritten würde, wenn eine ausschließliche Außenkompetenz der Union von ihr selbst hervorgerufen werden könnte, indem diese durch sie selbst vorher in einem Gesetzgebungsakt festgeschrieben wurde. Dies widerspricht dem Prinzip der beschränkten Einzelermächtigung nach Art. 5 Abs. 1 S. 1 EUV.[537] Zudem wird argumentiert, dass eine Verbindung zwischen der Rechtsgrundlage des die Kompetenz verleihenden Sekundärakts und dem Umfang des geplanten Abkommen bestehe.[538] Die Union verfügt ohnehin bereits über eine Innenkompetenz für den betroffenen Politik-

---

534 EuGH, Gutachten 1/94 (*WTO*), Gutachten vom 15.11.1994, Slg. 1994, I-5267, Rn. 95.

535 EuGH, Rs. C-475/98 (*Open Skies*), Urteil vom 05.11.2002, Slg. 2002, I-9797, Rn. 65; vgl. *Nettesheim* (Fn. 397), Art. 3 AEUV, Rn. 22.

536 Vgl. *Mögele* (Fn. 451), Art. 3 AEUV, Rn. 15.

537 Vgl. *Eilmansberger* (Fn. 526), S. 189 (199).

538 Vgl. *Cremona* (Fn. 499), S. 1173 (1184); *Schmitt* (Fn. 2), S. 249.

bereich; sonst könnte ein Sekundärrechtsakt, der eine Vertragsschlusskompetenz vorsieht, gar nicht erst erlassen werden.

cc. *Wenn die gemeinsamen Vorschriften beeinträchtigt oder deren Anwendungsbereich geändert werden könnten*

Art. 216 Abs. 1 4. Var. AEUV verleiht der Union eine implizite Außenkompetenz, wenn der Abschluss einer Übereinkunft „gemeinsame Vorschriften beeinträchtigen oder deren Anwendungsbereich ändern könnte". Auch hier besagt Art. 216 Abs. 1 4. Var. AEUV lediglich, dass die Union eine implizite Außenkompetenz besitzt. Art und Umfang der Kompetenz bleiben erneut undefiniert.

Art. 3 Abs. 2 3. Var. AEUV teilt der Union eine ausschließliche Kompetenz für den Abschluss internationaler Übereinkünfte zu, „soweit der Abschluss gemeinsame Regeln beeinträchtigen oder deren Tragweite verändern könnte". In der englischen Fassung des AEU-Vertrages lautet Art. 216 Abs. 1 AEUV wie folgt: „*likely to affect common rules or alter their scope*" und Art. 3 Abs. 2 AEUV: „*in so far as its conclusion may affect common rules or alter their scope*". Bei der Betrachtung beider Artikel sowohl in deutscher als auch in englischer Fassung fällt auf, dass sich diese kaum voneinander unterscheiden. Deshalb wird in der Literatur die weitläufige Meinung vertreten, dass die Vorschriften beider Artikel sinngleich seien und die Kompetenz der Union für den Abschluss internationaler Übereinkünfte ausschließlicher Natur sei.[539]

Auch wenn die Unterschiede marginal wirken, könnte es Absicht sein, dass die Kompetenz die komplette Übereinkunft zu decken scheint, während gleichzeitig ihre Ausschließlichkeit nur auf diejenigen Aspekte der Übereinkünfte begrenzt ist, die tatsächlich einen solchen Effekt haben.[540] Gemäß dieser Variante nach Art. 216 Abs. 1 AEUV verfügt die Union über eine implizite geteilte Zuständigkeit. Nur in einem solchen Fall, in welchem ein Abschluss der Übereinkunft der Mitgliedstaaten die gemeinsamen Regeln beeinträchtigen oder deren Tragweite verändern könnte, gilt die Kompetenz der Union als ausschließlich.

Ein anderer Versuch zur Begründung der Ausschließlichkeit der Kompetenz legt die Heranziehung der Rechtsprechung des EuGH zugrunde. Aus der Formulierung des Art. 216 Abs. 1 4. Var. AEUV wird nicht deutlich, ob die Beeinträchtigung gemeinsamer Vorschriften durch den Abschluss einer Übereinkunft

539 Vgl. *Hindelang/Maydell* (Fn. 487), S. 11 (53); *Schmalenbach* (Fn. 521), Art. 216 AEUV, Rn. 19; *Schmitt* (Fn. 2), S. 245; *Vöneky/Beylage-Haarmann* (Fn. 454), 2011, Art. 216 AEUV, Rn. 17.

540 Vgl. *Cremona* (Fn. 499), S. 1175 (1187).

eher seitens der Union oder durch das Handeln der Mitgliedstaaten geschieht. Gemeint ist hierbei die Beeinträchtigung oder Änderung des Anwendungsbereichs durch das Tätigwerden der Mitgliedstaaten.[541] Der Vertrag von Lissabon übernimmt die Rechtsprechung des EuGH zum AETR-Urteil.[542] Nach diesem erwirbt die Union eine implizite ausschließliche Kompetenz zum Abschluss internationaler Übereinkünfte, wenn „die Gemeinschaft zur Verwirklichung einer vom Vertrag vorgesehenen gemeinsamen Politik Vorschriften erlassen hat, die in irgendeiner Form gemeinsame Rechtsnormen vorsehen, die Mitgliedstaaten weder einzeln noch selbst gemeinsam handelnd berechtigt mit dritten Staaten Verpflichtungen einzugehen, die diese Normen beeinträchtigen."[543] Es ist zu beachten, dass in den Fällen, in denen die Mitgliedstaaten in einem völkerrechtlichen Vertrag einen höheren Standard als im Gemeinschaftsrecht vorsehen, keine Gefahr für die Beeinträchtigung von Gemeinschaftsvorschriften bestehen kann.[544]

Der EuGH hat eine Beeinträchtigung der gemeinsamen Vorschriften durch das Abschließen von Übereinkünften durch die Mitgliedstaaten anerkannt, wenn ein Politikbereich durch Gemeinschaftsrecht bereits weitestgehend harmonisiert war.[545] Dabei ist eine partielle Harmonisierung eines Politikbereichs durch das Gemeinschaftsrecht nicht ausreichend um die implizite ausschließliche Außenkompetenz für die Union zu begründen.[546] In diesem Szenario wäre die Zuständigkeit für den Abschluss einer internationalen Übereinkunft zwischen den Mitgliedstaaten und der Union geteilt.

Ferner ist die Auslegung des Begriffs der Beeinträchtigung weiter unklar. Art. 216 Abs. 1 4. Var. AEUV enthält keine nähere Konkretisierung und hinterlässt somit Platz für Mutmaßungen.[547] Es stellt sich die Frage, ob die Union eine implizite ausschließliche Außenkompetenz erlangen sollte, wenn die Übereinkünfte der Mitgliedstaaten nur unwesentlich die gemeinsamen Vorschriften

541 Vgl. *Metz* (Fn. 483), S. 359; *C. Vedder*, Außenbeziehungen und Außenvertretung, in: Hummer/Obwexer (Hrsg.), Der Vertrag von Lissabon, 2009, S. 267 (276); *Schmitt* (Fn. 2), S. 245.

542 Vgl. *Vedder* (Fn. 541), S. 267 (276).

543 EuGH, Rs. 22/70 (*AETR*), Urteil vom 31.03.1971, Slg. 1971, 263, Rn. 15/19.

544 EuGH, Gutachten 2/91 (*ILO-Übereinkommen*), Gutachten vom 19.03.1993, Slg. 1993, I-1061, Rn. 16, 18, 21.

545 Ebd., Rn. 25 f.

546 EuGH, Gutachten 2/00 (*Protokoll von Cartagena*), Gutachten vom 06.12.2001, Slg. 2001, I-9713, Rn. 46.

547 Vgl. *Metz* (Fn. 483), S. 360.

beeinträchtigen. Um künftige Fehlinterpretationen zu vermeiden, ist eine enge Auslegung bzw. klare Definition des Begriffes empfehlenswert.

Eine Beeinträchtigung sollte nur dann bestätigt werden, wenn durch die Übereinkunft der Mitgliedstaaten die Vorschriften wesentlich beeinträchtigt werden. In allen Fällen einer unwesentlichen Beeinträchtigung hingegen sollte der Abschluss der Übereinkunft nicht unter die ausschließliche Außenkompetenz der EU fallen, sondern zwischen Union und Mitgliedstaaten geteilt sein.[548] Hierfür spricht auch das Gutachten 1/03 des EuGH. In diesem wird deutlich gemacht, „dass die Gemeinschaft nur über begrenzte Ermächtigungen verfügt und deshalb das Bestehen einer – zumal vom EG Vertrag nicht ausdrücklich vorgesehenen – ausschließlichen Zuständigkeit nur auf der Grundlage von Schlussfolgerungen angenommen werden kann, die aus einer konkreten Analyse des Verhältnisses zwischen dem geplanten Abkommen und dem geltenden Gemeinschaftsrecht gezogen werden und aus der sich ergibt, dass der Abschluss eines solchen Abkommens die Gemeinschaftsvorschriften beeinträchtigen kann."[549]

Bei jeder Vermutung, dass ein mitgliedstaatliches Abkommen das Unionsrecht beeinflussen könnte, muss also zunächst eine konkrete Analyse vorgenommen werden. Beim Bestehen eines direkten Zusammenhangs würde der Union eine implizite ausschließliche Außenkompetenz zugesprochen.

c. *Bedeutung der impliziten Kompetenzen der Union für Investitionen*

Art. 207 AEUV ermöglicht es, der Union internationale Investitions- sowie umfassende Handelsabkommen mit Drittstaaten abzuschließen. Sie übt dabei ihre explizite Außenkompetenz aus. Unabhängig von der Beantwortung der Frage, ob die Kompetenz ausschließlich oder geteilt ist, soll untersucht werden, ob die Union auch auf Grundlage der impliziten Kompetenzen, internationale Übereinkünfte mit Drittstaaten oder internationalen Organisationen treffen kann.

Selbst wenn der AEU-Vertrag die Freiheit im Binnenmarkt nicht beinhaltet, welche ausschließlich den Direktinvestitionen gewidmet ist, haben Investoren das Recht nach den Bestimmungen über die Niederlassungsfreiheit und dem freien Kapitalverkehr sowie nach anderen Vorschriften des AEUV, Investitionen durchzuführen. Deshalb liegt es nahe, eine implizite Kompetenz der Union zum

548 Vgl. *Cremona* (Fn. 499), S. 1186.

549 EuGH, Gutachten 1/03 (*Zuständigkeit der Gemeinschaft für den Abschluss des neuen Übereinkommens von Lugano über die gerichtliche Zuständigkeit und die Anerkennung und Vollstreckung von Entscheidungen in Zivil- und Handelssachen*) Gutachten vom 07.02.2006, Slg. 2006, I-1145, Rn. 124.

Abschluss von Übereinkünften mit Drittländern bezüglich Direktinvestitionen aufgrund dieser Bestimmungen zu prüfen. Das Ergebnis dieser Prüfung spielt eine wichtige Rolle, weil die Bestimmungen des Art. 207 AEUV ausländische Investitionen nur unzureichend regeln.

aa. Mögliche implizite Kompetenzen aus der Kapital- und Zahlungsverkehrsfreiheit

i. Direktinvestitionen

Für die geteilte Kompetenz zum Erlass von internen Rechtsakten im Kontext von Direktinvestitionen ist Art. 64 Abs. 2 und 3 AEUV grundlegend. Er stellt eine explizite Innenkompetenz dar. In der Vergangenheit fand die *Implied-Powers*-Lehre Anwendung und internationale Übereinkünfte sind auf Grundlage des Art. 57 Abs. 2 EGV zustande gekommen.[550] Erneut steht im Raum, ob die Union aus Art. 64 Abs. 2 und 3 AEUV auch eine implizite Außenkompetenz erwerben könnte.

Basierend auf den im vorherigen Unterkapitel gewonnenen Erkenntnissen könnte aus Art. 64 Abs. 2 und 3 AEUV eine implizite Außenkompetenz der Union für den Abschluss internationaler Übereinkünfte bezüglich Direktinvestitionen unter der Voraussetzung entnommen werden, dass der Abschluss der Übereinkunft im Rahmen der Unionspolitik zur Verwirklichung eines der in den Verträgen festgesetzten Ziele erforderlich ist (Art. 216 Abs. 1 2. Var. AEUV). Wie bereits festgehalten, ist das Kriterium der „Erforderlichkeit" großzügig zu deuten und auch bei einer bloßen Förderung bzw. Erleichterung bei der Zielerreichung durch den Vertragsschluss zu bejahen. Die Erleichterung der in Art. 3 EUV dargelegten Ziele ist dabei das maßgebliche Kriterium zur Herleitung einer impliziten Vertragsschlusskompetenz. Der Bezug auf Drittstaaten in Art. 64 Abs. 2 und 3 AEUV deutet auf die Erfüllung des Erleichterungstests und somit auf die Erforderlichkeit einer entsprechenden Außenkompetenz hin.[551]

Für die Auslegung des Art. 216 Abs. 1 2. Var. AEUV sind nicht die gleichen Kriterien der Rechtsprechung, die für Art. 3 Abs. 2 2. Var. AEUV gelten, anzulegen. Die Annahme einer Erleichterung ist für die Legitimierung der impliziten Außenkompetenz nach Art. 216 Abs. 1 2. Var. AEUV ausreichend. Die Ausübung der entsprechenden Binnenkompetenz ist für diesen Fall nicht notwendig. Wenn also beispielsweise die Liberalisierung des Kapitalverkehrs mit Drittstaaten durch ein

550 Vgl. *Beuttenmüller* (Fn. 349), S. 281 (284); *Johannsen* (Fn. 148), S. 20; *Tietje* (Fn. 123), S. 14.

551 Vgl. *Hindelang/Maydell* (Fn. 487), S. 68; *Schmitt* (Fn. 2), S. 259.

völkerrechtliches Abkommen effektiver vorangetrieben wird als durch eine einseitige Regelung der Union, sorgt dies gleichzeitig für die einfachere Realisierung eines der in Verträgen festgesetzten Ziels. Es liegt eine geteilte Kompetenz vor.

Diese Kompetenz umfasst gleichwohl nicht alle Aspekte der Direktinvestitionen. Sie kann nicht für die Gewährung von Behandlungsstandards wie die gerechte und billige Behandlung, die Meistbegünstigung, die Inländergleichbehandlung oder den Eigentumsschutz für Investoren für die Phase nach dem Marktzugang herangezogen werden, da eine aus Art. 64 Abs. 2 und 3 AEUV resultierende Kompetenz nur die Fragen vor dem Marktzugang regeln kann.[552]

Aufgrund des fehlenden Verordnungscharakters besitzt z. B. auch die MPoI[553] keine echte sondern lediglich eine sinnbildliche Wirkung. Hierfür spielt es keine Rolle, dass die MPoI für bestimmte Direktinvestitionen zwischen EU und Drittstaaten nicht nur eine Marktzugangsklausel, sondern auch die Behandlungsstandards umfasst.[554]

Ein anderer Fall zur Annahme einer impliziten Außenkompetenz aus Art. 64 Abs. 2 und 3 AEUV könnte eintreten, wenn eine Außenkompetenz zur Ausübung der internen Kompetenzen unerlässlich ist (Art. 3 Abs. 2 2. Var. AEUV). Sollte die Union eine ausschließliche Innenkompetenz gemäß Art. 3 Abs. 1 AEUV erwerben, ist anzunehmen, dass sie auch für eine implizite Außenkompetenz die ausschließliche Zuständigkeit erlangt. Nach Art. 3 Abs. 1 AEUV kommt der Union eine ausschließliche Innenkompetenz für die Zollunion, die Wettbewerbsregeln für den Binnenmarkt, die Währungspolitik für die Eurozone, die Fischerei- und die gemeinsame Handelspolitik zu. Verfolgt man diese Logik konsequent weiter, wäre die implizite Außenkompetenz gemäß Art. 3 Abs. 2 AEUV für diese Politikbereiche ausschließlich. Allerdings verfügt die Union für den Binnenmarkt und somit auch für den Kapital- und Zahlungsverkehr nach Art. 4 Abs. 2 lit. a) über eine geteilte Innenkompetenz. Demzufolge sollte auch die implizite Außenkompetenz, im Falle ihrer Notwendigkeit für die Union zur Ausübung ihrer internen Zuständigkeit aus Art. 64 Abs. 2 und 3 AEUV, in ihrem Wesen geteilt sein.

Dieser Argumentation wird durchaus widersprochen. Für die Gegenmeinung kommt auch bei einer geteilten inneren Zuständigkeit eine ausschließliche Vertragsschlusskompetenz in Betracht.[555] Das Kriterium der „Notwendigkeit" sei mit dem der „Untrennbarkeit" von Innen- und Außenkompetenzen verflochten. Die interne Zuständigkeit könne also nur zugleich mit der Außenkompetenz

552 Vgl. *Eilmansberger* (Fn. 347), S. 383 (391); *Schmitt* (Fn. 2), S. 261.
553 Minimum Platform on Investment for EU FTAs, Dok.-Nr. 15375/06, vom 27.11.2006.
554 Vgl. *Schmitt* (Fn. 2), S. 261; *Shan/Zhang* (Fn. 270), S. 1049 (1051).
555 Vgl. *Frenz* (Fn. 531), Rn. 5176, S. 1504.

wirksam ausgeübt werden.[556] Die Förderung des Binnenmarkts und die Außenkompetenz seien somit untrennbar. Die „Untrennbarkeit" der Innen- und Außenkompetenzen gilt jedoch nur für die Begründung der impliziten ausschließlichen Außenkompetenz der Union. In diesem Fall handelt es sich beim Kapital- und Zahlungsverkehr um eine geteilte Innenkompetenz. Deshalb kann eine Außenkompetenz, auch bei Notwendigkeit zur Ausübung von internen Zuständigkeiten durch die Union, nicht hergeleitet werden. Daneben ist es kaum vorstellbar, dass die internen Zuständigkeiten nach Art. 64 Abs. 2 und 3 AEUV nur praktiziert werden können, wenn zugleich eine externe Zuständigkeit ausgeübt wird.[557] Als Folge scheidet Art. 3 Abs. 2 2. Var. AEUV als implizite Außenkompetenzgrundlage aus.

Ferner existiert noch kein verbindlicher Rechts- (Art. 216 Abs. 1 3. Var. AEUV) bzw. Gesetzgebungsakt (Art. 3 Abs. 2 1. Var. AEUV) der Union, der den Abschluss einer internationalen Übereinkunft bezüglich Direktinvestitionen vorsieht.[558] Theoretisch kann eine geteilte Außenkompetenz angenommen werden, falls ein verbindlicher Rechtsakt den Abschluss einer internationalen Übereinkunft bezüglich einer Direktinvestition vorsehen würde. Wenn ein verbindlicher Rechtsakt in einem Gesetzgebungsverfahren angenommen wird, ist er gemäß Art. 288 AEUV als Gesetzgebungsakt zu bezeichnen. Folglich würde die Union eine ausschließliche Außenkompetenz erlangen (Art. 3 Abs. 2 1. Var. AEUV). Die vom Rat am 27.11.2006 angenommene *Minimum Platform on Investment*[559], die bezüglich Direktinvestitionen zwischen EU und Drittstaaten eine Marktzugangs-, Inländergleichbehandlungs- sowie eine Meistbegünstigungsklausel enthält, kann ebenfalls nicht als verbindlicher Rechtsakt bzw. Gesetzgebungsakt eingeordnet werden, aus dem eine implizite Außenkompetenz der EU erwachsen könnte.[560]

Des Weiteren ist das Vorliegen einer impliziten Außenkompetenz für Direktinvestitionen in dem Fall zu untersuchen, in dem eine Übereinkunft die gemeinsamen Vorschriften berührt oder deren Anwendungsbereich ändert (Art. 216 Abs. 1 4. Var. AEUV) bzw. soweit der Abschluss internationaler Übereinkünfte die gemeinsamen Regeln beeinträchtigt oder deren Tragweite beeinflussen könnte

---

556 EuGH, Gutachten 1/03 (*Übereinkommen von Lugano*), Gutachten vom 07.02.2006, Slg. 2006, I-1145, Rn. 115; EuGH, Gutachten 1/94 (*WTO*), Gutachten vom 15.11.1994, Slg. 1994, I-5267, Rn. 85; EuGH, Gutachten 1/76 (*Stillegungsfonds*), Gutachten vom 26.04.1977, Slg. 1977, I-741, Rn. 4 und 7.

557 Vgl. *Schmitt* (Fn. 2), S. 259.

558 *Eilmansberger* (Fn. 347), S. 383 (390).

559 Minimum Platform on Investment for EU FTAs, Dok.-Nr. 15375/06, vom 27.11.2006.

560 Vgl. *Schmitt* (Fn. 2), S. 258.

(Art. 3 Abs. 2 3. Var. AEUV). Dieses Szenario tritt in der Regel erst dann ein, wenn die internen Regeln umfassend sind und durch sie ein bestimmtes Sachgebiet oder eine konkrete Sachmaterie harmonisiert wurde.[561] Bis dato wurden nur wenige Sekundärrechtsakte erlassen, die auf Art. 73c EWGV (nachfolgend auf Art. 57 Abs. 2 EGV, jetzt Art. 64 Abs. 2 AEUV) gestützt worden sind.[562] Die Union veranlasste bisher keine Schritte im Zusammenhang mit Direktinvestitionen bezüglich Drittländern, die durch einen Vertragsschluss der Mitgliedstaaten beeinträchtigt oder in ihrem Anwendungsbereich hätten geändert werden können.[563] Aufgrund dieser Tatsache kann nicht von einer vollständigen Harmonisierung ausgegangen werden. Es existieren somit keine gemeinsamen Vorschriften bzw. Regeln zu Direktinvestitionen, die durch mitgliedstaatliche Übereinkünfte mit Drittstaaten beeinträchtigt oder deren Anwendungsbereich geändert werden könnte.[564]

Zusammenfassend wird eine implizite Außenkompetenz für die Regelung von ausländischen Direktinvestitionen aus Art. 64 Abs. 2 und 3 AEUV nur dann begründet, wenn der Abschluss einer internationalen Übereinkunft über ausländische Direktinvestitionen erforderlich ist, um das Vertragsziel zu erreichen. Hierbei würde dann eine geteilte Kompetenz bestehen. Das Kriterium der Erforderlichkeit gilt als erfüllt, wenn die Außenkompetenz das Erreichen eines Vertragsziels erleichtert. In allen anderen Fällen ist eine implizite Außenkompetenz der Union für die Regelung von Direktinvestitionen aus den Vorschriften zur Kapital- und Zahlungsverkehrsfreiheit abzulehnen.

---

561 EuGH, Gutachten 1/94 (*WTO*), Gutachten vom 15.11.1994, Slg. 1994, I-5267, Rn. 77 und 96.; EuGH, Rs. C-476/98 („*Open skies*"), Urteil vom 05.11.2002, Slg. 2002, I-9855, Rn. 108.

562 Z.B. Beschluss des Rates Nr. 94/998/EG vom 15.12.1994 betreffend die vorläufige Anwendung des Vertrags über die Energiecharta durch die Europäische Gemeinschaft; Beschluss des Rates Nr. 96/412/EG vom 25.06.1996 zur Annahme der Ergebnisse der Verhandlungen der Welthandelsorganisation über Finanzdienstleistungen und den grenzüberschreitenden Verkehr natürlicher Personen im Namen der Europäischen Gemeinschaft in Bezug auf die in ihre Zuständigkeit fallenden Bereiche; Verordnung (EG) Nr. 2271/96 des Rates vom 22.11.1996 zum Schutz vor den Auswirkungen der extraterritorialen Anwendung von einem Drittland erlassener Rechtsakte sowie von darauf beruhenden oder sich daraus ergebenden Maßnahmen.

563 Vgl. Schlussanträge des GA Maduro vom 10.07.2008 zur EuGH Rs. C-205/06 vom 03.03.2009 (*Kommission/Österreich I*) und Rs. C-249/06 vom 03.03.2009 (*Kommission/Schweden I*), Slg. 2009, I-1301, Rn. 3.

564 Vgl. *Eilmansberger* (Fn. 347), S. 383 (390); *Schmitt* (Fn. 2), S. 258.

ii. Portfolioinvestitionen

In diesem Unterkapitel wird analysiert, ob aus Art. 64 Abs. 2 und 3 AEUV eine implizite Außenkompetenz zur Regelung von Portfolioinvestitionen, aufgrund der untersuchten Kriterien zu den impliziten Kompetenzen, gefolgert werden kann.

Art. 216 Abs. 1 2. Var. AEUV verleiht der Union also eine implizite Kompetenz zum Abschluss internationaler Übereinkünfte, wenn diese zur Zielverwirklichung dient. Im Gegensatz zu der von einigen Autoren vertretenen Meinung, dass die implizite Kompetenz aus Art. 216 Abs. 1 2. Var. AEUV immer an die entsprechende interne Kompetenz geknüpft sei[565], geht Art. 216 Abs. 1 2. Var. AEUV ausschließlich von einer Erforderlichkeit des Vertragsschlusses zur Zielerreichung aus. Die maßgebliche Bestimmung ist hierfür Art. 3 EUV, der die wesentlichen Ziele der Union zusammenfasst und keine enge Verknüpfung der ausdrücklichen Innen- mit der impliziten Außenkompetenz verlangt. Die Interpretation des Art. 216 Abs. 1 2. Var. AEUV, der die Realisierung oder Erleichterung eines Vertragsziels in den Vordergrund stellt, hat weiträumig zu erfolgen. Die Union könnte demnach eine implizite geteilte Außenzuständigkeit für die Regelung von Portfolioinvestitionen erlangen, da das Vorliegen einer Innenkompetenz für diesen Fall nicht notwendig ist.

Anders stellt es sich dar, wenn als Grundlage für die implizite Außenkompetenz der dem Wortlaut des Art. 216 Abs. 1 2. Var. AEUV ähnlichen Norm des Art. 3 Abs. 2 2. Var. AEUV gefolgt wird. Danach kann die Union eine internationale Übereinkunft schließen, wenn dies zur Durchsetzung ihrer internen Zuständigkeit erfolgen muss. Sie erhält hierfür eine implizite ausschließliche Außenkompetenz. Im Unterschied zum zuerst genannten Fall ist die implizite Außenkompetenz hier an eine interne Zuständigkeit der Union geknüpft. Die interne Kompetenz muss dabei untrennbar von der Außenkompetenz sein. Beachtenswert ist weiterhin, dass in Bezug auf Portfolioinvestitionen keine interne Kompetenz, die nur zugleich mit der Außenkompetenz wirksam ausgeübt werden kann, existiert.[566] Deshalb kann Art. 3 Abs. 2 2. Var. AEUV keine Grundlage für eine implizite Außenkompetenz zur Regelung von Portfolioinvestitionen darstellen.

Darüber hinaus scheidet eine Kompetenz aufgrund eines auf Art. 64 Abs. 2 und 3 AEUV gestützten Rechtsakts aus. Da der Kompetenzumfang nach Art. 64 Abs. 2 und 3 AEUV auf Direktinvestitionen reduziert ist, kann kein verbindli-

---

565 Vgl. *Vöneky/Beylage-Haarmann* (Fn. 454), 2011, Art. 216 AEUV, Rn. 10; *Schmitt* (Fn. 2), S. 264.

566 Vgl. *Ortino/Eeckhout* (Fn. 404), S. 312 (318); *Eeckhout* (Fn. 282), S. 151.

cher Rechts- bzw. Gesetzgebungsakt, der auf den Abschluss einer Übereinkunft über Portfolioinvestitionen abzielt, erlassen werden. Die Vertragsschlusskompetenzen dürfen inhaltlich nicht tiefer reichen, als der Anwendungsbereich der entsprechenden internen Rechtsetzungskompetenz.[567] Da es keinen internen verbindlichen Rechts- (Art. 216 Abs. 1 3. Var. AEUV) bzw. Gesetzgebungsakt (Art. 3 Abs. 2 1. Var. AEUV) gibt, der den Abschluss einer Übereinkunft bezüglich Portfolioinvestitionen vorsieht, kann hier keine implizite Außenkompetenz hergeleitet werden.

Die Beeinträchtigung gemeinsamer Vorschriften (Art. 216 Abs. 1 4. Var. AEUV, Art. 3 Abs. 2 3. Var. AEUV) kann auch nicht als Basis der impliziten Außenkompetenzen für Portfolioinvestitionen in Erwägung gezogen werden. Eine entsprechende Beeinträchtigung würde sich nur dann entfalten, wenn der entsprechende Politikbereich vollständig harmonisiert ist.[568]

Nach Art. 64 Abs. 2 AEUV veranlassen das Europäische Parlament und der Rat gemäß dem ordentlichen Gesetzgebungsverfahren Maßnahmen für den Kapitalverkehr mit dritten Ländern im Zusammenhang mit Investitionen, einschließlich Anlagen in Immobilien, mit der Niederlassung, der Erbringung von Finanzdienstleistungen oder der Zulassung von Wertpapieren zu den Kapitalmärkten. Bis dato gibt es erst wenige Sekundärrechtsakte, die auf Art. 73c EWGV (jetzt Art. 64 AEUV) gestützt sind. Auf Art. 73c Abs. 2 EWGV (als Vorläufer des Art. 64 Abs. 2 AEUV) basierend, wurden folgende Sekundärrechtsakte erlassen: der Beschluss des Rates Nr. 94/998/EG vom 15.12.1994 betreffend die vorläufige Anwendung des Vertrags über die Energiecharta durch die Europäische Gemeinschaft,[569] der Beschluss des Rates Nr. 96/412/EG vom 25.06.1996 zur Annahme der Ergebnisse der Verhandlungen der Welthandelsorganisation über Finanzdienstleistungen und den grenzüberschreitenden Verkehr natürlicher Personen im Namen der Europäischen Gemeinschaft in Bezug auf die in ihre Zuständigkeit fallenden Bereiche[570] und die Verordnung (EG) Nr. 2271/96 des Rates vom 22.11.1996 zum

567 Vgl. *Vedder* (Fn. 469), S. 57 (60).

568 EuGH, Gutachten 1/94, (*WTO*), Gutachten vom 15.11.1994, Slg. 1994, I-5267 Rn. 95; EuGH, Rs. C-467/98 (*Kommission/Dänemark*), Urteil vom 05.11.2002, Slg. 2002, I-9519, Rn. 83, EuGH, Gutachten 1/03 (*Übereinkommen von Lugano*), Gutachten vom 07.02.2006, Slg. 2006, I-1145 Rn. 122.

569 Beschluss des Rates Nr. 94/998/EG vom 15.12.1994 betreffend die vorläufige Anwendung des Vertrags über die Energiecharta durch die Europäische Gemeinschaft, ABl. L 380/1–2.

570 Beschluss des Rates Nr. 96/412/EG vom 25.06.1996 zur Annahme der Ergebnisse der Verhandlungen der Welthandelsorganisation über Finanzdienstleistungen und

Schutz vor den Auswirkungen der extraterritorialen Anwendung von einem Drittland erlassener Rechtsakte sowie von darauf beruhenden oder sich daraus ergebenden Maßnahmen.[571]

Diese Maßnahmen wurden jedoch nicht im Zusammenhang mit Portfolioinvestitionen beschlossen. Problematisch ist hierbei zudem, dass der Umfang der Kompetenz nach Art. 64 Abs. 2 AEUV nicht für alle Portfolioinvestitionen gilt. Es gibt zwar Maßnahmen, die in Bezug auf die Erbringung von Finanzdienstleistungen oder der Zulassung von Wertpapieren zu den Kapitalmärkten, Portfolioinvestitionen tangieren können, diese decken aber nicht alle Gesichtspunkte einer solchen Investition ab.[572] Es ist schwierig eine Kompetenzgrundlage für die Union für internationale Abkommen zum Schutze ausländischer Portfolioinvestitionen auszudeuten, da der Erlass von sekundärrechtlichen Maßnahmen nach Art. 64 Abs. 2 bzw. 3 AEUV bezüglich der Harmonisierung des Bereichs der Portfolioinvestitionen ausgeschlossen ist.

Den Direktinvestitionen gleichbedeutend geht eine implizite Außenkompetenz aus Art. 64 Abs. 2 und 3 AEUV für die Regelung von ausländischen Portfolioinvestitionen nur dann hervor, wenn eine internationale Übereinkunft bezüglich ausländischer Portfolioinvestitionen erforderlich ist, um ein bestimmtes Vertragsziel zu erreichen. Dieser Umstand gilt auch dann als erfüllt, wenn die Außenkompetenz lediglich zu einer Erleichterung des Zielerreichens führt. Eine weitere Möglichkeit zur Begründung einer impliziten Außenkompetenz der Union für die Regelung von Portfolioinvestitionen ergibt sich aus den Vorschriften zur Kapital- und Zahlungsverkehrsfreiheit nicht.

iii. Konkurrenzverhältnis der impliziten Kompetenzen aus Art. 64 Abs. 2 und 3 zu Art. 207 AEUV

Art. 207 Abs. 1 AEUV verleiht der Union keine umfassende Kompetenz zur Regelung von Direktinvestitionen. Portfolioinvestitionen sind überdies von der Kompetenz nicht umfasst. Jedoch befinden sich im AEU-Vertrag zahlreiche Vorschriften, die als Basis für implizite Kompetenzen bezüglich Investitionen

---

den grenzüberschreitenden Verkehr natürlicher Personen im Namen der Europäischen Gemeinschaft in Bezug auf die in ihre Zuständigkeit fallenden Bereiche, ABl. L 167/23–24.

571 Verordnung (EG) Nr. 2271/96 des Rates vom 22.11.1996 zum Schutz vor den Auswirkungen der extraterritorialen Anwendung von einem Drittland erlassener Rechtsakte sowie von darauf beruhenden oder sich daraus ergebenden Maßnahmen, ABl. Nr. L 309/1–6.

572 Vgl. *Ortino/Eeckhout* (Fn. 404), S. 312 (317); *Eeckhout* (Fn. 282), S. 150.

herangezogen werden können. Dabei drängt sich zwingend die Frage des Konkurrenzverhältnisses zwischen den Regelungen der impliziten Kompetenz und Art. 207 AEUV auf.

Vor allem die Vorschriften über die Kapitalverkehrsfreiheit enthalten, genauso wie Art. 207 AEUV Drittstaatenbezug. Art. 64 Abs. 2 und 3 AEUV kann für eine implizite Kompetenz zum Abschluss internationalen Übereinkünfte zur Regelung von ausländischen Investitionen herangezogen werden. Art. 63 ff. AEUV regeln den Marktzugang von ausländischen Investitionen. Art. 207 Abs. 1 AEUV inkludiert ausschließlich die Handelsaspekte der Direktinvestitionen. Wie bereits festgestellt, verleiht Art. 207 Abs. 1 AEUV der Union demnach lediglich die Kompetenz zur Regelung von ausländischen Direktinvestitionen bezüglich des Marktzugangs.[573] An dieser Stelle ist die Abgrenzung der Zuständigkeiten aus der Kapitalverkehrsfreiheit und aus der Gemeinsamen Handelspolitik notwendig.

Aus Art. 207 Abs. 1 AEUV erwächst für die Union eine explizite ausschließliche Kompetenz zum Abschluss von internationalen Abkommen im Rahmen der Gemeinsamen Handelspolitik. Regelungsgegenstand können unter anderem ausländische Direktinvestitionen sein. Die Kapitalverkehrsfreiheit bezieht sich dagegen in erster Linie auf den Binnenmarkt.[574] Es könnte also angenommen werden, dass Art. 207 Abs. 1 AEUV in jedem Fall Art. 64 Abs. 2 und 3 AEUV verdrängt, sollte die EU extern tätig werden. Dennoch ist die Ermittlung des Schwerpunktes einer Maßnahme relevant um zu klären, aus welcher Norm die Kompetenz der Union zum Abschluss internationaler Übereinkünfte folgt. Unabhängig davon, dass Art. 64 Abs. 2 und 3 AEUV der Union lediglich unter bestimmten Voraussetzungen eine implizite Außenkompetenz gewährt, könnte dieser Artikel unter gewissen Umständen Art. 207 Abs. 1 AEUV ersetzen. Die implizite Außenkompetenz könnte dann auf Art. 64 Abs. 2 und 3 AEUV gestützt sein, wenn die Maßnahmen primär den Kapitalverkehr mit Drittländern in Zusammenhang mit Direktinvestitionen betreffen. Zusätzlich müssen die Voraussetzungen der impliziten Kompetenzen erfüllt sein.[575] Wenn der Schwerpunkt der Maßnahme jedoch im Bereich der Gemeinsamen Handelspolitik liegt, werden solche Handelsabkommen, die ebenfalls ausländische Direktinvestitionen regeln sowie reine Investitionsschutzabkommen, selbst wenn sie Auswirkungen auf Kapitalverkehrsfreiheit haben, auf Art. 207 Abs. 1 AEUV gestützt. In all diesen Fällen verdrängt die explizite ausschließliche Außenzuständigkeit der Union aus

---

573 A.A. *Ahner* (Fn. 2); *Bings* (Fn. 2); *Johannsen* (Fn. 148); *Schmitt* (Fn. 2).

574 *Schmitt*, ebd., S. 280.

575 Näher hierzu Kapitel C.II.3.

Art. 207 Abs. 1 AEUV die implizite Außenkompetenz aus Art. 64 Abs. 2 und 3 AEUV.

Gleiches gilt auch für die Sekundärrechtssetzungskompetenz der EU. Art. 207 Abs. 2 AEUV verdrängt Art. 64 Abs. 2 und 3 AEUV, wenn die Maßnahmen für die Umsetzung der Gemeinsamen Handelspolitik bestimmt sind. Sollte ihr Ziel hingegen in der sekundärrechtlichen Beschränkung des Kapitalverkehrs im Zusammenhang mit Direktinvestitionen liegen, basieren sie auf der Rechtsgrundlage des Art. 64 Abs. 2 oder 3 AEUV.

bb. Potenzielle implizite Außenkompetenzen aus den Vorschriften über die Niederlassungsfreiheit

Nach Art. 49 Abs. 2 AEUV beinhaltet die Niederlassungsfreiheit die Aufnahme und Ausübung selbstständiger Erwerbstätigkeit sowie die Gründung und Leitung von Unternehmen, mit Augenmerk auf Gesellschaften im Sinne des Artikels 54 Abs. 2 AEUV, im Rahmen der Bestimmungen des Aufnahmestaats für seine eigenen Angehörigen. Direktinvestitionen finden in den Vorschriften über die Niederlassungsfreiheit keine explizite Erwähnung.

Anhang I der Kapitalverkehrsrichtlinie[576] beschreibt Direktinvestitionen unter anderem als die Gründung und Erweiterung von Zweigniederlassungen oder neuen Unternehmen, die ausschließlich dem Geldgeber gehören sowie als die vollständige Übernahme bestehender Unternehmen. Der EuGH bestätigte, dass die Niederlassungsfreiheit die Gründung und Leitung von Unternehmen, insbesondere jene, die durch einen Angehörigen eines anderen Mitgliedstaats stattfinden, umfasst.[577] Demzufolge werden Direktinvestitionen von der Niederlassungsfreiheit erfasst. Die Union besitzt daher eine geteilte Innenkompetenz für Direktinvestitionen aus Art. 49 f. AEUV. Es ist von großer Bedeutsamkeit, ob der Union eine implizite Kompetenz zum Abschluss internationaler Übereinkünfte mit Drittstaaten, die sich auf die Niederlassungsfreiheit bezüglich der Regelung von Direktinvestitionen stützt, zukommen kann.

Zwar mangelt es in den Vorschriften über die Niederlassungsfreiheit an einem Drittstaatenbezug, doch trotz seines klaren Wortlauts könnte Artikel 49 AEUV der Union die implizite Kompetenz bezüglich der Niederlassung der Nicht-EU-Bürger in der EU und der Niederlassung von EU-Bürgern in Drittstaaten

576 Richtlinie 88/361/EWG des Rates vom 24.06.1988 zur Durchführung von Art. 67 des Vertrages, ABl. L 178.

577 EuGH, Rs. C-251/98 (*Baars*), Urteil vom 13.04.2000, Slg. I-2805, Rn. 22.

verleihen.[578] Die Anwendung von Artikel 43 EGV (jetzt Art. 49 AEUV) als Anerkennung der impliziten Außenkompetenz für die Regelung der Niederlassung von ausländischen Investoren wurde durch den Gerichtshof im Gutachten 1/94 weder ausdrücklich bestätigt noch wirklich abgelehnt.[579] In der Literatur wird unter anderem argumentiert, dass der EuGH in seinem Gutachten nicht die Existenz der impliziten Kompetenzen, die auf Art. 43 EGV (jetzt Art. 49 AEUV) gestützt werden, sondern den ausschließlichen Charakter der impliziten Außenkompetenzen verneint habe.[580] Der Verweis auf das Sekundärrecht[581], das Bestimmungen für Drittstaatsangehörige enthält, macht deutlich, dass der Gerichtshof möglicherweise die Existenz der impliziten Außenkompetenzen begünstigt und ihre Existenz keineswegs konkret ablehnt.[582] In welchen Fällen kann der Union nun auf Grundlage des Art. 49 f. AEUV und der untersuchten Kriterien über die Existenz der impliziten Kompetenzen eine implizite Außenkompetenz für Direktinvestitionen zugesprochen werden?

Wie bei der Kapital- und Zahlungsverkehrsfreiheit erlangt die Union eine implizite Kompetenz zum Abschluss internationaler Übereinkünfte auf Grundlage des Art. 49 AEUV für Direktinvestitionen zur Erreichung ihrer vertraglich vereinbarten Ziele, sofern dies erforderlich ist (Art. 216 Abs. 1 2. Var. AEUV). Gemäß Art. 3 Abs. 3 UAbs. 1 Satz 1 EUV stellt eines dieser Ziele die Errichtung eines Binnenmarkts dar. Der Gerichtshof bestätigte, dass die Ungleichbehandlung von Angehörigen eines bestimmten Mitgliedstaats in mitgliedstaatlichen bilateralen Abkommen bezüglich der Niederlassung in einem Drittstaat gegen Art. 43 EGV (jetzt Art. 49 AEUV) verstößt: „der Grundsatz der Inländerbehandlung verpflichtet den Mitgliedstaat, der ein bilaterales Doppelbesteuerungsabkommen mit einem Drittstaat geschlossen hat, die in diesem Abkommen vorgesehenen Vorteile den Betriebsstätten der Gesellschaften mit Sitz in einem anderen Mitgliedstaat unter den gleichen Voraussetzungen wie den Gesellschaften mit Sitz in dem an dem Abkommen beteiligten Mitgliedstaat zu gewähren.“[583] Die Gleichbehandlung von EU-Bürgern (Investoren) in Drittstaaten ist wiederum mit den

---

578 Vgl. *Dimopoulos* (Fn. 401), S. 90.

579 Vgl. EuGH, Gutachten 1/94 (*WTO*), Gutachten vom 15.11.1994, Slg. 1994, I-5267, Rn. 81 f.

580 Vgl. *Eeckhout* (Fn. 282), S. 88 f.; *Dimopoulos* (Fn. 401), S. 90.

581 Vgl. EuGH, Gutachten 1/94 (*WTO*), Gutachten vom 15.11.1994, Slg. 1994, I-5267, Rn. 90 ff.

582 Vgl. *Dimopoulos* (Fn. 401), S. 90.

583 EuGH, Rs. C-467/98 (*Kommission/Dänemark*), Urteil vom 05.11.2002, Slg. 2002, I-9519, Rn. 127; Vgl. auch EuGH, Rs. C-307/97 (*Saint-Gobain/Finanzamt*

Zielen des Binnenmarkts, präziser zur Verwirklichung der Niederlassungsfreiheit, verbunden. Als Resultat hieraus fällt die Niederlassung von EU-Investoren in Drittstaaten in den Verantwortungsbereich der Union, die eine effektive, gleiche und nichtdiskriminierende Behandlung von Investoren sicherstellt.[584] Die Voraussetzung der Verwirklichung eines der in den Verträgen festgesetzten Ziele ist damit erfüllt. Die Union besitzt dadurch eine implizite geteilte Außenkompetenz im Sinne des Art. 216 Abs. 1 2. Var. AEUV.

Selbiges gilt auch für die Regelung von Portfolioinvestitionen. Wenn die Errichtung des Binnenmarkts (in diesem Fall die Verwirklichung der Niederlassungsfreiheit) durch eine Übereinkunft mit Drittstaaten über Portfolioinvestitionen erleichtert werden kann, kommt der Union eine implizite geteilte Außenkompetenz zu. Hier ist das Kriterium des „sicheren Einflusses" durch den Investor entscheidend. Der EuGH definiert Portfolioinvestitionen als den Erwerb von Wertpapieren auf dem Kapitalmarkt mit der alleinigen Absicht einer Geldanlage, ohne den Willen zur Einflussnahme auf die Verwaltung oder zur Übernahme der Kontrolle eines Unternehmens.[585] Der Anteil dieser Investitionen liegt gemessen am Gesamtkapital eines Unternehmens im Empfängerland bei unter 10 %.[586] Da die Investoren in diesem Fall keine selbstständige wirtschaftliche Niederlassung in einem Mitgliedstaat als Ziel verfolgen, können die Portfolioinvestitionen nicht unter die Niederlassungsfreiheit fallen. Es scheint kaum vorstellbar, dass die Union eine Übereinkunft mit einem Drittstaat zur Regelung von Portfolioinvestitionen auf Grundlage der Vorschriften über die Niederlassungsfreiheit schließen kann.

Ferner ist zu untersuchen, ob der Union eine implizite Außenkompetenz zur notwendigen Ausübung ihrer internen Zuständigkeit zusteht (Art. 3 Abs. 2 2. Var. AEUV). Art. 3 Abs. 2 2. Var. AEUV basiert auf dem Gutachten 1/76, nach welchem die interne Zuständigkeit nur zusammen mit der Außenkompetenz ausgeübt werden kann.[587] Der Abschluss einer internationalen Übereinkunft ist erforderlich um diejenigen Ziele des EG-Vertrags zu verwirklichen, die sich anderweitig durch

---

Aachen-Innenstadt), Urteil vom 21.09.1999, Slg. 1999, I-6161, Rn. 59; EuGH, Rs. C-55/00 (*Gottardo/INPS*), Urteil vom 15.01.2002, Slg. 2002, I-413, Rn. 32.

584 Vgl. *Dimopoulos* (Fn. 401), S. 91.

585 EuGH, Rs. C-282/04; C- 283/04 (*Kommission/Niederlande*), Urteil vom 28.09.2006, Slg. 2006, I-9141, Rn. 19.

586 Vgl. *Drillisch/Sekler* (Fn. 139), S. 12.

587 EuGH, Gutachten 1/76 (*Stillegunsgfonds*), Gutachten vom 26.04.1977, Slg. 1977, 741, Rn. 4; EuGH, Gutachten 1/94 (*WTO*), Gutachten vom 15.11.1994, Slg. 1994, I-5276, Rn. 85.

die Aufstellung autonomer Regelungen nicht erreichen ließen.[588] Auch in diesem Fall sind Innen- und Außenkompetenz untrennbar.

Der EuGH betonte in seinem Gutachten 1/94 jedoch, dass „die Verwirklichung der Niederlassungsfreiheit zugunsten der Angehörigen der Mitgliedstaaten nicht untrennbar mit der Behandlung von Angehörigen von Drittstaaten in der Gemeinschaft oder von Angehörigen der Mitgliedstaaten der Gemeinschaft in Drittstaaten verbunden ist".[589] Das Bestehen einer untrennbaren Verbindung zwischen externen internationalen Maßnahmen und den Zielen der Union in einem Bereich, in dem autonome Maßnahmen scheinbar nicht ausreichend sind, ist auf dem Gebiet der Niederlassung von ausländischen Investoren höchst unwahrscheinlich. Die Ziele der Union betreffen die Garantie der Freiheiten der EU-Bürger und die Schaffung eines Binnenmarktes, welche in erster Linie immer durch den Erlass interner Rechtsvorschriften erreicht werden. Die Vorstellung eines Wirtschaftszweigs, der lediglich aus dem Grund nicht reguliert wurde, weil eine internationale Maßnahme erforderlich gewesen wäre, ist nicht nachvollziehbar.[590] Deshalb ist Art. 3 Abs. 2 2. Var. AEUV nicht als Grundlage für eine implizite Außenkompetenz einschlägig.

Zugleich existiert noch kein verbindlicher Rechts- (Art. 216 Abs. 1 3. Var. AEUV) bzw. Gesetzgebungsakt (Art. 3 Abs. 2 1. Var. 1) der Union, der den Abschluss einer internationalen Übereinkunft über Direktinvestitionen im Bereich der Niederlassungsfreiheit vorsieht.[591]

Der EuGH unterstrich in seinem Gutachten 1/94, dass das Niederlassungsrecht zugunsten der Angehörigen der Mitgliedstaaten zu gewährleisten ist. Eine Bestimmung über die erste Niederlassung Angehöriger von Drittstaaten beinhaltet dies nicht.[592] Investoren aus Drittstaaten, die den Zugang zum Binnenmarkt anstreben, können sich daher nicht auf die Niederlassungsfreiheit berufen.[593] Das Kapitel des Vertrags über das Niederlassungsrecht weist auch keine Vorschriften auf, die die Niederlassung eines Staatsangehörigen eines Mitgliedstaats oder einer nach dem Recht eines Mitgliedstaats gegründeten Gesellschaft in einem Drittland

---

588 EuGH, Rs. C-467/98 (*Kommission/Dänemark*), Urteil vom 05.11.2002, Slg. 2002, I-9519, Rn. 57; EuGH, Gutachten 1/03 (*Übereinkommen von Lugano*), Gutachten vom 07.02.2006, Slg. 2006, I-1145, Rn. 115.

589 EuGH, Gutachten 1/94 (*WTO*), Gutachten vom 15.11.1994, Slg. 1994, I-5276, Rn. 86.

590 Vgl. *Dimopoulos* (Fn. 401), S. 92.

591 *Eilmansberger* (Fn. 347), S. 383 (390).

592 EuGH, Gutachten 1/94 (*WTO*), Gutachten vom 15.11.1994, Slg. 1994, I-5276, Rn. 81.

593 Vgl. *Strik* (Fn. 109), S. 30.

tangieren.[594] Dies heißt aber nicht, dass es den Unionsorganen auch in Zukunft verwehrt wäre, einen verbindlichen Rechts- bzw. einen Gesetzgebungsakt zu erlassen, der den Abschluss einer Übereinkunft bezüglich ausländischer Direktinvestitionen vorsieht.

Es muss ferner ins Auge gefasst werden, ob eine implizite Außenkompetenz für Direktinvestitionen gegeben sein könnte, wenn der Abschluss einer internationalen Übereinkunft die gemeinsamen Vorschriften beeinträchtigt oder ihren Anwendungsbereich ändert (Art. 216 Abs. 1 4. Var. AEUV) bzw. ob der Abschluss internationaler Übereinkünfte gemeinsame Regeln beeinträchtigen oder deren Tragweite verändern könnte (Art. 3 Abs. 2 3. Var. AEUV).

Wie erläutert ist eine Beeinträchtigung interner Regeln durch mitgliedstaatliche Abkommen im Normalfall erst dann anzunehmen, wenn die internen Regeln umfassend sind und durch sie ein bestimmtes Sachgebiet oder eine konkrete Sachmaterie harmonisiert wurde.[595] Tatsächlich trifft dies bei bestimmten Wirtschaftssektoren zu. In Sekundärrechtsakten besteht eine erhebliche Anzahl von Verweisen auf nicht-mitgliedstaatliche Bürger.[596]

Ein Beispiel für eine erfolgte Harmonisierung bildet das Gebiet der Finanzdienstleistungen. Hier kommt eine komplette Reihe von Sekundärrechtsakten vor, die Bestimmungen über die Niederlassung der Finanzinstitute enthalten, welche auch umfangreiche Verweise auf juristische Personen aus Drittstaaten und Bedingungen zur Niederlassung in der Union umfassen.[597] Auf Basis von Art. 47 EGV (jetzt Art. 53 AEUV) wurden z. B. die „Bankenrichtlinie“[598], die „Kapitaladäquanzrichtlinie“[599], die „Finanzmarktrichtlinie“[600] und die „Ver-

---

594 EuGH, Rs. C-157/05 (*Holböck*), Urteil vom 24.05.2007, Slg. 2007, I-4051, Rn. 28.

595 EuGH, Gutachten 1/94 (*WTO*), Gutachten vom 15.11.1994, Slg. 1994, I-5267, Rn. 77 und 96; EuGH, Rs. C-476/98 (*„Open skies“*), Urteil vom 05.11.2002, Slg. 2002, I-9855, Rn. 108.

596 Vgl. *Dimopoulos* (Fn. 401), S. 92; *M. Bungenberg*, The Politics of the European Union's Investment Treaty Making, in: Broude/Busch/Porges (eds.), The Politics of International Economic Law, 2011, S. 133 (143).

597 Vgl. *Dimopoulos* (Fn. 401), S. 92.

598 Richtlinie 2006/48/EG des Europäischen Parlaments und des Rates vom 14. Juni 2006 über die Aufnahme und Ausübung der Tätigkeit der Kreditinstitute, ABl. Nr. L 177, vom 30.06.2006, S. 1.

599 Richtlinie 2006/49/EG des Europäischen Parlaments und des Rates vom 14. Juni 2006 über die angemessene Eigenkapitalausstattung von Wertpapierfirmen und Kreditinstituten (n.F.), ABl. Nr. L 177 vom 30.06.2006, S. 201–255.

600 Richtlinie 2004/39/EG des Europäischen Parlaments und des Rates vom 21. April 2004 über Märkte für Finanzinstrumente, zur Änderung der Richtlinien 85/611/

sicherungsrichtlinie“[601] beschlossen.[602] Ein weiteres Exempel für die Harmonisierung ist der Telekommunikationsdienstleistungsbereich. In diesem hat die EU einen vollständigen und einheitlichen Rechtsrahmen über die Errichtung und das Funktionieren von Unternehmen geschaffen.[603] In beiden Bereichen könnte die Union also eine implizite Außenkompetenz erlangen. Dem steht entgegen, dass der Union keine allgemeine implizite Außenkompetenz zur Regelung von Direktinvestitionen im Rahmen der Niederlassungsfreiheit zukommt, da diese nicht vollumfänglich harmonisiert und demnach nicht beeinträchtigt oder im Anwendungsbereich geändert werden kann.

Der Union wird also eine implizite geteilte Außenkompetenz für die Regelung der Niederlassung von Investoren aus Drittstaaten zu eigen, wenn der Abschluss einer Übereinkunft zur Umsetzung eines in den Verträgen befindlichen Ziels unabdingbar ist (Art. 216 Abs. 1 2. Var. AEUV). In bereits vollständig harmonisierten Bereichen kann die Union eine implizite ausschließliche Außenkompetenz erlangen (Art. 216 Abs. 1 4. Var. i.V.m. Art. 3 Abs. 2 3. Var. AEUV).[604] In allen anderen Fällen muss eine implizite Außenkompetenz der Union zur Regelung der Niederlassung von Drittstaatsinvestoren verneint werden.

cc. *Andere relevante Vorschriften des AEUV, aus denen implizite Kompetenzen zur Regelung von ausländischen Investitionen hergeleitet werden können*

i. Art. 114 und 115 AEUV

Art. 114 AEUV ermächtigt das Europäische Parlament und den Rat im ordentlichen Gesetzgebungsverfahren und nach Anhörung des Wirtschafts- und Sozialausschusses Maßnahmen zur Angleichung der Rechts- und Verwaltungsvorschriften der Mitgliedstaaten zu erlassen. Im Mittelpunkt stehen die Errichtung und das Funktionieren des Binnenmarkts. Wie geschildert, können diese Maßnahmen auch Bestimmungen über ausländische Investitionen enthalten.

EWG und 93/6/EWG des Rates und der Richtlinie 2000/12/EG des Europäischen Parlaments und des Rates und zur Aufhebung der Richtlinie 93/22/EWG des Rates, ABl. Nr. L 145, vom 30.04.2004, S. 1.

601 Richtlinie 2009/138/EG des Europäischen Parlaments und des Rates vom 25. November 2009 betreffend die Aufnahme und Ausübung der Versicherungs- und der Rückversicherungstätigkeit (Solvabilität II) (Neufassung), ABl. Nr. L 335, vom 17.12.2009, S. 1.

602 Ausführlicher *N. Kohtamäki*, Die Reform der Bankenaufsicht in der Europäischen Union, 2012, S. 51 f.

603 Vgl. *Dimopoulos* (Fn. 401), S. 92.

604 *Burgstaller* (Fn. 279), S. 113 (120); *Schmitt* (Fn. 2), S. 268.

Allerdings handelt es sich hier um eine Innenkompetenz der Union. Daher ist zu prüfen, ob aus Art. 114 f. AEUV eine implizite Außenkompetenz begründet werden kann.

Diese könnte der Union zum Abschluss internationaler Übereinkünfte auf Grundlage des Art. 114 AEUV für Direktinvestitionen zugesprochen werden, wenn dies zur Verwirklichung eines Vertragsziels erforderlich ist (Art. 216 Abs. 1 2. Var. AEUV). Zu diesen Zielen zählt gemäß Art. 3 Abs. 3 UAbs. 1 Satz 1 EUV die Errichtung eines Binnenmarkts. Nach Art. 114 Abs. 1 AEUV sind Maßnahmen zur Errichtung und zum Funktionieren des Binnenmarkts zu verabschieden. Dabei müssen sich die Rechts- und Verwaltungsvorschriften der Mitgliedstaaten unmittelbar auf den Binnenmarkt auswirken. Eine unmittelbare Auswirkung liegt vor, wenn die effektive Verwirklichung der Grundfreiheiten durch den Handel der Mitgliedstaaten behindert wird.[605] Beispielsweise können Mitgliedstaaten Entscheidungen treffen, die möglicherweise zu Einschränkungen des Eigentums von Investoren führen. Eigentum kann als ausländische Direktinvestition qualifiziert werden. Diese Regelungen können direkte oder indirekte Enteignungen darstellen. Somit können diese Einschränkungen auch die Ausübung der Grundfreiheiten behindern. Die Frage der Enteignung kann insofern ein Thema der Rechtsangleichung sein.[606]

Es ist zu erörtern, ob zusätzlich internationale Übereinkünfte zur Erreichung dieses bestimmten Ziels (Errichtung und Funktionieren des Binnenmarkts) erforderlich sind. Wie bereits festgestellt, könnten in Bezug auf ausländische Investitionen, Einschränkungen des Privateigentums durch die Mitgliedstaaten einen enormen Einfluss auf die Ausübung der Grundfreiheiten nach sich ziehen. Der Abschluss eines internationalen Abkommens mit Drittstaaten, das einen gemeinsamen Rahmen für die Festlegung der Rechtmäßigkeit der Enteignung privaten Eigentums schafft und ausländische Drittstaateninvestoren einbezieht, würde sicherlich zur Errichtung und zum Funktionieren des Binnenmarkts beitragen.[607] Eine implizite geteilte Außenkompetenz wäre an dieser Stelle denkbar.

Ferner ist zu prüfen, ob die Union eine implizite Außenkompetenz erlangen kann, wenn diese zur Ausübung ihrer internen Zuständigkeit notwendig ist (in diesem Fall Rechtsangleichungskompetenz) (Art. 3 Abs. 2 2. Var. AEUV). Art. 3 Abs. 2 2. Var. AEUV beruht auf dem Gutachten 1/76, nach dem die interne Zuständigkeit nur zusammen mit der Außenkompetenz effektiv ausgeübt

605 Vgl. *Tietje* (Fn. 436), Art. 115 AEUV, Rn. 23.
606 Vgl. *Dimopoulos* (Fn. 401), S. 115.
607 *Dimopoulos*, ebd., S. 115 f.

werden kann.[608] Der Abschluss einer internationalen Übereinkunft ist somit erforderlich um diejenigen Ziele des EU-Vertrags umzusetzen, die sich ansonsten durch autonome Regeln nicht realisieren ließen.[609] Hier ist die Innen- von der Außenkompetenz untrennbar. Dass die Rechtsangleichungskompetenzen der EU aus Art. 114 und 115 AEUV ohne den Abschluss einer internationalen Übereinkunft nicht wirkungsvoll ausgeübt werden können, kann jedoch ausgeschlossen werden.

Des Weiteren findet sich weder ein verbindlicher Rechts- (Art. 216 Abs. 1 3. Var. AEUV) noch Gesetzgebungsakt (Art. 3 Abs. 2 1. Var. AEUV) der Union, der auf diesen Rechtsangleichungsvorschriften basiert und den Abschluss einer internationalen Übereinkunft bezüglich Direktinvestitionen vorsieht.

Es bestehen keine Binnenmarktrichtlinien bzw. -verordnungen, die insbesondere Fragen ausländischer Investitionen zum Gegenstand haben und auf Art. 114 bzw. 115 AEUV gestützt sind.[610] Folglich scheiden Art. 216 Abs. 1 4. Var. 4 AEUV und Art. 3 Abs. 2 3. Var. AEUV als implizite Außenkompetenzgrundlagen aus. Eine Beeinträchtigung interner Regeln ist erst dann anzunehmen, wenn diese umfassend sind und durch sie ein bestimmtes Sachgebiet oder eine konkrete Sachmaterie harmonisiert wurde.[611]

Der Union kommt also eine implizite geteilte Außenkompetenz aus den Rechtsangleichungsvorschriften für die Regelung der Investitionen zu, sobald die Übereinkunft zur vertraglichen Zielerreichung erforderlich ist (Art. 216 Abs. 1 2. Var. AEUV). In vollständig harmonisierten Bereichen kann die Union eine implizite ausschließliche Außenkompetenz erlangen (Art. 216 Abs. 1 4. Var. i.V.m. Art. 3 Abs. 2 3. Var. AEUV).[612] In allen anderen Szenarien ist keine implizite Außenkompetenz der Union gegeben.

---

608 EuGH, Gutachten 1/76 (*Stillegunsgfonds*), Gutachten vom 26.04.1977, Slg. 1977, 741, Rn. 4; EuGH, Gutachten 1/94 (*WTO*), Gutachten vom 15.11.1994, Slg. 1994, I-5276, Rn. 85.

609 EuGH, Rs. C-467/98 (*Kommission/Dänemark*), Urteil vom 05.11.2002, Slg. 2002, I-9519, Rn. 57; EuGH, Gutachten 1/03 (*Übereinkommen von Lugano*), Gutachten vom 07.02.2006, Slg. 2006, I-1145, Rn. 115.

610 Vgl. *Lecheler/Germelmann* (Fn. 339), S. 143.

611 EuGH, Gutachten 1/94 (*WTO*), Gutachten vom 15.11.1994, Slg. 1994, I-5267, Rn. 77 und 96.; EuGH, Rs. C-476/98 („*Open skies*“), Urteil vom 05.11.2002, Slg. 2002, I-9855, Rn. 108.

612 Vgl. *Burgstaller* (Fn. 279), S. 113 (120); *Schmitt* (Fn. 2), S. 268.

ii. Art. 352 AEUV als implizite Kompetenzgrundlage

Nach der Rechtsprechung des EuGH ist der Rückgriff auf Art. 352 AEUV nur dann möglich, wenn keine anderen Bestimmungen der Verträge die Unionsorgane zum Erlass eines Rechtsakts ermächtigen.[613] Dies gilt auch dann als erfüllt, wenn implizite Befugnisnormen fehlen.[614] Die Anwendung des Art. 352 AEUV als Kompetenzgrundlage zur Regelung von ausländischen Direktinvestitionen scheidet aus, da die Regelung von Direktinvestitionen in Art. 207 AEUV explizit getroffen wird und es weitreichende Normen gibt, welche die Direktinvestitionen implizit zum Regelungsgegenstand haben.

Da aber der AEU-Vertrag keine expliziten Vorschriften bezüglich Portfolioinvestitionen beinhaltet und zu diesen nur vereinzelte implizite Regelungen bestehen, stellt sich die Frage, ob aufgrund Art. 352 AEUV eine implizite Außenkompetenz zur Regelung von Portfolioinvestitionen in Erwägung zu ziehen ist. Dafür ist von Bedeutung, ob diese Bestimmung erst dann zum Tragen kommt, wenn überhaupt keine Kompetenznormen bestehen oder auch bei unzureichenden Normen.[615] Im ersten Fall könnte Art. 352 AEUV nicht als Kompetenzgrundlage für Portfolioinvestitionen verwendet werden. Es gibt zwar keine umfassenden Bestimmungen zu Portfolioinvestitionen im Unionsrecht, jedoch fallen diese unter einzelne Regelungsbereiche. Die Praxis der Unionsorgane zeigt, dass der Rechtsakt bei unzureichenden Befugnisnormen auf eine spezielle Rechtsgrundlage und kumulativ auf Art. 352 AEUV gestützt wird.[616] Folglich ist es möglich, Regelungen über Portfolioinvestitionen auf Grundlage von Art. 352 AEUV zu treffen. Bei der auf Art. 352 AEUV basierenden Kompetenz handelt es sich um eine Innenkompetenz. Nach den bereits untersuchten Kriterien zu impliziten Kompetenzen ist zu erörtern, ob zudem eine implizite Außenkompetenz zur Regelung von Portfolioinvestitionen aus Art. 352 AEUV erwächst.

Eine solche implizite Kompetenz für Portfolioinvestitionen könnte aus Art. 352 AEUV begründet werden, wenn es zur Verwirklichung eines der in den Verträgen festgesetzten Zieles erforderlich ist (Art. 216 Abs. 1 2. Var. AEUV).

---

613 Vgl. *Streinz* (Fn. 221), Art. 352 AEUV, Rn. 8; EuGH, Rs. 45/86 (*Kommission/Rat*), Urteil vom 26. März 1987, Slg. 1987, 1493, Rn. 13; EuGH, Rs. C-350/92 (*Spanien/Rat*), Urteil vom 13. Juli 1995, Slg. 1995, I-1985, Rn. 26; EuGH, Rs. C-436/03 (*Europäisches Parlament/Rat*), Urteil vom 2. Mai 2006, Slg. 2006, I-3733, Rn. 36.

614 Vgl. *Streinz* (Fn. 221), Art. 352 AEUV, Rn. 40; *Vedder* (Fn. 393), Art. 352 AEUV, Rn. 6.

615 Vgl. *Streinz* (Fn. 221), Art. 352 AEUV, Rn. 40.

616 *Streinz*, ebd., Rn. 42.

Zwar gibt es in dieser Hinsicht noch keinerlei praktische Erfahrungen, eine Kompetenz der Union könnte trotzdem theoretisch in Betracht kommen. Denkbar wäre hier erneut das Beispiel, dass zu den in den Verträgen festgesetzten Zielen gemäß Art. 3 Abs. 3 UAbs. 1 Satz 1 EUV die Errichtung eines Binnenmarktes zählt. Eine effektive Verwirklichung der Grundfreiheiten würde hierzu ohne Zweifel beitragen. Der Union könnte eine implizite Außenkompetenz im Zusammenhang mit Portfolioinvestitionen zukommen, wenn das Abschließen eines internationalen Abkommens zum Schutz des Eigentums von Investoren erforderlich wäre, da die Eigentumsbeschränkungen durch die Mitgliedstaaten Folgen für die effektive Verwirklichung der Grundfreiheiten haben könnten.[617] Das Einschreiten der EU würde in diesem Fall den Vertragszielen dienen. Allerdings wird Art. 352 AEUV durch andere Normen erheblich eingeschränkt, sodass dieser kaum mehr praktische Bedeutung hat.

Daneben fragt sich, ob die Voraussetzungen zur Erlangung einer impliziten Außenkompetenz erfüllt sind, wenn die Außenkompetenz notwendig ist, damit die Union ihrer internen Zuständigkeit (in diesem Fall Vertragsabrundungskompetenz) nachkommen kann (Art. 3 Abs. 2 2. Var. AEUV). Dies würde zutreffen, wenn die interne Zuständigkeit nur zugleich mit der Außenkompetenz ausgeübt werden kann.[618] Dieses Erfordernis zur Begründung einer ausschließlichen impliziten Außenkompetenz bestätigte der EuGH in seinem Gutachten 1/94. Die Abhängigkeit beider Kompetenzen gilt vor allem für Artikel 235 (jetzt Art. 352 AEUV).[619] Liegen die genannten Voraussetzungen vor, lässt sich eine ausschließliche implizite Außenkompetenz der Union zur Regelung von Portfolioinvestitionen aus Art. 352 AEUV herleiten. Da der AEU-Vertrag keine Innenkompetenz bei Portfolioinvestitionen vorsieht, scheidet Art. 3 Abs. 2 2. Var. AEUV als implizite Kompetenzgrundlage in diesem Fall aus.

Art. 216 Abs. 1 3. Var. AEUV bzw. Art. 3 Abs. 2 1. Var. AEUV und Art. 216 Abs. 1 4. Var. AEUV bzw. Art. 3 Abs. 2 3. Var. AEUV können keine impliziten Kompetenzgrundlagen darstellen, weil es noch keine Sekundärrechtsakte gibt, die sich zum einen auf Art. 352 AEUV berufen und zum anderen Portfolioinvestitionen behandeln.

617 *Schmitt* (Fn. 2), S. 274.

618 EuGH, Gutachten 1/76 (*Stillegunsgfonds*), Gutachten vom 26.04.1977, Slg. 1977, 741, Rn. 4; EuGH, Gutachten 1/94 (*WTO*), Gutachten vom 15.11.1994, Slg. 1994, I-5276, Rn. 85.

619 EuGH, Gutachten 1/94 (*WTO*), Gutachten vom 15.11.1994, Slg. 1994, I-5276, Rn. 89.

iii. Sonstige implizite Kompetenzen

Im AEU-Vertrag können zahlreiche andere Vorschriften ausländische Investitionen berühren. Gegebenenfalls lassen sich diese auch als Basis für die Entstehung einer impliziten Außenkompetenz heranziehen.

Der bereits untersuchte Art. 209 AEUV sieht nicht nur eine Innen- (Art. 209 Abs. 1 AEUV), sondern auch eine explizite Außenkompetenz im Bereich der Entwicklungszusammenarbeit vor. Da ausländische Investitionen zur Entwicklung des Gaststaates beitragen sollen, können Übereinkünfte im Kontext der Entwicklungszusammenarbeit ausländische Direktinvestitionen zum Regelungsgegenstand haben. Deshalb ist die Heranziehung der impliziten Kompetenzen entbehrlich. Gleiches gilt für Artikel 217 AEUV, der ausdrücklich eine Außenkompetenz der Union beinhaltet.

Im Rahmen von Art. 77 Abs. 2 lit. a) kann auf die Prüfung der impliziten Außenkompetenzen verzichtet werden, weil der Union mit der Annahme von Sekundärrechtsakten eine ausschließliche Kompetenz zum Abschluss völkerrechtlicher Verträge zusteht.[620] Somit können Fragen bezüglich Visa und anderen kurzfristigen Aufenthaltstiteln der Investoren aus Drittstaaten auch durch die explizite Außenkompetenz geregelt werden.

Gemäß Art. 79 Abs. 2 lit. a) besitzt die Union die Innenkompetenz zum Erlass von Maßnahmen, welche die Einreise- und Aufenthaltsvoraussetzungen sowie langfristige Aufenthaltstitel umfassen. Da diese Bestimmungen Investoren aus Drittstaaten tangieren können, weil deren langfristiger Aufenthalt in Abhängigkeit zur Einwanderungspolitik der Union steht, ist die Heranziehung der impliziten Außenkompetenz denkbar. Dem vorausgesetzt wird die Notwendigkeit einer Außenkompetenz, durch welche die Union ihre interne Zuständigkeit ausüben kann (Art. 3 Abs. 2 2. Var. AEUV). Zusätzlich darf die interne Zuständigkeit nur zugleich mit der Außenkompetenz wirksam zum Tragen kommen.[621]

Es wird ein untrennbarer Zusammenhang der Innen- und Außenkompetenzen verlangt. Nur wenn es der Union verwehrt ist ihren internen Zuständigkeiten aus Art. 79 AEUV nachzukommen und die Ausübung von der entsprechenden Außenkompetenz abhängt, gelten die Bedingungen des Art. 3 Abs. 2 2. Var. AEUV als erfüllt. Der Fall, dass die Union ihre Innenkompetenz aus Art. 79 AEUV

---

620 Vgl. *D. Thym*, in: Grabitz/Hilf/Nettesheim (Hrsg.), EUV/AEUV Kommentar, September 2010, EL 42, Art. 77 AEUV, Rn. 26.

621 EuGH, Gutachten 1/76 (*Stillegunsgfonds*), Gutachten vom 26.04.1977, Slg. 1977, 741, Rn. 4; EuGH, Gutachten 1/94 (*WTO*), Gutachten vom 15.11.1994, Slg. 1994, I-5276, Rn. 85.

ohne ihre Außenkompetenz nicht wirkungsvoll ausüben kann, ist schwer vorstellbar. Anders stellt es sich in dem Szenario dar, bei dem der Abschluss einer Übereinkunft zur Verwirklichung eines der in den Verträgen festgesetzten Ziele erforderlich ist (Art. 216 Abs. 1 2. Var. AEUV).

Ein solches besteht in der Sicherstellung eines Raums der Freiheit, Sicherheit und des Rechts ohne Binnengrenzen für Bürgerinnen und Bürgern, in dem ein freier Personenverkehr gewährleistet ist.[622] Dies geschieht durch geeignete Maßnahmen wie Kontrollen an den Außengrenzen, Regelungen zum Asyl und der Einwanderung. Die vorausgesetzte Erleichterung ist gegeben, wenn diesem Ziel durch den Abschluss einer internationalen Übereinkunft nähergekommen wird. Dann verfügt die Union über eine geteilte Außenkompetenz.[623]

Art. 216 Abs. 1 3. Var. AEUV und Art. 3 Abs. 2 1. Var. AEUV kommen als implizite Kompetenzgrundlage nicht infrage, da es keinen verbindlichen Gesetzgebungsakt der Union gibt, der auf Art. 79 AEUV basiert und den Abschluss einer internationalen Übereinkunft über Direktinvestitionen zum Gegenstand hat.

Eine implizite Außenkompetenz könnte bestehen, sollte der Abschluss einer internationalen Übereinkunft die gemeinsamen Vorschriften in bereits geschilderter Form beeinflussen (Art. 216 Abs. 1 4. Var. AEUV, Art. 3 Abs. 2 3. Var. AEUV). Es existieren einige Sekundärrechtsakte, die auf Art. 79 AEUV gestützt sind.[624] Von einer weitreichenden Harmonisierung kann dabei aber keine Rede sein. Eine Beeinträchtigung interner Regeln ist erst dann anzunehmen, wenn diese Regeln umfassend sind und durch sie ein bestimmtes Sachgebiet oder eine

---

622 Ähnlich auch *Thym* (Fn. 620), Art. 77 AEUV, Rn. 5.

623 *Thym*, ebd., Rn. 17.

624 Z.B. Richtlinie 2003/109/EG des Rates vom 25. November 2003 betreffend die Rechtsstellung der langfristig aufenthaltsberechtigten Drittstaatsangehörigen, ABl. L 16 vom 23.01.2004, S. 44–53; Richtlinie 2003/86/EG des Rates vom 22. September 2003 betreffend das Recht auf Familienzusammenführung, ABl. L 251 vom 03.10.2003, S. 12–18; Richtlinie 2004/114/EG des Rates vom 13. Dezember 2004 über die Bedingungen für die Zulassung von Drittstaatsangehörigen zur Absolvierung eines Studiums oder zur Teilnahme an einem Schüleraustausch, einer unbezahlten Ausbildungsmaßnahme oder einem Freiwilligendienst, ABl. L 375 vom 23.12.2004, S. 12–18; Richtlinie 2005/71/EG des Rates vom 12. Oktober 2005 über ein besonderes Zulassungsverfahren für Drittstaatsangehörige zum Zwecke der wissenschaftlichen Forschung, ABl. L 289 vom 03.11.2005, S. 15–22; Richtlinie 2009/50/EG des Rates vom 25. Mai 2009 über die Bedingungen für die Einreise und den Aufenthalt von Drittstaatsangehörigen zur Ausübung einer hochqualifizierten Beschäftigung, ABl. L 155 vom 18.06.2009; *Thym* (Fn. 620), Art. 79 AEUV.

konkrete Sachmaterie vereinheitlicht wurde.[625] Folglich scheidet die implizite Außenkompetenz zur Regelung von ausländischen Investitionen aus.

Einerseits könnte die Union eine implizite Außenkompetenz nach Art. 79 AEUV zur Regelung von ausländischen Investitionen erhalten, wenn dies zur Zielrealisierung erforderlich ist. Andererseits würde diese Kompetenz nicht alle Fragen bezüglich Investitionen und Investoren umfassen. Eine auf Art. 79 AEUV basierende internationale Übereinkunft beinhaltet Grenzkontrollen sowie die Asyl- und Einwanderungspolitik und behandelt Themen bezüglich ausländischer Investitionen und Investoren aus Drittstaaten nur zweitrangig. Eine weitreichende Außenkompetenz der EU für ausländische Investitionen bzw. Investoren aus Drittstaaten kann demnach nicht begründet werden.

4. Zwischenergebnis

Art. 207 AEUV regelt ausländische Investitionen nicht vollumfänglich. Allerdings herrscht im AEU-Vertrag eine Vielzahl von Vorschriften, die explizit oder implizit ausländische Investitionen zum Regelungsgegenstand haben. Art. 216 Abs. 1 AEUV und Art. 3 Abs. 2 AEUV kodifizieren die Voraussetzungen zur impliziten Außenkompetenz. Die untersuchten Vorschriften des AEUV lassen den Schluss zu, dass die Union eine implizite Außenkompetenz fast immer dann erlangt, wenn dies zur Erreichung eines der in den Verträgen festgesetzten Ziele erforderlich ist. Diese Voraussetzung wird im Regelfall erfüllt. Hier kommt der Union eine implizite geteilte Außenkompetenz zur Regelung von ausländischen Investitionen zu.

Die Bedingungen einer impliziten Kompetenz gemäß Art. 3 Abs. 2 2. Var. AEUV, wenn der Abschluss einer Übereinkunft notwendig ist, damit die Union ihre interne Zuständigkeit ausüben kann, sind wesentlich schwerer umsetzbar, als die in Art. 216 Abs. 1 2. Var. AEUV genannten. Deshalb bleiben die Voraussetzungen des Art. 3 Abs. 2 2. Var. AEUV meist unerfüllt. Infolgedessen scheidet der Artikel als Begründung für die implizite Außenkompetenz in der Mehrheit der Sachverhalte aus.

Daneben werden die Erfordernisse des Art. 216 Abs. 1 3. Var. AEUV bzw. Art. 3 Abs. 2 1. Var. AEUV nicht erreicht, da es noch keine verbindlichen Rechts- oder Gesetzgebungsakte gibt, die den Abschluss einer Übereinkunft über ausländische

625 EuGH, Gutachten 1/94 (*WTO*), Gutachten vom 15.11.1994, Slg. 1994, I-5267, Rn. 77 und 96; EuGH, Rs. C-476/98 („*Open skies*"), Urteil vom 05.11.2002, Slg. 2002, I-9855, Rn. 108.

Direktinvestitionen vorsehen. Aus diesem Grund kann hier keine implizite Außenkompetenz bestätigt werden.

Die Voraussetzungen des Art. 216 Abs. 1 4. Var. AEUV bzw. Art. 3 Abs. 2 3. Var. AEUV könnten vorliegen, wenn der Abschluss einer internationalen Übereinkunft durch die Mitgliedstaaten die gemeinsamen Vorschriften/Regeln in jeglicher Weise beeinträchtigt. Dies tritt bei der vollständigen Harmonisierung eines Politikbereichs ein. Hier würde die Union über eine implizite ausschließliche Außenkompetenz verfügen. Zu beachten ist jedoch, dass die genannten Vorschriften nicht alle Regelungsfragen im Zusammenhang ausländischer Direktinvestitionen umfassen oder vollständig beantworten.

III. Problematik der Streitbeilegung

1. Allgemeines

a. Einführung

Für ein langfristiges Funktionieren des Wirtschaftsverkehrs sowie damit verbundener Investitionen sind stabile rechtliche Rahmenbedingungen unverzichtbar.[626] Der Schutz ausländischer Investoren wurde bei der Entstehung des Investitionsrechts durch das völkerrechtliche Fremdenrecht[627] und den diplomatischen Schutz garantiert.[628] Dabei stellte sich schon in den Anfängen heraus, dass diese gewohnheitsrechtlichen Schutzmechanismen erhebliche Defizite aufwiesen.[629] Deshalb wurden Schiedsklauseln in die bilateralen zwischenstaatlichen Investitionsschutzabkommen aufgenommen.[630] Es besteht kein Zweifel daran, dass ein Schutzmechanismus zur Wahrung der Rechte ausländischer Investoren von großer Wichtigkeit ist. Dieser stellt eine Garantie zur Einhaltung der Rechte von Investoren dar, ohne die das Investieren wesentlich risikoreicher und unattraktiver wäre. Ein solcher Mechanismus führt damit zur Förderung von Investitionen.

---

626 Vgl. *Nacimiento* (Fn. 5), S. 171 (171).

627 Vgl. *T. Rensmann*, Völkerrechtlicher Enteignungsschutz, in: Ehlers/Wolffgang/Schröder (Hrsg.), Rechtsfragen internationaler Investitionen, 2009, S. 25 (27); *Griebel* (Fn. 267), S. 14 ff.

628 Vgl. *Griebel*, ebd., S. 14 ff.; *A. Reinisch*, Die Beilegung von Investitionsstreitigkeiten, in: Tietje (Hrsg.), Internationales Wirtschaftsrecht, 2009, S. 801 (803 f.); *Rensmann* (Fn. 627), S. 25 (28).

629 Vgl. *Griebel* (Fn. 267), S. 24 ff.; *Reinisch* (Fn. 628), S. 801 (803 f.), Rn. 8, 10.

630 Vgl. *T. R. Braun*, Globalisierung und Internationales Investitionsrecht, in: Ehlers/Wolffgang/Schröder (Hrsg.), Rechtsfragen internationaler Investitionen (2009), S. 155, 159; *Griebel* (Fn. 267), S. 38 ff.

In diesem Zusammenhang ist die Situation nach dem Vertrag von Lissabon vor dem Hintergrund zu durchleuchten, ob die Union die ausschließliche Kompetenz zur Vereinbarung von Schiedsklauseln in künftigen Investitionsschutzabkommen besitzt und ob sie einen ausreichenden Schutz der Rechte von ausländischen Investoren sicherstellen kann.

b. Art. 207 Abs. 1 AEUV

Mit Art. 207 Abs. 1 AEUV wurde der EU eine ausschließliche Kompetenz zum Abschluss von Abkommen mit Drittstaaten über ausländische Direktinvestitionen erteilt. Schiedsklauseln sind für solche Investitionsschutzabkommen typisch.[631] Abgesehen von der Problematik der ausschließlichen Kompetenz zur Regelung von Direktinvestitionen und den daraus erzielten Ergebnissen, ist zu untersuchen, ob die Union eine ausschließliche Zuständigkeit zur Aufnahme von Schiedsklauseln in künftige Investitionsschutzabkommen erlangt hat. Das Investor-Staat-Schiedsverfahren stellt ein Kernelement des effektiven völkerrechtlichen Investitionsschutzes dar.[632]

Art. 207 Abs. 1 AEUV weist keine spezielle Formulierung dahin gehend auf, ob die ausschließliche Kompetenz der EU für ausländische Direktinvestitionen auch die Streitbeilegung bezüglich möglicher Streitigkeiten zwischen ausländischem Investor und Gaststaat enthält. Nach der teleologischen Auslegung des Art. 207 Abs. 1 AEUV und unter Berücksichtigung des *effet utile*[633] ergibt sich, dass die Aufnahme von Streitbeilegungsklauseln von der ausschließlichen Kompetenz der Union für ausländische Direktinvestitionen gedeckt sein könnte.[634] Dabei fragt sich, ob die Union solche Klauseln zur Streitbeilegung in ihre Investitionsschutzabkommen aufnehmen darf, ohne dass die Autonomie des Rechtssystems der Union verletzt wird.

---

631 Vgl. *C. D. Classen*, Der EuGH und die Schiedsgerichtsbarkeit in Investitionsschutzabkommen, EuR 6 (2012), S. 611 (613).

632 Europäische Kommission, KOM(2010)343 endg., 07.07.2010, S. 11; Vgl. *J. C. Sackmann*, Transparenz im völkerrechtlichen Investitionsschiedsverfahren, 2012, S. 207.

633 Der EuGH betrachtet den Grundsatz effet utile als Unterfall der Teleologie. Siehe EuGH, Rs. 41/74 (*van Duyn*), Urteil vom 04.12.1974, Slg. 1974, 1337, Rn. 12.

634 Vgl. *Sackmann* (Fn. 632), S. 203; *M. Bungenberg*, Außenpolitik und Außenwirtschaftsrecht nach dem Lissabonner Vertrag, EuR, Beiheft 1, 2009, S. 195 (210), *Herrmann* (Fn. 244), S. 207 (211).

2. Fähigkeit der Europäischen Union Schiedsklauseln in zukünftigen Investitionsschutzabkommen aufzunehmen

a. Rechtspersönlichkeit der EU

Mit dem Vertrag von Lissabon wurde der Union in Art. 47 EUV eine eigene Rechtspersönlichkeit verliehen. Dies macht die Union zum Inhaber völkerrechtlicher Rechte und Pflichten.[635] Sie kann somit internationale Abkommen im Rahmen ihrer ausdrücklichen Außenkompetenz (Art. 216 AEUV) schließen und internationalen Organisationen sowie Vertragswerken beitreten. Die Möglichkeit Verfahrensschritte zur Streitbeilegung durchzuführen wird nicht ausdrücklich durch die Verträge eingeräumt.[636]

Der EuGH vertritt in seinem Gutachten 1/91 die Ansicht, dass „die Zuständigkeit der Gemeinschaft im Bereich der internationalen Beziehungen und ihre Fähigkeit zum Abschluss internationaler Abkommen nämlich notwendig die Fähigkeit umfasst, sich den Entscheidungen eines durch solche Abkommen geschaffenen oder bestimmten Gerichts zu unterwerfen, was die Auslegung und Anwendung ihrer Bestimmungen angeht."[637]

Der Abschluss internationaler Abkommen implementiert danach auch die Schaffung eines Streitbeilegungsmechanismus, allerdings nur im Rahmen der Auslegung und Anwendung der Bestimmungen des Abkommens. Die kaum realisierbare Deutung von Bestimmungen der Rechtsordnung des Unionsrechts fällt nicht in diesen Rahmen. Somit wird das Sich-Unterwerfen unter ein durch das Abkommen geschaffenes oder bestimmtes Gericht in sachlicher Hinsicht beschränkt.

Grundsätzlich besitzt die EU die Kompetenz, Klauseln zum Investor-Staat-Schiedsverfahren in ihre Investitionsschutzabkommen bzw. Handelsabkommen aufzunehmen und im Zusammenhang mit internationalen Abkommen einen Streitbeilegungsmechanismus zu schaffen. Ob diese Kompetenz irgendwelchen Grenzen unterliegt, wird nachfolgend untersucht.

---

635 Vgl. *Schmitt* (Fn. 2), S. 116.

636 Vgl. *S. Hindelang*, Der primärrechtliche Rahmen einer EU-Investitionsschutzpolitik, in: Bungenberg/Herrmann (Hrsg.), Die gemeinsame Handelspolitik der Europäischen Union nach Lissabon, 2011, S. 157 (165).

637 EuGH, Gutachten 1/91 (*EWR I*), Gutachten vom 14.12.1991, Slg. 1991, I-6079, Rn. 40; Vgl. auch EuGH, Gutachten 1/09 (*Gutachten nach Art. 218 Abs. 11 AEUV – Übereinkommensentwurf – Schaffung eines einheitlichen Patentgerichtssystems – Gericht für europäische Patente und Gemeinschaftspatente – Vereinbarkeit dieses Entwurfs mit den Verträgen*), Gutachten vom 08.03.2011, Slg. 2011, I-01137, Rn. 74; Vgl. *Schmitt* (Fn. 2), S. 117.

b. Prinzip der Autonomie des Rechtssystems der Union

Bei der Aufnahme von Klauseln zum Investor-Staat-Schiedsverfahren in den beiden genannten Abkommen oder bei der Schaffung eines Streitbeilegungsmechanismus im Rahmen dieser Abkommen, muss das Prinzip der Autonomie der Unionsrechtsordnung beachtet werden. Dieses zählt zu den Konstitutionsprinzipien der EU.[638] Die Autonomie des unionalen Rechtssystems wird durch den EuGH gesichert.[639] Gemäß Art. 19 Abs. 1 Satz 2 EUV ist er für die Wahrung des Rechts bei der Auslegung und Anwendung der Verträge zuständig.

In einigen Gutachten und Urteilen hat sich der EuGH bereits zu der Frage der Autonomie der Unionsrechtsordnung geäußert. Die Analyse seiner Rechtsprechung soll dabei helfen die Frage zu beantworten, ob der Union generell eine Kompetenz zur Aufnahme derartiger Klauseln zum Investor-Staat-Schiedsverfahren in einem Investitionsschutz- bzw. Handelsabkommen oder zur Schaffung eines Streitbeilegungsmechanismus im Rahmen dieser Abkommen zukommen kann, ohne dabei das Prinzip der Autonomie zu verletzen.

aa. Gutachten 1/91 und 1/09 des EuGH

Das Gutachten 1/91 beschäftigt sich mit der Vereinbarkeit des Entwurfs eines Abkommens über die Schaffung eines europäischen – insbesondere des in diesem EWR-Abkommen vorgesehenen – Systems der gerichtlichen Kontrolle mit den Bestimmungen des EWG-Vertrags. Mit dem Abkommen wurde ein Europäischer Wirtschaftsraum angestrebt, der sich auf die Hoheitsgebiete der Mitgliedstaaten der Gemeinschaft und der EFTA Länder erstreckt.[640]

Nach Ansicht des EuGH ist der im Entwurf des EWR-Abkommens vorgesehene Streitbeilegungsmechanismus nicht mit dem Gemeinschaftsrecht vereinbar, da das Abkommen einen wesentlichen Teil der Regeln übernimmt, „bei denen es sich in ihrer Mehrzahl um grundlegende Bestimmungen der Rechtsordnung der Gemeinschaft handelt."[641] Außerdem erfasst das Ziel der einheitlichen Rechtsanwendung auch die Auslegung der entsprechenden Be-

---

638 *T. Von Danwitz*, in: Dauses (Hrsg.), Handbuch des EU-Wirtschaftsrechts, 2014, B. II., Rn. 4.

639 EuGH, Gutachten 1/91 (*EWR I*), Gutachten vom 14.12.1991, Slg. 1991, I-6079, Rn. 35; EuGH, Rs. C-459/03, *Kommission/Irland (Mox Plant)*, Urteil vom 30.05.2006, Slg. 2006, I-4635, Rn. 123.

640 EuGH, Gutachten 1/91 (*EWR I*), Gutachten vom 14.12.1991, Slg. 1991, I-6079, Rn. 3.

641 Ebd., Rn. 41.

stimmungen der Rechtsordnung der Gemeinschaft.[642] Dabei könnte das Risiko entstehen, dass durch den im EWR-Abkommen geschaffenen gerichtlichen Mechanismus die Normen des Abkommens abweichend von der EuGH Rechtsprechung interpretiert werden.[643] Die Entscheidungen des durch ein Abkommen der EU eingerichteten Gerichts müssen mit dem Primärrecht im Einklang stehen,[644] weil in die Autonomie des Rechtssystems der Union nicht eingegriffen werden darf.[645] Aus diesem Grund entschied der EuGH, dass das vorgesehene Verfahren, da es Festlegungen für die zukünftige Auslegung der Gemeinschaftsregeln trifft, gegen Artikel 164 EWG-Vertrag (jetzt Art. 19 Abs. 1 S. 2 AEUV) sowie allgemein gegen die Grundlagen der Gemeinschaft verstößt und somit nicht gemeinschaftsrechtskonform ist.[646]

Im Gutachten 1/09 bekräftigte der EuGH die Unvereinbarkeit des geplanten Abkommens zur Schaffung eines einheitlichen Patentgerichtssystems mit den Bestimmungen des EU-Vertrags und des AEU-Vertrags.[647] Durch das Abkommen sollte ein neu gegründetes Gericht für europäische Patente und Unionspatente zuständig sein, welches aus einer ersten Instanz, einem Berufungsgericht und einer gemeinsamen Kanzlei besteht. Daraus resultierende Urteile dürften auf das unmittelbar anwendbare Unionsrecht gestützt werden.

Ferner könnte es die Bestimmungen der zukünftigen Verordnung über das Unionspatent und andere Instrumente des Unionsrechts, insbesondere Verordnungen, Richtlinien, Regeln des AEU-Vertrags über den Binnenmarkt und des

---

642 Ebd., Rn. 43.

643 Vgl. *Schmitt* (Fn. 2), S. 122.

644 Vgl. *C. Tomuschat*, in: Groeben/Schwarze (Hrsg.), EUV/EGV, 6 Aufl. 2004, Art. 300 EGV, Rn. 83; *Burgstaller* (Fn. 279), S. 113 (127); EuGH, Rs. C-402/05 P u. 415/05 P (*Kadi/Rat und Kommission*), Urteil vom 03.09.2008, Slg. 2008, I-6351, Rn. 282.

645 EuGH, Gutachten 1/91 (*EWR I*), Gutachten vom 14.12.1991, Slg. 1991, I-6079, Rn. 35; EuGH, Gutachten 1/00 (*Gutachten nach Artikel 300 Absatz 6 EG – Entwurf eines Übereinkommens zwischen der Europäischen Gemeinschaft und Drittstaaten über die Schaffung eines gemeinsamen europäischen Luftverkehrsraums*), Gutachten vom 18.04.2002, Slg. 2002, I-3493, Rn. 12; EuGH, Rs. C-459/03 (*Kommission/Irland*), Urteil vom 30.05.2006, Slg. 2006, I-4635, Rn. 123; Vgl. *Hindelang* (Fn. 636), S. 157 (168).

646 EuGH, Gutachten 1/91 (*EWR I*), Gutachten vom 14.12.1991, Slg. 1991, I-6079, Rn. 46; *Classen* (Fn. 631), S. 611 (616).

647 EuGH, Gutachten 1/09 (*Patentgericht*), Gutachten vom 08.03.2011, Slg. 2011, I-01137, Rn. 89; vgl. *Classen* (Fn. 631), S. 611 (615); *M. Müller*, Begrenzte Möglichkeit der Gründung eines Europäischen Patentgerichts – Anmerkung zum Gutachten 1/09 des EuGH vom 08.03.2011, EuR 4 (2011), S. 575.

Wettbewerbsrechts, auslegen und anwenden. Das Patentgericht würde „über einen bei ihm anhängigen Rechtsstreit im Licht der Grundrechte und der allgemeinen Grundsätze des Unionsrechts entscheiden oder die Gültigkeit eines Rechtsakts der Union überprüfen."[648] Es könnte als einziges Gericht die Frage hinsichtlich Auslegung und Anwendung des Unionsrechts im Rahmen eines Vorabentscheidungsverfahrens gemäß Art. 267 AEUV dem EuGH vorlegen.[649] Damit würde allerdings den nationalen Gerichten der Mitgliedstaaten die Möglichkeit der Vorlage an den EuGH entzogen und ihre Vorlagekompetenz beschränkt.[650] Eine Verletzung der Autonomie des Unionsrechts kommt somit in Betracht, da allein der EuGH über die Kompetenzverteilung zwischen Mitgliedstaaten und Union zu entscheiden hat.[651] Daneben nennt Art. 258 AEUV als Adressaten nur die Mitgliedstaaten.[652] Eine Ausdehnung des Vertragsverletzungsverfahrens auf ein völkervertragliches Gericht ist nicht mit Art. 258 AEUV konform, weil es rechtspolitisch schwer realisierbar wäre, Drittstaaten, die nicht der Jurisdiktion des EuGH unterliegen, diesem Mechanismus per völkerrechtlichen Vertrag unterzuordnen.[653]

bb. Die *Mox-Plant*-Rechtsprechung

Gemäß Art. 344 AEUV verpflichten sich die Mitgliedstaaten, Streitigkeiten über die Auslegung oder Anwendung der Verträge nicht anders als in selbigen vorgesehen zu regeln. Aus dieser Vorschrift folgt nach Ansicht des EuGH dessen ausschließliche Zuständigkeit für die Streitigkeitsbeilegung zwischen den Mitgliedstaaten über die Auslegung und Anwendung des Unionsrechts.[654] Damit schloss der EuGH aus, dass ein außerhalb des Unionsrechts stehendes Gericht

---

648 EuGH, Gutachten 1/09 (*Patentgericht*), Gutachten vom 08.03.2011, Slg. 2011, I-01137, Rn. 78.

649 EuGH, Gutachten 1/09 (*Patentgericht*), Gutachten vom 08.03.2011, Slg. 2011, I-01137, Rn. 79; BGH, Beschluss vom 03.03.2016, Az. I ZB 2/15, Rn. 58; a.A. *Müller* (Fn. 647), S. 575 (576).

650 A.A. *Müller*, ebd., S. 575 (576 f.).

651 EuGH, Gutachten 1/91 (*EWR I*), Gutachten vom 14.12.1991, Slg. 1991, I-6079, Rn. 31 f.

652 Vgl. *J. Schwarze*, in: ders. (Hrsg.), EU-Kommentar, 2009, Art. 226 EGV, Rn. 1; *Müller* (Fn. 647), S. 575 (578 f.).

653 Vgl. *Müller*, ebd., S. 575 (578 f.).

654 EuGH, Rs. C-459/03, *Kommission/Irland (Mox Plant)*, Urteil vom 30.05.2006, Slg. 2006, I-4635, Rn. 132; BGH, Beschluss vom 03.03.2016, Az. I ZB 2/15, Rn. 34, 37.

über Streitigkeiten zwischen den Mitgliedstaaten, die teilweise in den Anwendungsbereich des Unionsrechts fallen, entscheiden kann.[655]

Durch die Vorgaben für die Auslegung und Anwendung des Unionsrechts zwischen den Mitgliedstaaten durch ein externes Streitbeilegungsorgan bestünde die Gefahr, dass die ausschließliche Zuständigkeit des EuGH gemäß Art. 344 AEUV und folglich die Autonomie der Unionsrechtsordnung verletzt werden. Der EuGH bestätigte in seinem Urteil die Verletzung des Art. 344 AEUV, wenn „ein bedeutender Teil“ der Streitigkeit zwischen den Mitgliedstaaten die Auslegung oder Anwendung des Unionsrechts betrifft.[656] Ferner unterstrich er, dass „es Sache des Gerichtshofes [ist], diejenigen Elemente der Streitigkeit zu bezeichnen, die sich auf Bestimmungen des betreffenden internationalen Abkommens beziehen, die nicht unter seine Zuständigkeit fallen“.[657] Demnach darf zum Zwecke der Wahrung der Autonomie der Unionsrechtsordnung nur der EuGH selbst entscheiden, welche Teile des internationalen Abkommens unter seine Zuständigkeit fallen.

Zu beachten ist jedoch, dass es keinen Verstoß gegen Art. 344 AEUV darstellt, wenn ein externes Streitbeilegungsorgan das Unionsrecht als Auslegungskriterium für eine nicht dem Unionsrecht angehörende Bestimmung berücksichtigt. Eine Verletzung von Art. 344 AEUV liegt erst dann vor, wenn Gegenstand der Entscheidung des externen Streitbeilegungsorgans die Auslegung und Anwendung unionsrechtlicher Vorschriften ist.[658]

cc. Gutachten 2/13

Der EuGH thematisierte die Verletzung des Ausschließlichkeitsanspruchs auch in seinem Gutachten 2/13 zum EMRK-Beitritt. Dabei entschied er, dass der Beitritt der EU zur Europäischen Menschenrechtskonvention (EMRK) gemäß dem sogenannten Entwurf des Beitrittsabkommens in Widerspruch zum EU-Verfassungsrecht stand, insbesondere zu dessen Grundsätzen des Vorrangs und der Autonomie. Die Ablehnung des EU-Beitritts durch den EuGH, wie ursprünglich im Entwurf des Beitrittsabkommens vorgesehen, ist auf allgemeine Bedenken

---

655 Vgl. *A. Lang*, Der Europäische Gerichtshof und die Investor-Staat-Streitbeilegung in TTIP und CETA, in: Tietje/Kraft, Beiträge zum Transnationalen Wirtschaftsrecht, Heft 138, 2015, S. 13.

656 EuGH, Rs. C-459/03, *Kommission/Irland (Mox Plant)*, Urteil vom 30.05.2006, Slg. 2006, I-4635, Rn. 135.

657 Ebd.

658 BGH, Beschluss vom 03.03.2016, Az. I ZB 2/15, Rn. 32, 38; EuGH, Rs. C-459/03, *Kommission/Irland (Mox Plant)*, Urteil vom 30.05.2006, Slg. 2006, I-4635, Rn. 140, 149, 151 f.

über die Beziehung zwischen EU- und Völkerrecht sowie zwischen dem EuGH und anderen internationalen Gerichten zurückzuführen.[659]

Zunächst betonte der EuGH, dass das Verfahren der internationalen Streitbeilegung den Vorrang und die Autonomie des EU-Rechts und die ausschließliche Zuständigkeit des EuGH nicht untergraben dürfe. Dies sollte gewährleisten, dass bei der Auslegung und Anwendung der Verträge das geltende Recht eingehalten wird.[660]

Der Grundsatz der Autonomie erfordert, dass ein internationales Gericht, wie der Europäische Gerichtshof für Menschenrechte (EGMR) „das in der geplanten Übereinkunft vorgesehene Tätigwerden der durch die EMRK mit Entscheidungsbefugnissen ausgestatteten Organe nicht dazu führen [darf], dass der Union und ihren Organen bei der Ausübung ihrer internen Zuständigkeiten eine bestimmte Auslegung der Regeln des Unionsrechts verbindlich vorgegeben wird".[661]

Des Weiteren stellte der EuGH einen Verstoß gegen Artikel 344 AEUV fest, weil der Entwurf zum Beitrittsabkommen nicht verhindere, dass die Mitgliedstaaten selbst Verfahren gegeneinander aufgrund der Verletzung der EMRK bei der Umsetzung von EU-Recht veranlassen.[662] Gemäß Art. 33 EMRK wird die potenzielle Zuständigkeit des EGMR für alle Vertragsparteien und damit auch für Streitigkeiten zwischen den Mitgliedstaaten oder zwischen selbigen und der Union, bei denen das Unionsrecht behandelt wird, nicht ausdrücklich ausgeschlossen.[663]

Der EuGH übte Kritik daran, dass der Entwurf zum Beitrittsabkommen dem EGMR die Handlungsmacht verleihe, über die jeweiligen Zuständigkeiten der EU und ihrer Mitgliedstaaten bezüglich der Verantwortungsaufteilung bei EMRK Verletzungen zu entscheiden. Nach Ansicht des Gerichtshofs verstieß diese Entscheidungsgewalt des EGMR gegen die ausschließliche Zuständigkeit des EuGH über die Verteilung von Zuständigkeiten innerhalb der EU zu entscheiden.[664]

Schließlich mahnte der EuGH an, dass es im vorgelegten Entwurf an Normen zur Beteiligung des EuGH bei der Umsetzung des EU-Rechts in den Entscheidungen des EGMR mangele.[665] Darüber hinaus hob er hervor, dass „wenn es dem

---

659 Vgl. *S. Schill*, Editorial: Opinion 2/13 – The End for Dispute Settlement in EU Trade and Investment Agreements?, JWIT 16 (2015), S. 379 (379).

660 EuGH, Gutachten 2/13 (*EMRK-Beitritt*), Gutachten vom 18.12.2014, noch nicht in der amtlichen Sammlung veröffentlicht, Rn. 179–200.

661 Ebd., Rn. 184.

662 Ebd., Rn. 215–235.

663 Ebd., Rn. 205.

664 Ebd., Rn. 215–235.

665 Vgl. *Schill* (Fn. 659), S. 379 (382).

Gerichtshof nicht gestattet wäre, die verbindliche Auslegung des abgeleiteten Rechts vorzunehmen, und wenn sich der EGMR bei seiner Prüfung der Vereinbarkeit dieses Rechts mit der EMRK selbst für eine der plausiblen Auslegungen entscheiden müsste, [...] der Grundsatz der ausschließlichen Zuständigkeit des Gerichtshofs für die verbindliche Auslegung des Unionsrechts fraglos verletzt [würde]."[666]

dd. Zwischenergebnis

Insgesamt ist festzuhalten, dass die Schaffung der Streitbeilegungsmechanismen und die Aufnahme von Klauseln zur Streitbeilegung in den EU-Abkommen zulässig sind, sofern diese nicht die Zuständigkeit des EuGH oder der Mitgliedstaaten verfälschen und somit nicht gegen die Autonomie der Unionsrechtsordnung verstoßen. Offen bleibt die Klärung der Möglichkeit, solche Schiedsgerichtklauseln in Investitionsschutzabkommen aufzunehmen, ohne die Autonomie des Unionsrechts zu verletzen.

3. Auswirkungen der EuGH-Rechtsprechung auf Investor-Staat-Schiedsverfahren

a. Verletzung der Autonomie der Unionsrechtsordnung

Die analysierte Rechtsprechung des EuGH kann zur Beantwortung der Frage beitragen, ob die EU im Rahmen internationaler Investitionsschutz- bzw. Handelsabkommen auch Klauseln über Investor-Staat-Schiedsverfahren aufnehmen oder ein Schiedsgericht einrichten kann, ohne dabei das Prinzip der Autonomie der Unionsrechtsordnung zu verletzen. Es fragt sich demzufolge, ob die Anwendung eines Investor-Staat-Schiedsverfahrens bei Investitionsschutzabkommen der Union in Erwägung gezogen werden kann.

Diese Verfahrensart für Investitionsstreitigkeiten ist in den mitgliedstaatlichen BIT's die derzeit am meisten genutzte. Im Investor-Staat-Schiedsverfahren wird dem Investor im Falle eines entsprechenden Ausgangs Schadensersatz oder eine Entschädigung von einem Schiedsgericht zugesprochen. Eine in diesem Kontext möglicherweise stattfindende Verletzung der Autonomie des Unionsrechts ist zu prüfen.[667]

Eine entsprechende Beeinträchtigung findet grundsätzlich nicht nur im Zusammenhang des Rechtssprechungsmonopols des EuGH, sondern auch bei

666 EuGH, Gutachten 2/13 (*EMRK-Beitritt*), Gutachten vom 18.12.2014, noch nicht in der amtlichen Sammlung veröffentlicht, Rn. 246.

667 Vgl. *Hindelang* (Fn. 636), S. 157 (174).

Verstoß gegen die „Grundlagen der Gemeinschaft“[668] statt. Das Monopol zur Überprüfung von Rechtsakten der EU-Organe, zur Auslegung und Anwendung von Verträgen sowie zur Entscheidung über die Kompetenzverteilung zwischen Union und Mitgliedstaaten verbleibt ausschließlich beim EuGH.[669] Durch internationale Abkommen gegründete Gerichte dürfen weder die ausschließliche Kompetenz des EuGH zur Deutung der Verträge beeinträchtigen noch über die Kompetenzverteilung zwischen den Mitgliedstaaten und der Union entscheiden oder sie verfälschen. Weiterhin können sie der Union oder ihren Organen bei der Ausübung ihrer internen Zuständigkeiten keine bestimmte Auslegung der Regeln des Unionsrechts vorgeben und den nationalen Gerichten der Mitgliedstaaten nicht das Recht oder die Pflicht zur Vorlage von Auslegungsfragen an den EuGH gemäß Art. 267 AEUV entziehen. Die einheitliche Auslegung des Unionsrechts soll auf diese Weise gewahrt bleiben.

Es ist zunächst zu betonen, dass sich die Begründungen zum Art. 344 AEUV im *Mox-Plant* Urteil und im Gutachten zum EMRK-Beitritt zur Verletzung dieses Artikels nicht auf Investor-Staat-Schiedsverfahren übertragen lässt. Art. 344 AEUV gilt für Streitigkeiten zwischen den Mitgliedstaaten. In der erwähnten Rechtsprechung ging es um die Streitigkeiten zwischen zwei Mitgliedstaaten (*Mox-Plant* Urteil) und zwischen den Mitgliedstaaten sowie der Union vor einem externen Streitbeilegungsorgan (Gutachten 2/13). Als Parteien im Investor-Staat-Schiedsverfahren treten ein privater Investor und ein Staat auf.[670] Aus diesem Grund verursacht die Aufnahme von Klauseln zum Investor-Staat-Schiedsverfahren keinen generellen Verstoß gegen Art. 344 AEUV.

Weiterhin kann die Autonomie der Unionsrechtsordnung beeinträchtigt werden, wenn ein internationales Streitbeilegungsorgan eine bestimmte Auslegung der Unionsvorschriften verbindlich vorgeben würde.[671] Wenn hingegen das Schiedsgericht lediglich die Bestimmungen eines internationalen Abkommens über den Investitionsschutz auslegt, wird die Autonomie der Unionsrechtsordnung nicht beeinträchtigt.[672] Eine solche Beeinträchtigung könnte aber

668 EuGH, Gutachten 1/91 (*EWR I*), Gutachten vom 14.12.1991, Slg. 1991, I-6079, Rn. 46.

669 Vgl. *M. Müller*, Die Errichtung eines Europäischen Patentgerichts – Herausforderung für die Autonomie des EU-Rechtssystems, EuZW 2010, S. 851 (853).

670 Vgl. *Lang* (Fn. 655), S. 13; BGH, Beschluss vom 03.03.2016, Az. I ZB 2/15, Rn. 24 ff.

671 EuGH, Gutachten 2/13 (*EMRK-Beitritt*), Gutachten vom 18.12.2014, noch nicht in der amtlichen Sammlung veröffentlicht, Rn. 184.

672 Vgl. EuGH, Gutachten 1/09 (*Patentgericht*), Gutachten vom 08.03.2011, Slg. 2011, I-01137, Rn. 78.

gegeben sein, wenn das Schiedsgericht das materielle Unionsrecht interpretiert und anwendet und so den EuGH aufgrund des internationalen Abkommens an seine Auslegung bindet. Dies käme infrage, wenn das internationale Investitionsschutz- bzw. Handelsabkommen materielles Unionsrecht enthalten würde. Eine bestimmte Auslegung des EU-Rechts könnte im Lichte des Mechanismus des Investor-Staat-Schiedsverfahrens bei der Auslegung von Standards des Investitionsabkommens notwendig sein, falls die gleichen oder im Wesentlichen gleichen Standards auch als Normen des EU-Rechts existieren und eine identische Auslegung erfordern.

De facto könnte also das Schiedsgericht den EuGH an seine eigene Auslegung binden. Eine Beeinträchtigung läge vor, wenn die Vorschriften des EU-Investitionsschutzabkommens und des Unionsrechts kollidieren würden. Beispielsweise fallen ausländische Direktinvestitionen unter die Niederlassungs- und Kapitalverkehrsfreiheit. Investitionsschutzabkommen enthalten ebenfalls Regelungen zu diesen Freiheiten, die gleichzeitig Inhalt des Unionsrechts sind.[673] Folglich dürfte ein Investitionsschiedsgericht auch die Bestimmungen des Unionsrechts bezüglich der Niederlassungs- und Kapitalverkehrsfreiheit auslegen. Diese Interpretation könnte eventuell von der des EuGH abweichen. Der EuGH wäre an die Entscheidung des Investitionsschiedsgerichts gebunden.

Wenn ein internationales Abkommen ein eigenes Gerichtssystem mit gesondertem Gericht vorsieht, „[das] für die Regelung von Streitigkeiten zwischen den Vertragsparteien dieses Abkommens und damit für die Auslegung seiner Bestimmungen zuständig ist, so sind die Entscheidungen dieses Gerichtshofes für die Organe der Gemeinschaft, einschließlich des Gerichtshofes, verbindlich. Diese Entscheidungen sind auch dann verbindlich, wenn der Gerichtshof im Wege der Vorabentscheidung oder im Rahmen einer Klage über die Auslegung des internationalen Abkommens als Bestandteil der Rechtsordnung der Gemeinschaft zu entscheiden hat.“[674] Somit würde eine Verletzung der Autonomie der Unionsrechtsordnung erfolgen. Jedoch sind das EU-Recht und das Recht in den Investitionsschutzabkommen grundsätzlich zwei unabhängige und unterschiedliche Rechtsmaterien. Viele Regelungen, die üblicherweise in einem Investitionsschutzabkommen vorgesehen sind, wie die zur direkten oder indirekten Enteignung, zu Standards der gerechten und billigen Behandlung, sowie Meistbegünstigungs- und Inländergleichbehandlungsklauseln

673 Vgl. *Schmitt* (Fn. 2), S. 126; *Hindelang* (Fn. 636), S. 157 (175–176), A.A. *Bings* (Fn. 2, S. 113, die damit argumentiert, dass die in BIT's typischerweise enthaltenen Schutzstandards nicht materiell identisch mit den Vorschriften des Primärrechts seien.

674 EuGH, Gutachten 1/91 (*EWR I*), Gutachten vom 14.12.1991, Slg. 1991, I-6079, Rn. 39.

finden sich im EU-Recht in dieser Form nicht wieder.[675] Eine geringe Gefahr der faktischen Bindung des EuGH an eine Entscheidung des Investor-Staat-Schiedsgerichts und somit eine Beeinträchtigung der Autonomie der Unionsrechtsordnung besteht jedoch durchaus.[676] Dies gilt vor allem dann, wenn die Union Investitionsschutzkapitel in einem Handels- bzw. Partnerschaftsabkommen integriert. Hier besteht das Risiko, dass es tatsächlich deutliche Wort- oder Inhaltsüberschneidungen des EU-Rechts und der Abkommensvorschriften gibt.[677] Aus diesem Grund empfiehlt es sich, die Anwendung der Schiedsklauseln in EU-Abkommen ausdrücklich auf das Investitionsschutzkapitel zu beschränken.[678]

Eine Verletzung der Autonomie der Unionsrechtsordnung könnte entstehen, wenn das Schiedsgericht die Kompetenzverteilung zwischen EU und Mitgliedstaaten prüfen würde, weil der EuGH diesbezüglich eine ausschließliche Zuständigkeit besitzt. Im Falle einer Streitigkeit auf Grundlage eines gemischten internationalen Abkommens zur Regelung von Investitionen hätte ein Schiedsgericht zu entscheiden, ob die Union oder der Mitgliedsstaat für die Verletzung der Pflichten aus diesem Abkommen gegenüber dem Investor verantwortlich ist.[679]

Die EU verabschiedete vor diesem Hintergrund zwar die Verordnung Nr. 912/2014 über die finanzielle Verantwortung bei Investor-Staat-Schiedsgerichten, welche die Rahmenbedingungen zu dieser Verantwortung regelt, wenn die EU Vertragspartei ist.[680] Die Verordnung betrifft allerdings ausschließlich interne Verpflichtungen und die Haftungsverteilung zwischen EU und Mitgliedstaaten. Sie bindet nicht das Schiedsgericht an die Entscheidung über die Zuständigkeitsverteilung.[681] Demzufolge empfiehlt es sich, in den internationalen Handelsabkommen mit Investitionsschutzkapiteln oder reinen Investitionsschutzabkommen ausdrücklich die Kompetenz der Schiedsgerichte auf Entscheidungen über die Kompetenzverteilung zwischen EU und Mitgliedstaaten einzugrenzen.[682]

---

675 Vgl. *Schill* (Fn. 659), S. 379 (385); *S. Hindelang*, Der primärrechtliche Rahmen einer EU-Investitionsschutzpolitik, WHI-Paper 01/11, http://www.whi-berlin.eu/tl_files/documents/whi-paper0111.pdf, zuletzt gesehen: 18.04.2018, S. 19.

676 Vgl. *Ahner* (Fn. 2), S. 224.

677 *Hindelang* (Fn. 675), S. 19 f.

678 Vgl. *Ahner* (Fn. 2), S. 222.

679 *Hindelang* (Fn. 675), S. 25.

680 Vgl. *Lang* (Fn. 655), S. 14.

681 Vgl. *C. Ohler*, Die Vereinbarkeit von Investor-Staat-Schiedsverfahren mit deutschem und europäischem Verfassungsrecht, JZ 2015, S. 337 (339).

682 Vgl. *Lang* (Fn. 655), S. 14.

Die Autonomie der Unionsrechtsordnung könnte durch Schiedsgerichte zudem beeinflusst werden, wenn die Zuständigkeit des Gerichtshofs verfälscht wird. Dies könnte insbesondere dann gegeben sein, wenn ein Schiedsgericht nicht dazu verpflichtet wäre, den EuGH für eine Vorabentscheidung anzurufen. Im Gutachten 1/09 kam der EuGH zu dem Ergebnis, dass die Einrichtung eines Patentgerichts in diesem Zusammenhang unionsrechtswidrig sei.[683] Die Situation bezüglich des Vorabentscheidungsverfahrens und der Auslegung und Anwendung des Unionsrechts stellt sich bei Patentgerichten und Schiedsgerichten unterschiedlich dar. Die Unionspatentgerichte besäßen eine „ausschließliche Zuständigkeit für die Entscheidung über eine beträchtliche Zahl von Klagen Einzelner im Zusammenhang mit dem Gemeinschaftspatent und zur Auslegung und Anwendung des Unionsrechts in diesem Bereich".[684] Die Schiedsklauseln sehen dagegen in der Regel vor, dass neben der Anrufung des Schiedsgerichts auch die nationalen Gerichte beauftragt werden können.[685]

Die nationalen Gerichte sind gemäß Art. 267 Abs. 3 AEUV nicht nur zur Vorlage berechtigt, sondern sogar verpflichtet, wenn die Entscheidung selbst nicht mehr mit Rechtsmitteln des innerstaatlichen Rechts angefochten werden kann.[686] Die Vorlagepflicht besteht also lediglich für letztinstanzliche Gerichte.[687] Das Vorlagerecht führt somit gleichzeitig zu einer Vorlagepflicht.[688] Sollte den Schiedsgerichten keine Vorlagepflicht zukommen, weil es an der entsprechenden Berechtigung fehlt, könnte allein das Vorlagerecht zur Verfälschung der Aufgaben des EuGH führen.[689] Generell sind zur Vorlage keine internationalen Gerichtshöfe und Gerichte dritter Staaten berechtigt.[690] Ohne die Vorlagepflicht könnte also keine Einbindung in das Vorlageverfahren nach Art. 267 AEUV stattfinden.

---

683 EuGH, Gutachten 1/09 (*Patentgericht*), Gutachten vom 08.03.2011, Slg. 2011, I-01137, Rn. 89.

684 Ebd.

685 Vgl. *Classen* (Fn. 631), S. 611 (617).

686 Vgl. *U. Ehricke*, in: Streinz (Hrsg.), EUV/AEUV, Vertrag über die Europäische Union und Vertrag über die Arbeitsweise der Europäischen Union, 2. Aufl. 2012, Art. 267 AEUV, Rn. 41.

687 *Ehricke*, ebd., Rn. 45.

688 Vgl. *Classen* (Fn. 631), S. 611 (618); *P. Zobel*, Schiedsgerichtsbarkeit und Gemeinschaftsrecht: im Spannungsverhältnis zwischen Integration und Exklusion, 2005, S. 192 f.; BGH, Beschluss vom 03.03.2016, Az. I ZB 2/15, Rn. 43.

689 Vgl. *Classen* (Fn. 631), S. 611 (619).

690 Vgl. *Ehricke* (Fn. 686), Art. 267 AEUV, Rn. 28.

Sollte der EuGH seine ausschließliche Zuständigkeit für die Kontrolle der Rechtmäßigkeit von Handlungen der Unionsorgane im Rahmen des Konzepts der Autonomie der Unionsrechtsordnung so begrenzt wie im Gutachten 1/09 verstehen, müsste konsequenterweise die Jurisdiktion eines Schiedsgerichts deutlich beschränkt werden. Aus praktischen wie europa-verfassungsrechtlichen Erwägungen erscheint es fragwürdig, dass aufgrund eines Abkommens zwischen der Union und einem Drittstaat ein gebildetes Schiedsgericht dem EuGH Auslegungs- und Gültigkeitsfragen zur verbindlichen Entscheidung vorlegen muss.[691] Da der EuGH bereits in seiner Rechtsprechung das Schiedsgericht als „Gericht eines Mitgliedstaats" im Sinne von Artikel 177 (heute Art. 267 AEUV) ablehnte[692], könnte eine Vorlageberechtigung nur über eine Vertragsänderung erlangt werden. Diese ist nur mittels der dafür vorgeschriebenen Verfahren, nicht aber per Abkommen, zulässig.[693]

An dieser Stelle ist jedoch festzuhalten, dass eine Verfälschung der ausschließlichen Zuständigkeit des EuGH nicht allein deswegen stattfindet, weil ein Schiedsgericht die Handlungen der Unionsorgane und insbesondere des EuGH überprüft. Der EuGH sollte seine ausschließliche Zuständigkeit für die Gültigkeitskontrolle der Handlungen von Unionsorganen nicht so weit ausdehnen, dass er eine Beeinträchtigung bereits bei nicht verbindlichen Prüfungen der Rechtmäßigkeit von Unionshandlungen durch ein Schiedsgericht annimmt.[694]

Das Investor-Staat-Schiedsgericht würde in erster Linie prüfen, ob eine konkrete, den Investor betreffende Maßnahme seitens der EU oder eines Mitgliedstaates im Widerspruch zu geltenden internationalen Investitionsschutz- bzw. Handelsabkommen sowie dem Investitionsschutzkapitel im Unionsrecht steht. Die Prüfung bleibt davon unbeeinflusst, ob die Maßnahme durch das Unionsrecht vorgeschrieben wurde. Die Einhaltung des Unionsrechts ist für die Feststellung, ob eine bestimmte Maßnahme mit dem Investitionsschutzabkommen im Einklang steht, irrelevant. Dieser Umstand trifft selbst dann zu, wenn diese Maßnahme auf dem Unionsrecht beruhte. Mit Blick auf das Unionsrecht ist es daher denkbar, ein Investor-Staat-Schiedsverfahren ohne vorherige Beteiligung des EuGH zu etablieren.[695]

---

691 *Hindelang* (Fn. 675), S. 26.

692 EuGH, Rs. 102/81 (*Nordsee*), Urteil vom 23.03.1982, Slg. 1982, 1095, Rn. 13; EuGH, Rs. C-126/97 (*Eco Swiss*), Urteil vom 01.06.1999, Slg. 1999, I-3055, Rn. 34; so auch BGH, Beschluss vom 03.03.2016, Az. I ZB 2/15, Rn. 48 f.

693 *Hindelang* (Fn. 675), S. 26.

694 Vgl. *Ahner* (Fn. 2), S. 233.

695 Vgl. *Schill* (Fn. 659), S. 379 (387).

b. *Zwischenfazit*

Die EU besitzt die Kompetenz zur Aufnahme von Klauseln über ein Investor-Staat-Schiedsverfahren in ihren internationalen Investitionsschutzabkommen oder zur Errichtung eines Investor-Staat-Schiedsgerichts im Rahmen dieses Abkommens. Allerdings verursacht die Schaffung eines Schiedsgerichts innerhalb des Europarechtssystems oder die Aufnahme entsprechender Klauseln einige Schwierigkeiten.

Sicherlich könnte die Autonomie der Unionsrechtsordnung durch ein im Investitionsschutzabkommen geschaffenes Schiedsgericht in manchen Fällen beeinträchtigt oder verletzt werden. Dennoch überwiegen die Vorteile, ein ständiges internationales Investitionsschiedsgericht einzurichten. Gewiss würde dieses Gericht unter anderem auch die Handlungen der Organe der Europäischen Union beurteilen und möglicherweise auch die Rechtsakte der EU auslegen. Damit die Autonomie der Unionsrechtsordnung gewahrt bleibt, könnten dem EU-Investitionsschutzabkommen bestimmte Klauseln hinzugefügt werden, welche die Jurisdiktion des Investor-Staat-Schiedsgerichts bezüglich Entscheidungen über die Kompetenzverteilung zwischen Union und Mitgliedstaaten und über die Kontrolle der Unionsorgane beschränken. Aus unionspolitischer und rechtlicher Sicht wäre es erstrebenswert, dass der EuGH ein im Rahmen eines internationalen Investitionsschutzabkommens eingerichtetes Gericht akzeptiert und dabei eine Verletzung des Autonomieprinzips der Unionsrechtsordnung nicht lediglich bei faktischen Auswirkungen auf seine Rechtsprechung oder bei nicht verbindlichen Anwendungen des Unionsrechts annimmt.[696]

4. Zuständigkeit des EuGH bei Investitionsstreitigkeiten

Der EuGH entscheidet nach Art. 272 AEUV, wenn in einem von der Union oder auf ihre Rechnung abgeschlossenen öffentlich-rechtlichen oder privatrechtlichen Vertrag eine Schiedsklausel enthalten ist. Schiedsklauseln können grundsätzlich in allen Verträgen verankert werden, an denen die Union ein besonderes Interesse hat.[697] Der Vertrag gilt als „von der Union" geschlossen, wenn sie entweder selbst als Vertragspartner auftritt oder von ihren Organen vertreten wird und die Schiedsklausel Vertragsbestandteil (z. B. bei EU-Investitionsschutzabkommen mit Drittstaaten) ist.[698]

---

696 Vgl. *Ahner* (Fn. 2), S. 239.

697 Vgl. *Ehricke* (Fn. 686), 272 AEUV, Rn. 6.

698 Vgl. *Ehricke*, ebd., Art. 272 AEUV, Rn. 7; *Bings* (Fn. 2), S. 119.

Sollte dem EuGH die Zuständigkeit für Investitionsstreitigkeiten zukommen, würde dies das Problem der Autonomieverletzung des Rechtssystems der Union durch andere Schiedsgerichte lösen.[699] Dabei ist zu berücksichtigen, dass diese Zuständigkeit des EuGH seine Befugnisse zwar erweitert, eine Schiedsklausel im Sinne des Art. 272 AEUV aber nicht dazu führt, dass der EuGH als Schiedsgericht im völkerrechtlichen Sinne verstanden wird.[700] Das Gericht wäre dann nicht als eigentliches Schiedsgericht tätig, sondern als Unionsorgan.[701] Die Besetzung und das Verfahren des Gerichts können nicht durch die Parteien vereinbart werden, weil sich beides nach den allgemeinen Regeln richtet.[702] Ob es sich dabei um eine gute Lösung handelt, sei dahingestellt, da sie einen wichtigen Vorteil des Schiedsverfahrens infrage stellt. Dieser besteht darin, dass das Schiedsgericht ein neutrales Forum darstellt, das weder dem Gaststaat noch dem Herkunftsland des Investors zugeordnet wird.[703] Es gilt als fraglich, ob sich beispielsweise Investoren aus Drittstaaten dem Verfahren des EuGH beugen würden. Eine praktische Umsetzung dieses Verfahrens scheint demnach nur schwer durchsetzbar.

5. Das ICSID

a. *Gründung des ICSID-Schiedsgerichts und seine Zuständigkeit*

Die wichtigste internationale Institution für die Streitbeilegung bei Investitionsstreitigkeiten zwischen ausländischen Investoren und Staaten ist das ICSID (*International Centre for Settlement of Investment Disputes*).[704] Das ICSID wurde im Jahr 1965 auf Grundlage der ICSID-Konvention[705] gebildet und gehört zur Weltbankgruppe. Mittlerweile wurde die ICSID-Konvention von 153 Staaten ratifiziert.[706]

Eine Zielsetzung der Gründung des ICSID lag darin ausländische Investitionen zu fördern, zur wirtschaftlichen Entwicklung der Länder beizutragen und generell

699 Vgl. *Bings*, ebd.

700 Vgl. *Ehricke* (Fn. 686), Art. 272 AEUV, Rn. 1.

701 *Ehricke*, ebd., Rn. 3.

702 *Ehricke*, ebd.

703 Vgl. *Bings* (Fn. 2), S. 119.

704 Vgl. *F. Hoffmeister/G. Ünüvar*, From BITS and Pieces towards European Investment Agreements, in: Bungenberg/Reinisch/Tietje (Hrsg.), EU and Investment Agreements, 2013, S. 57 (75 f.).

705 *Convention on the Settlement of Investment Disputes between States and Nationals of other States*, March 18, 1965, 4 ILM 524 (1965); BGBl. 1969 II, 371.

706 Stand: 11.12.2017 unter: https://icsid.worldbank.org/en/Pages/about/Database-of-Member-States.aspx. Weitere 8 Staaten haben die Konvention unterzeichnet aber immer noch nicht ratifiziert.

Differenzen zwischen Heimats- und Aufenthaltsstaat vorzubeugen.[707] Aus der Präambel der ICSID-Konvention wird deutlich, dass die Förderung der wirtschaftlichen Entwicklung und privater Auslandsinvestitionen im Vordergrund stehen. Die Konvention enthält jedoch keine materiell-rechtlichen Vorschriften, sondern bietet einen Rahmen für die Verwaltung und Betreuung von Schiedsverfahren.[708]

Die Zuständigkeit des ICSID ergibt sich aus Art. 25–27 ICSID-Konvention, die im zweiten Kapitel der Konvention niedergelegt sind. Hiernach umfasst die Jurisdiktion des Zentrums die mit einer Investition direkt verbundene Streitigkeit zwischen ausländischem Investor und Gaststaat. Außerdem muss eine Einigung der Vertragsparteien vorliegen, damit das Verfahren im Falle von Streitigkeiten vor einem ICSID-Schiedsgericht durchgeführt werden kann.[709] Die meisten BIT's sehen eine solche Einigung der Vertragsparteien bereits vor.[710]

b. Parteifähigkeit der Union bei einem ICSID-Schiedsverfahren

Die Rolle des ICSID-Schiedsverfahrens als generell wichtigstes Schiedsverfahren für Investitionsstreitigkeiten wird allein aufgrund der fortlaufend steigenden Fallzahlen deutlich.[711] Aufgrund seiner Bedeutung lohnt sich die Frage, ob die EU als Vertragspartei der ICSID-Konvention und somit auch dieses Streitbeilegungssystems auftreten kann.

---

707 Vgl. *Schöbener/Herbst/Perkams* (Fn. 127), S. 313, Rn. 377; *Nacimiento* (Fn. 5), S. 171 (171); *Griebel* (Fn. 267), S. 116; Report of the Executive Directors on the Convention on the Settlement of Investment Disputes between States and Nationals of Other States, Ziffer 9, unter: http://icsidfiles.worldbank.org/icsid/ICSID/StaticFiles/basicdoc/partB-section01.htm, zuletzt gesehen: 18.04.2018.

708 Vgl. *Schöbener/Herbst/Perkams* (Fn. 127), S. 313, Rn. 377; *Griebel* (Fn. 267), S. 116 f.

709 Vgl. *C. Tietje*, Internationaler Investitionsrechtsschutz, in: Ehlers/Schoch (Hrsg.), Rechtsschutz im öffentlichen Recht, 2009, § 4, Rn. 54; *Griebel* (Fn. 267), S. 124 f.

710 Vgl. *S. Schill*, The Multilateralization of International Investment Law, 2009, S. 46.

711 Im Jahr 2012 wurden aus insgesamt 514 Investitionsschiedsverfahren 314 vor ein ICSID-Schiedsgericht gebracht. 131 Male wurden UNCITRAL Schiedsregeln benutzt. Alle anderen Arten der Schiedsgerichte kamen nur selten vor. Siehe *UNCTAD*, World Investment Report 2013; Global Value Chains: Investment and Trade for Development, 2013, S. 110 f., unter: http://unctad.org/en/PublicationsLibrary/wir2013_en.pdf, letzter Zugriff: 06.02.2014; im Jahr 2016 wurden aus 62 Investitionsschiedsverfahren 42 vor ein ICSID-Schiedsgericht gebracht, siehe in: UNCTAD, World Investment Report 2017, S. 114 f., unter: http://unctad.org/en/pages/PublicationWebflyer.aspx?publicationid=1782, letzter Zugriff: 11.12.2017.

Wie festgestellt, erstreckt sich die Zuständigkeit des Zentrums auf diejenigen Rechtsstreitigkeiten, die unmittelbar mit solchen Investitionen verbunden sind, die zwischen einem Vertragsstaat und dem Angehörigen eines anderen Vertragsstaats bestehen. Fast alle EU Mitgliedstaaten sind Partei der ICSID-Konvention.[712] Die EU selbst kann als internationale Organisation keine Vertragspartei der ICSID-Konvention werden. Gemäß Art. 67 der Konvention können nur Mitgliedstaaten der Weltbank oder Vertragsparteien des Statuts des Internationalen Gerichtshofs (IGH)[713] nach Einladung des Verwaltungsrats zur Unterzeichnung, der Konvention beitreten. Es ist festzuhalten, dass die Union kein Mitglied der Weltbank werden kann, da sie die Voraussetzungen der Mitgliedschaft nicht erfüllt. Als Mitglieder der Weltbank zählen ausschließlich diejenigen, die eine Mitgliedschaft im *International Monetary Fund* (IMF) besitzen. Nach Art. II der IMF *Articles of Agreement of the International Monetary Fund*[714] können sich nur Länder (*countries*) dem IMF anschließen. Die Union ist völkerrechtsfähig, gleichwohl ist sie kein „Land" im Sinne des Fonds.[715] Art. 35 des IG-Statuts betont, dass nur Staaten als Vertragsparteien des Statuts infrage kommen. Somit verbleibt der Weg zur ICSID-Schiedsgerichtsbarkeit für die Union versperrt.

Ein Zugang der EU zu einem ICSID-Schiedsverfahren würde eine Änderung der ICSID-Konvention verlangen. Dies ist aber praktisch kaum realisierbar, da Art. 66 Abs. 1 der ICSID-Konvention für eine solche Änderung der Vorschriften Einstimmigkeit erfordert.[716] Vielversprechender erscheint der Ansatz andere Streitbeilegungsmöglichkeiten in Erwägung zu ziehen.

c. Vorteile des ICSID-Schiedsverfahrens gegenüber anderen Streitbeilegungsmöglichkeiten

Auch andere für die internationale Handelsschiedsgerichtsbarkeit geschaffene Einrichtungen, wie das Schiedsgerichtsinstitut der Handelskammer in Stockholm (SCC), das Internationale Schiedsgericht der Wirtschaftskammer Österreich in

---

712 Siehe unter: https://icsid.worldbank.org/en/Pages/about/Database-of-Member-States.aspx, letzter Zugriff: 11.12.2017.

713 Statut des Internationalen Gerichtshofs vom 26.06.1945, BGBl. 1973 II S. 505.

714 *IMF*, Articles of Agreement of the International Monetary Fund (1944), 2011, unter: http://www.imf.org/External/Pubs/FT/AA/index.htm#art4.

715 Vgl. *Sackmann* (Fn. 632), S. 208; *Hoffmeister/Ünüvar* (Fn. 704), S. 57 (76).

716 Vgl. *Reinisch* (Fn. 265), S 99 (110); *C. Tams*, An Appeling Option? The Debate about an ICSID Appellate Structure, in: Tietje/Kraft/Sethe (Hrsg.), Beiträge zum Transnationalen Wirtschaftsrecht, 57 (Juni 2006), S. 12; *Hoffmeister/Ünüvar* (Fn. 704), S. 57 (77).

Wien, die Internationale Handelskammer in Paris (ICC), der Londoner Internationale Schiedsgerichtshof (LCIA) und auch der Ständige Schiedshof in Den Haag (PCA) können für Investitionsstreitigkeiten herangezogen werden.[717]

Dabei fallen die erwähnten Verfahren unter die Kontrolle der Gerichte im Sitzstaat des Schiedsgerichtshofs. Bei Investitionsstreitigkeiten wäre eine solche staatliche Beteiligung als nicht ratsam zu bewerten. Daneben erweist sich die Durchsetzung der Schiedssprüche als problematisch. Selbst durch die Erleichterung der Anerkennung und Vollstreckung der Urteile aufgrund der New-York-Konvention[718], gilt die EU nach Art. 1 Abs. 1 der Konvention als eine supranationale Organisation und nicht als Vertragspartei. Sogar in einem möglichen Szenario, bei dem die Union theoretisch der Konvention beitreten könnte, wäre eine Vollstreckung ihrer Vermögensgegenstände unmöglich, da sie als internationale Organisation Immunität gegenüber Drittstaaten genießt.[719] Dies bedeutet einen Nachteil für einen potenziellen Investor.

Andere neben dem ICSID-Schiedsverfahren bestehende Streitbeilegungsmöglichkeiten stellen sich ebenfalls als nachteilhaft für den Investor dar. Im Gegensatz dazu bringt die ICSID-Streitbeilegung viele Vorteile für diesen mit sich.

Gemäß Art. 53 der ICSID-Konvention sind Schiedssprüche verbindlich und nicht anfechtbar. Eine Missachtung eines Schiedsspruches hätte einen Bonitätsverlust gegenüber der Weltbank zur Folge.[720] Zusätzlich ist eine Aufhebung des Schiedsspruchs durch internationale oder nationale Gerichte des Staates, in welchem das Schiedsgericht seinen Sitz hat, ausgeschlossen.[721] Es bestehen lediglich zwei Rechtsmittel, um gegen den Schiedsspruch vorzugehen. Gemäß Art. 51 der Konvention ist die Wiederaufnahme des Verfahrens möglich, wenn einer Partei Tatsachen bekannt werden, die die Wiederaufnahme des Schiedsverfahrens rechtfertigen und diese Tatsachen dem Tribunal und der den Antrag zur Wiederaufnahme des Verfahrens stellenden Partei bisher nicht bekannt waren. Diese Unkenntnis der antragstellenden Partei darf nicht auf einer Fahrlässigkeit beruhen. Als zweite Möglichkeit ist gemäß Art. 52 der Konvention die Aufhebung des

---

717 Vgl. *Tietje* (Fn. 709), § 4, Rn. 30 ff.

718 Übereinkommen über die Anerkennung und Vollstreckung ausländischer Schiedssprüche vom 10.06.1958, BGBl. 1961 II S. 121.

719 Vgl. *M. Wenckstern*, Die Immunität internationaler Organisationen, in: Handbuch des internationalen Zivilverfahrensrechts, Bd. II/1, 1994, S. 129, Rn. 402; *Schmitt* (Fn. 2), S. 139.

720 Vgl. *J. Kreutzfeld*, Investitionsschutz für einen deutschen Investor in der Republik Südafrika, 2000, S. 166.

721 Vgl. *Schöbener/Herbst/Perkams* (Fn. 127), S. 317.

Schiedsspruchs denkbar, wenn das Gericht nicht ordnungsgemäß gebildet wurde oder seine Befugnisse offensichtlich überschritten hat, ein Mitglied des Gerichts bestochen worden ist, eine schwerwiegende Abweichung von fundamentalen Verfahrensvorschriften geschehen ist oder es an einer Begründung des Schiedsspruchs mangelt. Eine materielle Überprüfung des Verfahrens findet nicht statt.

Gemäß Art. 54 Abs. 1 der Konvention sind die Schiedssprüche bindend und vollstreckbar. Sie werden nicht durch die nationalen Gerichte überprüft. Schiedsgerichte sind ausschließlich als Vollstreckungsorgane anzusehen.[722] Die Vollstreckung kann daher in jedem Mitgliedstaat der ICSID-Konvention durchgeführt werden.

Da Schiedssprüche nicht durch nationale Gerichte kontrolliert werden können und automatisch vollstreckbar sind, bildet dies einen Vorteil für Investoren. Alle anderen Schiedssprüche, die nicht im ICSID-Schiedsverfahren ergangen sind, benötigen hingegen eine Anerkennung und eine Vollstreckbarerklärung durch die nationalen Gerichte oder durch das Gericht des Staates, in dem das Verfahren stattfand.[723] Dies kann erhebliche Nachteile für Investoren bedeuten, da den nationalen Gerichten abseits des ICSID-Verfahrens viel Raum gelassen wird, um Schiedssprüche zu kippen.[724] Weil das ICSID-System keine Einmischung durch nationale Gerichte vorsieht, ist es aus Investorensicht unabhängiger und neutraler als andere Arten des Investitionsschiedsverfahrens. Dies bildet aus neutraler Sicht einen einseitigen Vorteil zugunsten der Investoren. Grundsätzlich ist die fehlende Möglichkeit der Überprüfbarkeit von Urteilen als negativ einzustufen.

Ein allgemeiner Vorteil liegt darin, dass eine Zustimmung zum ICSID-Schiedsverfahren nach Art. 26 Satz 1 der ICSID-Konvention gleichzeitig einen Verzicht auf jeden anderen Rechtsbehelf nach sich zieht.[725] Somit werden widersprüchliche Urteile in gleicher Sache vermieden.[726]

Die Veröffentlichung der überwiegenden ICSID-Schiedsentscheidungen sorgt für eine bessere Transparenz. Selbst nicht-öffentliche Urteile gemäß Art. 48 Abs. 5 dürfen in Auszügen seitens der ICSID publiziert werden. Rechtssicherheit kann somit besser gewährleistet werden.[727]

---

722 Vgl. *Belling* (Fn. 6), S. 102; *Griebel* (Fn. 267), S. 119 f.; *Nacimiento* (Fn. 5), S. 171 (183).

723 Vgl. *J. D. Mortenson*, The Meaning of „Investment“: ICSID's Travaux and the Domain of International Investment Law, HILJ Vol. 51, Nr. 1, 2010, S. 257 (266).

724 *Mortenson*, ebd.

725 Vgl. *Griebel* (Fn. 267), S. 120.

726 *Griebel*, ebd.

727 *Griebel*, ebd.

Als weiteres Argument für das ICSID-Schiedsverfahren gegenüber anderen Verfahren ist die Serviceleistung des ICSID-Sekretariats anzusehen. Dieses übernimmt organisatorische und administrative Aufgaben. Ferner kann das Sekretariat den Vorsitzenden Schiedsrichter bestimmen, wenn keine Einigkeit zwischen den Parteien herrscht. Bei anderen Schiedsverfahren müssen die Parteien allen verwaltungstechnischen und organisatorischen Aufwand selbst betreiben. Vor allem in Streitsituation kann sich eine Konsensfindung hierbei als schwierig erweisen.[728]

Das ICSID-Schiedsverfahren ist vergleichsweise kostengünstig, da es im Gegensatz zu den anderen Streitbeilegungsarten feste Sätze gibt, die vom Streitwert unabhängig sind.[729] Im Investitionsbereich kann der Streitwert schnell sehr hoch sein und die Verfahrenskosten in die Höhe treiben. Deshalb ist das ICSID-Schiedsverfahren vor allem für kleinere Unternehmen dienlich, die anderweitig womöglich von den hohen Verfahrenskosten abgeschreckt würden und ihre Rechte nicht durchsetzen könnten.[730]

d. Nachteile des Investor-Staat-Schiedsverfahrens

Neben vielen guten Gründen, die für das ICSID-Schiedsgericht sprechen, haften diesem Streitbeilegungsmechanismus auch Nachteile an. Bei Wiederaufnahme des Verfahrens gemäß Art. 51 der ICSID-Konvention werden keine Inhalte geprüft. Dies spart einerseits Kosten, Zeit und garantiert den Investoren eine Unabhängigkeit von nationalen Gerichten, andererseits sind Fehler oder Widersprüchlichkeiten im Schiedsspruch[731] nicht korrigierbar. Der Umstand, dass keine Berufungsmöglichkeit besteht, kann zum Nachteil für eine der Streitparteien führen. Da ausschließlich Investoren als Rechteinhaber und Kläger auftreten, leiden die Staaten als Beklagte finanziell stärker unter fehlerhaften Urteilen in Verbindung mit der fehlenden Berufungsmöglichkeit. Dies offenbart eine äußerst ungleiche Position der beiden Parteien.[732] Daneben bergen Investor-

728 Vgl. *Kreutzfeld* (Fn. 720), S. 166–167; *Griebel* (Fn. 267), S. 121. Es ist zu beachten, dass schon erwähnte Streitbeilegungsmechanismen wie ICC, SCC, LCIA, und PCA die Parteien auch in administrativen und organisatorischen Angelegenheiten unterstützen.

729 Vgl. https://icsid.worldbank.org/en/Pages/icsiddocs/Schedule-of-Fees.aspx, letzter Zugriff: 18.04.2018 und http://www.iccwbo.org/Products-and-Services/Arbitration-and-ADR/Arbitration/Cost-and-payment/Cost-calculator/, letzter Zugriff: 18.04.2018.

730 Vgl. *Schmitt* (Fn. 2), S. 141.

731 Vgl. *Woolcock* (Fn. 283), S 55.

732 Vgl. *P. Eberhardt*, Investitionsschutz am Scheideweg, 2014, S. 3.

Staat-Schiedsverfahren speziell Risiken für staatliche Regulierungen, öffentliche Haushalte und die Demokratie.[733]

Bei den Transparenzbestimmungen zeigen die Schiedsregeln erhebliche Mängel.[734] Obwohl sich die Situation bei der Streitbeilegung im Rahmen des ICSID-Schiedsverfahrens seit der Reform der Schiedsregeln im Jahr 2006 verbessert hat, blieben einige Kritikpunkte unbearbeitet. Zwar können Auszüge der Schiedssprüche des ICSID-Verfahrens gemäß Art. 48 Abs. 4 der *Arbitration Rules* veröffentlicht werden, jedoch hängt die Veröffentlichung des gesamten Schiedsspruchs gem. Art. 48 Abs. 5 der *Arbitration Rules* von der Zustimmung der Parteien ab. Auch die in Art. 32 Abs. 2 der *Arbitration Rules* vorgesehene Beteiligung Dritter an den Anhörungen ist nur dann zulässig, wenn keine Partei widerspricht.[735] Somit ist die Transparenz auch bei den Streitbeilegungen im Rahmen des ICSID-Schiedsverfahrens nicht vollumfänglich gewährleistet.

Weiterhin ist der Schadensersatz bei Investor-Staat-Schiedsverfahren generell vergleichsweise hoch angesetzt. Dies birgt insbesondere für die beklagten Staaten ein entsprechend höheres Risiko.[736]

Eine andere Problematik steckt beim Investor-Staat-Schiedsverfahren, wie unter anderem auch beim ICSID-Schiedsverfahren, in der Unabhängigkeit der Justiz.[737] Wie erwähnt werden bei einer Investitionsstreitigkeit zwischen einem Investor und dem Gaststaat *ad hoc*-Tribunale einberufen, die meist aus drei Privatpersonen bestehen und von den Streitparteien ernannt werden. Diese Schiedsrichter werden per Stunden- bzw. Tageshonorar pro Verfahren entlohnt.[738] Beim meistgenutzten Investitionsschiedsverfahren, dem ICSID, verdienen die Schiedsrichter durch-

---

733 *Eberhardt*, ebd., S. 12.

734 Vgl. *G. B. Born/E. G. Shenkman*, Confidentiality and Transparency in Commercial and Investor State International Arbitration, in: Rogers/Alford (Hrsg.), The Future of Investment Arbitration, 2009, S. 5 ff.

735 Vgl. *Schmitt* (Fn. 2), S. 409.

736 Z.B.: Im Fall *CME/Lauder* gegen die Regierung der Tschechischen Republik entsprach die Strafe, die mit dem Schiedsspruch erging, nahezu dem Gesundheitshaushalt des Landes (353 Mio. USD), UNCITRAL (*CME Szech Republic B.V. (Netherlands) v. The Czech Republic*), Final Award, v. 14.03.2003, S. 161; vgl. *Woolcock* (Fn. 283), S. 55.

737 Vgl. *G. van Harten*, Arbitrator Behavior in Asymmetrical Adjudication, Osgoode Hall Law Journal, 50/1, 2012, S. 211 (218),unter: http://digitalcommons.osgoode.yorku.ca/cgi/viewcontent.cgi?article=1036&context=ohlj, zuletzt gesehen: 27.11.2014.

738 Vgl. *Eberhardt* (Fn. 732), S. 9.

schnittlich 3.000 US-Dollar am Tag.[739] Dabei ist es bemerkenswert, dass in der Regel immer die gleichen 15 Schiedsrichter ausgewählt werden, die 55 Prozent aller bis Ende 2011 angefallenen Investitionsschiedsverfahren entschieden haben.[740] Das Vorliegen eines möglichen Interessenkonflikts ist naheliegend. Je erfolgreicher die Klagen der Investoren sind, desto mehr Klagen werden eingereicht, wodurch auch die Nominierungen und Einkünfte der Schiedsrichter steigen.[741]

Weil beim Investor-Staat-Schiedsverfahren nur der Investor klagebefugt ist, liegt es im Eigeninteresse der Schiedsrichter „investorenfreundliche Urteile" zu fällen.[742] Nach einer empirischen Untersuchung neigen die Schiedsrichter dazu bestimmte Klauseln großzügig auszulegen und damit zugunsten des Investors zu interpretieren.[743] Weiterhin stützt die Untersuchung die Hypothese, dass die Schiedsrichter das Recht tendenziell auf eine Weise deuten, dass Klagen gefördert und eher die wirtschaftlichen Positionen der Klagenden unterstützt werden. Die Geeignetheit eines Investor-Staat-Schiedsverfahrens die gesamten staatlichen Regulierungsinstrumente zu überprüfen und die Bereitschaft der Union ihr Recht von diesen privaten Schiedsrichtern überprüfen zu lassen sind zu bezweifeln.[744]

6. Zwischenergebnis

Obwohl die EU in ihrem Investitionsschutzabkommen Klauseln über die Streitbeilegung aufnehmen kann,[745] darf die Autonomie des Rechtssystems der Union nicht verletzt werden. Das Monopol zur Überprüfung von Rechtsakten der EU-Organe, zur Auslegung und Anwendung von Verträgen und zur Entscheidung über die Kompetenzverteilung zwischen Union und Mitgliedstaaten obliegt ausschließlich dem EuGH.[746] Durch internationale Abkommen gegründete Gerichte dürfen

---

739 *International Centre for Settlement of Investment Disputes*, Shedule of Fees, 2017, Washington, unter https://icsid.worldbank.org/en/Pages/icsiddocs/Schedule-of-Fees.aspx, zuletzt gesehen: 18.04.2018.

740 *Eberhardt, Pia/Olivet, Cecilia*, Corporate Europe Observatory/Transnational Institute, Profiting from injustice. How law firms, arbitrators and financiers are fuelling an investment arbitration boom, Brüssel/Amsterdam, 2012, S. 38, unter: http://www.tni.org/sites/www.tni.org/files/download/profitingfrominjustice.pdf, zuletzt gesehen: 27.11.2014; vgl. *Eberhardt* (Fn. 732), S. 9.

741 Vgl. *Eberhardt*, ebd., S. 9.

742 *Eberhardt*, ebd., S. 10.

743 Vgl. *van Harten* (Fn. 737), S. 211 (237 ff.); *Eberhardt* (Fn. 732), S. 10.

744 Vgl. *Eberhardt*, ebd., S. 10 f.

745 Vgl. *Bings* (Fn. 2), S. 111 f.

746 Vgl. *Müller* (Fn. 669), S. 851 (853).

weder die ausschließliche Kompetenz des EuGH zur Auslegung der Verträge beeinträchtigen noch über die Kompetenzverteilung zwischen den Mitgliedstaaten und der Union entscheiden oder sie verfälschen. Weiterhin haben sie der Union und ihren Organen bei der Ausübung ihrer internen Zuständigkeiten keine bestimmte Auslegung der Regeln des Unionsrechts vorzugeben oder den nationalen Gerichten der Mitgliedstaaten das Recht bzw. die Pflicht zur Vorlage von Auslegungsfragen an den EuGH gemäß Art. 267 AEUV zu entziehen. Zur Wahrung der Autonomie der Unionsrechtsordnung könnte die Aufnahme von Regelungen in das EU-Investitionsschutzabkommen in Betracht gezogen werden, die die Jurisdiktion des eingerichteten Schiedsgerichts über eine diesbezügliche Auslegung begrenzt.

Als weitere Problematik im Rahmen der Streitschlichtung ist der Zugang der EU zu dem im Moment wichtigstem Investitionsschiedsgericht verwehrt. Selbst wenn das ICSID-Schiedsgericht weder die Autonomie der Unionsrechtsordnung gefährdet, noch das Rechtssprechungsmonopol des EuGH verletzt, kann die EU als supranationale Organisation nicht als Partei bei diesem Investitionsschiedsverfahren auftreten. Außerdem sind hierfür, wie bereits durch die Kommission selbst festgestellt, die vorhandenen Strukturen nicht in Gänze auf die Europäische Union übertragbar.[747]

Eine Alternative stellt der Abschluss eines gemischten Investitionsschutzabkommens dar. Dies könnte dazu beitragen den Durchsetzungsmechanismus des ICSID-Schiedsverfahrens beim EU-Investitionsschutzabkommen anzuwenden, da die meisten EU-Mitgliedstaaten auch Mitglieder der ICSID-Konvention sind. Die nähere Untersuchung brachte jedoch zum Vorschein, dass auch die Streitbeilegung im Rahmen des ICSID-Schiedsverfahrens gewisse Nachteile mit sich bringt. Diese liegen vor allem in der zweifelhaften Neutralität der Schiedsrichter, dem hohen finanziellen Risiko seitens der Staaten und der Schmälerung der Demokratie. Es ist daher empfehlenswert im Zusammenhang mit internationalen EU-Investitionsschutzabkommen über andere Alternativen, wie der Schaffung eines ständigen internationalen Investitionsschiedsgerichtshofs, nachzudenken.

Ein solcher Schritt führt zu keiner unmittelbaren Lösung, weil die Einrichtung eines Gerichts viel Zeit und Aufwand in Anspruch nimmt. Ungeachtet dessen bliebe der EuGH das einzige Gericht, das die Kompetenz zur Auslegung und Anwendung des Unionsrechts besäße.[748] Unabhängig davon, dass ein konkreter Lösungsansatz an dieser Stelle noch erarbeitet werden müsste, stellt die Ein-

---

747 *Europäische Kommission,* KOM(2010)343 endgültig, 07.07.2010, S. 11.

748 Vgl. *N. Lavranos,* The ECJ's Relationship with Other International Courts and Tribunals, unter: http://papers.ssrn.com/sol3/papers.cfm?abstract_id=1672727, letzter Zugriff: 17.02.2014.

richtung eines ständigen internationalen Schiedsgerichts unter Abwägung aller betrachteten Aspekte auf lange Sicht den vielversprechendsten Ansatz für eine transparente, einheitliche und objektive Streitbeilegung dar.

IV. Problematik der Haftungsverteilung

1. Einführung

Ein wichtiger Teil des Investitionsschutzes ist die Haftung bei Verletzung eines Investitionsschutzabkommens. Vor dem Vertrag von Lissabon hafteten die Mitgliedstaaten bei der Verletzung des bilateralen Investitionsschutzabkommens selbst. Nach Inkrafttreten des Vertrages und der Übertragung der ausschließlichen Kompetenz zur Regelung von Direktinvestitionen fragt sich aus Sicht der Investoren, wer nun die Verantwortlichkeit für Verletzungen von Verpflichtungen aus dem Investitionsschutzabkommen trägt.[749] Nach allgemeinem Völkerrecht wird nur diejenige internationale Organisation an die Verpflichtung gebunden, die sie eingegangen ist. Bei einem Verstoß wird diese zur Verantwortung gezogen, wenn die Verletzung eine zurechenbare Handlung darstellt.[750]

Wenn ein Mitgliedstaat nicht als Partei eines EU-Investitionsschutzabkommens auftritt, kann er nicht zur Verantwortung gezogen werden. Zu beachten ist jedoch, dass selbst eine Klage gegen die EU nur dann zulässig ist, wenn die Handlung des Mitgliedstaats der EU zugerechnet werden kann.[751]

2. Verordnung über die finanzielle Verantwortung bei Investor-Staat-Streitigkeiten vor Schiedsgerichten

a. Einführung

Am 23. Juli 2014 erließen der Rat und das Europäische Parlament eine Verordnung[752], die die finanzielle Verantwortung bei Investor-Staat-Streitigkeiten vor

749 Vgl. *Bings* (Fn. 2), S. 189.

750 Vgl. *L. Mola*, Which role for the EU in the development of international investment law?, SIEL Inaugural Conference, Geneva, July 15–17, 2008, Working Paper No. 26/08, Punkt 5.3.

751 Vgl. *Schmitt* (Fn. 2), S. 431.

752 Verordnung (EU) Nr. 912/2014 des Europäischen Parlaments und des Rates vom 23. Juli 2014 zur Schaffung der Rahmenbedingungen für die Regelung der finanziellen Verantwortung bei Investor-Staat-Streitigkeiten vor Schiedsgerichten, welche durch internationale Übereinkünfte eingesetzt wurden, bei denen die Europäische Union Vertragspartei ist, ABl. L 257/121.

Schiedsgerichten festlegt. Betroffen sind Fälle internationaler Übereinkünfte, bei denen die Union oder ein Mitgliedsstaat als Vertragspartei involviert sind. Die Verordnung findet nur dann Anwendung, wenn die Übereinkünfte einen Investor-Staat-Streitbeilegung (ISDS) Mechanismus vorsehen. Ihr Zweck liegt darin klarzustellen, ob Union oder Mitgliedstaaten die Haftung bei der Verletzung von Verpflichtungen aus dem EU-Investitionsschutzabkommen übernehmen. Dabei werden gemäß Art. 1 nicht die Annahme und die Anwendung der in den Verträgen festgelegten Aufteilung der Zuständigkeiten berührt.

Geregelt werden gemäß Art. 24 nur Streitigkeiten, bei denen der Antrag auf Einleitung eines Schiedsverfahrens nach dem 17. September 2014 eingereicht wurde und die eine Behandlung betreffen, die nach dem 17. September 2014 vorgenommen wurde. Die Verordnung könnte ebenfalls für die Verteilung der Kosten im Rahmen der Transatlantischen Handels- und Investitionspartnerschaft (TTIP) und des Umfassenden Wirtschafts- und Handelsabkommens der EU mit Kanada (CETA) relevant sein.

b. Relevante Definitionen

Im Sinne dieser Verordnung ist eine „Übereinkunft" jedes internationale Abkommen, das Bestimmungen über ausländische Direktinvestitionen enthält. Dabei ist als Vertragspartei entweder die Union allein oder gemeinsam mit ihren Mitgliedstaaten zu verstehen. Im Rahmen der Übereinkunft ist die Beilegung von Investor-Staat-Streitigkeiten vorgesehen. Die Kommission wird im Amtsblatt der Europäischen Union in einem Verzeichnis, das regelmäßig aktualisiert wird, alle Übereinkünfte veröffentlichen, die unter diese Verordnung fallen.

Unter „Finanzielle Verantwortung" ist gem. Art. 2 der Verordnung die Verpflichtung einen Geldbetrag zu zahlen zu verstehen. Dieser Geldbetrag wird entweder durch ein Schiedsgericht der Partei zugesprochen oder im Rahmen eines Vergleichs vereinbart. Schiedskosten sind in dieser Definition eingeschlossen.

Ein „Betroffener Mitgliedstaat" ist hier ein Mitgliedstaat, der die scheinbar nicht mit der Übereinkunft zu vereinbarende Behandlung vorgenommen hat.

Ein „Schiedsgericht" wird als jede Person oder Stelle beschrieben, die aufgrund einer Übereinkunft dafür zuständig ist, in einer Investor-Staat-Streitigkeit Entscheidungen zu treffen. Welches Schiedsgericht einberufen wird, hängt von den Bestimmungen in jedem einzelnen EU-Investitionsschutzabkommen ab. Ein ICSID-Schiedsverfahren kann jedoch in einer Übereinkunft, bei der die Union ohne ihre Mitgliedstaaten Vertragspartei ist, nicht vorgesehen werden, da der Union selbst der Weg zum ICSID-Schiedsverfahren verwehrt ist.

Eine „Streitigkeit“ ist im Sinne der Verordnung die Auseinandersetzung über einen Anspruch, den der Schiedskläger gegen die Union oder einen Mitgliedstaat gemäß einer Übereinkunft geltend macht und über den ein Schiedsgericht befindet.

c. *Aufteilung der finanziellen Verantwortung zwischen Union und Mitgliedstaaten*

Art. 3 der Verordnung beschreibt Kriterien, unter welchen die finanzielle Aufteilung der Verantwortung stattfindet. Demnach liegt diese bei der Union, wenn sie sich aus einer von einem Organ, einer Einrichtung oder einer sonstigen Stelle der Union vorgenommenen Behandlung ergibt. Hingegen die Verantwortung dem betroffenen Mitgliedstaat obliegt, wenn sie aus einer von ihm vorgenommenen Handlung folgt.

Im Falle einer durch das Unionsrecht festgelegten Behandlung liegt die finanzielle Verantwortung, die sich aus der Aktion eines Mitgliedstaats ergibt, bei der Union (Art. 3 Abs. 1 Buchst. c)). War der Mitgliedstaat allerdings gezwungen nach dem Unionsrecht zu handeln, um die Unvereinbarkeit einer früheren Handlung mit dem Unionsrecht zu beseitigen, so hat er dennoch die finanziellen Folgen zu tragen. Dies gilt nicht, sollte die frühere Handlung nach dem Unionsrecht vorgeschrieben gewesen sein.

Art. 3 Abs. 3 der Verordnung sieht Ausnahmen von Abs. 1 vor. Demnach wird die finanzielle Verantwortung dem betroffenen Mitgliedstaat zugeschrieben, wenn er diese in dem Fall übernommen hat. Voraussetzung hierfür ist das Auftreten der Union als Schiedsbeklagte in einer Streitigkeit, in der einem Mitgliedstaat die etwaige finanzielle Verantwortung ganz oder teilweise zukommen würde. Außerdem kann der Mitgliedstaat die finanzielle Verantwortung per Vergleich übernehmen, wenn die Union die Schiedsbeklagte in einer solchen Streitigkeit ist, welche ausschließlich ein von einem Mitgliedstaat vorgenommenes Vorgehen tangiert.

Art. 3 Abs. 4 sieht auch eine Ausnahme hinsichtlich der finanziellen Verantwortung seitens der Union vor. Diese obliegt der Union, wenn sie nach Art. 4 als Schiedsbeklagte in Erscheinung tritt. Art. 4 Abs. 1 besagt nichts anderes, als dass die Union als Schiedsbeklagte anzusehen ist, wenn die Streitigkeit eine Handlungsweise darstellt, die von einem Organ, einer Einrichtung oder einer sonstigen Stelle der Union vorgenommen wurde.

Auf den ersten Blick kopiert Art. 4 Abs. 1 der Verordnung den Wortlaut von Art. 3 Abs. 1 Buchst. a). Bei genauerer Betrachtung offenbaren sich jedoch gewisse Unterschiede. Art. 3 Abs. 1 Buchst. a) zeigt an, unter welchen Bedingungen die finanzielle Verantwortung bei der Union zugeordnet wird. Art. 4 Abs. 1 i.V.m. Art. 3 Abs. 4 der Verordnung besagen, wann die Union als Schiedsbeklagte auftritt. Bemerkenswert ist, dass dies unter den gleichen Kriterien der Fall ist, unter denen sie auch die finanzielle Verantwortung trägt. Es besteht Klärungsbedarf, was mit der Regelung zur Verantwortung des Art. 3 Abs. 4 erreicht werden sollte. Die Norm wäre nachvollziehbar, wenn beispielsweise Art. 4 Abs. 1 vorgesehen hätte, dass die Union als Schiedsbeklagte auftritt, wenn z. B. die Streitigkeit eine Behandlung betreffen würde, die von den Mitgliedstaaten und seinen Organen ausginge. Faktisch betrachtet ist also Abs. 4 des Art. 3 der Verordnung überflüssig.

d. Ausschließliche oder geteilte finanzielle Verantwortlichkeit der Union

Die nähere Analyse der Verordnung lässt Indizien erkennen, dass die finanzielle Verantwortung bei denjenigen Investor-Staat-Streitigkeiten vor Schiedsgerichten, welche durch internationale Übereinkünfte eingesetzt wurden und bei denen die Europäische Union Vertragspartei ist, geteilter Art ist. Allein die grammatikalische Auslegung der Überschrift des Kapitels II „Aufteilung der finanziellen Verantwortung“ bestätigt diese Auffassung. Auch im Erwägungsgrund Nr. 5 der Verordnung liest sich das Gebot, der Aufteilung der finanziellen Zuständigkeit nach dem Verursacher der Behandlung heraus.

Die finanzielle Verantwortungsteilung und, dass die Union weder alleiniges Haftungssubjekt sein kann, noch dass der betroffene Mitgliedstaat, außer in den Ausnahmefällen nach Art. 9 der Verordnung, als Schiedsbeklagter auftritt, geben den deutlichen Hinweis, dass internationale Übereinkünfte über Direktinvestitionen in Zukunft augenscheinlich in Form von gemischten Abkommen abgeschlossen werden. Würde die Union im Gegensatz dazu selbstständig, ohne ihre Mitgliedstaaten Übereinkünfte mit Drittstaaten schließen, wäre sie gleichzeitig allein für die Verletzung der entsprechenden Verpflichtungen verantwortlich.[753] Die Union wäre somit alleiniges Haftungssubjekt.

Anders stellt sich der Fall dar, in dem das Abkommen als Gemischtes finalisiert würde. So könnten sowohl Mitgliedstaaten als auch Union für Pflichtverletzungen belangt werden. Dies ist ebenfalls in der Verordnung vorgesehen.

Vermeintlich betrifft die Verordnung lediglich interne Verpflichtungen und die Haftungsverteilung zwischen Union und Mitgliedstaaten, hat aber keine Außenwirkung oder Einfluss auf die Art der Übereinkünfte. Demzufolge würde bloß die Union Übereinkünfte über Direktinvestitionen, ohne Beteiligung der Mitglied-

---

753 EuGH, Rs. C-327/91 (*Frankreich/Kommission*), Urteil vom 09.08.1994, Slg. 1994, I-3641, Rn. 24 f.

staaten, abschließen. Dieser Umstand würde auch dann zutreffen, wenn im Anschluss die Haftung bei Verletzungen der Verpflichtungen durch die Mitgliedstaaten getragen werden müsste bzw. die Staaten als Schiedsbeklagte auftreten würden.

Eine solche Schlussfolgerung kann nicht gezogen werden. Bei alleinigem diesbezüglichem Beschluss durch die Union, bei einer gleichzeitigen finanziellen Haftung der Mitgliedstaaten im Verstoßfall, würde ein Eingriff der Union in die Kompetenzen der Mitgliedstaaten stattfinden. Daraus resultiert, dass das Abkommen nur gemeinsam von Union und Mitgliedstaaten vollzogen werden kann.[754]

V. Notwendigkeit von gemischten Abkommen der Europäischen Union und Mitgliedstaaten bei Investitionsschutzabkommen

Art 207 Abs. 1 AEUV überträgt der Union eine ausschließliche Kompetenz für Direktinvestitionen, gleichwohl bleiben manche Aspekte ungewiss. Portfolioinvestitionen, die Behandlung von Investitionen nach erfolgtem Marktzugang in den europäischen Raum, die Eigentumsordnung in verschiedenen Mitgliedstaaten i.S. des Art. 345 AEUV sowie einige Haftungsfälle aufgrund Verletzungen der Pflichten aus den neuen EU-Übereinkommen mit Drittländern werden nicht der ausschließlichen Kompetenz der Union zugeordnet. Deshalb ist die Prüfung anzustellen, ob ein gemischtes Investitionsschutzabkommen als Lösung für den umfangreichen Schutz von Investoren und zugunsten einer entsprechenden Rechtsicherheit darzustellen ist.

1. Definition und Voraussetzungen gemischter Abkommen

Gemischte Abkommen sind völkerrechtliche Übereinkommen, bei denen sowohl die Union als auch die Mitgliedstaaten als Vertragsparteien zusammen handeln. Zu ihnen gehören beispielsweise Assoziierungs- und Kooperationsabkommen, multilaterale Verträge, wie das WTO-Übereinkommen sowie diverse Rohstoffübereinkommen.

Der AEUV umfasst keine speziellen Normen, die den Abschluss gemischter Abkommen bestimmen. Die Definition von „gemischten Abkommen" spiegelt

754 So auch *A. Flessner*, Selbstermächtigung und Selbstentmachtung in einem – die Europäische Union und der Investorenschutz nach CETA, VerfBlog, 11.11.2014, unter: http://www.verfassungsblog.de/selbstermaechtigung-und-selbstentmachtung-einem-die-europaeische-union-und-der-investorenschutz-nach-ceta/, zuletzt gesehen: 09.01.2015.

sich im Schrifttum wieder.[755] Für das Zustandekommen der gemischten Abkommen gelten für die Union die Vorschriften des Art. 218 AEUV. Die Mitgliedstaaten handeln dagegen auf Grundlage ihrer nationalen Bestimmungen.[756] Die Pflicht zur Zusammenarbeit geht erstmalig aus dem Beschluss 1/78 des EuGH hervor. Der EuGH betonte, sollte sich herausstellen, dass „der Gegenstand eines Abkommens oder einer Vereinbarung teilweise in die Zuständigkeit der Gemeinschaft und teilweise in die der Mitgliedstaaten fällt, es durchaus angebracht [ist], von dem Verfahren des Art. 102 des Vertrages Gebrauch zu machen, wonach solche Verpflichtungen von der Gemeinschaft in Verbindung mit den Mitgliedstaaten übernommen werden können."[757]

Ein gemischtes Abkommen ist dann erforderlich, wenn und soweit sein Inhalt die Kompetenz der EU überschreitet und in den Zuständigkeitsbereich der Mitgliedstaaten übergreift.[758] Um festzustellen, ob ein Abkommen als gemischtes Abkommen umgesetzt werden muss, ist dessen Inhalt zu bewerten. Die Erforderlichkeit liegt vor, wenn Bereiche tangiert werden, für die die Union keine ausdrückliche oder implizite Kompetenz besitzt oder wenn das Abkommen nicht von der Union ohne die Beteiligung der Mitgliedstaaten realisiert werden kann.[759]

Selbst wenn das Abkommen lediglich einen kleinen Teil der Bereiche regelt, in denen die Mitgliedstaaten zuständig sind, sollte es als gemischtes Abkommen finalisiert werden. Maßgeblich ist das Abkommen in der Gesamtheit all seiner Teile und Vorschriften und nicht dessen Schwerpunkt.[760] Dies entspricht dem

755 Vgl. *A. Kumin/P. Bittner*, Die „gemischten" Abkommen zwischen der Europäischen Union und ihren Mitgliedstaaten einerseits und dritten Völkerrechtssubjekten andererseits, EuR, Beiheft 2, 2012, S. 75 (75).

756 Vgl. *Mögele* (Fn. 451), Art. 218, Rn. 30; *Kumin/Bittner* (Fn. 755), S. 75 (79).

757 EuGH, Beschluss 1/78 vom 14.11.1978 zum EAGV, Slg. 1978, I-2151, Rn. 34.

758 Vgl. *Nettesheim* (Fn. 498), S. 389 (433); *M. Krajewski*, Stellungnahme zur Frage, ob das geplante Freihandelsabkommen zwischen der EU und Peru und Kolumbien als sog. gemischtes Abkommen abgeschlossen werden muss, 2011, S. 1, unter: http://www2.weed-online.org/uploads/eu_kolumbienperufta_gemischtesabkommen.pdf, zuletzt gesehen: 19.04.2018

759 Vgl. *Nettesheim* (Fn. 498), S. 389 (433).

760 Vgl. *Krajewski* (Fn. 758), S. 2. Krajewski vergleicht den Abschluss des Abkommens mit der Problematik der Einstimmigkeit und Mehrheitsabstimmung im Rat, sog. „Pastis-Prinzip", wonach die Regel gilt, dass wenn ein Abkommen auch nur eine einzige Vorschrift enthält, die einen einstimmigen Ratsbeschluss erfordert, insgesamt nur einstimmig verabschiedet wird. Siehe auch *S. Mayr*, „Mixed" oder „EU-only" – Sind die Investitionsschutzbestimmungen im CETA von der Außenhandelskompetenz der EU „gedeckt"?, EuR 5 (2015), S. 575 (582 f.).

Grundsatz der begrenzten Einzelermächtigung, nach dem die Union nur innerhalb der Grenzen der Zuständigkeiten tätig wird, die ihr die Mitgliedstaaten in den Verträgen zur Realisierung der Ziele eingeräumt haben. Alle anderen Verantwortungsbereiche verbleiben bei den Mitgliedstaaten.

2. Gemischte Abkommen bei ausländischen Investitionen

Ob internationale Übereinkünfte über Investitionen als gemischte Abkommen getroffen werden sollen, hängt davon ab, ob vom Regelungsbereich sowohl ausländische Direktinvestitionen als auch Portfolioinvestitionen sowie andere Investitionsfragen, in denen der Union keine umfassenden Zuständigkeiten zukommen, erfasst werden. Die Union verfügt über eine ausschließliche Kompetenz nur bei Direktinvestitionen. Portfolioinvestitionen bleiben dabei nicht erfasst.

Unter Beachtung des Transparenz- und Rechtssicherheitsgebots ist ein solcher Zustand als kritisch einzustufen.[761] Da sich auch keine implizite Außenkompetenz der Union für den Abschluss der Abkommen über Portfolioinvestitionen entnehmen lässt, wäre die logische Folge ein Abkommen über Investitionen als Gemischtes zu schließen. Obwohl die Kommission in ihrer Mitteilung an den Rat, das Europäische Parlament, den Europäischen Wirtschafts- und Sozialausschuss sowie den Ausschuss der Regionen die Ansicht vertritt, dass sich aus den im AEUV-Kapitel über den Kapital- und Zahlungsverkehr vorgegebenen gemeinsamen Regeln implizit die ausschließliche Zuständigkeit der Union für den Abschluss von Abkommen in diesem Bereich ergäbe,[762] ändert dies nichts an der Tatsache, dass die Festlegung der Reichweite der Kompetenz der Europäischen Union für Auslandsinvestitionen nicht der Kommission, sondern dem EuGH obliegt. Zusätzlich soll die zukünftige Investitionspolitik der EU, unter Einbeziehung der Kompetenzen der Mitgliedsstaaten, gestaltet werden.[763]

Aus der vorangegangenen Analyse kann nicht geschlossen werden, dass der Union für ausländische Direktinvestitionen eine Kompetenz aus Art. 207 Abs. 1 AEUV auch für die Behandlung bereits zugelassener Investitionen zusteht. Somit zählen die sog. Behandlungsstandards wie die Meistbegünstigung, Inländer-

---

761 Vgl. *Tietje* (Fn. 123), S. 17.

762 Mitteilung der Kommission an den Rat, das Europäische Parlament, den Europäischen Wirtschafts- und Sozialausschuss und den Ausschuss der Regionen: Auf dem Weg zu einer umfassenden europäischen Auslandsinvestitionspolitik, KOM(2010), 343 endg., vom 07.07.2010, S. 9.

763 Council of the European Union, Conclusions on a comprehensive European international investment policy, 3041st Foreign Affairs Council meeting vom 25.10.2010, Rn. 7.

gleichbehandlung, faire und gerechte Behandlung, der Schutz und die Sicherheit sowie internationale Mindeststandards zum Verantwortungsbereich der Mitgliedstaaten. Ohne deren Beteiligung an einem internationalen Übereinkommen über ausländische Investitionen könnte die Union lediglich den Marktzugang von Direktinvestitionen festlegen. Ein hierauf begrenztes Abkommen, welches bereits zugelassenen Investitionen keinen Schutz bietet, würde in der Praxis seine Sinnhaftigkeit verlieren. Dieses risikobehaftete Szenario wäre für einen Investor aus einem Drittstaat schlichtweg unattraktiv. Deshalb ist ein gemischtes Investitionsschutzabkommen vorzuziehen um den Investoren eine rechtssichere Behandlung der Investitionen nach dem Marktzugang (*post-establishment* Phase) zu gewährleisten.

Eigentumsschutzfragen sind von Art. 207 Abs. 1 AEUV nicht erfasst, da die Verträge gem. Art. 345 AEUV die Eigentumsordnung in den verschiedenen Mitgliedstaaten unberührt lassen. Art. 345 AEUV kommt wegen seiner Formulierungen in Teil VII über die Allgemeinen und Schlussbestimmungen des AEUV eine besondere Rolle zu. Auch aus inhaltlich-systematischer Betrachtungsweise ist diese Vorschrift von großer Bedeutung, da sie die einzige Regelung im AEUV darstellt, welche der Union ihre Kompetenz absolut entzieht.[764] Demnach hat die Union keine ausschließliche Kompetenz für die Regelung von Enteignungsfragen in Investitionsschutzabkommen. Diese verbleibt bei den Mitgliedstaaten. Deshalb deckt nur ein gemischtes Abkommen alle Fragen bezüglich der Eigentumsordnung ausreichend ab.

Für diese Entscheidung spricht zusätzlich der Aspekt, dass falls in einem Investitionsschutzabkommen das ICSID als Streitbeilegungsinstitution vorgesehen wird, die Union vor diesem nicht als Partei in Erscheinung treten darf. Aus Investorensicht ist dieses Forum zur Streitbeilegung derzeit am vorteilhaftesten.

Die Haftungsfrage bei Pflichtverletzungen bekräftigt die Form eines gemischten Abkommens. Wenn die Mitgliedstaaten bei der Aushandlung der Rechte und Pflichten in Abkommen mit Drittstaaten und dessen Abschluss nicht mitgewirkt haben, kann ihnen auch keine finanzielle Verantwortung zugeschrieben werden.

3. Verhandlungsführung bei gemischten Abkommen

Bei einem gemischten Abkommen ist die Zuständigkeit der Verhandlungsführung mit dem Drittstaat bzw. den Drittstaaten zu definieren. Die EU könnte alle Verhandlungen zusammen mit den EU-Mitgliedstaaten führen. Bei einem anderen

---

764 Vgl. *D. Jungbluth*, Überformung der grundgesetzlichen Wirtschaftsverfassung durch Europäisches Unionsrecht, EuR 4 (2010), S. 471 (478).

Ansatz wäre die EU für die Gespräche zuständig, in denen sie die interne Zuständigkeit besitzt, wobei den Mitgliedstaaten die Verhandlungsführung für die in ihren Kompetenzbereich fallenden Bereiche zugesprochen würde.[765] Bei einer getrennten Verhandlung besteht die Gefahr, dass die Ergebnisse in der Praxis schwer umsetzbar sein können, da die Politikbereiche und Zuständigkeiten mitunter nur schwer trennbar sind.[766] Eine gemeinsame Verhandlungsführung über internationale Abkommen von EU und Mitgliedstaaten mit Drittstaaten ist daher effektiver.

Hier wird zwischen verschiedenen Modellen unterschieden.[767] Das wichtigste ist das „Rom-Formel“-Modell[768], bei dem Mitgliedstaaten und Union gegenüber dem Drittstaat einheitlich völkerrechtlich als eine Vertragspartei auftreten. Dabei sprechen sich die Mitgliedstaaten für die Gebiete, die ihrem Verantwortungsbereich angehören, intern ab. Die Kommission tritt als Sprecherin nach außen auf.[769] Sie ist aber nicht allein für den Ablauf der Vertragsverhandlungen verantwortlich, sondern zusammen mit dem Rat und den Mitgliedstaaten.[770] Man könnte dies als Widerspruch zum Wortlaut des Art. 218 Abs. 3 AEUV auffassen, nach dem nur die Kommission die Initiative zur Aufnahme von Verhandlungen besitzt.[771] Allerdings kann diese Bestimmung nicht in einem solch engen Sinne gedeutet werden, dass die Kommission die Verhandlungen ausschließlich allein durchführt.[772] Des Weiteren besteht die Pflicht der engen Zusammenarbeit zwischen EU und Mitgliedstaaten.[773]

4. Völkerrechtliche Verantwortlichkeit bei gemischten Abkommen

Bei gemischten Abkommen ist es aus Sicht der Drittstaaten bedeutsam, wer für die Umsetzung des Abkommens oder seiner einzelnen Teile verantwortlich ist und wer bei Pflichtverletzungen haftet. Hierbei ist zwischen den Rechten und Pflichten seitens der EU und denen der Mitgliedstaaten zu differenzieren.[774] Die

---

765 Vgl. *Kaiser* (Fn. 226), S. 58 f.
766 Vgl. *Kaiser*, ebd., S. 59; *Schmitt* (Fn. 2), S. 368.
767 Näher hierzu siehe *Kaiser* (Fn. 226), S. 62 ff.
768 Vgl. *Sattler* (Fn. 391), S. 136.
769 Vgl. *Kaiser* (Fn. 226), S. 64; *Sattler* (Fn. 391), S. 136.
770 Vgl. *Sattler*, ebd., S. 137.
771 Vgl. *T. Müller-Ibold*, in: Lenz/Borchardt (Hrsg.), EU-Verträge, 6. Aufl. 2012, Art. 218 AEUV, Rn. 2.
772 Vgl. *Sattler* (Fn. 391), S. 137.
773 Vgl. *Schmitt* (Fn. 2), S. 368; *Sattler* (Fn. 391), S. 142 f.
774 Vgl. *Kumin/Bittner* (Fn. 755), S. 75 (81).

tatsächliche Zuordnung von Verantwortung und Haftung wird in einem internen Prozess von Union und Mitgliedstaaten geklärt.

Eine solche Haftungsaufteilung ist in der schon erwähnten Verordnung über die finanzielle Verantwortung bei Investor-Staat-Streitigkeiten vor Schiedsgerichten verankert. Damit liegt eine interne Regelung vor, wann Union und wann Mitgliedstaaten die Haftung für die Verletzung der Pflichten aus einem internationalen Abkommen übernehmen.

5. Zwischenfazit

Die Kritiker von gemischten Abkommen beanstanden, dass vor allem die Mitgliedstaaten aus rein politischen Gründen für den Abschluss solcher Abkommen plädieren würden, selbst wenn eine ausschließliche Zuständigkeit der Union vorläge.[775] Es bestünde die Gefahr einer Aushöhlung der Unionskompetenzen.[776] Dem widerspricht, dass der Union bezüglich des Abschlusses von internationalen Übereinkünften über ausländische Investitionen keine allumfassende Kompetenz zusteht. Zudem kann nicht außer Acht gelassen werden, dass trotz des teilweisen Souveränitätsverzichts der Mitgliedstaaten beim Beitritt in die Union und der damit verbundenen Übertragung von Kompetenzen die Staaten ihre Souveränität nicht komplett aufgegeben haben. Außerdem stellen die Außenpolitik und somit auch der Abschluss internationaler Übereinkünfte das Kerngebiet der Staaten als autonome Völkerrechtssubjekte und unmittelbarer Ausdruck ihrer staatlichen Souveränität (auch in den Augen von Drittstaaten) dar.[777]

Ein Abschluss gemischter Abkommen ist dennoch nicht in Gänze unproblematisch. Bei diesen beteiligen sich alle Mitgliedstaaten nicht nur über den Rat, sondern auch durch ein nationales Ratifikationsverfahren. Sowohl das Europäische Parlament als auch alle nationalen Parlamente müssen dem Abkommen zustimmen.[778] Hierbei besteht das Risiko, dass die nationalen Parlamente den Prozess des Inkrafttretens durch die Nicht-Ratifizierung des Abkommens ver-

---

775 Vgl. *Kaiser* (Fn. 226), S. 35.

776 Vgl. *T. Henze*, Aufgaben- und Ausgabenkompetenz der Europäischen Gemeinschaft und ihrer Mitgliedstaaten im Bereich der Entwicklungspolitik, EuR 1/2 (1995), S. 76 (81).

777 Vgl. *Kaiser* (Fn. 226), S. 36; *A. Dashwood*, Why Continue to Have Mixed Agreements at All?, in: Bourgeois/Dewost/Gaiffe (Hrsg.), La Communauté européenne et les accords mixtes, 1997, S. 93 (93).

778 Vgl. *F. C. Mayer*, Stellt das geplante Freihandelsabkommen der EU mit Kanada (Comprehensive Economic and Trade Agreement, CETA) ein gemischtes Abkommen dar?, 2014, S. 1.

zögern können.[779] Im Rahmen von Investitionsschutzabkommen mit Drittstaaten herrschen mitunter unterschiedliche Interessenlagen bei den Mitgliedstaaten.[780] Es ist ein Augenmerk darauf zu legen, dass die Europäische Union gemäß Art. 1 des EU-Vertrags zum Zwecke der Verwirklichung der gemeinsamen Ziele der Mitgliedstaaten gegründet wurde. Daher ist es naheliegend, dass bei der Verhandlung eines Investitionsschutzabkommens mit Drittstaaten, die Interessen einzelner Mitgliedstaaten Berücksichtigung finden.

Ungeachtet der Berücksichtigung der bekannten Problematiken bildet der Abschluss solcher Übereinkünfte zurzeit die einzige greifbare Lösung. In der Praxis wäre es schwierig, wenn nicht gar unmöglich, ein „reines" Investitionsschutzabkommen auszuhandeln, in dem nur Regelungsbereiche berührt werden, die dem Verantwortungsbereich der Union angehören, ohne dabei Zuständigkeitsgebiete der Mitgliedstaaten zu tangieren. Auch haben die Mitgliedstaaten die nötige Erfahrung im Bereich des internationalen Investitionsschutzes, um durch ihre Beteiligung an einem gemischten Abkommen eine umfangreiche Investitionssicherheit für Investoren sicherzustellen.[781]

VI. Zusammenfassung des Kapitels

Unter Titel I des Ersten Teils (Art. 2 bis Art. 6) AEUV werden die Arten und Bereiche der Kompetenzen der Union abgebildet. Die einzelnen Kompetenzvorschriften verteilen sich über den gesamten AEUV. Der Begriff der Kompetenz wird hier als Handlungsmacht verstanden, Aufgaben zu erfüllen und hoheitliche Rechtsakte zu erlassen.

Mit dem Vertrag von Lissabon wurden die Kompetenzen der Union hinsichtlich der für diese Arbeit relevanten ausländischen Direktinvestitionen erweitert. Art. 207 AEUV begründet die Unionskompetenz zum Tätigwerden sowie die Wahrnehmungsbedingungen dieses Politikbereichs. Portfolioinvestitionen sind hiervon ausgeklammert. Für diese besitzt die EU keine ausschließliche Zuständigkeit.

Art. 3 Abs. 1 AEUV weist der Union eine ausschließliche Innenkompetenz für die gemeinsame Handelspolitik zu. Folgt man vorangegangener Analyse, ist die Kompetenz der Union zur Regelung von ausländischen Direktinvestitionen auf

---

779 Vgl. *Mayer*, ebd., S. 1; *Schmitt* (Fn. 2), S. 369; *Eeckhout* (Fn. 282), S. 258 f.; *F. Hoffmeister*, Curse or Blessing? Mixed Agreements in the Recent Practice of the European Union and its Member States, in: Hillion/Koutrakos (eds.), Mixed Agreements Revisited, 2010, S. 249 (256).

780 Vgl. *Schmitt* (Fn. 2), S. 369.

781 Vgl. *Tietje* (Fn. 123), S. 21; *Braun* (Fn. 370), S. 191 (195 f.).

handelsbezogene Aspekte beschränkt.[782] Die grammatikalische, systematische und teleologische Auslegungsmethoden liefern kein eindeutiges Ergebnis über die Reichweite der Unionskompetenz aus Art. 207 Abs. 1 AEUV. Die historische Auslegungsmethode deutet darauf hin, dass diese Kompetenz beschränkt ist. Jedoch kann der Versuch mithilfe des Vertrags von Lissabon für eine einheitliche Rechtslage auf dem Gebiet der Investitionen zu sorgen, nicht als vollständig gelungen bezeichnet werden. Es gilt den Wortlaut des Art. 207 Abs. 1 AEUV zu präzisieren, und die Reichweite der Kompetenz der EU klar zu definieren.

Schranken der EU-Kompetenz zur Regelung ausländischer Direktinvestitionen enthält zudem Art. 207 Abs. 6 AEUV. Diese beziehen sich sowohl auf die Innen- als auch auf die Außenkompetenz. Demnach darf die Union keine internationalen Übereinkünfte in den Politikbereichen abschließen, die dem Harmonisierungsverbot unterliegen.

Nach Art. 345 AEUV erlangt die Union keine ausschließliche Kompetenz für solche Abkommen, die Eigentumsfragen der Mitgliedstaaten behandeln. In diesem Fall sollte das Investitionsschutzabkommen als ein gemischtes Abkommen umgesetzt werden. Art. 64 Abs. 2 und 3 AEUV betrifft ausschließlich die interne Kompetenz der EU. Eine Limitierung ihrer Außenkompetenz zur Regelung von ausländischen Direktinvestitionen kann aus Art. 64 Abs. 2 und 3 AEUV nicht gefolgert werden. Dennoch kommt der EU nach Art. 207 Abs. 1 AEUV keine umfassende Kompetenz für ausländische Direktinvestitionen zu. Andere Bestimmungen des Vertrages können keine ausdrückliche ausschließliche Innen- oder Außenkompetenz der EU begründen.

Die untersuchten Vorschriften des AEUV zu den impliziten Kompetenzen der EU lassen den Schluss zu, dass die Union die Handlungsmacht regelmäßig erlangt, wenn die Kompetenz zur Erreichung eines der in den Verträgen festgesetzten Ziele erforderlich ist. Diese Voraussetzung wird im Regelfall erfüllt, da die Auslegung des Art. 216 Abs. 1 2. Var. AEUV weit umfassend ist. In diesen Fällen verfügt die Union lediglich über eine implizite geteilte Außenkompetenz für ausländische Direktinvestitionen. Daneben könnte ihr bei Portfolioinvestitionen im Bereich der Kapital- und Zahlungsverkehrsfreiheit und auf Grundlage des Art. 352 AEUV eine implizite geteilte Außenkompetenz zugesprochen werden, da Art. 216 Abs. 1 2. Var. AEUV nicht an eine entsprechende Innenkompetenz geknüpft ist. Hier ist es ausreichend, dass die Verwirklichung der in den Verträgen festgesetzten Ziele gefördert und erleichtert wird.

---

782 Vgl. *Krajewski* (Fn. 264), S. 91 (113 f.); *Geiger* (Fn. 236), S. 76 ff.; *Tietje* (Fn. 123), S. 15; *ders.* (Fn. 259), S. 33 (50); *Johannsen* (Fn. 148), S. 16 ff.; *Weiß* (Fn. 237), Art. 207 AEUV, Rn. 40; *Hahn* (Fn. 229), Art. 207 AEUV, Rn. 67 ff.

Ferner könnte der EU in vollständig harmonisierten Bereichen der Niederlassungsfreiheit eine implizite ausschließliche Außenkompetenz zur Regelung von ausländischen Direktinvestitionen zukommen (Art. 216 Abs. 1 4. Var. i.V.m. Art. 3 Abs. 2 3. Var. AEUV). Andere Voraussetzungen zur Erlangung der impliziten Außenkompetenzen sind nicht erfüllt. Aufgrund der nicht allumfassenden Kompetenz der EU zur Regelung von ausländischen Investitionen ist festzuhalten, dass die Beteiligung der Mitgliedstaaten beim Abschluss internationaler Investitionsschutzabkommen notwendig ist.

Für ein gemeinsames Vorgehen spricht daneben, dass der EU der Weg zum ICSID-Schiedsverfahren, sollte dieses in dem internationalen Investitionsschutzabkommen vorgesehen sein, verwehrt bleibt. Eine Absicherung zur Wahrung von Investorenrechten ist in einem Investitionsschutzabkommen unverzichtbar. Aus diesem Grund müssen Klauseln eines Investor-Staat-Schiedsverfahrens in das Abkommen aufgenommen werden. Wie bereits dargelegt, offenbart die Streitbeilegung im Rahmen des ICSID-Schiedsverfahrens einige Mängel. Zu ihnen zählen die fehlende Neutralität der Schiedsrichter, das verhältnismäßig hohe finanzielle Risiko für die Staaten und ein möglicher Einschnitt in die Demokratie. Die ersatzweise Schaffung eines gerichtlichen Mechanismus im Rahmen des Unionsrechts ist ebenfalls nicht ohne Weiteres bedenkenlos umsetzbar. Hier besteht die Gefahr der Beeinträchtigung der Autonomie des Rechtssystems der Union. Außerdem könnte es rechtspolitisch schwer realisierbar sein, dass sich Drittstaaten einem Streitbeilegungsmechanismus per völkerrechtlichem Abkommen unterordnen, welches im Rahmen des Unionsrechts geschaffen wurde. Die alternative Einrichtung eines ständigen internationalen Investitionsschiedsgerichts ist als langfristig beste Option zu bewerten, selbst wenn es das Problem der Streitbeilegung nicht kurzfristig behebt.

Die neue Verordnung der Union zur finanziellen Verantwortung bei Investor-Staat-Streitigkeiten inkludiert eine Verantwortungsaufteilung beim Verstoß gegen Verpflichtungen aus einem Investitionsschutzabkommen. Die Verordnung sieht Wege vor, die Mitgliedstaaten zur finanziellen Verantwortung zu ziehen. Infolgedessen sollten solche Abkommen über ausländische Investitionen, die Bestimmungen zum Investor-Staat-Schiedsverfahren enthalten, im Einvernehmen mit den Mitgliedstaaten vereinbart werden.

Letztlich ist auch der Abschluss von internationalen Investitionsschutzabkommen in Form von gemischten Abkommen nicht hindernisfrei. Dennoch stellt dies die pragmatischste Lösung dar, weil der Abschluss eines „reinen“ Investitionsschutzabkommens nur über solche Regelungsbereiche, die zur ausschließlichen Kompetenz der Union fallen, in der Praxis kaum durchführbar ist.

Nachfolgend wird untersucht, ob diese Annahme in den neuen Handelsabkommen der Union mit den USA und Kanada bestätigt wird.

D. Die neuen Handelsabkommen der EU

I. Freihandelsabkommen der EU mit Kanada (CETA)

1. Einführung

Im internationalen Welthandel sind Freihandelsabkommen zwischen Industrieländern unerlässlich. Handelsbarrieren und Zölle sollen durch Freihandelsabkommen abgeschafft werden, da sie „nicht mehr in eine Wirtschaftsstruktur, die immer neue Märkte und Produktionsstätten benötigt“[783], passen. Deshalb ist das neue Freihandelsabkommen zwischen der EU und Kanada generell als positiv zu bewerten.

Dennoch sind einige Passagen des Abkommens kritisch zu durchleuchten. Dies betrifft vor allem das Kapitel über das Investor-Staat-Schiedsverfahren. Daneben ist eine mögliche Überschreitung der Verhandlungskompetenz der EU zu untersuchen und zu prüfen, ob das Abkommen als „gemischtes Abkommen“ verabschiedet werden muss.

Das *Comprehensive Economic and Trade Agreement* (CETA) ist ein umfassendes, vor Kurzem ausgehandeltes Wirtschafts- und Handelsabkommen zwischen der EU und Kanada. Nach mehrjährigen Verhandlungen wurde am 1. August 2014 ein erster konsolidierter Vertragstext für das CETA vorgelegt.[784] Die Verhandlungen über dieses Abkommen zwischen der EU Kommission und der kanadischen Seite begannen im Juni 2009 und wurden Mitte 2014 erfolgreich beendet. Der Text des Abkommens umfasst etwa 200 Seiten. Mit Anhängen und weiteren Dokumenten beträgt sein Umfang insgesamt ca. 1600 Seiten.

Am 21. September 2017 ist das CETA vorläufig in Kraft getreten. Der größte Teil des Abkommens findet bereits Anwendung. Jedoch wird das Abkommen erst nach dem Abschluss des Ratifizierungsverfahrens in den Mitgliedstaaten uneingeschränkt gültig sein.

2. Ziele des Abkommens

Das CETA verfolgt als primäres Ziel die Stärkung der wirtschaftlichen Beziehungen zwischen der EU und Kanada. Dabei soll der Marktzugang für Industriegüter,

---

783 Vgl. *S. Jacob*, Vom Richter zum Schiedsrichter?, unter: http://www.jacoblaw.com/ceta-kanada-und-die-eu/, zuletzt gesehen: 18.04.2018.

784 Vgl. *Mayer* (Fn. 778), S. 1; Konsolidierte Fassung unter: http://trade.ec.europa.eu/doclib/docs/2014/september/tradoc_152806.pdf, zuletzt gesehen: 27.01.2015.

Agrarprodukte und Dienstleistungen verbessert werden.[785] Alle Zölle auf Industriewaren sowie weitestgehend in der Landwirtschaft und im Lebensmittelsektor sollen abgeschafft werden. Als weiterer Schritt wird EU-Unternehmen der Zugang zu öffentlichen Aufträgen in Kanada ermöglicht. So können Unternehmen aus der Europäischen Union bei öffentlichen Ausschreibungen in Kanada auf allen Verwaltungsebenen Angebote einreichen. Das CETA zielt auf eine größere Transparenz und engere Kontakte zwischen der EU und Kanada bei technischen Vorschriften ab.

Ferner sollen die Rahmenbedingungen für die Rechte an geistigem Eigentum in Kanada und der EU angeglichen werden. Ein weiteres Augenmerk wird auf die Garantie eines besseren Schutzes für europäische Innovationen, Kunstwerke und Marken vor unrechtmäßigem Kopieren gelegt. Landwirtschaftlichen Erzeugnissen mit einem besonderen geografischen Ursprung soll ein besonderer Status und Schutz auf dem kanadischen Markt eingeräumt werden. Auch der Handel mit Dienstleistungen soll künftig durch das CETA erleichtert werden.[786] Das Abkommen enthält die für diese Arbeit relevanten Bestimmungen zum Investitionsschutz und zu den Investor-Staat-Schiedsverfahren, welche nachfolgend näher betrachtet werden.

Bei der Umsetzung der Ziele soll das Abkommen sicherstellen, dass „die wirtschaftlichen Vorteile nicht auf Kosten der Demokratie, der Gesundheit und Sicherheit der Verbraucher, der Sozial- und Arbeitnehmerrechte oder des Umweltschutzes gehen".[787] Das Abkommen ist in der Öffentlichkeit und Politik auf harte Kritik gestoßen. Vor allem das Kapitel über die Investitionsförderung und den Investitionsschutz wird bemängelt.

3. Investitionsförderung und Investitionsschutz

a. Allgemeines

Der Inhalt des Abkommens zur Investitionsförderung und zum Investitionsschutz ist näher zu analysieren. Nur auf diese Weise lässt sich feststellen, ob das Abkommen allein durch die EU abgeschlossen werden kann oder als „gemischtes Abkommen" abgeschlossen werden muss.

---

785 CETA – Comprehensive Economic and Trade Agreement, unter: http://www.bmwi.de/DE/Themen/Aussenwirtschaft/ceta.html, zuletzt gesehen: 02.09.2017.

786 Ausführlicher zu den Zielen des Abkommens, siehe: Umfassendes Wirtschafts- und Handelsabkommen EU-Kanada (CETA), unter: http://ec.europa.eu/trade/policy/in-focus/ceta/index_de.htm, zuletzt gesehen: 02.09.2017.

787 Ebd., zuletzt gesehen: 02.09.2017.

Der ursprüngliche Entwurf des CETA-Abkommens vom 1. August 2014 umfasste Bestimmungen zum Investitionsschutz und zum Investor-Staat-Schiedsverfahren. Die hierzu relevanten Regelungen waren ursprünglich in Kapitel 10 (*Investment*) und Kapitel 15 (*Financial Services*) aufgelistet. Im Jahr 2016 veröffentlichte die Europäische Kommission den finalen Text des CETA-Abkommens. Mittlerweile wird der Investitionsschutz in Kapitel 8 (*Investment*) und Kapitel 13 (*Financial Services*) behandelt. Im Vergleich zum ursprünglichen Text des Abkommens änderte sich die Definition eines *„Investments"* nicht.

Gemäß Art. 8.1 CETA sowie Art. X.3 der Anfangsfassung ist eine Investition jede Art von Vermögenswert, den ein Investor besitzt oder direkt bzw. indirekt kontrolliert. Dieser Vermögenswert muss zudem die Eigenschaften einer Investition aufweisen, welche eine bestimmte Laufzeit sowie andere Merkmale, wie beispielsweise die Kapitalbindung oder die anderer Ressourcen, die Gewinnerwartung oder die Risikoübernahme umfassen.

Die Voraussetzungen der bestimmten Laufzeit und des eigenen Risikos erinnern an die in der ICSID-Praxis entwickelten Bedingungen zum Vorliegen einer Direktinvestition. Dennoch scheint die Definition der Investition im CETA-Abkommen umfassender zu sein. Die EU folgt hier dem in den meisten bilateralen Investitionsschutzabkommen (BIT's) verwendeten weiten kapitalbasierten (*„asset-based"*) Investitionsbegriff.[788]

Investitionen können laut CETA in Form eines Unternehmens, Aktien, Wertpapieren, anderer Arten von Unternehmensbeteiligungen, Anleihen, Schuldverschreibungen, Schuldtitel eines Unternehmens sowie als Darlehen an ein Unternehmen vorliegen. Umfasst sind auch Konzessionen, Bau-, Produktions- und Umsatzbeteiligungsverträge, geistige Eigentumsrechte sowie alle anderen beweglichen und unbeweglichen Sachen – sowohl materiell wie immateriell – und die verwandten Schutzrechte. Das CETA-Abkommen deutet den Investitionsbegriff folglich sehr weit umfassend.

Das Abkommen bekräftigt, dass eine Investition eine bestimmte Laufzeit erfüllen muss, um als Direktinvestition betrachtet werden zu können. Diese Laufzeit ist jedoch unklar formuliert. Es ist daher zu bezweifeln, dass diese Bedingung bei der Entscheidung, ob eine Investition vorliegt, in der Praxis eine bedeutsame Rolle spielen wird. Es ist nicht auszuschließen, dass auch Portfolioinvestitionen vom Abkommen erfasst sind.

---

788 Vgl. *M. Krajewski*, Zu Investitionsschutz und Investor-Staat-Streitbeilegung im Transatlantischen Handels- und Investitionspartnerschaftsabkommen (TTIP), Kurzgutachten vom 01.05.2014, S. 4.

Weiterhin nennt das CETA-Abkommen nicht die in der EuGH-Rechtsprechung entwickelte Voraussetzung für das Bestehen einer Direktinvestition, nach der ein Investor einen sicheren Einfluss auf die Entscheidungen einer Gesellschaft oder eines Unternehmens ausüben muss. Die hier beschriebene Investitionsdefinition ist wesentlich breiter als in der Rechtsprechung des EuGH zu Direktinvestitionen. Das CETA-Abkommen unterscheidet nicht zwischen den durch Art. 207 Abs. 1 AEUV umfassten ausländischen Direkt- und den davon nicht erfassten Portfolioinvestitionen.[789] In dem Abkommen fehlt demzufolge eine klare Verknüpfung mit den in der EuGH-Rechtsprechung herausgearbeiteten Kriterien hinsichtlich ausländischer Direktinvestitionen.

Finanzdienstleistungen werden ebenfalls durch das CETA-Abkommen geschützt. Art. 1 des 13. Kapitels sowie ursprünglich Art. 15.2 verstehen Finanzdienstleistungen in einem sehr allgemeinen Sinne. Hiernach handelt es sich um alle Dienstleistungen finanzieller Art. Diese beinhalten alle Versicherungs- und versicherungsbezogenen Bank- und sonstigen Finanzdienstleistungen sowie solche, die mit Dienstleistungen finanzieller Art verbunden sind. Das Kapitel weist Regelungen auf, die auch Portfolioinvestitionen betreffen. Das CETA-Abkommen regelt folglich sowohl Direkt- als auch Portfolioinvestitionen. Da die EU gemäß Art. 207 Abs. 1 AEUV keine ausdrückliche ausschließliche oder umfassende implizite Kompetenz zur Regelung von Portfolioinvestitionen besitzt und diese Kompetenz bei den Mitgliedstaaten verbleibt, muss das Abkommen als Gemischtes Zustandekommen.[790]

Das CETA-Abkommen definiert, wer als Investor zu bezeichnen ist. Als solcher gilt nach Art. 8.1 CETA ein Unternehmen oder eine natürliche Person einer Vertragspartei, die den Versuch unternimmt eine Investition zu tätigen, diese konkret tätigt oder bereits im Hoheitsgebiet der anderen Vertragspartei getätigt hat. Zweigstellen und Repräsentanzen sind von der Investordefinition ausgeschlossen. Unter einem Unternehmen einer Vertragspartei ist gemäß CETA ein Unternehmen zu verstehen, das sich nach dem Recht dieser Vertragspartei gegründet hat oder organisiert ist und in diesem Zusammenhang substanzielle Geschäftsaktivitäten *(substantial business activities)* unterhält. Zudem fallen darunter Unternehmen, die direkt oder indirekt einer natürlichen Person dieser Vertragspartei angehören oder von ihr gesteuert werden. Die Bedeutung einer substanziellen Geschäftsaktivität wird im Abkommen nicht näher erläutert. Dies bietet Spiel-

---

789 Vgl. *A. Fischer-Lescano/J. Horst*, Europa- und verfassungsrechtliche Vorgaben für das Comprehensive Economic and Trade Agreement der EU und Kanada (CETA), Oktober 2014, S. 7.

790 Ebd.

raum für Interpretationen. So bleibt unklar, ob sich Tochterunternehmen mit substantiellen Geschäftstätigkeiten in anderen Ländern auf den Investitionsschutz berufen können.[791]

b. Marktzugang

Abschnitt B des 8. Kapitels des Abkommens beinhaltet Marktzugangsbeschränkungen. Demnach sind wettbewerbsbeschränkende Marktzugangsschranken nach Art. 8.4 und Leistungsauflagen (sog. *Performance Requirements*) nach Art. 8.5 CETA verboten. Den Vertragsparteien ist es untersagt, staatliche Maßnahmen in Hinblick auf den Marktzugang zu erlassen oder beizubehalten. Dies gilt auf dem gesamten Hoheitsgebiet der Vertragspartei und auf nationalen, provinziellen, regionalen, territorialen und lokalen Verwaltungsebenen. Dabei werden mehrere investitionsbeeinträchtigende Marktzugangsauflagen verboten, wie z. B. die numerische Quotierung ausländischer Unternehmen, Monopole, wirtschaftliche Bedürfnistests oder Auflagen zum Gesamtwert von Transaktionen oder Vermögenswerten, Vorschriften zur Gesamtzahl der Operationen oder der Menge des Outputs, die Festsetzung einer prozentualen Höchstgrenze für die Beteiligung ausländischen Kapitals oder die Festschreibung der Gesamtzahl der natürlichen Personen, die in einem bestimmten Sektor oder Unternehmen eingesetzt werden können. Außerdem darf Unternehmen die Wahl ihrer Rechtsform nicht verbindlich vorgegeben werden.[792]

Die Leistungsauflagen in Art. 8.5 CETA machen es den Vertragsparteien und Investoren unmöglich, Mindestanteile inländischer Wertschöpfung im Zusammenhang mit der Gründung, dem Erwerb, der Erweiterung, der Verwaltung, der Durchführung oder dem Betrieb aller Investitionen in ihrem Hoheitsgebiet sowie die Bedingungen des Erhalts eines Vorteils vorzuschreiben.

Die Vorschriften des CETA-Abkommens schränken den Handlungsspielraum des Gesetzgebers beim Marktzugang stärker ein als im Unionsrecht. Allerdings ist die Geltendmachung einer Verletzung dieser Vorschriften aus Abschnitt B des 8. Kapitels im Rahmen eines Investor-Staats-Schiedsverfahrens ausgenommen (Art. 8.2.4 CETA).[793]

---

791 Vgl. *Krajewski* (Fn. 788), S. 5; zu dieser Problematik siehe näher: Kapitel D.I.3.e.

792 Vgl. *T. Fritz*, Comprehensive Economic and Trade Agreement (CETA), 2014, unter: http://www.epb.uni-hamburg.de/erzwiss/lohmann/Fritz_CETA-Zusammenfassung.pdf, zuletzt gesehen: 02.02.2015.

793 Vgl. *S. Schill*, Auswirkungen der Bestimmungen zum Investitionsschutz und zu den Investor-Staat-Schiedsverfahren im Entwurf des Freihandelsabkommens zwischen

c. *Nichtdiskriminierung*

Art. 8.6 des Abkommens bildet den Rahmen für die Inländerbehandlung. Er schreibt fest, dass die Vertragspartner den Investoren und erfassten Investitionen der jeweils anderen Partei in vergleichbaren Situationen keine ungünstigere Behandlung als den eigenen Investoren und deren Investitionen in Bezug auf Gründung, Erwerb, Expansion, Durchführung, Betrieb, Verwaltung, Wartung, Nutzung, Unterhaltung und Verkauf oder Veräußerung von Investitionen gewähren sollen.

In Art. 8.7 CETA befindet sich der Grundsatz der Meistbegünstigung. Dieses Prinzip verhindert die Benachteiligung einzelner Staaten im internationalen Handel. Gemäß CETA dürfen die Vertragsparteien Investoren und Investitionen der jeweils anderen Partei nicht schlechter behandeln als die aller anderen Drittstaaten in analoger Konstellation. Dieser Grundsatz eröffnet den Investoren die Chance, sich auf für sie günstigere Regelungen aus anderen Handels- und Investitionsabkommen zu berufen.[794] Die in Art. 8.7 Abs. 1 CETA genannte „Behandlung" enthält aber keine Investor-Staat-Streitbeilegungsverfahren, welche in anderen internationalen Investitions- sowie Handelsabkommen festgesetzt sind. Demnach können sich die Investoren nicht auf günstigere prozessuale Regelungen aus solchen anderen Abkommen stützen.

Der Anspruch auf Gleichbehandlung im CETA-Abkommen, insbesondere im Hinblick auf den Meistbegünstigungsgrundsatz, ist in dem Abkommen enger als in den meisten bilateralen Investitionsschutzabkommen.[795] Die geschilderten Ausnahmen (beispielsweise in Art. 8.15 CETA) schränken das Recht auf eine umfassende Gleichbehandlung von Investoren ein.

d. *Investitionsschutz*

Im Abschnitt D des Abkommens wird ein Standard für die Behandlung von Investoren und Investitionen festgelegt. Art. 8.10 CETA beschreibt die Verpflichtung zur fairen und gerechten Behandlung. Daneben sollen ein voller Schutz und eine umfassende Sicherheit sichergestellt werden.

---

der EU und Kanada (CETA) auf den Handlungsspielraum des Gesetzgebers, 2014, S. 9, verfügbar unter: https://www.bmwi.de/Redaktion/DE/Downloads/C-D/ceta-gutachten-investitionsschutz.pdf?__blob=publicationFile&v=4, zuletzt gesehen: 19.04.2018

794 Vgl. *Fritz* (Fn. 792), S. 4.

795 Vgl. *Schill* (Fn. 793), S. 10.

Ein unfaires oder ungerechtes Handeln einer Vertragspartei liegt gemäß Art. 8.10 ausschließlich bei folgenden Tatbeständen vor: bei der Rechtsverweigerung in straf-, zivil- oder verwaltungsrechtlichen Verfahren; bei einer wesentlichen Verletzung des Rechts auf ein ordnungsgemäßes Verfahren, einschließlich einer wesentlichen Verletzung der Pflicht zur Transparenz in Gerichts- und Verwaltungsverfahren; bei offenkundiger Willkür; bei gezielter Diskriminierung aus offenkundig ungerechtfertigten Gründen, wie beispielsweise wegen Geschlechts, Rasse oder religiöser Überzeugung; bei der missbräuchlichen Behandlung von Investoren, einschließlich Nötigung, Zwang und Belästigung oder beim Verstoß gegen alle weiteren Elemente aus der Verpflichtung aufgrund der gerechten und billigen Behandlung, welche die Vertragsparteien angenommen haben. Weil in dieser Vorschrift eine Auflistung der Verstöße vorzufinden ist, ist sie als wesentlich restriktiver einzustufen als beispielsweise bilaterale Investitionsschutzabkommen.

Die abschließende Nennung von Verstoßfällen gegen den Schutzstandard der „fairen und gerechten Behandlung" soll für eine klare Definition sorgen und den Interpretationsspielraum der Schiedsrichter einschränken. Ob sich diese Absicht bewahrheitet, bleibt fraglich. Eine weit umfassende Deutung dieses Standards könnte zur Angreifbarkeit der Gesetzesänderungen eines Staates führen. Außerdem wird in dem Abkommen nicht näher erläutert, was unter den Begriffen „wesentliche Verletzung", „offenkundige Willkür" und „gezielte Diskriminierung" zu verstehen ist. Die fehlenden Konkretisierungen könnten zur Folge haben, dass der Versuch der Eingrenzung des Interpretationsspielraums misslingt. Durch die undefinierten Begriffe könnten die Schiedsrichter die „faire und gerechte Behandlung" trotz konkreter Auflistung der Tatbestände sehr weit auslegen. Dies würde zwangsläufig das Recht zur Regulierung der Staaten (*right to regulate*) beeinträchtigen. Im Vergleich zu Art. X.9. des Entwurfs des CETA-Abkommens enthält der aktuelle Text zusätzliche Vorschriften. Art. 8.10.7 CETA stellt fest, dass die Verletzung nationaler Rechtsvorschriften durch eine Maßnahme der Vertragspartei nicht automatisch auch zu einer Verletzung des Grundsatzes der fairen und gerechten Behandlung führt.[796] Auf diese Weise wird das Recht zur Regulierung der Staaten (*right to regulate*) gestärkt.

Einige Länder, darunter die Vereinigten Staaten und Kanada, versuchten den Standard der „fairen und gerechten Behandlung" auf das Schutzniveau des Völkergewohnheitsrechts, welches durch die „allgemeine und verfestigte

796 Vgl. *T. P. Holterhus*, Investitionsschutzgericht in CETA: ein Schritt in die richtige Richtung, S. 2, unter: http://verfassungsblog.de/investitionsschutzgericht-in-ceta-ein-schritt-in-die-richtige-richtung/, zuletzt gesehen: 15.08.2016.

Praxis der Staaten" gebildet wird, zu begrenzen. Die Europäische Union scheint hingegen autonome Bestimmungen über die „faire und gerechte Behandlung" anzuwenden, die nicht auf das Schutzniveau des Völkergewohnheitsrechts reduziert sind. Dieser divergierende Ansatz war ein Streitpunkt in den Verhandlungen über das umfassende Wirtschafts- und Handelsabkommen (CETA). Obwohl das Völkergewohnheitsrecht in der Praxis der Schiedsrichter auf dem aktuellen Stand der Praxis und *opinio iuris* basieren sollte, neigen die Schiedsrichter dazu den an Völkergewohnheitsrecht geknüpften Standard der „fairen und gerechten Behandlung" in genau der gleichen Weise wie den autonomen Standard zu definieren: mit Bezug auf vorherige Schiedssprüche und akademische Schriften und ohne Hinweise auf die Staatenpraxis oder *opinio iuris*.[797] Die Tendenz der Schiedsrichter entgegen der Abkommensintention eine weite Auslegung des Standards zu bevorzugen wird mit Blick auf die gängige Praxis also bekräftigt. Als Negativfolge könnte dies nachteilige Effekte für den legitimen Handlungsspielraum der Staaten auslösen. Um dies zu vermeiden, wurde in Art. 8.10 des Abkommens ein zusätzlicher Abschnitt, der das *right to regulate* der Staaten stärkt, eingefügt.

e. *Enteignung*

Art. 8.12 CETA erläutert die direkte und indirekte Enteignung. Hiernach dürfen die Vertragsparteien keine Verstaatlichung oder Enteignung einer erfassten Investition direkt oder indirekt vornehmen. Der spezielle Anhang des Abkommens (Annex 8-A) bestimmt die Definition einer direkten und indirekten Enteignung. Man spricht von einer direkten Enteignung, wenn eine Anlage verstaatlicht oder anderweitig direkt durch die formale Übertragung des Eigentums oder die völlige Beschlagnahme enteignet wird. Eine indirekte Enteignung wird hingegen als ein Akt oder eine Reihe von Maßnahmen beschrieben, deren Wirkung einer Enteignung gleichkommt, indem sie die Verfügungsrechte des Investors an seinem Eigentum wesentlich beeinträchtigt, ohne dass eine formale Übertragung des Eigentums oder eine Beschlagnahme erfolgt. Auch diese Definition und die als Ausnahmen geltenden Regierungsmaßnahmen im Anhang des Abkommens sollten zu einer engen und klaren

---

797 Vgl. *M. C. Porterfield*, A Distinction Without a Difference? The Interpretation of Fair and Equitable Treatment Under Customary International Law by Investment Tribunals, in: IISD, 22.03.2013, unter: http://www.iisd.org/itn/2013/03/22/a-distinction-without-a-difference-the-interpretation-of-fair-and-equitable-treatment-under-customary-international-law-by-investment-tribunals/, zuletzt gesehen: 13.02.2015.

Begriffsinterpretation vor allem im Falle der indirekten Enteignung führen. Als zulässig gelten demnach nur solche Maßnahmen, die nicht „offenkundig überzogen", auf den intendierten Zweck bezogen nichtdiskriminierend sind und den „berechtigten Gemeinwohlzielen" wie der Gesundheit, Sicherheit und Umwelt dienen (Annex 8-A).

Im Abkommen wiederum mangelt es an einer klaren Definition der „berechtigten Gemeinwohlziele" und des Begriffs „offenkundig überzogen".[798] Auch diese Definition der indirekten Enteignung hindert die Schiedsrichter nicht an einer großzügigen Interpretation.[799] Das Regulierungsrecht der Staaten kann dadurch nicht wirksam geschützt werden.[800] Die Schiedsrichter tendieren dazu, vor allem die indirekte Enteignung investorenfreundlich und zu weitläufig auszulegen. Dies wird mit Blick auf die Praxis des ICSID-Schiedsgerichts bestätigt. Allerdings ist zu betonen, dass Annex 8-A.3 CETA, der den Begriff der indirekten Enteignung festlegt, auf staatliches Regulierungsrecht verweist. Hiernach stellen nichtdiskriminierende Maßnahmen einer Vertragspartei, die dem Schutz legitimer öffentlicher Wohlfahrtsziele, wie der Gesundheit, Sicherheit und Umwelt dienen, keine indirekte Enteignung dar. Eine detailliertere Beschreibung „berechtigter Gemeinwohlziele", „legitimer Erwartungen" und des Begriffs „offenkundig überzogen" wäre an dieser Stelle jedoch sinnvoll gewesen.

Im Fall *Metalclad Corporation v. The United Mexican States*[801] bewertete das ICSID-Schiedsgericht die Verweigerung einer Betriebsgenehmigung für eine Sondermülldeponie durch die mexikanische Gemeinde Guadalcávar als eine indirekte Enteignung.[802] So besteht das generelle Risiko, dass der Handlungsspielraum der Gesetzgeber zur Verabschiedung neuer Gesetze eingeengt wird, weil Maßnahmen und Gesetzesänderungen der Regierungen von den Schiedsgerichten als Eingriffe in die Eigentumsrechte der Investoren gewertet werden.

---

798 Vgl. *T. Fritz*, Analyse und Bewertung des EU-Kanada Freihandelsabkommens CETA, vom 26.01.2015, S. 12.

799 A.A. *U. Kriebaum*, FET and Expropriation in the (Invisible) EU Model BIT, Journal of World Investment and Trade 15 (2014), S. 454–483 (458 f.). Die Verfasserin bringt vor, dass nur wenige Fälle bekannt seien, in denen Schiedsgerichte das Vorliegen einer indirekten Enteignung bejahten.

800 Vgl. *Fritz* (Fn. 798), S. 12.

801 ICSID, *Metalclad Corporation v. The United Mexican States*, ICSID Case No. ARB(AF)/97/1, Award 30.08.2000.

802 Vgl. *Fritz* (Fn. 798), S. 12.

f. Investor-Staat-Schiedsverfahren

aa. Allgemeines

Im Abschnitt F des 8. Artikels des CETA-Abkommens ist eine schiedsgerichtliche Streitbeilegung für Investor-Staat-Streitigkeiten vorgesehen.[803] Art. 8.18 CETA zeigt auf, bei welchen Pflichtverletzungen ein Investor gegenüber dem Gaststaat seine Ansprüche vor dem Tribunal geltend machen kann. Solche Ansprüche sind demnach Verletzungen der Grundsätze der Inländergleichbehandlung und Meistbegünstigung aus Abschnitt C des 8. Artikels, die Verletzung von Schutzstandards aus Abschnitt D des 8. Artikels des Abkommens sowie aus dem Bereich der Finanzdienstleistungen.[804] Dabei ist zu berücksichtigen, dass die im CETA vorgesehene schiedsgerichtliche Streitbeilegung keine Ansprüche aus Verletzungen vor dem Marktzugang einschließt. Investoren können also lediglich ihre Forderungen aufgrund eines Verstoßes gegen die Inländergleichbehandlung und Meistbegünstigung nach erfolgtem Marktzugang (*post-Establishment*) geltend machen (Art. 8.2.4 CETA). Wenn ein Staat, unerheblich ob exekutiv, legislativ oder judikativ handelnd, gegen die im CETA-Abkommen festgehaltenen Verpflichtungen verstößt, ist er auf völkerrechtlicher Ebene entschädigungs- bzw. schadenersatzpflichtig.[805]

bb. Zugang zum Investor-Staat-Schiedsverfahren

Im Vergleich zum ursprünglichen Entwurf des CETA-Abkommens, enthält der neuste Text wesentliche Neuerungen. Einige davon betreffen die Vorschriften über den Zugang zur Investor-Staat-Schiedsgerichtsbarkeit. Der Entwurf des CETA-Abkommens sah kein Erfordernis der nationalen Rechtswegerschöpfung vor der Anrufung eines internationalen Schiedsgerichts vor.[806] Vorgesehen war ausschließlich die Anrufung nationaler Gerichte in Form einer alternativen Klagemöglichkeit. Dabei sollte die Klage eines Investors vor dem im CETA-Abkommen

---

803 Vgl. *Fischer-Lescano/Horst* (Fn. 789), S. 8.

804 Vgl. *Schill* (Fn. 793), S. 21.

805 Vgl. *S. Hindelang*, Stellungnahme. Öffentliche Anhörung des Ausschusses für Wirtschaft und Energie des Deutschen Bundestages am 15.12.2014 zum Comprehensive Economic and Trade Agreement („CETA") zwischen der EU und Kanada, Themenblock „Investitionsschutzbestimmungen", unter: https://www.bundestag.de/blob/345496/2f9d17704429c70693d11e18755bbc3b/steffen-hindelang--fu-berlin-data.pdf2014, zuletzt gesehen: 18.04.2018, S. 4.

806 A.A. Stephan Schill, der davon ausgeht, dass CETA „faktisch ein Erfordernis der nationalen Rechtswegerschöpfung einführt", siehe *ders.* (Fn. 793), S. 22.

verankerten Schiedsgericht nur die Forderung von Entschädigung und Schadensersatz ermöglichen. Eine Aufhebung oder Abänderung eines Verwaltungsaktes beziehungsweise Gesetzes des Gaststaates oder die Prüfung der Rechtmäßigkeit konnte nicht vom Schiedsgericht gefordert werden.[807] Jedoch gestattete der Entwurf des Abkommens weiterhin parallele Klagen vor den nationalen Gerichten und dem Schiedsgericht.

Art. X.21.1 verneinte ausschließlich die Möglichkeit einer Klage auf Entschädigung oder Schadensersatz in gleicher Angelegenheit, räumte Investoren aber das Recht ein, vor einem nationalen Gericht über die Rechtmäßigkeit der Maßnahme eines Gaststaates und gleichzeitig vor einem internationalen Schiedsgericht auf Entschädigung oder Schadensersatz zu klagen.[808] Es wurde angezweifelt, ob kleinere oder mittelständische Unternehmen von dieser Möglichkeit Gebrauch machen würden, da dieses Vorgehen mit einer potenziellen zusätzlichen finanziellen Belastung verbunden sei.[809] Einige Fachautoren gingen deshalb davon aus, dass der Investor nur diejenige Rechtschutzvariante in Betracht ziehe, welche am erfolgversprechendsten ist.[810] Dem widerspricht die jüngere Erfahrung aus dem „Vattenfall"-Verfahren. Zumindest Investoren, die über entsprechende finanzielle Mittel verfügen, streben durchaus Klage sowohl vor einem internationalen Schiedsgericht als auch vor dem nationalen Gericht an.[811]

Nach Art. 8.22.1.f) und g) des finalen CETA-Vertragstextes müssen laufende nationale Schadensersatzklagen vor Anrufung des Investitionsgerichts zurückgenommen werden und können auch nicht mehr nachträglich erhoben werden. Auch dürfen Investoren nicht gleichzeitig Rechtsmittel bei den nationalen Gerichten (oder auch anderen internationalen Gerichten) einlegen. Auf diese Weise sollen Parallelklagen verhindert werden. Im Gegensatz zu Art. X.21.1.f) des Entwurfs, nach dem ein Investor vor Anrufung eines Schiedsverfahrens auf die Geltendmachung von Ansprüchen auf Entschädigung oder Schadensersatz vor nationalen Gerichten verzichten musste („*where it has initiated a claim or proceeding seeking compensation or damages before a tribunal or court*

807 Vgl. *Hindelang* (Fn. 805), S. 9.

808 Vgl. *Fritz* (Fn. 798), S. 14; *N. Bernasconi-Osterwalder*, Reply to the European Commission's Public Consultation on Investment Protection and Investor-to-State Dispute Settlement (ISDS) in the Transatlantic Trade and Investment Partnership Agreement (TTIP), IISD Report, June 2014, S. 19.

809 Vgl. *Hindelang* (Fn. 805), S. 9; *Schill* (Fn. 793), S. 22.

810 Vgl. *Hindelang* (Fn. 805), S. 9; ähnlich auch Stephan Schill, der aber mehr davon ausgeht, dass sequentiell vorgegangen wird, siehe *ders.* (Fn. 793), S. 22.

811 Vgl. *Fritz* (Fn. 798), S. 13 f.; a.A. *Hindelang* (Fn. 805), S. 9.

under domestic or international law"), schreibt Art. 8.22.1.f) des finalen CETA-Vertragstextes vor, dass ein Investor ein Investitionsgericht anrufen kann, wenn er jedes bestehende Verfahren vor dem nationalen oder internationalem Gericht zurücknimmt („*withdraws or discontinues any existing proceeding before a tribunal or court under domestic or international law*"). Der Verzicht auf die Wörter „*compensation or damages*" und das ersatzweise Einfügen von „*any existing proceeding*" in der Endfassung deuten darauf hin, dass zusätzliche Klagemöglichkeiten zur Aufhebung der betreffenden Maßnahme vor staatlichen Gerichten entfallen. Ob sich dies tatsächlich in der Praxis bestätigt bleibt abzuwarten.

cc. Ständiges Investitionsgericht mit einer Berufungsinstanz

Im CETA-Abkommen werden, wie bereits im EU-Abkommen mit Vietnam geschehen, ein ständiges Investitionsgericht der ersten Instanz (Art. 8.27.1 CETA) und eine Rechtsbehelfsinstanz (Art. 8.28.1 CETA) geschaffen. Dieser Schritt ist im Entwurf des Abkommens nicht enthalten. Ursprünglich sollte Art. X.25 eine Liste von Schiedsrichtern beinhalten. Den Schiedsrichtern wurde aber nicht untersagt, als Rechtsvertreter in anderen Investor-Staat-Schiedsverfahren aufzutreten.

In der Literatur zum Entwurf des Abkommens fand sich der Vorschlag Art. X.25 dahin gehend zu ergänzen, dass die ernannten Schiedsrichter nur wiedergewählt werden dürfen, wenn das Ende der Liste erreicht ist. Zudem sollte die Bedingung aufgenommen werden, dass die Richter künftig nicht mehr als Parteivertreter in anderen Verfahren im Rahmen des Abkommens tätig sein dürfen.[812] Mit dieser Gesamtproblematik wurde sich in der finalen Fassung des Abkommens befasst.

Das Tribunal soll künftig aus fünfzehn Mitgliedern bestehen, die nicht seitens des Investors, sondern durch die Union und Kanada ausgewählt werden. Die Richter werden für fünf Jahre mit Option zur einmaligen Verlängerung ernannt. (Art. 8.27.5). Sie müssen unabhängig sein und dürfen keiner Regierung nahestehen. Die Richter haben außerdem keine Anweisungen von Organisationen oder Regierungen entgegenzunehmen. In Investitionsschutzstreitigkeiten involvierte Anwälte können zudem nicht als Richter berufen werden. Die Richter müssen die Leitlinien der *International Bar Association* über Interessenkonflikte in der Internationalen Schiedsgerichtsbarkeit beachten (Art. 8.30.1). Hierzu wird unter anderem ein effektiver Mechanismus eingeführt, der das Stellen von Be-

812 Vgl. *Hindelang* (Fn. 805), S. 15.

fangenheitsanträgen erlaubt (Art. 8.30.2–4).[813] Richter, an deren Unabhängigkeit und Unparteilichkeit Zweifel bestehen, können während ihrer Amtszeit auf Entscheidung des Präsidenten des Internationalen Gerichtshofs abberufen werden (Artikel 8.30 Abs. 2 und 3 CETA).

Eine wichtige Änderung im finalen CETA-Vertragstext ist die Einrichtung einer Rechtsbehelfsinstanz (Art. 8.28 CETA). Fehlentscheidungen des Investitionsgerichts erster Instanz können durch Prüfung seitens der Rechtsbehelfsinstanz korrigiert werden (Artikel 8.28 CETA). Überdies verpflichten sich die Union und Kanada gemäß Art. 8.29 CETA, gemeinsam mit anderen interessierten Parteien die Schaffung eines internationalen multilateralen Investitionsgerichts voranzutreiben.

In der momentanen Fassung des Abkommens entscheiden Investitionsgericht und Berufungsinstanz in mit drei Richtern besetzten Spruchkammern (Art. 8.27.6; 8.28.5 CETA). Die Besetzung der Richter wird nicht durch die Streitparteien beeinflusst, sondern auf Rotationsbasis allein durch die jeweiligen Gerichtspräsidenten bzw. zufällig vorgenommen (Art. 8.27.7; 8.28.5 CETA).[814] Somit unterscheidet sich das ständige Investitionsgericht von den herkömmlichen *ad hoc* Investitionsschiedsgerichten, in denen die Streitparteien selbst die Schiedsrichter bestimmen können. Bei den herkömmlichen privaten *ad hoc* Schiedsgerichten liegt die Problematik darin, dass der Richter eines Schiedsverfahrens gleichzeitig in einem anderen Prozess als Rechtsvertreter des Klägers auftreten kann.[815] Die Investoren können außerdem strategisch überlegen, bei welchem Schiedsrichter ihre Erfolgsaussichten am größten sind. Auf diese Weise kann „durch die Zusammensetzung des Gerichts der Ausgang des Verfahrens bestimmt werden".[816] Ein ständiger internationaler Investitionsschiedsgerichtshof mit ernannten Schiedsrichtern, die ausschließlich in ihrer Funktion als Richter auftreten, verhindert Interessenskonflikte und stärkt die Legitimität der Entscheidungen.[817] Die Ernennung der Schiedsrichter

---

813 Vgl. *Holterhus* (Fn. 796), S. 1.

814 *Holterhus*, ebd.

815 Vgl. *K. Kozak/K. Küblböck*, Die Europäische Investitionspolitik nach dem Vertrag von Lissabon und ihr Einfluss auf nachhaltige Entwicklung, ÖFSE Working Paper 27, 2011, S. 8.

816 Vgl. *A. Fisahn*, Rechtliche Probleme beim internationalen Freihandel, unter: http://www.kritik-freihandelsabkommen.de/wp-content/uploads/2015/01/TTIP_Fisahn.pdf, zuletzt gesehen: 05.03.2015, S. 16.

817 Dieser Meinung auch *Hindelang* (Fn. 805), S. 13.

auf Grundlage einer festen Reihenfolge oder zufallsbasiert trägt zu dieser positiven Entwicklung bei.

dd. Transparenz im Investor-Staat-Schiedsverfahren

Das Abkommen beinhaltet, wie bereits im Entwurf des CETA-Investitionsschutzkapitels (z. B. Art. X.33, Art. X.29 und Art. X.30), Transparenzregeln für Schiedsverfahren (Art. 8.36 CETA) sowie vereinfachte Möglichkeiten der Klageabweisung, wenn es offenkundig an einer Rechtsgrundlage mangelt (Art. 8.32 CETA) oder der Sachvortrag unschlüssig ist (Art. 8.33 CETA).[818] Weiterhin werden im finalen CETA-Vertragstext die Veröffentlichung aller Verfahrensdokumente sowie die Öffentlichkeit der mündlichen Verhandlungen vorgeschrieben (Art. 8.36 CETA).

ee. Anwendbares Recht

Die maßgebliche Vorschrift zur Investor-Staat-Streitbeilegung bildet Artikel 8.31 CETA über das anwendbare Recht. Das CETA-Investitionsgericht besitzt hiernach nur die Kompetenz, das Investitionsschutzkapitel auszulegen und anzuwenden. Die Prüfung der Rechtmäßigkeit nationaler und europäischer Rechtsakte ist ausgeschlossen. Wenn für die investitionsschutzrechtliche Bewertung einer hoheitlichen Maßnahme der konkrete Inhalt einer bestimmten Vorschrift des nationalen oder europäischen Rechts von Relevanz ist, hat sich der Gerichtshof ausschließlich auf die Auslegung der nationalen und europäischen Gerichte zu stützen (Art. 8.31.2 CETA).[819] Diese Änderung im finalen CETA-Vertragstext ist als positiv zu erachten, weil durch den Ausschluss der Möglichkeit das EU-Recht durch das Investitionsgericht zu interpretieren, das Risiko eines Eingriffs in die Autonomie der Unionsrechtsordnung vermindert wird.

ff. Exkurs: „Right to regulate" *und Investor-Staat-Schiedsverfahren*

Gegenüber dem Entwurf wurde in der aktuellen Fassung des CETA-Abkommens wegen der scharf kritisierten potentiellen Einschränkung demokratischer Gestaltungsspielräume Art. 8.9 CETA neu eingefügt.[820] Die Vertragsparteien stärken durch diese Vorschrift ihr *„right to regulate"*, um innerhalb ihrer Territorien legitime politische Ziele, wie den Schutz von Gesundheit, Sicherheit, Umwelt oder der

---

818 Vgl. *Schill* (Fn. 793), S. 21.

819 Vgl. *Holterhus* (Fn. 796), S. 2.

820 *Holterhus*, ebd.

öffentlichen Sittlichkeit sowie Sozial- und Verbraucherschutz oder die Förderung der kulturellen Vielfalt zu realisieren. (Art. 8.9.1 CETA).

Die bloße Tatsache, dass eine Partei ihr Regulierungsrecht auf eine Weise nutzt, unter anderem durch die Änderung ihrer Gesetze, die sich negativ auf eine Investition oder auf die Erwartungen des Investors auswirkt, stellt für sich allein keine Verletzung der materiellen Investorenrechte im Sinne des CETA Investitionsschutzkapitels dar (Art. 8.9.2 CETA).

Diese Verankerung des staatlichen Regulierungsrechts führt zu einer höheren Rechtssicherheit.[821] Lediglich das Wort „bekräftigen" hätte man hier, wie in dem EU-Vorschlag zum TTIP-Abkommen empfohlen, durch die Formulierung „*shall not affect the right of the Parties to regulate*" ersetzen sollen, um für noch mehr rechtliche Bestimmtheit zu sorgen.

Die Fälle, bei denen Investitionsschutzbestimmungen und das Investor-Staat-Schiedsverfahren in den Handlungsspielraum des Gesetzgebers eingreifen und das „*right to regulate*" bei der Verfolgung legitimer Ziele behindern, sind sowohl in demokratischer als auch rechtlicher Hinsicht als bedenklich einzustufen. So wäre es zum Beispiel einem Investor möglich, Deutschland aufgrund der Einführung schärferer Gesundheits- oder Umweltschutzgesetze zu verklagen, obwohl diese Gesetze europarechtskonform wären. Das Schiedsgericht könnte zu dem Schluss kommen, dass Deutschland in diesem Fall gegen das CETA-Abkommen verstoßen hat, weil eine indirekte Enteignung vorliege. Folglich müsste das Gesetz geändert werden. Der Vorgang wäre selbst durch eine mögliche Erklärung des Bundesverfassungsgerichts, dass ein solches Gesetz mit dem Grundgesetz vereinbar ist, nicht umkehrbar. Grundlage für die Entscheidung des Schiedsgerichts bildet nicht das nationale Recht, sondern das Abkommen selbst. So wird das nationale Recht an den Vorschriften des Abkommens gemessen. Im Falle eines Widerspruchs müsste eine Änderung des Rechts erfolgen bzw. eine Entschädigung gezahlt werden.[822] Dies verursacht einen Verstoß gegen das „*right to regulate*" Prinzip.[823]

Weitere Bedenken begründen sich durch die vielen Tochterunternehmen von US-Konzernen mit Sitz in Kanada oder mit Aktien an kanadischen Unternehmen. Auf diese Weise können auch amerikanische Gesellschaften die EU-Mitgliedstaaten vor dem Schiedsgericht verklagen. Zwar schließt Art. 8.1 CETA Zweigstellen und Repräsentanzen aus der „Investor" Definition aus,

821 A.A. *H.-G. Dederer*, Neujustierung der Balance von Investorenschutz und „right to regulate", VerfBlog, vom 16.04.2016, unter: http://verfassungsblog.de/neujustierung-balance-von-investorenschutz-und-right-to-regulate/, zuletzt gesehen: 19.08.2016.

822 Vgl. *Fisahn* (Fn. 816), S. 18.

823 A.A. *Schill* (Fn. 793).

jedoch nicht die Tochtergesellschaften von Konzernen. Sollte die EU beispielsweise die Investor-Staat-Klagerechte aus dem Handelsabkommen mit den USA (TTIP) ausklammern oder reduzieren, wäre es den amerikanischen Konzernen dennoch gestattet, die EU-Mitgliedstaaten über das CETA-Abkommen zu verklagen. Diese Rechte von US-Tochterunternehmen erhöhen das Risiko, dass gegen zukünftige begründete politische Maßnahmen der EU-Mitgliedstaaten vorgegangen wird.

In Art. 8.1 des Abkommens wird der Versuch unternommen, sogenannte „Briefkastenfirmen“ aus der Definition des „Investors“ mit der Bestimmung auszuschließen, dass Unternehmen ihre wesentlichen Geschäftsaktivitäten im Land betreiben müssen, um als Investoren zu gelten. Was aber unter einer wesentlichen Geschäftsaktivität verstanden wird, erläutert das Abkommen nicht näher.[824] Auch an dieser Stelle verbleibt ein Spielraum für die Schiedsgerichte um zu entscheiden, ob das Tochterunternehmen eines US-Konzerns eine wesentliche Geschäftsaktivität unterhält. Auf diese Weise wird in die Souveränität der Staaten insofern eingegriffen,[825] als trotz der Entscheidung der EU und ihrer Mitgliedstaaten sich vertraglich durch das CETA-Abkommen an Kanada und nicht an die USA zu binden, eine Klagemöglichkeit für amerikanische Tochterunternehmen verbleibt. Die EU-Mitgliedstaaten werden die negativen Konsequenzen aus den „unglücklichen“ und unzureichenden Formulierungen des CETA-Abkommens tragen müssen. Um dies zu verhindern, hätten die in Art. 8.1 CETA enthaltene Beschreibung der *„substantial business activities“* präzisiert und „Tochterunternehmen“ im Ausland aus der „Investor“-Definition ausgeschlossen werden müssen.

Die tatsächliche Eintrittswahrscheinlichkeit eines solchen Klagefalls durch ein Tochterunternehmen zeigt der Präzedenzfall Lone Pine.[826] Bei Lone Pine handelt es sich um einen kanadischen Konzern. Obwohl das Schiedsgericht nur ausländischen Investoren offen steht, hat Lone Pine eine Klage gegen Kanada über seine amerikanische Niederlassung eingereicht.[827] Die Möglichkeit des Eintritts eines vergleichbaren Szenarios ist auch im Rahmen des CETA-Abkommens aufgrund seiner ungenauen Bestimmungen nicht von der Hand zu weisen.

---

824 Vgl. *Fritz* (Fn. 792), S. 3.

825 Vgl. *Kreutzfeld* (Fn. 70), S. 80; *Jacob* (Fn. 783).

826 UNCITRAL, *Lone Pine Resources Inc. v. The Government of Canada*, ICSID Case No. UNCT/15/2.

827 Vgl. *Jacob* (Fn. 783).

g. Haftungsteilung zwischen EU und Mitgliedstaaten

Art. 8.21 des CETA-Abkommens enthält eine Bestimmung darüber, ob EU oder Mitgliedstaat als Beklagte auftreten. Es ist die Situation denkbar, in der die Union im Außenverhältnis als Beklagte auftritt und damit auch als Schuldnerin eines Schiedsspruches betrachtet wird, im Innenverhältnis jedoch ein Mitgliedstaat finanziell haftet.[828] Wie sich die Haftung bei Investor-Staat-Streitigkeiten vor Schiedsgerichten im Innenverhältnis verteilt, regelt die bereits erwähnte Verordnung (EU) Nr. 912/2014 des Europäischen Parlaments und des Rates. Auf den ersten Blick bestimmt die Verordnung lediglich die internen Verpflichtungen und die Haftungsverteilung zwischen Union und Mitgliedstaaten und strahlt keine Außenwirkung oder Einfluss auf die Art der Übereinkünfte aus. Wäre dieser Eindruck tatsächlich zutreffend, könnte die Union das CETA-Abkommen allein, ohne die Beteiligung der Mitgliedstaaten, abschließen, obwohl nach Art. 8.21 des Abkommens die Mitgliedstaaten als Schiedsbeklagte belangt werden könnten.

Sollte die Union das Abkommen mit Kanada im Alleingang vollziehen und die Mitgliedstaaten als Schiedsbeklagte die finanzielle Verantwortung tragen, würde dies einen Eingriff in die mitgliedschaftlichen Kompetenzen durch die Union bedeuten.

h. Exkurs: Haftungserweiterung für die Mitgliedstaaten

Der Abschnitt über Investitionen enthält einen Anhang (Annex 8-B: *Public Debt*) über die Staatsverschuldung. In diesem werden unter anderem Restrukturierungen von Schulden geregelt.[829] Die Staatsanleihen von Kanada und den EU-Mitgliedstaaten unterliegen im Rahmen von CETA grundsätzlich dem Investitionsschutz. Wenn beispielsweise ein EU-Mitgliedstaat seine Staatsschulden nicht mehr zurückzahlen kann, dürfen kanadische Investoren vor einem Schiedsgericht Schadensersatz verlangen. Zur Klage könnte daneben die Konstellation führen, bei der die Regierungen der EU-Mitgliedstaaten Staatsanleihen umschulden oder Anleihen modifizieren und Gläubiger den geänderten Konditionen nicht zustimmen.[830] Nach diesem Beispiel klagten slowakische und zypriotische Anleihegläubiger auf Grundlage der bilateralen Investitionsschutzabkommen zwischen Griechenland und der Slowakischen Republik bzw. Zypern vor dem

828 Vgl. *Schill* (Fn. 793), S. 23.
829 Vgl. *Fritz* (Fn. 798), S. 14.
830 *Fritz*, ebd., S. 15.

ICSID-Schiedstribunal, weil sie den griechischen Schuldenschnitt von 2012 ablehnten.[831]

In den genannten Szenarien könnte die Haftung auf andere EU-Mitgliedstaaten ausgeweitet werden, wenn der angeklagte Staat zahlungsunfähig ist. Dabei würde dies keine Haftung im rechtlichen Sinne nach sich ziehen, dennoch könnte es faktisch der Haftungsübernahme einer finanziellen Verpflichtung gleichkommen.[832] Die Einhaltung der in Art. 125 Abs. 1 S. 2 AEUV vorgesehenen sog. Nichtbeistandsklausel, nach der die Haftung aller Mitgliedstaaten für Verbindlichkeiten einzelner Mitgliedstaaten ausgeschlossen wird, wäre gefährdet.[833]

Gemäß Anhang (Annex 8-B: *Public Debt*) sind Investor-Staat-Klagen bei Restrukturierungen, denen ein Verstoß gegen die Nicht-Diskriminierung und den Investitionsschutz zugrunde liegt, nicht zulässig.[834] Im Gegensatz dazu besteht eine Klagemöglichkeit, wenn der Investor seine Klage auf die Begründung stützt, dass ein Verstoß gegen die Inländerbehandlung oder Meistbegünstigung vorliege.[835]

Um Investor-Staat-Schiedsklagen und eine dadurch möglicherweise verursachte Haftungserweiterung für die Mitgliedstaaten zu vermeiden, hätten Schadensersatzklagen bei Umschuldungen von Staatsanleihen aus dem CETA-Abkommen komplett gestrichen werden müssen.[836]

i. Zwischenfazit

Unter Berücksichtigung aller Aspekte ergibt sich ein positiver Gesamteindruck über das Freihandelsabkommen zwischen der EU und Kanada. Mit dem Abkommen werden die wirtschaftlichen Beziehungen zwischen beiden Kontinenten verstärkt, der Marktzugang für Industriegüter, Agrarprodukte und Dienstleistungen verbessert und Zölle auf Industriewaren abgeschafft. Natürlich finden sich auch einige Inhalte, die verbesserungswürdig sind.

Unter anderem enthält das CETA-Abkommen einen äußerst weit gefassten Investitionsbegriff. Über die Anforderungen an die Mindestlaufzeit einer Investition

---

831 Vgl. *Fritz*, ebd., S. 15; ICSID, *Poštová banka, a.s. and ISTROKAPITAL SE v. Hellenic Republic*, ICSID Case No. ARB/13/8.

832 Vgl. *Schill* (Fn. 793), S. 23.

833 Schill, ebd.

834 Vgl. *Fritz* (Fn. 798), S. 14.

835 *Fritz*, ebd.

836 A.A. *Schill*, der der Meinung ist, dass diese Problematik weniger Folge der Regelungen in CETA ist (Fn. 793), S. 23.

oder die Mindesteinflussmöglichkeit[837] eines Investors an einem Unternehmen wird kein Aufschluss gegeben. Deshalb ist es nicht auszuschließen, dass die in Art. 8.1 CETA enthaltene Investitionsdefinition ebenfalls Portfolioinvestitionen umschließt. In Kapitel 13 über Finanzdienstleistungen (*Financial Services*) sind Bestimmungen formuliert, die auch Portfolioinvestitionen betreffen. Gemäß Art. 207 Abs. 1 AEUV umfasst die Kompetenz der Union lediglich ausländische Direktinvestitionen. Die bisherigen Erkenntnisse aus dieser Arbeit zeigen, dass auf keine umfassende implizite Kompetenz der Union für Portfolioinvestitionen geschlossen werden kann. Der Abschluss des Abkommens muss unter Beteiligung der Mitgliedstaaten erfolgen. In Deutschland ist die Zustimmung von Bundestag und Bundesrat notwendig.[838]

Weiterhin finden sich Regelungen zum Marktzugang von Investitionen und ihrem anschließenden Schutz. Aufgrund der vorangegangenen Analyse wird der Union die Kompetenz für ausländische Direktinvestitionen lediglich für die Phase des Marktzugangs zugesprochen. Da das CETA-Abkommen neben dem Marktzugang auch die Behandlung von Investitionen nach Markteintritt sowie Bestimmungen über die Enteignung beinhaltet, hat seine Umsetzung in Form eines „gemischten Abkommens" zu erfolgen.

Ferner ist eine schiedsgerichtliche Streitbeilegung für Investor-Staat-Streitigkeiten vorgesehen. Dabei können Verletzungen der Grundsätze der Inländerbehandlung und Meistbegünstigung, der Schutzstandards sowie nach dem Kapitel über Finanzdienstleistungen (*Financial Services*) geltend gemacht werden. Auch für die Aushandlung dieser Bestimmungen besitzt die Union nicht die alleinige Zuständigkeit. Dieser Umstand ist ein weiteres Argument für die Notwendigkeit einer Ratifizierung des Abkommens durch die Mitgliedstaaten.

Für ein „gemischtes Abkommen" spricht zusätzlich Art. 8.21 des Abkommens. Danach können Mitgliedstaaten oder Union als Schiedsbeklagte auftreten. Dabei spielt es keine Rolle, dass hier nur das Außenverhältnis von Union und Mitgliedstaaten gegenüber Drittstaaten berührt wird. Im Innenverhältnis wird die Haftungsverteilung durch die Verordnung geregelt. Sollte die Union internationale Abkommen allein abschließen, die finanzielle Haftung aber den Mitgliedstaaten übertragen werden, liegt ein Eingriff in die Kompetenzen der Mitgliedstaaten vor. Demzufolge ist ausschließlich ein gemeinsamer Abschluss des CETA-Abkommens durch Union und Mitgliedstaaten rechtskonform.[839]

---

837 Vgl. *Fischer-Lescano/Horst* (Fn. 789), S. 7.

838 *Fischer-Lescano/Horst*, ebd., S. 33.

839 So auch *Flessner* (Fn. 754).

Es bestehen weitere Formulierungen des Abkommens zum Investor-Staat-Schiedsverfahren, die kritisch zu hinterfragen sind. In diesem Zusammenhang ist Art. 8.1 CETA zu nennen. Nach diesem Artikel ist nicht ausdrücklich ausgeschlossen, dass kanadische Tochterunternehmen mit Sitz außerhalb von Kanada, EU-Mitgliedstaaten vor dem Schiedsgericht im Rahmen des CETA-Abkommens auf Schadensersatz verklagen können. Da somit ungewollt in die Souveränität der Staaten eingegriffen wird, sollten neben „Zweigstellen" und „Repräsentanzen" auch „Tochterunternehmen" aus der Investordefinition gestrichen werden.

Die Einrichtung eines ständigen Investitionsgerichts mit Berufungsinstanz im CETA-Abkommen stellt im Vergleich zum Entwurf eine konkrete Verbesserung dar. In diesem Kontext wurde ebenfalls die bereits in dieser Arbeit behandelte Problematik der Richterbesetzung gelöst.

II. Das Transatlantische Handels- und Investitionsabkommen zwischen der EU und den USA

1. Einführung

Seit 2011 wird zwischen Union und den USA über die transatlantischen Wirtschaftsbeziehungen diskutiert. Seit 2013 wird konkret über das Transatlantische Handels- und Investitionsabkommen (TTIP) verhandelt. Bis dato gab es fünfzehn Verhandlungsrunden.[840] Die Gesprächsführung übernimmt auf europäischer Seite die Generaldirektion Handel der EU-Kommission.[841] Die Mitgliedstaaten verliehen dieser hierzu 2013 das entsprechende Mandat.[842] Die USA werden in den Verhandlungen durch ihren Handelsbeauftragten vertreten. Das Abkommen soll in der EU und den USA die Wirtschaft ankurbeln und neue Arbeitsplätze schaffen.

Eine endgültige Fassung ist bisher nicht erstellt. Geplant ist ein Umfang von 24 Kapiteln des TTIP-Abkommens, die in 4 Abschnitte gegliedert sind. Der erste Abschnitt soll den Zugang zu Auslandsmärkten erleichtern. In ihm sind die

---

840 Stand: 21.12.2017.

841 Siehe unter: http://www.bmwi.de/DE/Themen/Aussenwirtschaft/Freihandelsabkommen/TTIP/verhandlungsprozess.html, zuletzt gesehen: 02.09.2017.

842 Leitlinien für die Verhandlungen über die transatlantische Handels- und Investitionspartnerschaft zwischen der Europäischen Union und den Vereinigten Staaten von Amerika vom 17. Juni 2013, 11103/13, DCL 1, unter: http://www.bmwi.de/BMWi/Redaktion/PDF/S-T/ttip-mandat,property=pdf,bereich=bmwi2012,sprache=de,rwb=true.pdf, zuletzt gesehen: 02.09.2017.

Kapitel über Warenhandel und Zölle, Dienstleistungen, Öffentliche Beschaffung und Ursprungsregeln, erfasst.

Der zweite Abschnitt dient der Förderung einer engeren Zusammenarbeit zwischen den Regulierungsbehörden in Europa und den USA. Auf diese Weise könnten Kosten gesenkt und Bürokratie abgebaut werden. Weiterhin regelt dieser Teil die Abstimmung von Rechtsvorschriften, technische Handelshemmnisse, Lebensmittelsicherheit, Tier- und Pflanzenschutz, bestimmte Industriezweige wie Chemikalien, Kosmetika, Ingenieurwesen, Medizinprodukte, Pestiziden, Informations- und Kommunikationstechnologien (IKT), Arzneimittel, Textilien und Fahrzeuge.

Der dritte Teil zielt auf die Einführung neuer Regelungen ab. Seine Kapitel inkludieren die nachhaltige Entwicklung, Energie und Rohstoffe, Zoll- und Handelserleichterungen, kleine und mittlere Unternehmen (KMU), den Investitionsschutz, die Beilegung von Streitigkeiten zwischen Investor und Staat (ISDS), den Wettbewerb, Geistiges Eigentum, geografische Angaben sowie die zwischenstaatliche Streitbeilegung.

Der letzte Abschnitt formuliert institutionelle, allgemeine Regelungen und die Schlussbestimmungen. Der endgültige Text des Abkommens wird nach Abschluss der Verhandlungen veröffentlicht.

2. Ziele des Abkommens

Die Verhandlungen zum TTIP-Abkommen verfolgen in erster Linie den Abbau von Zöllen und anderen Handelsbarrieren im transatlantischen Handel zwischen der Union und den USA. Allgemeines Ziel ist die Verbesserung des Zugangs zu Auslandsmärkten. Mit dem Abkommen werden Hindernisse auf dem Gebiet der kommerziellen Dienstleistungen verringert. Des Weiteren werden die Investitionssicherheit und Wettbewerbsgleichheit verbessert und die Zulassung von EU-Unternehmen bei der Vergabe öffentlicher Aufträge in den USA gestattet.[843] Die Kontrolle und Sicherheit eingeführter Lebensmittel, Tiere und Pflanzen bei gleichzeitigem Bürokratieabbau soll gewährleistet werden. Durch das Abkommen soll der Zugang von Unternehmen zu Energie und Rohstoffen

843 *Bundesministerium für Wirtschaft und Energie*, Transatlantische Handels- und Investitionspartnerschaft (TTIP) zwischen der EU und den USA, Fakten und Informationen, häufig gestellte Fragen und Antworten, Januar 2015, unter: https://www.schwaben.ihk.de/blob/aihk24/produktmarken/Beratung_und_Dienstleistung/international/downloads/1247892/29eae3427e2d92ca5d772be02baa7375/BMWi--Publikation--TTIP-zwischen-EU-und-USA-data.pdf, zuletzt gesehen: 18.04.2018, S. 10.

sichergestellt und ein fairer Wettbewerb zwischen EU- und US-Unternehmen angestrebt werden. Als weiterer Punkt soll die Unternehmensforschung gefördert und den Verbrauchern die Wahl ermöglicht werden, Lebensmittel aus einer ausgewählten Region zu erwerben. Maßstäbe für die Berücksichtigung von Nachhaltigkeitsaspekten, Verbraucherschutz und Arbeitnehmerrechten werden gesetzt.[844] Ebenfalls gilt die Förderung von US-amerikanischen Investitionen in der EU als Zweck des Abkommens. Für die vorliegende Arbeit sind die Bestimmungen über den Investitionsschutz sowie die Investor-Staat-Streitbeilegung von großer Relevanz.

3. Investitionsförderung und Investitionsschutz

a. Allgemeines

Im neuen Transatlantischen Handels- und Investitionspartnerschaftsabkommen (TTIP) sind Bestimmungen über den Investitionsschutz und das Investor-Staat-Schiedsverfahren eingeplant. Bis Mitte Juli 2015 wurden lediglich Faktenblätter zu den Verhandlungen veröffentlicht. Textvorschläge oder EU-Positionspapiere waren zu diesem Themenkomplex nicht enthalten. Auf dem offiziellen Internetauftritt der Union wurden die öffentliche online Konsultation über die Modalitäten für den Investitionsschutz und ISDS im TTIP publiziert.[845] Die Konsultationsphase wurde mittlerweile beendet. Als Resultat wurde auf den Text des Freihandelsabkommens zwischen der EU und Kanada (CETA) zurückgegriffen. Hingegen fanden keine Auszüge aus Dokumenten der TTIP-Verhandlungen Verwendung.[846] Daher lagen zum damaligen Zeitpunkt die Vorschläge der Union zum Investitionsschutz im Rahmen der TTIP-Gespräche nicht offen.[847]

Ende Juli 2015 veröffentlichte die EU ihren Textvorschlag zum Handel mit Dienstleistungen, Investitionen sowie zum elektronischen Handel. Abschnitt 1 des Kapitels II regelt unter anderem den Geltungsbereich, den Marktzugang, die Inländerbehandlung und die Meistbegünstigung. Im September 2015 stellte die EU durch die Aufnahme der Abschnitte 2 und 3 inklusive einiger Anhänge, Ergänzungen des Investitionsschutzes im TTIP vor. Diese Überarbeitung wurde

---

844 Ebd.

845 European Commission, Public consultation on modalities for investment protection and ISDS in TTIP, siehe unter: http://trade.ec.europa.eu/doclib/docs/2014/march/tradoc_152280.pdf, zuletzt gesehen: 19.08.2016.

846 Vgl. *Krajewski* (Fn. 788), S. 3.

847 *Krajewski*, ebd.

am 12.11.2015 publik.[848] Sie enthält Vorschriften zum Investitionsschutz, unter anderem über die faire und gerechte Behandlung von Investitionen und die Enteignung sowie über Investor-Staat-Schiedsverfahren. Seitdem wurden die Abschnitte zum Investitionsschutz nicht mehr aktualisiert.

Nachfolgend werden die Regelungen auf dem Gebiet des Investitionsschutzes näher betrachtet, um die Frage über die Reichweite der Unionskompetenz beantworten zu können.

b. Investitions- und Investorbegriff

Zunächst ist der Umfang des Investitionsschutzes zu bestimmen. Dieser lässt sich aus den Definitionen einer Investition und eines Investors folgern.

Wie beim CETA-Abkommen wird hier eine breite, kapitalbasierte („*asset-based*") Investitionsauslegung, die einer unternehmensbezogenen Begriffsbestimmung vorgezogen wird, verwendet.[849] Der Einsatz einer weitläufigen Definition des Investitionsbegriffs führt zwangsläufig zu einer gleichzeitigen Erfassung von Portfolioinvestitionen.[850]

Unter eine Investition wird zunächst jede Art von Vermögenswert gefasst. Dieser muss entsprechende Eigenschaften aufweisen, eine bestimmte Laufzeit haben sowie andere Kriterien wie die Bindung von Kapital, ersatzweise anderer Ressourcen, die Erwartung eines Gewinns oder die Übernahme von Risiken erfüllen. Investitionen können in Form von Unternehmen, Aktien, Wertpapieren, anderen Arten von Unternehmensbeteiligungen, Anleihen, Schuldverschreibungen und anderen Schuldtiteln eines Unternehmens oder in Form eines Darlehens an einem Unternehmen vorliegen. Erfasst sind auch Konzessionen, Bau-, Produktions- und Umsatzbeteiligungsverträge, geistige Eigentumsrechte sowie alle anderen beweglichen, unbeweglichen, materiellen oder immateriellen Sachen und die verwandten Schutzrechte. Folglich wird auch im TTIP-Abkommen eine sehr weit umgreifende Investitionsdefinition Einzug finden, die Portfolioinvestitionen einschließt.

Anders als im CETA-Abkommen fehlt bei der Definition des „*Investment*" im EU-Vorschlag zum TTIP-Abkommen die Passage „welche ein Investor besitzt

848 Siehe unter: http://trade.ec.europa.eu/doclib/docs/2015/november/tradoc_153955.pdf, zuletzt gesehen: 21.12.2017.

849 Vgl. S.-A. *Mildner*, Consultation of the European Commission on Investment Protection and ISDS in TTIP, Submission, vom 04.07.2014, unter: https://bdi.eu/media/themenfelder/aussenwirtschaftspolitik/downloads/Artikel_1_ADI_BDI_ISDS_Consultation_final_1_.pdf , zuletzt gesehen: 18.04.2018; *Krajewski* (Fn. 788), S. 4.

850 Vgl. *Krajewski*, ebd., S. 4.

oder direkt oder indirekt kontrolliert". Diese Formulierung wird lediglich bei der Beschreibung der *„covered investments"* erwähnt. Der Verzicht auf diesen Passus scheint problematisch, denn laut EuGH-Rechtsprechung bildet sein Inhalt ein wesentliches Merkmal für die Feststellung einer Direktinvestition.

Im Abkommen wird der Versuch einer Definitionseingrenzung unternommen. So sollen ausschließlich solche Investitionen, die im Einklang mit dem nationalen Recht umgesetzt wurden, geschützt werden. Dies stellt eine sinnvolle Vorgehensweise dar, weil so der Schutz für diejenigen Investoren verweigert wird, die das Gesetz des Gaststaates bei der Investitionstätigung missachteten. Zudem bleiben auf Betrug oder Bestechung basierende Investitionen ungeschützt. Zukünftig könnte sogar darüber nachgedacht werden, dass auch erst im Nachhinein stattgefundene Rechtsverletzungen zur Aufhebung des Schutzes führen. Nach dem gegenwärtigen System ist nicht ausgeschlossen, dass die Investitionen in diesem Fall trotzdem geschützt bleiben.[851]

Es besteht ein weiteres Mittel um Investoren nach der Tätigung von Investition an das nationale Recht des Gaststaates zu binden. So könnte die Unterstützung von Investitionen im Ausland in Form der Vergabe von Garantien oder Krediten davon abhängig gemacht werden, dass das nationale Recht und die Nachhaltigkeitskriterien eingehalten werden.[852]

Hiervon unabhängig empfiehlt es sich die Laufzeit einer Investition im Abkommen genauer zu bestimmen, um Rechtsunsicherheiten zu vermeiden und Missbräuche zu erschweren.

Als *„Investor"* wird im Kommissionsvorschlag zum TTIP-Abkommen jede natürliche oder juristische Person einer Vertragspartei bezeichnet, die eine Investition im Territorium der anderen Partei beabsichtigt zu tätigen, tätigt oder getätigt hat. Die Definition einer juristischen Person wird dahin gehend präzisiert, als diese nach dem Recht der Vertragspartei gegründet sein muss und eine substanzielle wirtschaftliche Tätigkeit (*„substantial business operations"*) in der EU oder den USA unterhält (Part I, Services, Chapter I, General Provisions, Art. 1–1). Somit werden, ebenso wie bei dem finalen CETA-Vertragstext, Briefkastenfirmen vom Anwendungsbereich ausgeschlossen.

---

851 Vgl. *J. Griebel*, Die TTIP-Verhandlungsposition der EU-Kommission – ein überzeugender Reformansatz mit leichten Schwächen im Detail, VerfBlog, 2014/4/16, unter: http://www.verfassungsblog.de/ttip-verhandlungsposition-eu-kommission-ueberzeugender-reformansatz-mit-leichten-schwaechen-im-detail/, zuletzt gesehen: 22.08.2016.

852 *Griebel*, ebd.

Die nähere Erläuterung einer substantiellen Geschäftsaktivität findet sich weder im Kommissionsvorschlag noch im CETA-Abkommen. Wenn sich also das TTIP- am CETA-Abkommen orientiert, bleibt ein Interpretationsspielraum über die Deutung einer substantiellen Geschäftsaktivität. Für eine amerikanische Tochtergesellschaft eines Nicht-US-Konzerns, die eine substantielle Geschäftsaktivität in den USA entfaltet, wäre es möglich vom TTIP-Abkommen zu profitieren.[853] Dadurch besteht die Gefahr, dass nicht in den Vertragsstaaten ansässige Konzerne mit Tochterunternehmen in den USA oder der EU, die Regierungen vor dem Schiedsgericht auf Schadensersatz verklagen könnten. Zur Vermeidung von Missbräuchen sind daher die Inhalte substantieller Geschäftsaktivitäten klar auszuformulieren. Um die Klagemöglichkeiten zu regulieren, sollten die in Drittstaaten ansässigen Konzerne und ihre Tochtergesellschaften in den USA oder der EU aus dem Anwendungsbereich des Abkommens ausgegrenzt werden.

c. *Marktzugang*

Kapitel II, Abschnitt 1 des Kommissionsvorschlags nennt Bestimmungen über Marktzugangsbeschränkungen. Wettbewerbsbeschränkende Marktzugangsschranken sind nach Art. 2–2 und Leistungsauflagen (sog. *Performance Requirements*) nach Art. 2–6, ähnlich wie im CETA-Abkommen, verboten. Den Vertragsparteien ist es untersagt, staatliche Maßnahmen in Hinblick auf den Marktzugang zu erlassen oder beizubehalten. Dies gilt auf dem gesamten Hoheitsgebiet der Vertragspartei und auf jeder territorialen Unterteilung. Dabei werden mehrere investitionsbeeinträchtigende Marktzugangsauflagen verboten, wie z. B. die numerische Quotierung ausländischer Unternehmen, das Bestehen von Monopolen, wirtschaftliche Bedürfnistests, Auflagen zum Gesamtwert von Transaktionen oder Vermögenswerten, Vorschriften zur Gesamtzahl der Operationen oder der Menge des Outputs, die Festsetzung einer prozentualen Höchstgrenze für die Beteiligung ausländischen Kapitals oder die Festschreibung der Gesamtzahl der natürlichen Personen, die in einem bestimmten Sektor oder Unternehmen eingesetzt werden können. Außerdem darf es keine Auflagen geben, welche den Unternehmen die Wahl einer Rechtsform vorschreiben.[854]

Die Leistungsauflagen in Art. 2–6 des Kommissionsvorschlags, gleichbedeutend wie im CETA-Abkommen, verhindern seitens der Vertragsparteien, Min-

853 Vgl. *Krajewski* (Fn. 788), S. 5.
854 Vgl. *Fritz* (Fn. 792).

destanteile inländischer Wertschöpfung im Zusammenhang mit der Gründung, dem Erwerb, der Erweiterung, der Verwaltung, der Durchführung bzw. dem Betrieb aller Investitionen in ihrem Hoheitsgebiet oder die Bedingungen des Erhalts eines Vorteils vorzuschreiben.

Der Kommissionsvorschlag schränkt den Handlungsspielraum des Gesetzgebers stärker ein als die unionsrechtlichen Vorschriften zum Marktzugang. Allerdings ist zu beachten, dass die Geltendmachung einer Verletzung der Vorschriften aus Art. 2–2 und Art. 2–6 aus Abschnitt 1 (*Liberalisation of Investments*) des II. Kapitels im Rahmen eines Investor-Staats-Schiedsverfahrens ausgeschlossen ist (Art. 1 des 3. Abschnitts des Kommissionsvorschlags).[855]

Es mangelt im Kommissionsvorschlag an Klarheit über die *pre-Establishment* Phase. So wird nicht deutlich, ob der Vorschlag den Schutz von Investitionen vor dem Marktzugang umfasst. Aus diesem Grund könnte im Rahmen des TTIP-Abkommens eine gewisse Rechtsunsicherheit entstehen. Gemäß Art. 1 des 3. Abschnitts können Investoren Ansprüche ausschließlich bei der Verletzung der Grundsätze der Inländerbehandlung und Meistbegünstigung sowie bei Enteignungen nach erfolgtem Marktzugang (*post-Establishment*) geltend machen.

Im Konsultationsdokument vertrat die EU die Auffassung, dass Investoren nicht diskriminiert werden dürften, nachdem sie sich im Gaststaat niedergelassen haben. Weiterhin sollten die Vertragsparteien in Bezug auf Niederlassungen entscheiden können, welche Märkte und Branchen sie öffnen möchten. Diese Aussagen sowie der Ausschluss des Marktzugangs und der Leistungsauflagen aus dem Investor-Staat-Schiedsverfahren lassen die Tendenz erkennen, dass Investitionen erst nach ihrem Marktzugang geschützt sind.

Dennoch sind die Formulierungen des TTIP-Abkommens über den Marktzugang und die Bestimmungen der *pre-Establishment* sowie *post-Establishment* Phase zu konkretisieren. Anderweitig bestünde für die Regierungen die Gefahr, dass Investoren aufgrund der unklaren Formulierung im Abkommen, ihre Ansprüche auch aufgrund Verletzungen vor dem Marktzugang einklagen. Selbst für Investoren stellt die undeutliche Regelung ein Risiko dar. Würde beispielsweise einer Branche der Marktzugang nachträglich verwehrt, wäre eine rechtmäßig auf diesem Gebiet getätigte Investition nicht vor Eingriffen des Staates während der *post-Establishment* Phase geschützt.[856]

855 Vgl. *Schill* (Fn. 793), S. 9.
856 Vgl. *Mildner* (Fn. 849), S. 2.

d. *Nichtdiskriminierung*

aa. *Einführung*

Durch die Schutzstandards der nichtdiskriminierenden Behandlung von Investoren verpflichtet sich die Vertragspartei, mit ausländischen Investoren der anderen Vertragspartei auf gleiche Art und Weise wie mit den landeseigenen Investoren (Inländerbehandlung) und solchen aus Drittstaaten umzugehen (Meistbegünstigung).[857] Beide Standards sind im Kapitel II, 1. Abschnitt (*Liberalisation of Investments*) aufgeführt.

bb. *Inländerbehandlung*

Art. 2–3 des Kommissionsvorschlags bildet den Rahmen für die Inländerbehandlung. Hiernach sollen die Vertragspartner den Investoren und erfassten Investitionen der jeweils anderen Partei in vergleichbaren Situationen keine ungünstigere Behandlung als den eigenen zukommen lassen. Anders als in Art. 8.6 des CETA-Abkommens, erwähnt der Kommissionsvorschlag zum TTIP-Abkommen nicht, dass sich diese Behandlung auf Gründung, Erwerb, Expansion, Durchführung, Betrieb, Verwaltung, Wartung, Nutzung, Unterhaltung, Verkauf oder die Veräußerung von Investitionen bezieht. Gründe für das Fehlen der Feststellung, in welchen Situationen eine solche Behandlung vorliegt, liegen nicht auf der Hand. Eine entsprechende Fallauflistung zur genaueren Definition einer ungünstigeren Behandlung hätte zu einer einheitlichen und transparenten Rechtsanwendung beigetragen.

Ebenfalls findet sich zum Ausdruck „in vergleichbaren Situationen" im Kommissionsvorschlag keine nähere Erläuterung. Da Diskriminierungen nicht weiter beschrieben werden, könnte es an einer vergleichbaren Situation für die vorgenommene Behandlung im Einzelfall fehlen. Dies wäre bereits ausreichend, um das Vorliegen einer diskriminierenden Handlung zu verneinen. Daneben ist die umgekehrte Situation denkbar, in der bereits rudimentäre Übereinstimmungen als vergleichbarer Fall gedeutet werden. Dies ebnet den Weg für mögliche Rechtsmissbräuche. Auch an dieser Stelle ist eine Präzisierung des TTIP-Abkommens oder die Konkretisierung der *de-facto* Diskriminierungen erstrebenswert.[858]

---

857 European Commission, Public consultation on modalities for investment protection and ISDS in TTIP, unter: http://trade.ec.europa.eu/doclib/docs/2014/march/tradoc_152280.pdf, zuletzt gesehen: 13.03.2015.

858 Vgl. *Krajewski* (Fn. 788), S. 6.

cc. Meistbegünstigung

Art. 2–4 des Kommissionsvorschlags enthält Bestimmungen zur Meistbegünstigung. Die Meistbegünstigungsklauseln in den Handels- und Investitionsschutzverträgen sichern dem Vertragspartner dieselben Vorteile zu, die zuvor anderen Vertragspartnern eingeräumt wurden. Dieses Prinzip verhindert die Benachteiligung einzelner Staaten im internationalen Handel. Dieser Grundsatz eröffnet den Investoren die Chance, sich auf für sie günstigere Regelungen aus anderen Handels- und Investitionsabkommen zu berufen.[859]

Die Schwierigkeit einer grenzenlosen Meistbegünstigungsklausel aus Perspektive der Staaten zeigt sich darin, dass ein Investor auf Schutzstandards aus anderen Investitionsschutzabkommen des betreffenden Gaststaats mit Drittstaaten bestehen kann, wenn ihm diese Vorteile gegenüber dem eigentlich anzuwendenden Abkommen bringen.[860] Hinsichtlich der Meistbegünstigungsklausel ist in den meisten Investitionsschutzabkommen ungeklärt, ob ausländischen Investoren ein Anspruch auf Vorteile der prozessualen oder materiellen Bestimmungen aus anderen durch das Gastland geschlossenen, vergangenen oder künftigen Abkommen zusteht. Somit könnten Investoren von Inhalten aus anderen Vereinbarungen profitieren, selbst wenn dies die Anwendung eines völlig neuen Schutzstandards bedeutet, welcher im eigenen Abkommen nicht verankert ist.

In der Praxis bezeichnet man einen solchen Fall als „*importation of standards*". Die EU vertritt dabei den Standpunkt, dass die Meistbegünstigung den Investoren nicht gestatte, prozessuale oder materiell-rechtliche Bestimmungen aus anderen Vereinbarungen zu importieren. Art. 2–4 Abs. 4 des Kommissionsvorschlags schließt das Importieren von prozessualen Standards, die in anderen internationalen Investitions- sowie Handelsabkommen beschrieben sind, ausdrücklich aus. Demnach besteht für Investoren keine Möglichkeit, günstigere prozessuale Regelungen aus solchen anderen Abkommen für sich geltend zu machen. In diesem Kontext wird weniger deutlich, ob daneben auch die materiellen Standards ausgeklammert werden.

Die im Vorschlag genannten materiellen Verpflichtungen stellen in anderen internationalen Verträgen der Parteien nicht automatisch eine „Behandlung" (*treatment*) dar und können nicht zur Verletzung des Art. 2–4 des Kommissionsvorschlags führen. Ein automatischer Import von Investitionsschutzstandards aus anderen Abkommen wird auf diese Weise zwar eingegrenzt, allerdings könnten Schiedsrichter im Investor-Staat-Schiedsverfahren den Satz „gemäß

859 Vgl. *Fritz* (Fn. 792), S. 4.
860 Vgl. *Krajewski* (Fn. 788), S. 5.

dieser Verpflichtungen getroffenen Maßnahmen" (Artikel 2–4 Abs. 4) sehr großzügig interpretieren[861]. Damit bestünde für Investoren die Option, den Import der materiellen Schutzstandards zu verlangen. Deshalb ist die Forderung den Import von prozessualen und materiellen Schutzstandards aus dem TTIP-Abkommen auszuschließen, legitim und sinnvoll.[862]

e. *Investitionsschutz*

aa. *Faire und gerechte Behandlung*

Die Verpflichtung zur Gewährung einer fairen und gerechten Behandlung von ausländischen Investoren ist einer der wichtigsten Investitionsschutzstandards des internationalen Investitionsschutzrechts.[863] Er sorgt dafür, dass Investoren und Investitionen vor einer durch das Gastland verursachten Benachteiligung geschützt werden. Dabei muss die Behandlung nicht zwingend enteignend oder diskriminierend sein. Eine willkürliche, ungerechte, beleidigende etc. Eigenschaft ist hier jedoch ausreichend.[864]

Die faire und gerechte Behandlung findet in den meisten internationalen Investitionsabkommen Anwendung. In vielen Fällen wird der Standard jedoch nicht näher erläutert. Zwangsläufig wird die Interpretation dieses Standards den Schiedsrichtern überlassen. Dadurch entstehen viele Deutungs- sowie Betrachtungsweisen. Dies kann einerseits eine sehr weite oder andererseits eine sehr enge Auslegung nach sich ziehen.[865] Die Formulierung bildet damit keine Hilfestellung für eine einheitliche Rechtsanwendung. Daraus resultierend ist mit einer erhöhten Klagebereitschaft seitens der Investoren zu rechnen. Über diesen Weg könnte in das *„right to regulate"* des angeklagten Staates eingegriffen werden. Teilweise wurde der Standard bereits so weit ausgedehnt, dass sogar der Schutz von „legitimen Erwartungen", einschließlich solcher eines stabilen allgemeinen Rechtssystems, seitens des Investors umfasst ist.[866]

---

861 Vgl. *P. Fuchs/A. Sawatzki*, CETA: Roter Teppich für Klage-Konzerne, vom 08.12.2014, unter: http://blog.campact.de/2014/12/ceta-roter-teppich-fuer-klage-konzerne/, zuletzt gesehen: 17.03.2015.

862 Vgl. *Krajewski* (Fn. 788), S. 6.

863 Ebd., S. 7.

864 European Commission, Public consultation on modalities for investment protection and ISDS in TTIP, unter: http://trade.ec.europa.eu/doclib/docs/2014/march/tradoc_152280.pdf, zuletzt gesehen: 13.03.2015.

865 Vgl. *Krajewski* (Fn. 788), S. 7.

866 Ebd.

Art. 3 des Kommissionsvorschlags zum TTIP-Abkommen (2. Abschnitt des II. Kapitels) beinhaltet die „faire und gerechte Behandlung“. Zunächst fällt auf, dass das „*right to regulate*“ der Gaststaaten durch eine normative Herabstufung „legitimer Erwartungen“ im Standard gestärkt wird.[867] Nach Ansicht der Union kann ein Investor nicht darauf vertrauen, dass sich die regulatorischen und rechtlichen Regelungen niemals ändern. So soll der Standard nicht als eine „Stabilisierungsverpflichtung“ gedeutet werden können. Mit anderen Worten herrscht folglich keine Investoren-Garantie mehr, dass Gesetze in einer für sie nachteilige Weise angepasst werden können.[868]

Dieser Ansatz der Union ist längst überfällig, um einen Ausgleich zwischen Investorenschutz und „*right to regulate*“ herzustellen. Allerdings fehlt es an konkreten Vorschlägen oder Beispielen, wie der Umfang der „legitimen Erwartungen“ einzudämmen ist. Der aktuelle Vorschlag lässt offen, ob bereits ein entsprechender Eingriff, der dem Schutz des öffentlichen Interesses, wie dem Arbeits-, Umwelt- oder Gesundheitsschutz dient, als solcher Verstoß zu bewerten ist. Regulierungsmaßnahmen des Gaststaates zu dem Schutz des öffentlichen Interesses sollten, selbst im Falle einer vorherig erfolgten staatlichen Zusage, immer möglich sein und keine Schadensersatzansprüche eines privaten Investors begründen.[869] Der Grundsatz der fairen und gerechten Behandlung kann durch die ungenaue Formulierung im Abkommen zu weiträumig interpretiert werden.[870]

Weiterhin beschreibt die Kommission im Art. 3 (2. Abschnitt des II. Kapitels), wann die Vertragsparteien gegen die Verpflichtung der „fairen und gerechten Behandlung“ verstoßen. Hierzu stellt die Union, wie auch im CETA-Abkommen, eine Liste mit Tatbeständen auf. Bei diesem Ansatz kann ein Staat nur bei der Verletzung bestimmter Grundrechten zur Verantwortung gezogen werden. Dies wäre nur bei Rechtsverweigerungen, Missachtungen der grundlegenden Prinzipien des fairen Verfahrens, offenkundiger Willkür, gezielten Diskriminierungen aufgrund des Geschlechts, der Rasse oder religiösen Glaubens und missbräuchlichen Behandlungen, wie Zwang, Nötigung oder Belästigung, der Fall. Auf der einen Seite schränkt die Aufzählung der Sachverhalte den Standard der „fairen

---

867 Vgl. *Dederer* (Fn. 821).

868 European Commission, Public consultation on modalities for investment protection and ISDS in TTIP, unter: http://trade.ec.europa.eu/doclib/docs/2014/march/tradoc_152280.pdf, zuletzt gesehen: 13.03.2015.

869 Vgl. *Griebel* (Fn. 851).

870 Vgl. *M. Krajewski/R. T. Hoffmann*, Der Vorschlag der EU-Kommission zum Investitionsschutz in TTIP, 2016, S. 11, unter: http://library.fes.de/pdf-files/wiso/12379.pdf, zuletzt gesehen: 22.08.2016.

und gerechten Behandlung“ ein. Auf der anderen Seite wird befürchtet, dass auf diese Weise die Bedingungen für Investoren verschlechtert werden.[871] Bei diesem Argumentationsansatz ist die Möglichkeit einer Ergänzung der Liste im Konsultationsdokument zu beachten, sollte dies durch die Vertragsparteien (die EU und die USA) vereinbart werden. Dies wäre beispielsweise denkbar, wenn neue Elemente des Standards aus dem Völkerrecht entstanden sind.

Dem Einwand, dass die Ausdrücke „offenkundige Willkür“ (*manifest arbitrariness*) und „gezielte Diskriminierung“ (*targeted discrimination*) im Konsultationsdokument eine Herabsetzung des Investitionsschutzes bewirken,[872] kann nicht widerspruchslos zugestimmt werden. Im Gegenteil ist eher von einer Förderung der Rechtssicherheit durch die Aufnahme dieser ergänzenden Begriffserläuterungen auszugehen. Ohne eine Begrenzung bestünde die Gefahr, dass die Auslegung dieser Begriffe und Feststellung der Verletzung des Standards der „fairen und gerechten Behandlung“ ausufert. Demzufolge handelt es sich vielmehr um einen sinnvollen Ansatz der Union. Ungeachtet dessen ist die Befürchtung einer Schmälerung des Investitionsschutzes nicht komplett unbegründet, wird aber durch die Neigung der Schiedsrichter, den Schutzstandard großzügig auszulegen, bei einer praxisnahen Einschätzung relativiert. Eine enger gefasste Standarddefinition ist demzufolge zu befürworten. Im anderen Fall könnte der Investorenschutz überdimensional ausgeweitet und das Regulierungsrecht (*„right to regulate“*) ausgehöhlt werden.

Ob tatsächlich eine Entwicklung stattfindet und die Schiedsrichter den Standard in der Praxis enger anwenden, bleibt abzuwarten. Deshalb scheint die Implementierung einer Klausel im TTIP-Abkommen sinnvoll, die den Standard der „fairen und gerechten Behandlung“ auf das Schutzniveau des Völkergewohnheitsrechts, welches durch die „allgemeine und verfestigte Praxis der Staaten“ gebildet wird, limitiert.[873]

f. Enteignung

Das Recht auf Eigentum ist ein Menschenrecht, das der Europäischen Menschenrechtskonvention und der Charta der Grundrechte der Europäischen Union entspringt. Dieses Recht ist in Bezug auf Investoren und ihre Investitionen von

871 Vgl. *Mildner* (Fn. 849), S. 6.

872 *Mildner*, ebd., S. 5.

873 Die momentane Praxis der Schiedsrichter basiert sich bei der Auslegung des Standards auf vorherigen Schiedssprüchen und akademischen Schriften, nicht aber auf der aktuellen Praxis der Staaten, siehe *Porterfield* (Fn. 797).

hoher Relevanz. Die Sorgen von Investoren, Opfer einer Enteignung ohne entsprechende Entschädigung in einem Gaststaat zu werden, sind durchaus nachvollziehbar. Deshalb bilden die Garantien gegen Enteignungen den Kern eines jeden internationalen Investitionsabkommens.[874]

Anspruchsvoller bei der Klärung dieses Schutzstandards ist der Entschädigungsfall bei indirekten Enteignungen, der in der Praxis von den Schiedsrichtern als sehr umfassend interpretiert wird.[875] Problematisch wird die indirekte Enteignung, wenn Regulierungsmaßnahmen aufgrund legitimer Zwecke die Begründung der Ansprüche darstellen, weil sie in ihrer negativen Auswirkung einer direkten Enteignung gleichkommen. Die überwiegende Anzahl an Investitionsabkommen enthalten bezüglich der indirekten Enteignung keine weiteren Details oder Definitionen. Eine einheitliche Rechtsauslegung durch die Schiedsrichter wird auf dieser Basis nicht begünstigt.

Der Kommissionsvorschlag enthält Bestimmungen zur Enteignung (Art. 5, 2. Abschnitt, Kapitel II). Durch den Versuch an dieser Stelle für genauere Regelungen zu sorgen und die Erstellung einer Anleitung zur Deutungspraxis in Bezug auf indirekte Enteignung, zielt die Union darauf ab, Ansprüche von Investoren gegen legitime politische Maßnahmen zu verhindern. Dabei sollen nicht-diskriminierende Maßnahmen für legitime politische Ziele, wie zum Schutz der Gesundheit oder Umwelt, keiner Enteignung gleichkommen, soweit sie angesichts ihres eigenen Zwecks nicht offensichtlich übermäßig sind. Zusätzlich unterstreicht die Kommission in ihrem Vorschlag, dass die einfache Tatsache, dass eine Maßnahme Auswirkungen auf den wirtschaftlichen Wert einer Investition hat, nicht für die Bestätigung einer indirekten Enteignung ausreicht (Annex I *Expropriation*).

Dieser Ansatz der Kommission deckt sich mit der Begriffserläuterung der indirekten Enteignung im CETA-Abkommen. Die Konkretisierung des Standards sollte die weitgefasste Sinndeutung der indirekten Enteignung eindämmen. Es ist beachtenswert, dass im Kommissionsvorschlag nicht detaillierter beschrieben wird, was unter „legitimen politischen Ziele" (*legitimate policy objectives*) und „offensichtlich übermäßig" (*manifestly excessive*) zu verstehen ist. Auch hier herrscht die Möglichkeit einer zu breiten Deutung durch die Schiedsgerichte. Die notwendige Eingrenzung könnte erschwert oder gar verhindert werden.[876] Als Lösung ist die Ergänzung der Formulierungen des TTIP-Abkommens anzustreben.

874 European Commission, Public consultation on modalities for investment protection and ISDS in TTIP, unter: http://trade.ec.europa.eu/doclib/docs/2014/march/tradoc_152280.pdf, zuletzt gesehen: 13.03.2015.

875 Vgl. *Krajewski* (Fn. 788), S. 7.

876 *Krajewski*, ebd., S. 8.

g. *Investor-Staat-Schiedsverfahren*

Der Kommissionsvorschlag nennt Einzelheiten zum Investor-Staat-Schiedsverfahren (ISDS) (3. Abschnitt, Kapitel II). Dabei handelt es sich um ein Rechtsinstrument, um Investoren eine Anspruchserhebung vor einem Schiedsgericht anzubieten, wenn der Gaststaat nicht die Investitionsschutzregeln des TTIP-Abkommens respektierte. Der Vorschlag der Kommission implementiert die Vorstellungen der Union über die Transparenz des Investor-Staat-Schiedsverfahrens, mehrfache Ansprüche, das Verhältnis des ISDS zur staatlichen Gerichtsbarkeit, den Verhaltenskodex, die Unabhängigkeit von Schiedsrichtern, die Reduzierung des Risikos von missbräuchlichen und unbegründeten Klagen, den Filtermechanismus bei Klagen zur Interpretation des Abkommens durch die Parteien (EU und USA) sowie die Schaffung eines Investitionsgerichts mit Rechtsmittelinstanz.

aa. *Investitionsgericht erster Instanz mit Rechtsmittelinstanz*

Die Kommission schlägt demnach, ebenso wie im CETA- und EU-Abkommen mit Vietnam vorgesehen, ein ständiges Investitionsgericht der ersten Instanz (Art. 9, 3. Abschnitt, Kapitel II) und eine Rechtsmittelinstanz (Art. 10, 3. Abschnitt, Kapitel II) vor. Das Gericht soll aus fünfzehn Mitgliedern bestehen, die nicht von Investor und Vertragspartei ernannt werden, sondern von durch ein von beiden Parteien gebildetes Komitee. Die Ernennung erfolgt für sechs Jahre mit Option einer einmaligen Verlängerung. (Art. 9, Abs. 5). Auch hier müssen die Richter unabhängig sein und dürfen kein Näheverhältnis zu einer Regierung besitzen. Anweisungen in der Streitigkeit seitens Organisationen oder Regierungen müssen sie ignorieren. Ebenfalls findet sich die Regelung wieder, dass sie nicht gleichzeitig als Anwalt in anderen Investitionsschutzstreitigkeiten tätig sein dürfen (Art 11).

Durch die Einrichtung einer Berufungsinstanz (Art. 10) können erstinstanzliche Entscheidungen korrigiert werden.

Wie im CETA-Abkommen urteilen Investitionsgericht und Berufungsinstanz in Spruchkammern mit je drei Richtern. Bei ihrer Berufung findet ebenfalls kein Einfluss durch die Streitparteien, sondern ein Rotations- und Zufallsprinzip mit Unterstützung des jeweiligen Gerichtspräsidenten, statt (Art. 9, Abs. 7; Art. 10, Abs. 9). Durch die Verankerung eines ständigen Investitionsschiedsgerichts kommen die bereits beschriebenen Vorteile gegenüber den *ad hoc* Investitionsschiedsgerichten zum Tragen.

bb. Das anwendbare Recht

Die Investor-Staat-Streitbeilegung wird maßgeblich in Artikel 13 des Kommissionsvorschlags über das anwendbare Recht geregelt und ist mit Artikel 8.31 des CETA-Abkommens identisch. Das TTIP-Investitionsgericht ist ausschließlich ermächtigt, das Investitionsschutzkapitel zu deuten. Auch hier entfällt die Bewertung der Rechtmäßigkeit nationaler und europäischer Rechtsakte. Sollte dennoch ein solcher Rechtsakt für die Urteilsfindung herangezogen werden, hat der Gerichtshof der Auslegung der nationalen und europäischen Gerichte zu folgen (Art. 13, Abs. 3).[877]

cc. Transparenz im Investor-Staat-Schiedsverfahren

In den meisten Fällen des Investor-Staat-Schiedsverfahrens sind keine oder nur wenige Informationen für die Öffentlichkeit zugänglich. Anhörungen finden nicht öffentlich statt, und den Parteien ist es nicht erlaubt, im Rechtsstreit zu intervenieren. Ohne Kenntnisse über grundlegende Fakten und Ansprüche beider Seiten, ist es für die Öffentlichkeit kaum möglich, sich ein seriöses Bild über die Verfahren und Entscheidungen zu machen. Für eine öffentliche Akzeptanz des Systems ist eine entsprechende Transparenz zwingend sicherzustellen.

Dies stellt auch ein Ziel der EU im Rahmen des TTIP-Abkommens dar. In Art. 18 des Kommissionsvorschlags finden sich Vorschriften zur Transparenz und Veröffentlichung von Verfahrensdokumenten. Dabei sollen verbindliche Regelungen verabschiedet werden, damit Anhörungen öffentlich stattfinden und ausnahmslos alle Dokumente der Öffentlichkeit zur Verfügung gestellt werden. Hiervon betroffen ist ebenfalls das Investor-Staat-Schiedsverfahren (außer den Bestimmungen über vertrauliche Informationen und Geschäftsgeheimnisse).

Weiterhin befürwortet die Union, die durch die UN-Generalversammlung angenommenen Transparenzregeln[878] als allgemeine Vorschriften im Investitionsschutzkapitel des TTIP-Abkommens als verbindlich festzulegen.[879] Bis dato wurden diese Regeln allerdings nicht praktisch angewendet.[880]

---

877 Vgl. *T. P. Holterhus*, „A new era in the settlement of investment disputes?" – Reformvorschläge der EU-Kommission zum Investitionsschutz in TTIP, VerfBlog, 17.09.2015, unter: https://verfassungsblog.de/a-new-era-in-the-settlement-of-investment-disputes-reformvorschlaege-der-eu-kommission-zum-investitionsschutz-in-ttip/, zuletzt gesehen: 18.04.2018, S. 2.

878 UNCITRAL Rules on Transparency in Treaty-based Investor-State Arbitration, unter: http://www.uncitral.org/pdf/english/texts/arbitration/rules-on-transparency/Rules-on-Transparency-E.pdf, zuletzt gesehen: 23.03.2015.

879 Vgl. *Krajewski* (Fn. 788), S. 9; *Mildner* (Fn. 849), S. 8 f.

880 Vgl. *Krajewski* (Fn. 788), S. 10.

Zusammenfassend tragen die Bemühungen der Union für eine größere Transparenz im Investor-Staat-Schiedsverfahren zur Verbesserung des Verfahrens bei. Der Kommissionsvorschlag ist im internationalen Vergleich als sehr fortschrittlich einzustufen.[881] Dabei bleibt abzuwarten, wie die UNCITRAL-Regeln im Schiedsverfahren etabliert werden.

dd. Mehrfachansprüche und das Verhältnis des ISDS zur staatlichen Gerichtsbarkeit

Investoren besitzen verschiedene Optionen, um ihre Ansprüche aufgrund der Verletzung ihrer Rechte einzufordern. Sie können vor den nationalen Gerichten Klage einreichen oder im Rahmen der internationalen Investitionsschutzabkommen internationale Gerichte anrufen. Die Möglichkeit einer parallelen Klageerhebung vor einem innerstaatlichen Gericht und internationalen Schiedsgericht führt in der Praxis zu Schwierigkeiten. Die Maßgabe, dass vor einem internationalen Gericht erst nach Erschöpfung des innerstaatlichen Rechtsweges geklagt werden kann, greift bei einer Vielzahl von Investitionsschutzabkommen nicht.[882] Folglich ist es kein Ausnahmefall, dass Investoren ihre Ansprüche in gleicher Sache sowohl vor dem innerstaatlichen Gericht, als auch vor einem internationalen Schiedsgericht geltend machen.

Diese Parallelität versucht die Kommission in ihrem Vorschlag auszuschließen. Die Begrenzung auf einen anstelle zweier möglicher Rechtswege ist deshalb ein sinnvoller Schritt. Sollte sich aber das TTIP-Abkommen in Gänze auf die Bestimmungen des Textes des Kommissionsvorschlags stützen, werden parallele Klagen weiter zulässig sein. Auf der einen Seite schließt zwar Art. 14 des Kommissionsvorschlags die Möglichkeit in gleicher Angelegenheit vor einem nationalen Gericht und internationalen Schiedsgericht Entschädigung oder Schadensersatz zu fordern aus. Auf der anderen Seite kann vor einem nationalen Gericht Klage über Rechtsmäßigkeit der Maßnahme des Gaststaates erhoben und gleichzeitig vor einem internationalen Schiedsgericht auf Schadensersatz geklagt werden.[883] Dabei wird die Logik verfolgt, dass so das Gebot der Erschöpfung des nationalen Rechtswegs gewahrt wird. Dem Gaststaat wird auf diese Weise ermöglicht, richterliche Fehlentscheidungen zu korrigieren.[884] Allerdings wird die Entstehung widersprüchlicher Urteile gefördert. Vor diesem Hintergrund ist der Ausschluss

---

881 Vgl. *Krajewski/Hoffmann* (Fn. 870), S. 11.
882 Vgl. *Krajewski* (Fn. 788), S. 10.
883 Vgl. *Fritz* (Fn. 798), S. 14; *Bernasconi-Osterwalder* (Fn. 808), S. 19.
884 Vgl. *Griebel* (Fn. 851).

von parallelen Klagen im TTIP-Abkommen stringenter zu handhaben, indem die Zulässigkeit gleichzeitiger Klagen generell ausgeschlossen wird.

ee. Verhaltenskodex und Unabhängigkeit der Schiedsrichter

Die Sicherstellung einer unabhängigen und vor allem unparteiischen Entscheidungsfindung seitens der Schiedsrichter ist im Investor-Staat-Schiedsverfahren ausbaufähig. Vor allem die Tatsache, dass Schiedsrichter als Anwälte für Unternehmen oder Regierungen fungieren, ist höchst fragwürdig.[885] Interessenskonflikte sind damit praktisch vorprogrammiert.

Annex 2 des dritten Abschnitts im zweiten Kapitel des Kommissionsvorschlags (*Code of Conduct*) sieht in Artikel 5 die Unabhängigkeit und Unparteilichkeit der Mitglieder des Investitionsgerichts erster Instanz und Berufungsinstanz vor. Weiterhin verlangt die EU von den Richtern ein ethisches Handeln. Dafür werden spezifische Anforderungen eingeführt (Art. 11), einschließlich der im Verhaltenskodex (*Code of Conduct*) enthaltenen Pflichten der Vertraulichkeit und Verantwortung. Jenem Verhaltenskodex werden die Schiedsrichter beim Investor-Staat-Schiedsverfahren, im Rahmen des TTIP-Abkommens, verpflichtet. Gemäß Art. 11 des dritten Abschnitts kann bei Interessenskonflikten ein Befangenheitsantrag gegen das Mitglied des Investitions- oder des Berufungsgerichts gestellt werden. Die Einführung eines solchen Kodex ist für eine konforme sowie interessenneutrale Urteilsfindung seitens der Richter dienlich.

ff. Reduzierung des Risikos von missbräuchlichen und unbegründeten Klagen

Nach Vorgabe des Vorschlags (Art. 16 und Art. 17 des dritten Abschnitts) werden Klagen, ohne Rechtsgrund oder die augenscheinlich unbegründet sind, direkt abgewiesen. Dadurch werden überflüssige Prozesse vermieden und die Gerichte entlastet.

Zusätzlich sollen unbegründete Anspruchsstellungen gehemmt werden, indem die unterlegene Partei alle Kosten des Verfahrens trägt (Art. 28, Abs. 4 des dritten Abschnitts).[886] Scheitern also Investoren bei der Geltendmachung ihrer Ansprüche vor dem Schiedsgericht, müssen sie für alle finanziellen Kosten aufkommen. Bei diesem Punkt herrscht die Befürchtung, die Einführung des Prinzips „der Verlierer zahlt" könnte kleine und mittelständische Unternehmen abschrecken, ihre Rechte einzufordern.[887] Dem ist zu entgegnen, dass lediglich unbegründete

885 Vgl. *Krajewski* (Fn. 788), S. 11.
886 *Krajewski*, ebd.
887 Vgl. *Mildner* (Fn. 849), S. 13.

Klagen vermieden werden sollen. Aufgrund ihrer Komplexität agieren in Investitionsschiedsverfahren in der Regel sehr erfahrene Anwälte, die beim Vorliegen legitimer und Erfolg versprechender Ansprüche von einer Klageerhebung nicht abraten würden.

Es ist zu überlegen, wie sich das Schiedsgericht verhält, wenn die Feststellung der Unterlegenheit einer Partei nicht eindeutig möglich ist. Es ist durchaus denkbar, dass den Ansprüchen einer Partei nur zum Teil entsprochen wird. Bei einer Umsetzung der Regel „der Verlierer zahlt" im TTIP-Abkommen, sollte seitens des Gerichts die Option zur Kostenaufteilung in Sonderfällen erhalten bleiben. Einerseits haben die Schiedsrichter entsprechende Grundsätze der Gerechtigkeit zu befolgen, andererseits muss für eine faire, nachvollziehbare Kostenverteilung gesorgt werden.

gg. Filtermechanismus bei Klagen, die den Finanzsektor betreffen

In der aktuellen Diskussion treten Bedenken in Bezug auf vermehrte Anspruchsanmeldungen aufgrund solcher staatlichen Maßnahmen im Finanzsektor auf, welche darauf abzielen den Verbraucher zu schützen oder die Stabilität und Integrität des Finanzsystems zu erhalten. Tangiert sind hauptsächlich Schritte, die während der Wirtschaftskrise eingeleitet wurden und direkte Auswirkungen auf den Finanzbereich entfalten.

Deshalb wurden in einigen Investitionsabkommen Mechanismen eingeführt, die den Aufsichtsbehörden der Vertragsparteien das Recht einräumen in bestimmte Investor-Staat-Schiedsverfahren einzugreifen (über einen sogenannten „Filter"). Von der Regelung werden Verfahren berührt, die aufsichtsrechtliche Maßnahmen betreffen. Auf diese Weise können die Parteien prüfen, ob eine Maßnahme aus aufsichtsrechtlichen Gründen verabschiedet wurde und somit die Auswirkungen auf den betroffenen Investor rechtfertigt.[888]

Die EU betonte im Konsultationsdokument die Wichtigkeit eines Rechts zur Regulierung (*right to regulate*) im Finanzsektor und den Erhalt der allgemeinen Stabilität und Integrität des Finanzsystems. Konkrete Veranlassungen im Sinne einer diesbezüglichen Realisierung enthält der Kommissionsvorschlag jedoch nicht. Hier sind im TTIP-Abkommen entsprechende Nachbesserungen vorzunehmen.

---

888 European Commission, Public consultation on modalities for investment protection and ISDS in TTIP, unter: http://trade.ec.europa.eu/doclib/docs/2014/march/tradoc_152280.pdf, zuletzt gesehen: 13.03.2015.

hh. Interpretation der Investitionsvorschriften

Hinter der Aushandlung von Abkommen verbergen sich verschiedene Intentionen der Vertragsparteien. Es besteht die Gefahr, dass Gerichte, einschließlich der Schiedsgerichte, diese Intentionen auf andere Weise interpretieren. So kann eine während den Verhandlungen erzielte Balance zwischen den Ländern verloren gehen. Zum Beispiel kann sich ein Verhandlungsschwerpunkt vom Investitionsschutz zugunsten des Rechts auf Regulierung verschieben. Die Wahrscheinlichkeit von Fehldeutungen steigt bei Abkommen mit ungenauen Formulierungen und großen Spekulationsspielräumen. Daher ist für die Parteien die Schaffung eines Instruments zur Erläuterung ihrer eigenen Abkommensklauseln erforderlich.[889] Die meisten Investitionsschutzabkommen gestatten es den Vertragspartnern bisher nicht, dem Investitionsschiedsgericht Vorgaben zur Interpretation des Abkommens bereitzustellen.[890]

Gemäß Art. 13 Abs. 5 (3. Abschnitt, Kapitel II) kann das Komitee per Beschluss Bestimmungen interpretieren, wenn ernsthafte Bedenken in Bezug auf Auslegungsfragen bei Vorschriften über den Investitionsschutz oder der Lösung von Investitionsstreitigkeiten bestehen. Eine solche Auslegung ist für das Investitions- und Berufungsgericht bindend.

Außerdem plant die EU einer Nicht-Streitpartei des Investor-Staat-Schiedsverfahrens die Gelegenheit zu bieten, in den Rechtsstreit zwischen Investor und der anderen Vertragspartei zu intervenieren (Art. 22, Art. 23, Art. 24 des 3. Abschnitts). Diese Nicht-Streitpartei soll das Schiedsgericht dahin gehend beraten, wie die infrage stehenden Bestimmungen des Abkommens auszulegen sind.

In ihrem Konsultationsdokument traf die EU diesbezüglich noch deutlichere Aussagen. Beiden Parteien (EU und USA) sollte die Vorgabe verbindlicher Interpretationen gezielter Rechtsfragen gestattet werden, um fehlerhaften Deutungen seitens der Schiedsgerichte vorzubeugen. Da die Union klare und präzise Verpflichtungen zum Investitionsschutz im Abkommen präferiert, hätte der unerwünschte gerichtliche Interpretationsspielraum gering ausfallen sollen. Dies sollte ein zusätzliches Sicherheitsventil für die Parteien darstellen.

Durch das Überlassen der Deutungsmöglichkeiten zugunsten der Vertragsparteien könnten womöglich die Bestimmungen zur Änderung des Abkommens im Investor-Staat-Schiedsverfahren umgangen werden. Daneben besteht die Gefahr, dass eine unrechtmäßige Zuständigkeitsumverteilung zwischen Union und

---

889 European Commission, ebd.

890 Vgl. *Krajewski* (Fn. 788), S. 12.

Mitgliedstaaten (die zur Änderung des Abkommens involviert werden müssten) innerhalb der Unionsorgane stattfindet.[891]

Der Kommissionsvorschlag gibt nicht mehr zweifelsfrei zu erkennen, ob die Vertragsparteien ihre eigenen Interpretationen zur Auslegung des Abkommens abgeben sollen. Art. 13 Abs. 5 sieht lediglich vor, dass das Komitee Beschlüsse fassen kann, um Bestimmungen auszulegen. Zum momentanen Zeitpunkt bleibt es schleierhaft, wie sich die Union die Interpretationsmöglichkeit durch die Vertragsparteien in der Praxis vorstellt. Dem Kommissionsvorschlag lässt sich nicht entnehmen, ob Mitgliedstaaten im Investor-Staat-Schiedsverfahren das Abkommen selbst auslegen dürfen. Demzufolge ist es notwendig, den Mitgliedsstaaten im TTIP-Abkommen die Gelegenheit zur Intervention explizit einzuräumen.

4. Zwischenfazit und Bewertung

Mit ihren Ansätzen im Vorschlag zum TTIP folgt die Kommission dem Beispiel des CETA-Abkommens. Der überwiegende Teil der Bestimmungen zum Investitionsschutzkapitel entspricht wortgleich oder sinngemäß den Textteilen des CETA-Abkommens.

Die Kommission erkennt beim Investitionsschutz und Investor-Staat-Schiedsverfahren zwar einzelne Schwierigkeiten und bietet Reformvorschläge an, diese sind jedoch weder ausreichend umfangreich noch final praxistauglich ausgearbeitet. Die von der Kommission angestrebten Ziele, Klagemöglichkeiten für Briefkastenfirmen auszuschließen, die Definition des Standards der fairen und gerechten Behandlung durch die Auflistung konkreter Tatbestände einzuschränken, die Einrichtung eines ständigen Investitionsgerichts inklusive Rechtsmittelinstanz sowie die Einführung von Transparenzregeln im Investor-Staat-Schiedsverfahren sind dennoch begrüßenswert.[892] Der offenkundige Versuch der EU eine Balance zwischen Investoreninteressen und dem *„right to regulate"* zu schaffen, ist auch der richtige Weg um die Interessen aller Seiten zu wahren. Es ist von großer Wichtigkeit das Recht zur Regulierung zu stärken und das Druckpotential der Investorenklagen zu minimieren.

Jedoch gibt es auch weiterhin zahlreiche bedenkliche Bestimmungen, die es zu korrigieren gilt. Wie im CETA-Abkommen wird auch im TTIP-Abkommen eine weiträumige Definition des Investitionsbegriffs verwendet, der Portfolioinvestitionen einbezieht. Da die Union gemäß Art. 207 Abs. 1 AEUV keine Kompetenz für Portfolioinvestitionen besitzt, sollte das TTIP-Abkommen allein schon deshalb als

891 Vgl. *Mildner* (Fn. 849), S. 15.
892 Vgl. *Krajewski* (Fn. 788), S. 13.

gemischtes Abkommen verabschiedet werden. Ferner ist eine bestimmte Laufzeit für Investitionen zu bestimmen. Als weiterer Kritikpunkt schließt das Abkommen zwar Briefkastenfirmen vom Schutz des Investitionsschutzkapitels aus, jedoch nicht solche Zweigstellen und Repräsentanzen, die substanzielle Geschäftsaktivitäten unterhalten, wobei es auch an einer genauen Konkretisierung des Begriffs „substanziellen Geschäftsaktivitäten" fehlt. Um Missbräuche zu verhindern, sind im TTIP-Abkommen entsprechende Formulierungen aufzunehmen.

Unklar bleiben die *pre-Establishment* und *post-Establishment* Phasen. Aus dem Kommissionsvorschlag kann keine eindeutige Schlussfolgerung gezogen werden, ob Investitionen bereits vor dem Marktzugang geschützt sind. Für eine nachvollziehbare Rechtslage ist auch hier eine Aussage zu treffen.

Überdies ist zu beanstanden, dass die Möglichkeit des Imports von materiellen Schutzstandards aus anderen Investitionsschutzabkommen nicht explizit verneint wird. Ob es sich hierbei um eine Absicht der Union oder nur um eine ungenaue Formulierung handelt, bleibt offen.

Eine ähnliche Problemstellung offenbart die Bestimmung zur Inländerbehandlung, nach der ausländischen Investoren und erfassten Investitionen in vergleichbaren Situationen keine weniger günstige Behandlung als inländischen gewährt werden soll. Auch hier bleibt der Ausdruck „in vergleichbaren Situationen" ein unbestimmter Rechtsbegriff.

Der Kommissionsvorschlag beinhaltet auch eine Eingrenzung indirekter Enteignung insofern, als nicht-diskriminierende Maßnahmen für legitime öffentliche Zwecke nicht mit einer Enteignung gleichzustellen sind, soweit sie nicht unverhältnismäßig sind. Prinzipiell ist dies als vielversprechende Idee anzusehen, da so legitime staatliche Maßnahmen, die Einfluss auf den wirtschaftlichen Wert einer Investition haben, nicht automatisch eine indirekte Enteignung darstellen. Trotz sinnvoller Zielsetzung ist die Umsetzung aber als mangelhaft zu bewerten. Die Kommission zählt im Anhang (Annex I *Expropriation*) beispielhaft Politikbereiche auf, die unter den Begriff der „legitimen politischen Ziele" fallen. Danach sind staatliche Maßnahmen erlaubt, die nichtdiskriminierend sind und „legitimen politischen Zielen" wie Gesundheit, Sicherheit, Verbraucherschutz, Schutz der kulturellen Diversität, öffentlicher Moral oder Umwelt zugutekommen. Allgemeine Sozial- und Arbeitsschutzstandards sind in diese Aufzählung nicht einbezogen. Tatsächlich ist an dieser Stelle nicht nachvollziehbar, wieso eine nicht-diskriminierende staatliche Maßnahme, beispielsweise zum Schutz von Arbeitnehmerrechten, nicht als „legitimes politisches Wohlfahrtsziel" im Sinne der indirekten Enteignung zu betrachten ist.

Auch gibt es keinen Anhaltspunkt, welche staatliche Maßnahmen als „offensichtlich übermäßig" zu bewerten sind. Dieser Mangel wäre durch die Nennung konkreter Merkmale leicht behebbar. Nur durch eine Begriffseingrenzung kann der große Interpretationsspielraum von Schiedsrichtern auf ein sinnvolles Maß reduziert und Ansprüche von Investoren aufgrund legitimer politischer Maßnahmen eliminiert werden.

Manche Verbesserungsideen zum Investor-Staat-Schiedsverfahren sind nicht ausgereift. So schließt die Kommission im Vorschlag ein zeitgleiches Verhandeln von Investorenansprüchen in gleicher Angelegenheit vor einem internationalen Schiedsgericht und nationalen Gericht aus. Damit soll widersprüchlichen Urteilen und parallelen Ansprüchen der Nährboden entzogen werden. Selbst wenn der Union die Problematik von parallelen Klagen offensichtlich bewusst ist, stellt sie diesbezüglich keinen Lösungsansatz auf. Dabei wäre es beispielsweise denkbar, ein ausdrückliches Verbot von Parallel-Klagen im TTIP-Abkommen zu verankern.

Ein großer Fortschritt ist das Verbot der Doppelfunktion als Schiedsrichter im einen und Anwalt des Investors im anderen Verfahren. Die Formulierung eines verbindlichen Verhaltenskodex (*Code of Conduct*) trägt zur Unabhängigkeit und Unparteilichkeit der Schiedsrichter bei.

Die vollständige Kostenübertragung auf den Verfahrensunterlegenen zur Vermeidung unbegründeter Ansprüche ist zu überarbeiten. In Sonderfällen sollte eine Kostenumlage auf beide Parteien möglich sein, beispielsweise wenn es an der eindeutigen Erkenntnis mangelt, welche Partei als unterlegen gilt.

Ferner ergibt sich ein Ergänzungsbedarf beim Schutz des Rechts zur Regulierung (*right to regulate*) im Finanzsektor. Es fehlt vor allem an konkreten Vorschlägen, wie dieser gewährleistet werden kann.

Die Möglichkeit der Vertragsparteien zur Verabschiedung verbindlicher Interpretationen in Rechtsfragen zum TTIP-Abkommen im Investor-Staat-Schiedsverfahren ist unzureichend definiert. Es ist nicht ersichtlich, ob auch die Mitgliedstaaten der Europäischen Union solche verbindlichen Interpretationen treffen können. Das Abkommen deckt teilweise Bereiche ab, für welche die EU keine ausschließliche Kompetenz besitzt und bei denen es der Beteiligung der Mitgliedstaaten zum Abschluss des Abkommens bedarf. Deshalb hat aus dem Abkommen klar hervorzugehen, dass auch die Mitgliedstaaten verbindliche Interpretationen vorlegen können. Weiterhin sind letztgenannte als Vertragsparteien einzustufen, da ein gemischtes Abkommen zu realisieren ist.

Die Errichtung eines Investitionsgerichts erster Instanz und eines Berufungsmechanismus im Investor-Staat-Schiedsverfahren ist grundsätzlich ein guter Ansatz, der jedoch nicht weiter konkretisiert wird. Dabei würde ein *ad hoc* einberufenes Gericht wenig zur einheitlichen Auslegung des TTIP-Abkommens sowie zur Rechtssicherheit beitragen. Aus diesem Grund ist die Verankerung eines ständigen Investor-Staat-Schiedsgerichts mit Berufungsinstanz im TTIP-Abkommen anzustreben. In bestehenden Investitionsabkommen ist die Entscheidung des Investor-Staat-Schiedsgerichts endgültig. Dem Staat obliegt keine Option sich an eine höhere Instanz zu wenden, um die Schadensersatzhöhe oder andere Entscheidungsaspekte des Schiedsgerichts, mit Ausnahme sehr begrenzter verfahrensrechtlicher Gründe, infrage zu stellen.[893] Dies kann zu gegensätzlichen Interpretationen internationaler Investitionsschutzabkommen führen. Aus diesem Grund wird in Praxis und Wissenschaft das Bestehen einer Berufungsinstanz befürwortet.[894]

Aus dem Kontext des Kommissionsvorschlags ist der Berufungsmechanismus im TTIP-Abkommen aufzubauen, um die Überprüfung von Entscheidungen durch das Investor-Staat-Schiedsverfahren zu verwirklichen. Im Mittelpunkt steht die Garantie der Einheitlichkeit sowie die Chance für Regierungen und Investoren fehlerhafte Urteile des Schiedsgerichts korrigieren zu lassen. Diese rechtliche Prüfung ist eine zusätzliche Kontrolle der Schiedsrichter.[895]

Grundsätzlich ist in zukünftigen Abkommen, die von der Union federführend verhandelt werden, die Schaffung eines Investitionsgerichts erster Instanz und einer Berufungsinstanz möglich.

Trotz der bereits aufgeführten Vorteile herrschen Bedenken, dass die Errichtung einer Berufungsinstanz nicht zur Beseitigung der Inkonsistenz führt. Im Gegenteil würden die Urteile anderer Investitionsgerichte Rechtsunsicherheiten sogar befeuern, da diese im Gegensatz zu Entscheidungen der im Rahmen von TTIP-Abkommen eingerichteten Berufungsinstanz, uneinheitlich seien.[896] Demzufolge wäre ein multilateraler Berufungsmechanismus zu erstellen, welcher allerdings bereits in der Vergangenheit auf Ablehnung stieß.[897]

Die Begründetheit dieser Befürchtungen ist genauer zu durchleuchten. Im Hinblick auf die Einheitlichkeit von Entscheidungen im Rahmen der Freihan-

893 European Commission, Public consultation on modalities for investment protection and ISDS in TTIP, unter: http://trade.ec.europa.eu/doclib/docs/2014/march/tradoc_152280.pdf, zuletzt gesehen: 13.03.2015.

894 Vgl. *Krajewski* (Fn. 788), S. 12.

895 European Commission, Public consultation on modalities for investment protection and ISDS in TTIP, unter: http://trade.ec.europa.eu/doclib/docs/2014/march/tradoc_152280.pdf, zuletzt gesehen: 13.03.2015.

896 Vgl. *Krajewski* (Fn. 788), S. 13.

897 Vgl. *Mildner* (Fn. 849), S. 16.

delsabkommen der Union würden ein ständiges Investitionsgericht sowie eine Berufungsinstanz zweifelsfrei für eine bessere Homogenität bei der Abkommensauslegung sorgen. Selbst wenn dies nicht gleichzeitig zur Einheitlichkeit aller Urteile der Schiedsgerichte führen würde, spiegelt es das gegenwärtige Ziel der Union zur Konsistenz von Entscheidungen im Rahmen von EU-Freihandelsabkommen wider.

Als Fazit sind die Vorschläge der Union zum Investitionsschutz und Investor-Staat-Schiedsverfahren im TTIP-Abkommen als sinnvoll und als positiv zu bezeichnen. Die Union bemüht sich um einen Spagat zwischen dem Investoreninteresse und dem Recht zur Regulierung der Staaten (*right to regulate*) und bietet verschiedene Lösungsvorschläge zur Ausbalancierung dieses Spannungsverhältnisses.[898] Allerdings sind manche dieser Vorschläge unzureichend und bieten keine greifbaren Umsetzungsmöglichkeiten. Auch wenn in Zukunft ein ständiger Schiedsgerichtshof eingerichtet wird, kann ein Schiedsrichter nur in begrenztem Maße korrigierend eingreifen, wenn das festgeschriebene Recht selbst falsche Prioritäten setzt und zu vertraglich starken Investorenrechten führt.[899] Jeder Streitbeilegungsmechanismus ist „nur so gut wie das anzuwendende Recht".[900] Aus diesem Grund ist es unerlässlich die Bestimmungen zum Investitionsschutz und dem Investor-Staat-Schiedsverfahren im neuen Freihandelsabkommen präziser und detaillierter zu gestalten, um für eine einheitliche und verlässliche Rechtsprechung zu sorgen.

Daneben lässt sich zusammenfassen, dass das TTIP-Abkommen nur als ein gemischtes Abkommen abgeschlossen werden kann. Das Abkommen enthält eine sehr breite Investitionsdefinition, unter die ebenfalls Portfolioinvestitionen fallen. Art. 207 Abs. 1 AEUV verleiht der EU diesbezüglich keine ausschließliche Zuständigkeit. Eine solche kann auch nicht aus impliziten Kompetenzen herangezogen werden. Weiterhin finden sich Bestimmungen bezüglich der Behandlungsstandards nach erfolgtem Marktzugang. Die diesbezüglich angestellte Analyse ergab, dass Art. 207 Abs. 1 AEUV der Union lediglich eine ausschließliche Kompetenz zur Regelung von Investitionen vor dem Marktzugang verleiht. Das Vorhandensein anderer Vorschriften, wie beispielsweise über die Enteignung sowie der Verweis in Artikel 6 Absatz 2 auf die ICSID-Konvention und die

898 Vgl. *Dederer* (Fn. 821).

899 Vgl. *C. J. Tams*, Ships that pass in the night: Die Debatte über TTIP und die Schiedsgerichtsbarkeit, VerfBlog, 2014/5/08, unter: http://www.verfassungsblog.de/ships-pass-night-die-debatte-ueber-ttip-und-die-schiedsgerichtsbarkeit/, zuletzt gesehen: 24.04.2015.

900 Vgl. *Griebel* (Fn. 851).

Klagemöglichkeit nach dieser Konvention, bestätigen die Notwendigkeit eines Gemischten Abkommens.

III. Exkurs: Gutachten 2/15 zum EU-Singapur-Freihandelsabkommen (EUSFTA)

Im Gutachtenverfahren 2/15 sollte der EuGH klären, ob die Union über eine ausschließliche Zuständigkeit zum Abschluss des Freihandelsabkommens mit Singapur (EUSFTA) verfügt oder ob die Umsetzung als gemischtes Abkommen unter Beteiligung der Mitgliedsstaaten zu erfolgen hat. Obwohl das Freihandelsabkommen der EU mit Singapur (EUSFTA) selbst nicht Gegenstand vorliegender Arbeit ist, sollen die Entscheidung des EuGH sowie die Schlussanträge der Generalanwältin Sharpston zu diesem Abkommen analysiert werden, da es inhaltliche Parallelen zu den geplanten Abkommen der EU mit den USA (TTIP) und Kanada (CETA) aufweist.

1. Schlussanträge der Generalanwältin Eleanor Sharpston

a. Allgemeines zum EUSFTA

Die Verhandlungen zwischen der EU und Singapur über das Freihandelsabkommen EUSFTA wurden im März 2010 aufgenommen und im Oktober 2014 abgeschlossen. Im Mai 2015 einigten sich beide Parteien über die Inhalte zum Investitionsschutz. Im darauffolgenden Monat übermittelte die Kommission dem Ausschuss Handelspolitik den konsolidierten Text des Kapitels über Investitionen und teilte mit, dass das Übereinkommen fortan in seiner Gesamtheit paraphiert worden sei.

Das EUSFTA besteht aus einer Präambel, 17 Kapiteln, einem Protokoll und fünf Vereinbarungen. Seine Zielsetzung liegt in der Errichtung einer Freihandelszone zwischen den Vertragsparteien, der EU und Singapur. Es besteht eine weitgehende Vergleichbarkeit zum bereits ausgehandelten Abkommen mit Kanada sowie dem geplanten Abkommen mit den USA. Die Übereinkunft umfasst viele Sektoren und Politikbereiche, unter die auch der Investitionsschutz und Vorschriften zum Investor-Staat-Schiedsverfahren fallen. Der Abschnitt über Investitionen befindet sich im Kapitel Neun und besteht aus zwei Teilen. Abschnitt A enthält grundlegende Bestimmungen über den Investitionsschutz. Abschnitt B sieht einen Mechanismus zur Beilegung von Investor-Staat-Streitigkeiten (ISDS) vor.

b. Schlussanträge

Die Europäische Kommission hat vor dem EuGH einen Antrag auf Erstellung eines Gutachtens nach Art. 218 Abs. 11 AEUV gestellt. Der Gerichtshof sollte die Frage beantworten, ob die EU über die erforderliche alleinige Zuständigkeit für die Unterzeichnung und den Abschluss des Freihandelsabkommens mit Singapur verfügt. Dabei übermittelte die Kommission die konkrete Frage, welche Bestimmungen des Abkommens in die ausschließliche Kompetenz von Union oder Mitgliedsstaaten fallen und in welchen Fällen sich beide die Zuständigkeit teilen? Nach dem von der Kommission ausgehandelten Wortlaut des EUSFTA soll dieses als Übereinkunft zwischen der EU und Singapur laut Kommission ohne Beteiligung der Mitgliedstaaten abgeschlossen werden. Die Kommission ersuchte um eine Stellungnahme des Gerichtshofs zur Rechtmäßigkeit dieses Ansatzes.

Generalanwältin Eleanor Sharpston legte am 21. Dezember 2016 ihre Schlussanträge zum Gutachten 2/15 vor. Zur Klärung des Bestehens einer ausschließlichen oder geteilten Zuständigkeit zieht sie die in der Rechtsprechung des Gerichtshofs aufgestellten und durch den Vertrag von Lissabon teilweise kodifizierten Grundsätze heran. Anhand dieser untersucht die Generalanwältin die einzelnen Kapitel des EUSFTA. Im folgenden Abschnitt werden ausschließlich die für diese Arbeit relevanten Ausführungen der Generalanwältin bezüglich der Kompetenzen für den Investitionsschutz und das Investor-Staat-Schiedsverfahren betrachtet.

aa. Begriff der ausländischen Direktinvestitionen

Zunächst befasste sich die Generalanwältin mit der Investitionsdefinition. Nach Meinung von Generalanwältin Sharpston handelt es sich bei einer „Investition" allgemein um das Einbringen von Geld oder anderen Vermögenswerte in eine wirtschaftliche Tätigkeit zum Ziele der Gewinnerwirtschaftung.[901] Weiterhin analysiert die Generalanwältin den Zusammenschluss der beiden Definitionen „ausländisch" und „Direktinvestitionen" in Art. 207 Abs. 1 AEUV. In ihren Schlussanträgen bestätigt sie das vom EuGH entwickelte Verständnis über ausländische Direktinvestitionen. Diese umfassen Investitionen natürlicher oder juristischer Personen eines Drittstaats in der Union oder Investitionen natürlicher oder juristischer Personen der Union in einem Drittstaat. Sie zielen auf die Schaffung oder Aufrechterhaltung dauerhafter und direkter Beziehungen in Form

901 Nr. 311 der Schlussanträge der Generalanwältin Sharpston vom 21.12.2016 zum Gutachten 2/15 des EuGH vom 16.05.2017.

einer tatsächlichen Beteiligung an der Verwaltung und auf den Kontrollerwerb an einem Unternehmen ab.[902]

bb. Umfang der EU-Kompetenz

Bei ihrer Untersuchung unterstellt die Generalanwältin, dass die Regelung von ausländischen Direktinvestitionen nicht auf handelsbezogene Aspekte beschränkt ist. Die Handelspolitik umfasst den Marktzugang (d. h. die Bedingungen für den Markteintritt und die Niederlassung) sowie die Förderung von Investitionen. Außerdem ist im Rahmen der gemeinsamen Handelspolitik der Schutz von Investoren (und ihren Investitionen) im Anschluss an die Marktzugangsphase gewährleistet.[903] Die Generalanwältin wendet an dieser Stelle die grammatikalische, systematische, teleologische und historische Auslegungsmethoden nicht konsequent an. Insbesondere bei Anwendung der historischen Auslegungsmethode wäre sie zu dem Ergebnis gekommen, dass die Kompetenz der EU auf die Handelsaspekte der Direktinvestitionen beschränkt ist.[904]

Die Generalanwältin bezieht sich auf die Dokumente der Arbeitsgruppe VII des Verfassungskonvents zum vorgeschlagenen Verfassungsvertrag. Sie weist darauf hin, dass der spezifische Kontext des Begriffs „ausländische Direktinvestitionen" aus Art. 206 und Art. 207 Abs. 1 AEUV mit dem Artikel übereinstimmt, der im Entwurf über das außenpolitische Handeln vom Präsidium des Konvents verwendet wurde. Generalanwältin Sharpston verwies auf einen Kommentar des Präsidiums, wonach ein Hinweis auf ausländische Direktinvestitionen aufgenommen worden sei, „um anzuerkennen, dass die Finanzströme den Güterverkehr ergänzen und heute einen großen Teil des Handels ausmachen".[905] In der abschließenden Einschätzung der Generalanwältin werden Investitionen und Handel als wesentliche Komponenten einer wirksamen und einheitlichen gemeinsamen Handelspolitik beschrieben. Infolgedessen umfasse die Kompetenz der EU auch die Regelung von ausländischen Direktinvestitionen nach dem Marktzugang.[906] Insbesondere die Auslegung dieser Passage des Verfassungskonvents hätte zu dem Ergebnis führen müssen, dass die Kompetenz der EU auf die Handelsaspekte der Direktinvestitionen begrenzt ist und lediglich die Marktzugangsphase beinhaltet.

---

902 Ebd., Nr. 322.

903 Ebd., Nr. 323 ff.

904 Näher hierzu siehe: Kapitel C.II.1.d.dd.

905 Siehe auch: Kapitel C.II.1.d.dd.

906 Nr. 329, 337 der Schlussanträge der Generalanwältin Sharpston vom 21.12.2016 zum Gutachten 2/15 des EuGH vom 16.05.2017.

Als Argument ihrer Schlussfolgerung legt die Generalanwältin die Wirksamkeit der Regelungen zugrunde. So könnten diese völlig ausgehöhlt werden, wenn ein Investor im Anschluss an seine getätigte Investition gegenüber einer diskriminierenden Behandlung, Enteignung oder Beschränkungen von Transfers schutzlos wäre.[907] Bei ihrem Deutungsversuch lässt Frau Sharpston die historische Auslegungsmethode der Norm außer Acht. Verbliebe die Kompetenz zur Regelung von ausländischen Investitionen nach dem erfolgten Marktzugang bei den Mitgliedstaaten, wird allein durch diesen Umstand die Wirksamkeit nicht außer Kraft gesetzt.

Weiterhin untersuchte die Generalanwältin, ob die Schutzstandards gegen eine Enteignung ausländischer Direktinvestitionen unter die gemeinsame Handelspolitik fallen. Dabei kommt sie zu dem Schluss, dass Art. 345 AEUV nicht die ausschließliche Zuständigkeit der Union nach Art. 207 Abs. 1 AEUV begrenze und ein solches Freihandelsabkommen auch nicht das Recht (d. h. die ausschließliche Zuständigkeit) der Mitgliedstaaten verletze, über ihre Eigentumsordnung zu entscheiden. Es limitiere lediglich die Fälle, in denen sie sich für eine Verstaatlichung oder Enteignung von Investitionen entscheiden können.[908] Die Generalanwältin bedient sich der Rechtsprechung des EuGH, wonach Art. 345 AEUV „nicht dazu [führt], dass die in den Mitgliedstaaten bestehenden Eigentumsordnungen den Grundprinzipien des [AEUV], u. a. denen der Nichtdiskriminierung, der Niederlassungsfreiheit und der Kapitalverkehrsfreiheit, entzogen sind".[909] Diese Aussage kann jedoch nicht unmittelbar die Kompetenz der EU für Eigentumsfragen der Mitgliedstaaten bezüglich ausländischer Direktinvestitionen begründen. Vielmehr hätte die Generalanwältin auch Artikel 345 AEUV einer historischen Auslegungsmethode unterziehen sollen, welche zu einer weiten Auslegung der Eigentumsordnung geführt hätte. Nach dieser beinhaltet die Eigentumsordnung alle Eigentumsrechte, welche die Ausübung, Nutzung und die Bedingungen, unter denen Eigentum besteht, einschließen.[910] Nach dieser Deutung verfügt die EU weder über eine alleinige Kompetenz zur Regelung von Enteignungen im Rahmen ausländischer Direktinvestitionen, noch kann sie den Entscheidungsspielraum der Mitgliedsstaaten bei der Verstaatlichung oder Enteignung von Investitionen begrenzen.

---

907 Ebd., Nr. 333.

908 Ebd., Nr. 341.

909 Ebd., Nr. 340.

910 Näher hierzu siehe: Kapitel C.II.1.g.

cc. Implizite Kompetenzen der EU

Die Generalanwältin prüfte in ihrem Gutachten, wann die Union explizite und implizite Kompetenzen erlangt. Dabei sei es unstrittig, dass Art. 207 Abs. 1 AEUV an sich keine anderen Arten von Investitionen als ausländische Direktinvestitionen erfasse.[911] Die Rechtsgrundlage für das Handeln der Union im Bereich der hiervon nicht erfassten Investitionen sowie die Frage der ausschließlichen Zuständigkeit der Union müssten daher andernorts gesucht werden.[912]

Laut Generalanwältin Sharpston reflektieren und kodifizieren die in Art. 3 Abs. 2 und Art. 216 AEUV vorgesehenen Alternativen zu den impliziten Kompetenzen die frühere Rechtsprechung des Gerichtshofs. Zu Recht macht die Generalanwältin darauf aufmerksam, dass nach Art. 216 Abs. 1 AEUV eine externe Unionszuständigkeit besteht, ohne dabei eine Ausschließlichkeit zu begründen. Diese folgt aus Art. 3 Abs. 1 und 2 AEUV.[913] Voraussetzung ist die Deckungsgleichheit beider Vorschriften.[914]

Zunächst stellt die Generalanwältin fest, dass Art. 3 Abs. 2 zweite Alternative AEUV keine Anwendung findet. Für die Union ist eine ausschließliche Zuständigkeit für den Abschluss des EUSFTA nicht notwendig, um ihre interne Zuständigkeit auszuüben.[915] Die Generalanwältin hat jedoch keine Begründung zu ihrer Feststellung geliefert.[916] Das ist bedauerlich, denn eine ausführlichere Analyse hätte an dieser Stelle zu einer größeren Rechtssicherheit beigetragen. Dabei hätte die Generalanwältin klären können, unter welchen Voraussetzungen der EU eine ausschließliche Zuständigkeit nach Art. 3 Abs. 2 zweite Alternative AEUV zukommen könnte.

Detaillierter erläutert die Generalanwältin die dritte Alternative von Art. 3 Abs. 2 AEUV, die der Union eine implizite ausschließliche Kompetenz verleiht, soweit der Abschluss einer Übereinkunft gemeinsame Regeln beeinträchtigt oder deren Tragweite verändert. Sie bestätigt, dass Art. 3 Abs. 2 dritte Alternative AEUV im Zuge des AETR-Urteils und der späteren Rechtsprechung zur Anwendung der AETR-Doktrin auszulegen ist.[917] Gemeint sind mögliche Auswirkungen

---

911 Nr. 346 der Schlussanträge der Generalanwältin Sharpston vom 21.12.2016 zum Gutachten 2/15 des EuGH vom 16.05.2017.

912 Ebd., Nr. 347.

913 Nr. 64 der Schlussanträge der Generalanwältin Sharpston vom 21.12.2016 zum Gutachten 2/15 des EuGH vom 16.05.2017.

914 Ebd., Nr. 67.

915 Ebd., Nr. 348.

916 Näher hierzu siehe: Kapitel C.II.3.b.

917 Nr. 352 der Schlussanträge der Generalanwältin Sharpston vom 21.12.2016 zum Gutachten 2/15 des EuGH vom 16.05.2017.

der von den Mitgliedstaaten abgeschlossenen internationalen Übereinkünfte auf die „gemeinsamen Regeln". Letztgenannte wurden von der Union in Ausübung ihrer internen Zuständigkeit in bestimmten Bereichen erlassen. Demzufolge kann nur die Ausübung einer internen Zuständigkeit eine ausschließliche externe Zuständigkeit begründen.[918]

Nach Ansicht der Generalanwältin kann Art. 3 Abs. 2 AEUV nicht dahin gehend verstanden werden, dass die Union allein deshalb über eine ausschließliche externe Zuständigkeit verfügt, weil sie für den Erlass von Vorschriften auf interner Ebene ermächtigt ist.[919]

Art. 3 Abs. 2 dritte Alternative AEUV kann nicht so ausgelegt werden, dass auch dann eine ausschließliche externe Zuständigkeit besteht, wenn die interne Zuständigkeit nicht ausgeübt wurde. Ansonsten wäre die Unterscheidung zwischen der zweiten Alternative, die speziell den Fall regelt, wann eine interne Zuständigkeit nicht ausgeübt wurde, und der dritten Alternative des Art. 3 Abs. 2 AEUV, teilweise aufgelöst.[920]

Generalanwältin Sharpston analysiert folgerichtig, dass Art. 3 Abs. 2 dritte Alternative AEUV als Grundlage nicht ausreicht, um nur durch die Existenz einer Vertragsbestimmung eine externe ausschließliche Zuständigkeit der Europäischen Union zu bejahen.[921] Sollte dies tatsächlich das Ziel gewesen sein, hätten die Verfasser der Verträge diese ausschließliche externe Zuständigkeit in den Verträgen vorgesehen.

Die Generalanwältin kommt zum Schluss, dass es keine Vorschriften des sekundären Unionsrechts nach Art. 63 Abs. 1 und Art. 64 Abs. 2 AEUV für andere Investitionsarten als für ausländische Direktinvestitionen gibt.[922]

Wegen des Mangels der gemeinsamen Regeln sind die Voraussetzungen von Art. 3 Abs. 2 dritte Alternative AEUV nicht gegeben. Der Union bietet sich durch diese Vorschrift keine Grundlage für eine ausschließliche Zuständigkeit.[923]

Ferner prüft die Generalanwältin, ob der Union eine geteilte Zuständigkeit für den Abschluss einer internationalen Übereinkunft über andere Arten von Investitionen als ausländische Direktinvestitionen zukommt. Bei ihrer Begutachtung stellt sie Art. 216 Abs. 1 AEUV in den Vordergrund.

---

918 Ebd., Nr. 353.
919 Ebd., Nr. 354.
920 Ebd., Nr. 357.
921 Ebd., Nr. 358.
922 Ebd., Nr. 360.
923 Ebd., Nr. 361.

Nach Ansicht der Generalanwältin findet Art. 216 Abs. 1 zweite Alternative AEUV dann Anwendung, wenn der Union eine interne Zuständigkeit zukommt. Nach dieser Alternative muss der Abschluss einer Übereinkunft zur Verwirklichung eines der in den Verträgen festgesetzten Ziele erforderlich sein. Die Voraussetzungen zur Erlangung einer geteilten Zuständigkeit für den Abschluss einer internationalen Übereinkunft bezüglich Portfolioinvestitionen sind nach der Meinung der Generalanwältin erfüllt.[924]

Die Generalanwältin argumentiert, dass die geteilte Kompetenz der EU aus Art. 63, 114 und 352 AEUV fließen kann. Ihre Argumentation begründet die Generalanwältin damit, dass nach Art. 63 AEUV die Europäische Union eine Zuständigkeit für die Liberalisierung und den Schutz von Portfolioinvestitionen besitzt, soweit diese Investitionen den Kapitalverkehr innerhalb der Mitgliedstaaten oder zwischen einem Mitgliedstaat und einem Drittland betreffen. Außerdem kann die Regelung von Portfolioinvestitionen auf Art. 114 AEUV gestützt werden, falls mit ihnen Rechtsvorschriften über die Errichtung und das Funktionieren des Binnenmarkts angeglichen werden. Weitere Befugnisse können sich aus Art. 352 AEUV ergeben. Eine gegenseitige Liberalisierung zwischen der Union und einem Drittland kann durch eine Übereinkunft erreicht werden. Eine internationale Übereinkunft zur Erreichung des Ziels im Sinne von Art. 216 Abs. 1 zweite Alternative AEUV kann unabdingbar sein, da solche gegenseitigen Verpflichtungen ohne Zustimmung dieses Drittlands nicht erwirkt werden können.[925] Demzufolge kann eine geteilte Zuständigkeit zum Abschluss internationaler Übereinkünfte bezüglich Portfolioinvestitionen bestätigt werden.

dd. Beendigung der bilateralen Übereinkünfte der Mitgliedstaaten mit Singapur

Abschließend widmet sich die Generalanwältin ausführlich der gesonderten Frage zur Zukunft der mitgliedstaatlichen bilateralen Investitionsschutzabkommen mit Singapur.

Nach dem allgemein geltenden Grundsatz *pacta sunt servanda* müssen die Mitgliedstaaten selbst bei einer Kompetenzübertragung an die Union ihre Verpflichtungen aus internationalen Übereinkünften mit Drittstaaten erfüllen. Vertragsänderungen können nicht dazu führen, dass die Union selbst an die Stelle

924 Ebd. Nr. 365 f.

925 Ebd., Nr. 367 ff.

der Mitgliedstaaten tritt.[926] Die mitgliedsstaatlichen Übereinkünfte müssen mit dem Unionsrecht in Einklang stehen. Sollte dies nicht möglich sein, haben die Mitgliedstaaten gemäß Art. 351 Abs. 2 AEUV entsprechende Veranlassungen zu treffen.[927] Generalanwältin Sharpston erkennt zutreffend eine mögliche Verpflichtung der Mitgliedstaaten zur Beendigung von bestimmten Übereinkünften.[928]

Nach ihren Ausführungen bleibt unter Berücksichtigung von Art. 351 AEUV ein Mitgliedstaat stets Partei jener internationalen Übereinkünfte, welche er zuvor geschlossen hat. Weiterhin gelte Art. 351 AEUV unabhängig davon, ob die Union über eine ausschließliche oder geteilte Zuständigkeit für den von diesen Übereinkünften umfassten Bereich verfüge.[929]

Sollte sich die Zuständigkeitsverteilung zwischen Union und Mitgliedstaaten künftig ändern und die Union weitere Zuständigkeiten ausschließlicher Art erwerben, behalten die Regelungen aus Art. 351 AEUV weiterhin ihre Gültigkeit. Die Mitgliedstaaten bleiben damit dem Einsatz geeigneter Mittel verpflichtet, um die Vereinbarkeit bestehender Übereinkünfte mit dem späteren Handeln der Union in Ausübung ihrer Zuständigkeiten zu gewährleisten.[930]

Zur Beantwortung der Frage über die Zukunft der bilateralen mitgliedstaatlichen Investitionsschutzabkommen mit Drittstaaten wendet die Generalanwältin zusätzlich das Völkerrecht an. Hiernach diene Art. 59 des Wiener Übereinkommens hauptsächlich als Kollisionsregel, nach der bestimmt wird, welcher Vertrag Anwendung findet, wenn aufeinanderfolgende Übereinkünfte vorliegen und sämtliche Vertragsparteien des früheren Vertrags auch Vertragsparteien des späteren Vertrags sind. Dabei wird der ursprüngliche Vertrag nicht beendet. Soweit Art. 59 des Wiener Übereinkommens von 1969 Anwendung findet, wird ein Konflikt im Sinne der späteren Übereinkunft zwischen der Union und dem Drittstaat aufgelöst. Bei einer mangelnden Anwendbarkeit des Artikels hat der Drittstaat grundsätzlich beide Übereinkünfte einzuhalten.[931]

Nach Auffassung der Generalanwältin ist Art. 59 nur dann heranzuziehen, wenn (völkerrechtlich) anzuerkennen ist, dass die Union an die Stelle der einzelnen Mitgliedstaaten getreten ist. Das Wiener Übereinkommen lässt dabei jedoch

---

926 Ebd., Nr. 381.
927 Ebd., Nr. 382.
928 Ebd., Nr. 385.
929 Ebd., Nr. 387.
930 Ebd., Nr. 389.
931 Ebd., Nr. 393.

Fragen unberührt, die sich hinsichtlich des Vertrags aus einer Staatennachfolge ergeben können.[932]

Demzufolge bietet das Völkerrecht nach Ansicht der Generalanwältin keine Grundlage für eine automatische Nachfolge durch die Union in internationalen Übereinkünften der Mitgliedsstaaten, durch welche diese die Übereinkunft dann beenden könnte.[933]

In ihrem Gutachten verweist Frau Sharpston auf die neuerlich durch die Union erlassene Verordnung Nr. 1219/2012. Sie setzt die ausschließliche Zuständigkeit der Union für alle von früheren bilateralen Übereinkünften umfassten Bereiche voraus und bietet eine unionsrechtliche Grundlage für ein Tätigwerden der Mitgliedstaaten in Bezug auf bestehende und neue Übereinkünfte. Die Verordnung geht jedoch nicht von der Möglichkeit aus, dass die Union selbst diese früheren Übereinkünfte beenden könnte.[934]

Nach dem Ergebnis der Generalanwältin besitzen die Mitgliedstaaten und nicht die Union die ausschließliche Zuständigkeit zur Beendigung jener bilateralen Investitionsabkommen, welche sie zuvor mit Drittstaaten abgeschlossen haben.[935]

2. Gutachten des EuGH

a. Einführung

Am 16. Mai 2017 legte der EuGH sein Gutachten 2/15[936] bezüglich Art. 218 Abs. 11 AEUV zum Freihandelsabkommen zwischen der EU und Singapur vor. Darin beziehen sich die Richter konkret auf die Übereinkunft mit Singapur. Die Einschätzungen des Gerichtshofs sind auf alle künftigen Abkommen übertragbar und demzufolge für diese Arbeit von hoher Relevanz. Der EuGH beantwortet die von der EU-Kommission aufgeworfene Fragestellung, welche Bestimmungen des Abkommens in die ausschließliche bzw. geteilte Zuständigkeit der Union und welche in die alleinige Zuständigkeit der Mitgliedstaaten fallen. Die nachfolgende Analyse beschränkt sich auf den Themenkomplex des Investitionsschutzes.

---

932 Ebd., Nr. 394.

933 Ebd., Nr. 396.

934 Ebd., Nr. 397.

935 Ebd., Nr. 398.

936 EuGH, Gutachten 2/15 (*Freihandelsabkommen zwischen der Europäischen Union und der Republik Singapur*) vom 16.05.2017, noch nicht in der amtlichen Sammlung veröffentlicht.

b. Das Gutachten

aa. Investitionsdefinition

Zunächst widmet sich der EuGH der Investitionsdefinition. Dabei wird zu Recht von einer breiten Investitionsdefinition ausgegangen, die nicht nur Direktinvestitionen umfasst. Ursächlich ist die Formulierung des Abkommens nach der Investitionen „Vermögenswerte jeder Art, die die Merkmale einer Investition aufweisen, insbesondere Merkmale wie die Bindung von Kapital oder anderen Ressourcen, die Erwartung von Wertzuwachs oder Gewinn, die Risikoübernahme oder eine bestimmte Dauer", darstellen.[937] Zur Bestimmung von Direktinvestitionen greift der EuGH auf seine frühere Rechtsprechung zurück. Investitionen liegen dann vor, wenn sie durch „natürliche oder juristische Personen zur Schaffung oder Aufrechterhaltung dauerhafter und direkter Beziehungen zwischen denjenigen, die die Mittel bereitstellen, und den Unternehmen, für die die Mittel zum Zweck einer wirtschaftlichen Tätigkeit bestimmt sind" getätigt wurden und wenn die Beteiligung an dem Unternehmen „die Möglichkeit gibt, sich tatsächlich an der Verwaltung dieser Gesellschaft oder an deren Kontrolle" zu beteiligen.[938]

Ferner bekräftigte der EuGH die Auffassung, dass die Verwendung des Ausdrucks der „ausländischen Direktinvestitionen" in Art. 207 Abs. 1 AEUV den Willen der Vertragsverfasser zeige, andere ausländische Investitionen nicht in die gemeinsame Handelspolitik aufzunehmen. Konsequenterweise fallen alle anderen ausländischen Investitionsarten nicht unter die ausschließliche Zuständigkeit der Union gemäß Art. 3 Abs. 1 Buchst. e AEUV.[939]

Die klare Haltung des EuGH, wonach ausschließlich ausländische Direktinvestitionen von Art. 207 Abs. 1 AEUV erfasst werden, ist begrüßenswert und verhindert unterschiedliche Interpretationsansätze.

bb. Umfang der EU-Kompetenz

Der EuGH prüft, ob die Kompetenz der EU für ausländische Direktinvestitionen auf Handelsaspekte beschränkt ist. Da die Bestimmungen über Investitionen unter den Abschnitt A „Investitionsschutz" fallen, betreffen diese nur die Behandlung von Investitionen nach ihrer Zulassung gemäß den jeweils in der Republik Singapur oder der Union geltenden Regelungen. Laut EuGH fällt die Zulassung von Investitionen nicht in den Anwendungsbereich des geplanten Ab-

937 Ebd., Rn. 78 f., 227 f.

938 Ebd., Rn. 80.

939 Ebd., Rn. 83.

kommens.[940] Die Vorschriften über Direktinvestitionen sind der gemeinsamen Handelspolitik zuzuordnen, sofern sie einen spezifischen Bezug zum Handelsverkehr zwischen der Union und Drittstaat aufweisen. Nach Ansicht des EuGH bezieht sich Art. 207 Abs. 1 AEUV allgemein auf Handlungen der Union im Bereich der „ausländischen Direktinvestitionen" ohne zu unterscheiden, ob die Handlungen die Zulassung oder den Schutz dieser Investitionen zum Gegenstand haben.[941] An dieser Stelle verkennt der EuGH, dass die Genese aus dem Kompetenzzuwachs des Welthandelsrechts für eine Kompetenzbeschränkung der Europäischen Union bei ausländischen Direktinvestitionen auf Handelsaspekte spricht und die Marktzugangsphase anstelle der anschließenden Behandlung von Investitionen umfasst.[942]

Nach Ansicht des EuGH tragen die Verpflichtungen zum Schutz von Investitionen und zur „nicht weniger günstigen Behandlung" zur Rechtssicherheit für Investoren bei und fördern den Handelsverkehr zwischen der Union und der Republik Singapur.[943] Diese Schlussfolgerung ist grundsätzlich nachvollziehbar. Allerdings greift die These nicht auf, ob die Kompetenz der Europäischen Union auf die Handelsaspekte von Direktinvestitionen begrenzt ist. Vielmehr hätte der EuGH die Kompetenz der Union methodisch mithilfe der grammatikalischen, teleologischen, systematischen und historischen Auslegungsmethode bestimmen sollen. Aufgrund der unsystematischen Vorgehensweise des EuGH bleiben Zweifel an dessen Feststellung, dass der EU eine Kompetenz zur Regelung von ausländischen Direktinvestitionen nach dem Marktzugang zukommt.

Ferner befasste sich der Gerichtshof mit der Reichweite der EU-Kompetenz nach Art. 345 AEUV. Nach Auffassung des Gerichtshofs sollen mit Art. 9.6 des Abkommens lediglich Entscheidungen über die Verstaatlichung oder die Enteignung beschränkt werden, um faire Bedingungen sowie die Beachtung der allgemeinen Grundsätze und Grundrechte zu gewährleisten. Der EuGH argumentiert demzufolge, dass die Mitgliedstaaten weiterhin die Möglichkeit haben, ihre Zuständigkeiten im Bereich des Eigentumsrechts auszuüben und ihre Eigentumsordnung unter Beachtung der Grundsätze und Grundrechte zu ändern.[944] Der Gerichtshof vermeidet an dieser Stelle eine eindeutige Aussage. Dennoch lässt sich aus dieser Formulierung schlussfolgern, dass die Mitgliedstaaten frei

---

940 Ebd., Rn. 86.

941 Ebd., Rn. 87.

942 Näher hierzu: Kapitel C.II.1.d.

943 EuGH, Gutachten 2/15 (*Freihandelsabkommen zwischen der Europäischen Union und der Republik Singapur*) vom 16.05.2017, Rn. 94.

944 Ebd., Rn. 107.

bleiben ihre Zuständigkeit im Bereich des Eigentumsrechts unter Beachtung der Grundsätze und Grundrechte auszuüben und, dass die Union über keine Kompetenz auf diesem Gebiet verfügt.

Abschließend kommt der EuGH zu der Feststellung, dass die Bestimmungen bezüglich ausländischer Direktinvestitionen unter die gemeinsame Handelspolitik fallen. Da auch andere Arten von ausländischen Investitionen betroffen sind, kann die Union das Abkommen dennoch nicht ohne die Mitgliedstaaten abschließen.[945]

cc. *Implizite Kompetenzen*

In seinem Gutachten analysiert der EuGH die Erlangung einer ausschließlichen Zuständigkeit der Union zur Regelung von Portfolioinvestitionen. In diesem Kontext zieht der EuGH die Voraussetzungen der impliziten Kompetenzen heran.

Bei der anschließenden Prüfung der impliziten ausschließlichen Kompetenz nach Art. 3 Abs. 2 3. Var. AEUV bezieht sich der Gerichtshof zunächst auf das AETR-Urteil.[946] Den Passagen des Urteils sei zu entnehmen, dass unter den „gemeinsamen Regeln" jene Bestimmungen des abgeleiteten Rechts zu verstehen seien, welche von der EU schrittweise eingeführt wurden. Sollte die Union ihre interne Zuständigkeit auf diese Weise wahrnehmen, müsse sie zwingend über eine ausschließliche Außenzuständigkeit verfügen. Somit kann sie verhindern, dass die Mitgliedstaaten internationale Verpflichtungen eingehen, welche die gemeinsamen Regeln beeinträchtigen oder deren Tragweite verändern könnten.[947]

Der EuGH verneint in diesem Fall zu Recht das Bestehen einer impliziten ausschließlichen Kompetenz. Seine Entscheidung begründet er damit, dass die Übereinkünfte der EU mit Drittstaaten die Regeln des Primärrechts der Union nicht im Sinne von Art. 3 Abs. 2 AEUV „beeinträchtigen" oder „deren Tragweite ändern" können, weil in Anbetracht des Vorrangs des EU- und des AEU-Vertrags gegenüber den Rechtsakten, die auf ihrer Grundlage erlassen werden, die von der Union mit Drittstaaten geschlossenen Übereinkünfte zwar ihre Legitimität aus diesen Verträgen beziehen aber keinen Einfluss auf Sinn oder Tragweite der Bestimmungen der Verträge entfalten können.[948]

Weiterhin führt der Gerichtshof aus, dass der Abschluss einer internationalen Übereinkunft mit der Republik Singapur über andere ausländische Investitionen

---

945 Ebd., Rn. 109 f.

946 EuGH, Rs. 22/70 (*AETR*), Urteil vom 31.03.1971, Slg. 1971, 263.

947 EuGH, Gutachten 2/15 (*Freihandelsabkommen zwischen der Europäischen Union und der Republik Singapur*) vom 16.05.2017, Rn. 233.

948 Ebd., Rn. 235.

als Direktinvestitionen ebenfalls nicht im Sinne von Art. 3 Abs. 2 1. Var. AEUV „in einem Gesetzgebungsakt der Union vorgesehen" ist.[949] Zudem sei der Abschluss eines solchen Abkommens nicht im Sinne von Art. 3 Abs. 2 AEUV „notwendig …, damit [die Union] ihre interne Zuständigkeit ausüben kann".[950]

Die Union erhält somit keine implizite ausschließliche Zuständigkeit zum Abschluss von Übereinkünften über ausländische Portfolioinvestitionen.[951]

Der Gerichtshof prüft in seinem Gutachten außerdem eine implizite Zuständigkeit zum Zwecke eines solchen Abschlusses nach Art. 216 Abs. 1 AEUV.

Als Grundlage kommt zunächst Art. 216 Abs. 1 2. Var. AEUV in Betracht, sollte der Abschluss einer internationalen Übereinkunft durch die Union, „zur Verwirklichung eines der in den Verträgen festgesetzten Ziele erforderlich" sein.

Der EuGH kommt zu dem Ergebnis, dass ein solcher Abschluss zur Errichtung des freien Kapital- und Zahlungsverkehrs gemäß Art. 63 AEUV beitragen kann. Folglich kann die Übereinkunft mit Singapur im Hinblick auf Portfolioinvestitionen als „zur vollständigen Verwirklichung des freien Verkehrs erforderlich" angesehen werden. Dabei handelt es sich um die nach Art. 4 Abs. 2 Buchst. a AEUV zwischen der Union und ihren Mitgliedstaaten geteilten Zuständigkeit für den Binnenmarkt.[952]

Der EuGH kommt zu dem Schluss, dass Verpflichtungen bezüglich ausländischer Direktinvestitionen singapurischer Staatsangehöriger in der Union und umgekehrt in die ausschließliche Zuständigkeit der EU fallen. Bei Regelungen im Zusammenhang mit ausländischen Portfolioinvestitionen hingegen bestehe eine geteilte Zuständigkeit. Als hieraus resultierendes Fazit kann der Abschnitt zum Investitionsschutz des geplanten Abkommens nicht von der Union allein abgeschlossen werden.[953]

dd. Zukunft der mitgliedstaatlichen Investitionsschutzabkommen mit Singapur

Ferner befasste sich der EuGH mit der Zukunft der mitgliedstaatlichen Investitionsschutzabkommen mit Singapur und mit der Zuständigkeit bezüglich dessen Kündigung. Laut Art. 9.10 Abs. 1 der Übereinkunft werden mit Inkrafttreten

949 Ebd., Rn. 236.
950 Ebd., Rn. 237.
951 Ebd., Rn. 238.
952 Ebd., Rn. 240 ff.
953 Ebd., Rn. 244.

dieses Abkommens die BIT's zwischen den Mitgliedstaaten und Singapur unwirksam und durch die neue Übereinkunft abgelöst.

Der EuGH wertete diese Bestimmung nicht als Eingriff in die Zuständigkeit der Mitgliedstaaten, sofern diese Bestimmung einen Bereich betrifft, für den die Union über eine ausschließliche Zuständigkeit verfügt.[954]

Der Gerichtshof führte aus, dass die Union an die Stelle ihrer Mitgliedstaaten tritt, wenn sie mit einem Drittstaat ein Abkommen im Bereich ihrer ausschließlichen Zuständigkeit abschließt.[955] Zur Bekräftigung seiner Aussage verweist der EuGH auf sein Urteil vom 12. Dezember 1972, *International Fruit Company u.* a. An dieser Stelle wird jedoch verkannt, dass jenes Urteil nicht auf die Frage einging, ob bei der Kompetenzübertragung an die Union auch die Befugnisse übergehen, bestehende Übereinkünfte der Mitgliedstaaten mit Drittländern zu beenden.[956]

Weiterhin begründete der EuGH seine Schlussfolgerung unter Heranziehung der Verordnung (EU) Nr. 1219/2012 des Europäischen Parlaments und des Rates vom 12. Dezember 2012 zur Einführung einer Übergangsregelung für bilaterale Investitionsschutzabkommen zwischen den Mitgliedstaaten und Drittländern. Mitgliedstaaten könnten unter engen Voraussetzungen bilaterale Abkommen über Direktinvestitionen mit einem Drittstaat aufrechterhalten, solange diesbezüglich keine Übereinkunft mit dem Drittstaat und der Union existiert. Diese Ermächtigung erlischt, sobald ein solches Abkommen zwischen Union und Drittstaat in Kraft tritt.[957] Nach dem Wortlaut dieser Verordnung wird allerdings die Verteilung der Zuständigkeiten zwischen Union und Mitgliedstaaten durch selbige nach dem AEUV unberührt gelassen. Die Verordnung enthält Bestimmungen über ein Tätigwerden der Mitgliedstaaten in Bezug auf bestehende Übereinkünfte, ohne dabei eine Beendigung durch die Union selbst vorzusehen.[958]

Nach Ansicht des EuGH fällt die Beendigung der mitgliedstaatlichen Investitionsschutzabkommen in die ausschließliche Zuständigkeit der Union, soweit die Verpflichtungen ausländische Direktinvestitionen betreffen.[959]

---

954 Ebd., Rn. 247.

955 Ebd., Rn. 248.

956 Vgl. Nr. 380 der Schlussanträge der Generalanwältin Sharpston vom 21.12.2016 zum Gutachten 2/15 des EuGH vom 16.05.2017.

957 EuGH, Gutachten 2/15 (*Freihandelsabkommen zwischen der Europäischen Union und der Republik Singapur*) vom 16.05.2017, Rn. 250.

958 Vgl. Nr. 397 der Schlussanträge der Generalanwältin Sharpston vom 21.12.2016 zum Gutachten 2/15 des EuGH vom 16.05.2017.

959 EuGH, Gutachten 2/15 (*Freihandelsabkommen zwischen der Europäischen Union und der Republik Singapur*) vom 16.05.2017, Rn. 252.

Des Weiteren geht der EuGH auf die Analyse des Art. 351 AEUV ein. Dabei sieht er es als nicht erforderlich an, dass die Mitgliedstaaten in die Lage versetzt werden müssen, diejenigen Rechte zu achten, welche die Republik Singapur zukünftig aus den bilateralen Abkommen mit einzelnen Mitgliedstaaten ableiten möchte. Laut dem EU-Abkommen würde es dem Wunsch des Drittstaats entsprechen, dass diese bilateralen Übereinkommen mit Inkrafttreten des geplanten Abkommens erlöschen.[960] Der EuGH ignoriert bei dieser Ansicht, dass ein Mitgliedstaat Partei der internationalen Übereinkünfte bleibt, die er zuvor geschlossen hat, und damit seine Verantwortung fortbesteht, etwaige Unvereinbarkeiten zwischen diesen Übereinkünften und den EU-Verträgen zu beheben. Ungeachtet einer Kompetenzübertragung und dem Erwerb weiterer ausschließlicher Zuständigkeiten zugunsten der Union behalten die Regelungen des Art. 351 AEUV weiterhin ihre Gültigkeit.[961]

Der Gerichtshof kommt am Ende seiner Ausführungen zu dem Ergebnis, dass die Union diejenigen mitgliedstaatlichen bilateralen Investitionsschutzabkommen beenden kann, welche den Bereich der ausländischen Direktinvestitionen betreffen. Eine geteilte Zuständigkeit hingegen herrsche auf dem Gebiet der ausländischen Portfolioinvestitionen.[962] Der EuGH vermeidet eine Erwähnung, dass es im Völkerrecht keine Grundlage dafür gibt, dass die Union automatisch in eine internationale Übereinkunft nachfolgen könnte, welche von einem Mitgliedstaat abgeschlossen wurde. Sie könnte also nicht als Vertragspartei auftreten und auch keine Beendigung erwirken.[963] Dies gilt unabhängig davon, ob die Union nur für Teile oder die gesamte Übereinkunft eine ausschließliche Kompetenz besitzt. Konsequenterweise hätte der EuGH zu dem Fazit gelangen müssen, dass die Zuständigkeit für die bilateralen Investitionsschutzabkommen mit Singapur über ausländische Direkt- und Portfolioinvestitionen bei den Mitgliedstaaten verbleibt.

ee. Beilegung von Streitigkeiten zwischen Investoren und Staaten

Abschließend behandelte der EuGH die Klauseln des Abkommens zur Beilegung von Streitigkeiten zwischen Investoren und Mitgliedstaaten.

Hierbei wird zu Recht die Feststellung getroffen, dass trotz der Regelung des geplanten Abkommens, eine Streitigkeit zwischen einem singapurischen Investor

---

960 Ebd., Rn. 254.

961 Vgl. Nr. 387 ff. der Schlussanträge der Generalanwältin Sharpston vom 21.12.2016 zum Gutachten 2/15 des EuGH vom 16.05.2017.

962 EuGH, Gutachten 2/15 (*Freihandelsabkommen zwischen der Europäischen Union und der Republik Singapur*) vom 16.05.2017, Rn. 255 f.

963 Vgl. Nr. 396 der Schlussanträge der Generalanwältin Sharpston vom 21.12.2016 zum Gutachten 2/15 des EuGH vom 16.05.2017.

und einem Mitgliedstaat bei den Gerichten des Mitgliedstaats anhängig zu machen, dies lediglich eine Möglichkeit bildet, deren Wahrnehmung im Ermessen des klagenden Investors liegt.[964]

Die Übereinkunft eröffnet dem Investor die Entscheidung ein Schiedsverfahren einzuleiten, ohne dass sich der Mitgliedstaat dem widersetzen könnte, da seine Zustimmung hierfür gemäß dem Abkommen als erteilt unterstellt wird.[965]

Nach Einschätzung des Gerichtshofs kann eine solche Regelung, die Streitigkeiten der gerichtlichen Zuständigkeit der Mitgliedstaaten entzieht, nicht ohne Einverständnis letztgenannter eingeführt werden.[966] Infolgedessen kann der Union keine ausschließliche Zuständigkeit für die Genehmigung dieses Teils des Abkommens zukommen.[967]

3. Fazit

Die Schlussanträge der Generalanwältin Sharpston sowie das Gutachten des EuGH wurden in der Fachwelt ebenso wie von der Politik mit Spannung erwartet. Sie sollten für Klarheit in der Diskussion sorgen, ob die Union über die Kompetenz verfügt das geplante Freihandelsabkommen mit Singapur (EUSFTA) allein zu unterzeichnen. Aufgrund der inhaltlich hohen Vergleichbarkeit zwischen dem EUSFTA-Abkommen und dem Transatlantischem Freihandelsabkommen (TTIP) sowie dem bereits ausverhandelten Wirtschafts- und Handelsabkommen mit Kanada (CETA), entfalten Gutachten und Schlussanträge eine besondere Signalwirkung für die gesamte gemeinsame Handelspolitik der Europäischen Union. Umso schwerer wiegt die fehlende Bewertung vieler relevanter und zentraler Fragen zur neuen Kompetenz der Europäischen Union für ausländische Investitionen.

So wurden die Voraussetzungen zur Erlangung der impliziten Kompetenzen für die EU, die Zukunft der mitgliedstaatlichen Investitionsschutzabkommen mit Singapur oder auch die Bedingungen für die Aufnahme von Klauseln über das Investor-Staat-Schiedsverfahren im Hinblick auf die Autonomie der Unionsrechtsordnung nicht ausführlich analysiert. Im Sinne einer fachlichen Diskussion und fundierten Auseinandersetzung wäre eine rechtlich tiefer greifende Ausführung dienlich gewesen.

---

964 EuGH, Gutachten 2/15 (*Freihandelsabkommen zwischen der Europäischen Union und der Republik Singapur*) vom 16.05.2017, Rn. 290.

965 Ebd., Rn. 291.

966 Ebd., Rn. 292.

967 Ebd., Rn. 293.

Der EuGH belässt es bei der Feststellung, dass das Abkommen mit Singapur in derzeitiger Form nicht alleine von der Union abgeschlossen werden kann, weil einige darin enthaltene Bestimmungen nicht in die ausschließliche Kompetenz der Union fallen. Das Freihandelsabkommen kann nur von der Union und den Mitgliedstaaten gemeinsam abgeschlossen werden. Eine geteilte Zuständigkeit sieht der Gerichtshof für den Bereich der Portfolioinvestitionen sowie bei der Regelung zur Beilegung von Streitigkeiten zwischen Investoren und Mitgliedstaaten. Ein aus entsprechenden Bestimmungen folgender Entzug der gerichtlichen Zuständigkeit zulasten der Mitgliedstaaten kann demnach nicht ohne deren Zustimmung erfolgen.

Im Rahmen der künftigen Investitionsschutzpolitik der Union ist es unzweifelhaft, dass jene Freihandelsabkommen, welche Regelungen zu Portfolioinvestitionen und zum Investor-Staat-Schiedsverfahren inkludieren, nicht ausschließlich von der Union, sondern nur unter Einbeziehung der Mitgliedstaaten realisiert werden können. Ein andauernder Diskussions- und Klärungsbedarf ist bei den Voraussetzungen bezüglich der impliziten Kompetenzen, der Beschränkung der EU-Kompetenz auf Handelsaspekte von Investitionen, die Zukunft der mitgliedstaatlichen Investitionsschutzabkommen mit Drittländern sowie bei der Aufnahme von Klauseln zum Investor-Staat-Schiedsverfahren zu erwarten.

IV. Exkurs: Die Notwendigkeit eines Investor-Staat-Schiedsverfahrens in den Freihandelsabkommen

In der Öffentlichkeit wurden Stimmen laut, ob die geplanten Freihandelsabkommen zwischen der EU und Kanada sowie den USA überhaupt Bestimmungen über Investor-Staat-Schiedsverfahren inkludieren sollen. So wird befürchtet, dass die Annahme des Urteils eines privaten Schiedsgerichts mit dem Verlust von staatlicher Souveränität und Selbstbestimmung einhergeht.[968] Bereits seit Jahrzehnten wird angezweifelt, ob im demokratischen Rechtsstaat ein festgeschriebener Investitionsschutz nötig ist. Hier ist das Recht auf Eigentum eine Selbstverständlichkeit, wodurch ein Investor vor einer entschädigungslosen Enteignung automatisch geschützt ist.

---

968 Vgl. *S. Broß*, Freihandelsabkommen, einige Anmerkungen zur Problematik der privaten Schiedsgerichtsbarkeit, unter: http://www.boeckler.de/pdf/p_mbf_report_2015_4.pdf, zuletzt gesehen: 15.04.2015; *A. Zielcke*, Sieg über das Gesetz, unter: http://www.sueddeutsche.de/politik/transatlantisches-freihandelsabkommen-ttip-sieg-ueber-das-gesetz-1.1948221, zuletzt gesehen 15.04.2015.

Im neuen Freihandelsabkommen soll der Investor vor Maßnahmen eines Staates abgesichert werden, die den Wert seiner Investition mindern.[969] Wie bereits beschrieben, strebt die Union dabei ein Gleichgewicht zwischen Investorenrecht und Lenkungsmöglichkeit der Regierungen an. Beide der Abkommen verstehen unter „*Investments*" auch Gewinnerwartungen („*the expectation of gain or profit*"). Umfasst ist der Wert einer Investition, der mit den neuen Freihandelsabkommen vor Maßnahmen des Gaststaates geschützt wird. Da Gewinnerwartungen einbezogen werden, gehen die neuen Freihandelsabkommen der EU mit Kanada und den USA weit über den Schutz vor lediglich entschädigungslosen Enteignungen hinaus.

Aus historischen Blickwinkel gesehen, wurden die bilateralen Investitionsschutzabkommen ins Leben gerufen um Investoren gegen willkürliche Enteignungen und Diskriminierungen in ehemaligen Kolonien, Entwicklungs- und Schwellenländern abzusichern. In vielen dieser Hoheitsgebiete gab es weder ein ausreichend entwickeltes Rechtssystem noch eine unabhängige staatliche Justiz. Deshalb wurden in bilateralen Investitionsschutzabkommen ein entsprechender Schutz sowie dessen Umsetzung im Investor-Staat-Schiedsverfahren vorgesehen.

Seit ca. dreißig Jahren werden Investitionsschutz und Schiedsgerichtsbarkeit nicht mehr nur mit Staaten vereinbart, die einen „niedrigen Rechtsstandard" aufweisen.[970] Gleiches gilt für die geplanten Freihandelsabkommen der EU. Die USA, Kanada oder die Mitgliedstaaten der Europäischen Union verfügen über gefestigte und stabile rechtstaatliche Strukturen, die die Bestimmungen über ein Investor-Staat-Schiedsverfahren in den Freihandelsabkommen als überflüssig erscheinen lassen. Vielmehr können Investitionsschutzverträge zwischen Staaten mit entwickelten Rechtssystemen dazu missbraucht werden, um in staatliche Regelungen zum Arbeits-, Umwelt- und Verbraucherschutz einzugreifen und das Regulierungsrecht des Gaststaates zu behindern.[971] In solchen Freihandelsabkommen werden die Bestimmungen über das Investor-Staat-Schiedsverfahren nicht primär zum Schutz vor entschädigungsloser Enteignung verwendet.

969 Vgl. *Zielcke*, ebd.

970 Vgl. *Tams* (Fn. 899).

971 Vgl. *C. Gerstetter/N. Meyer-Ohlendorf*, Investor-state dispute settlement under TTIP – a risk for environmental regulation?, unter: http://www.ecologic.eu/sites/files/publication/2014/investor-state-dispute-settlement-under-ttip-hbs.pdf, zuletzt gesehen: 24.04.2015; *Zielcke* (Fn. 969).

Damit hat sich die Praxis dieses Verfahrens weit von seinem Ursprungsgedanken entfernt.[972] Diese Problematik besteht seit geraumer Zeit und nicht erst seit dem TTIP- und CETA-Abkommen. Dennoch ist bei der Gestaltung der neuen Freihandelsabkommen die Chance wahrzunehmen, diese sinnfremde Umsetzung zu korrigieren und vor allem aus Sicht der Staaten eine Verbesserung der Situation anzustoßen.

Generell ist die Gefahr der Diskriminierung ausländischer Investoren gering, da sich diese im Normalfall auch negativ auf das politische und wirtschaftliche Interesse des Gaststaates auswirkt.[973] Ferner verleiht das Investitionsschutzrecht den Investoren keine Individualrechte, sondern bewahrt diese lediglich vor besonders gravierenden Ungleichbehandlungen. Auch könnte eine Verletzung von Investorenrechten im Wege eines zwischenstaatlichen Verfahrens geltend gemacht werden.[974]

All diese Gesichtspunkte bilden überzeugende Argumente gegen die Aufnahme der Bestimmungen über Investor-Staat-Schiedsverfahren in die neuen Freihandelsabkommen. Dabei wird allerdings nicht der Gedanke zu Ende gebracht, wie die Union ein derartiges Freihandelsabkommen mit Staaten ohne gefestigtes und stabiles Rechtssystem gestalten sollte. Hier wären mit großer Wahrscheinlichkeit Regelungen über das Investor-Staat-Schiedsverfahren unerlässlich. Aus diesem Grund empfiehlt sich vielmehr die Errichtung des bereits erwähnten festen und ständigen Schiedsgerichts. Offen bleibt die Entscheidung zugunsten eines Investitionsschiedsgerichts auf europäischer oder internationaler Ebene (multilateraler Ansatz).

Insgesamt ist die allgemeine Abschaffung des Investitionsschutzrechts nicht erwägenswert, da es auch in einem demokratischen Rechtsstaat durchaus zur Missachtung des Investitionsschutzrechts kommen kann und eine detaillierte Regelung von Verstoßfällen dieses Rechtssystem nicht schwächt, sondern unterstützt. In diesem Zusammenhang sind sowohl die materiellen als auch prozessualen Schutzstandards zu überdenken und neu herauszuarbeiten.

---

972 Vgl. *Bündnis 90/Die Grünen Bundestagsfraktion*, Fraktionsbeschluss, Stellungnahme zur öffentlichen Konsultation zu den Modalitäten des Investitionsschutzes und der Investor-Staat-Streitbeilegung im Rahmen der TTIP, vom 20.05.2014, S. 3.

973 Vgl. *I. Feichtner*, „Investitionsschutz in TTIP in der Kritik" – oder nicht?, VerfBlog, 2014/5/08, unter: http://www.verfassungsblog.de/investitionsschutz-ttip-der-kritik-oder-nicht/, zuletzt gesehen: 23.04.2015.

974 *Feichtner*, ebd.

E. Die Zukunft der mitgliedstaatlichen Investitionsschutzabkommen nach der Kompetenzübertragung an die EU

I. Einführung

Seit den Anfangsjahren der Binnenmarktintegration haben Union und Mitgliedstaaten eine bedeutende Anzahl von internationalen Abkommen abgeschlossen, die investitionsbezogene Bestimmungen umfassen. Gleichzeitig trafen die Mitgliedstaaten viele bilaterale Investitionsschutzabkommen (BIT's) mit Drittstaaten. Die ursprüngliche Intention zur Absicherung von europäischen Auslandsinvestitionen führte in der Praxis zu einem dichten Netz von externen BIT's. Die Mitgliedstaaten schlossen die BIT's unabhängig von der Initiative der Union ab, die externe Dimension des Binnenmarktes im Bereich der ausländischen Direktinvestitionen zu gestalten.[975] Dennoch können die mitgliedstaatlichen Investitionsschutzabkommen nicht isoliert vom Unionsrecht betrachtet werden, da sie auf dieses Einfluss nehmen.

Die Kompetenzübertragung zugunsten der Union mit dem Vertrag von Lissabon wirft die Frage auf, wie mit mitgliedstaatlichen Investitionsschutzabkommen mit Drittstaaten umzugehen ist. Neben der Reichweiteklärung sind rechtlich fundierte zukunftsfähige Lösungen herbeizuführen.[976] Da diese Abkommen nicht nur innerhalb der EU, sondern auch mit Drittstaaten getroffen wurden, ist nicht nur das Unions-, sondern auch das Völkerrecht von Relevanz. Die Auswirkungen der Kompetenzübertragung sind konsequenterweise aus völker- und unionsrechtlichem Betrachtungswinkel zu erörtern.

II. Die Folgen für mitgliedstaatliche Investitionsschutzabkommen im Rahmen der Wiener Vertragsrechtskonvention

Mit dem Kompetenzübergang für ausländische Direktinvestitionen an die EU besteht Klärungsbedarf, ob mitgliedstaatliche Investitionsschutzabkommen bestehen bleiben. Nach dem rechtlichen Prinzip *pacta sunt servanda* sind Verträge grundsätzlich einzuhalten. Dieser Grundsatz wurde in Art. 26 der Wiener Ver-

975 Vgl. *Strik* (Fn. 109), S. 137.

976 Vgl. *Bings* (Fn. 2), S. 140.

tragsrechtskonvention[977] (WVK) aus dem Jahr 1969 kodifiziert[978] und stellt den wichtigsten Grundsatz im Vertragsrecht dar.[979] Wenn gemäß Art. 26 der Konvention „ein Vertrag in Kraft ist, so bindet er die Vertragsparteien und ist von ihnen nach Treu und Glauben zu erfüllen". Jeder Vertrag also, der zwischen zwei oder mehreren Staaten unterzeichnet wurde und wirksam ist, führt zur Bindung der Parteien.

Im vorliegenden Szenario ist jedoch unklar, wie dieser Grundsatz einzuhalten ist. Grundsätzlich sollten aus der neuen Kompetenzaufteilung keine Folgen für die Gültigkeit bestehender Verpflichtungen der Mitgliedstaaten resultieren.[980] Gemäß Art. 46 Abs. 1 WVK kann ein Staat die Vertragsbindung nicht infrage stellen, sofern nicht die Verletzung offenkundig war und eine innerstaatliche Rechtsvorschrift von grundlegender Bedeutung betraf.

Ein Vertrag kann aufgrund einer Verletzung innerstaatlicher Zuständigkeitsvorschriften nach Art. 46 WVK nur aufgrund zweier kumulativer Voraussetzungen als ungültig erklärt werden: Die Verletzung der Zuständigkeitsvorschriften muss offenkundig sein und es muss eine innerstaatliche Rechtsvorschrift von grundlegender Bedeutung betroffen sein.[981]

Eine Verletzung ist nach Art. 46 Abs. 2 WVK offenkundig, wenn sie für jeden Drittstaat objektiv erkennbar ist. Beachtenswert ist im konkreten Fall, dass kein Drittstaat Kenntnis über eine Verletzung der Zuständigkeitsaufteilung zwischen der EU und den Mitgliedstaaten vor dem Inkrafttreten des Vertrags von Lissabon erlangen konnte.[982] Erst ab dem Moment, an dem die EU-Vorschriften über den Kompetenzübergang nach Art. 207 AEUV in Kraft getreten sind, kann die Offenkundigkeit angenommen werden.[983] Ferner gelten nur diejenigen mitgliedstaatlichen BIT's aufgrund einer fehlenden Abschlusskompetenz gemäß Art. 46 WVK als ungültig, die nach Wirksamwerdens des Vertrags von Lissabon geschlossen wurden. Die meisten mitgliedstaatlichen Investitionsschutzabkommen stammen aus der Zeit vor dem 1. Dezember 2009. Demzufolge kommt eine Unwirksamkeit vieler mitgliedstaatlicher BIT's im Rahmen des Art. 46 WVK nicht in Betracht.[984]

---

977 Wiener Übereinkommen über das Recht der Verträge vom 23.05.1969, BGBl., 1985 II S. 926.

978 Vgl. *C. B. Fulda*, Demokratie und *pacta sunt servanda*, 2003, S. 94.

979 Vgl. *I. Sinclair*, Vienna Convention on the Law of Treaties, 2nd ed., 1984, S. 2.

980 Vgl. *Woolcock* (Fn. 283), S. 61.

981 Vgl. *Fulda* (Fn. 978), S. 101; *Bings* (Fn. 2), S. 156.

982 Vgl. *Schmitt* (Fn. 2), S. 290.

983 Vgl. *Bings* (Fn. 2), S. 156.

984 *Bings*, ebd., S. 157.

Für die Beendigung der Verträge könnte Art. 54 lit. b) WVK als Grundlage dienen. Danach kann ein Vertrag jederzeit im Einvernehmen aller Vertragsparteien, nach Konsultierung der anderen Vertragsstaaten, beendet werden. Also müsste ein Drittstaat, der ein bilaterales Investitionsschutzabkommen mit einem Mitgliedstaat geschlossen hat, der Auflösung zustimmen. Da die Union aber faktisch nicht in der Lage ist, in absehbarer Zeit neue Verträge mit allen Drittstaaten auszuhandeln, mit denen EU-Mitgliedstaaten bilaterale Investitionsschutzabkommen getroffen haben, würden aktuell wirksame Abkommen ersatzlos entfallen. Zwar wären bereits getätigte Investitionen abgesichert,[985] jedoch könnten potentielle Investoren ohne entsprechendes Schutzabkommen davon abgehalten werden in Zukunft weiter in den Mitgliedstaaten zu investieren. Es ist daher unwahrscheinlich, dass die betroffenen Drittstaaten einer Beendigung dieser Abkommen ohne Einführung alternativer Schutzmöglichkeiten zustimmen würden.

Als Gegenvorschlag könnte die EU, nach Zustimmung durch die Drittstaaten, in die Position der Mitgliedstaaten einrücken, und als Partei des Investitionsschutzabkommens mit allen Rechten und Pflichten auftreten.[986] Gemäß Art. 47 EUV besitzt die EU eine eigene Rechtspersönlichkeit. Nach Art. 335 AEUV bezieht sich diese auf die Völkerrechtssubjektivität.[987] Demzufolge kann die Union grundsätzlich neue Abkommen vereinbaren oder den Altverträgen neben oder anstelle der Mitgliedstaaten beitreten.[988] Dabei ist ein formeller Anschluss seitens der Union aber erst dann möglich, wenn jeder Mitgliedstaat Partei des betreffenden Abkommens ist und eine supranationale Einheit als Vertragspartei zulässig ist.[989] Die Schwierigkeit bei einem Beitritt der Union in ein mitgliedsstaatliches Investitionsabkommen liegt darin, dass somit *de facto* alle anderen Mitgliedstaaten gemäß Art. 216 Abs. 2 AEUV ebenso an dieses Abkommen gebunden wären.[990] Die einzelnen Rechtsverhältnisse mit Drittstaaten können inhaltlich voneinander abweichen. Deshalb könnte die sich auf diese Weise

---

985 Falls die Nachwirkungsklauseln Bestand haben.

986 Vgl. *Schmitt* (Fn. 2), S. 291; *Bings* (Fn. 2), S. 161.

987 Vgl. *J. Kokott*, in: Streinz (Hrsg.), EUV/AEUV, 2. Aufl. 2012, Art. 47 EUV, Rn. 1.

988 Vgl. *Bings* (Fn. 2), S. 161; *C. Herrmann*, Rechtsprobleme der parallelen Mitgliedschaft von Völkerrechtssubjekten in Internationalen Organisationen – Eine Untersuchung am Beispiel der Mitgliedschaft der EG in der WTO, in: Bauschke/Becker/Brauser-Jung (Hrsg.) Pluralität des Rechts – Regulierung im Spannungsfeld der Rechtsebenen, 2003, S. 139, 140 ff.; *E. Pache/J. Bielitz*, Das Verhältnis der EG zu den völkerrechtlichen Verträgen ihrer Mitgliedstaaten, EuR 2006, S. 316 (319).

989 Vgl. *Pache/Bielitz*, ebd., S. 316 (319); *Schmitt* (Fn. 2), S. 291; *Bings* (Fn. 2), S. 163.

990 Vgl. *Schmitt* (Fn. 2), S. 291.

entfaltende Bindungswirkung für gleichzeitig alle Mitgliedsstaaten Probleme nach sich ziehen.[991] Auch aus politischen Gründen ist der formelle Beitritt der Union zu bilateralen Investitionsschutzabkommen der Mitgliedstaaten schier unmöglich, da die Findung einer gemeinsamen Grundlage mit allen Mitgliedstaaten, die den unterschiedlichen Wünschen und Vorstellungen gerecht wird, illusorisch ist.[992] Als Konsequenz ist diese Idee der Einnahme einer Vertragsposition seitens der EU nicht realisierbar.

Gleiches gilt für den Anschluss der EU an multilaterale Investitionsschutzabkommen, an welchen alle Mitgliedstaaten beteiligt sind. Rechtliche Hindernisse bestehen an dieser Stelle nicht.[993] Allerdings existieren zurzeit schlichtweg keine multilateralen Investitionsschutzabkommen mit allen Mitgliedstaaten, denen die Union beitreten könnte.[994] Deshalb scheidet auch diese Möglichkeit aus.

Völkerrechtlich hat der Kompetenzübergang für die Regelung von ausländischen Direktinvestitionen auf die EU keine Auswirkung auf die mitgliedstaatlichen Investitionsschutzabkommen.

III. Die Folgen für mitgliedstaatliche Investitionsschutzabkommen unter Betrachtung des Unionsrechts

1. Die Zukunft der mitgliedstaatlichen BIT's im Rahmen des Art. 351 AEUV

a. Art. 351 UAbs. 1 AEUV

Die Mitgliedstaaten können grundsätzlich internationale Verpflichtungen im Rahmen von Verträgen mit Drittländern eingehen. Das Primärrecht der EU formuliert in Art. 351 AEUV eine spezielle Bestimmung für solche internationalen Abkommen, die vor ihrem Beitritt zur EU abgeschlossen wurden. Hiernach werden die Rechte und Pflichten aus allen Übereinkünften, die vor dem 1. Januar 1958 oder von später beigetretenen Staaten, aber vor ihrem EU-Beitritt, zwischen einem Mitgliedstaat und einem Drittland geschlossen wurden, durch die Verträge nicht tangiert.

---

991 Vgl. *Pache/Bielitz* (Fn. 988), S. 316 (319); *Schmitt* (Fn. 2), S. 291.

992 Vgl. *Bings* (Fn. 2), S. 164.

993 Vgl. EuGH, verb. Rs. 21 bis 24/72 (*International Fruit Company*), Urteil vom 12.12.1972, Slg. 1972, S. 1219, Rn. 10 ff.; *Kokott* (Fn. 987), Art. 351 AEUV, Rn. 25; *Schmitt* (Fn. 2), S. 292.

994 Vgl. *Bings* (Fn. 2), S. 165; *Schmitt* (Fn. 2), S. 292.

Die Norm des Art. 351 UAbs. 1 AEUV wird „Unberührtheitsklausel" genannt.[995] Durch diese Klausel soll „in Übereinstimmung mit den Grundsätzen des Völkerrechts klargestellt werden, dass die Geltung des Vertrags die Verpflichtung des betreffenden Mitgliedstaats, die aus einer früheren Übereinkunft resultierenden Rechte dritter Länder zu achten und die ihnen entsprechenden Pflichten zu erfüllen, nicht berührt".[996]

Diese Verträge mit Drittstaaten werden im Sinne des Art. 351 UAbs. 1 AEUV als Altverträge bezeichnet.[997] Die Union kann die Mitgliedstaaten nicht daran hindern, ihre Pflichten aus Altverträgen zu erfüllen.[998] Da der Vertrag keine Aussage darüber trifft, könnte eventuell Art. 351 UAbs. 1 AEUV auch analog für spätere mitgliedstaatliche Übereinkommen mit Drittstaaten herangezogen werden. Voraussetzung wäre ein ordnungsgemäßer Abschluss zu dem Zeitpunkt, als die Mitgliedstaaten noch die Abschlusskompetenz besaßen.[999]

Um die direkte Unvereinbarkeit mit dem Unionsrecht zu vermeiden und die Beibehaltung der BIT's der Mitgliedstaaten zu arrangieren, wurde eine analoge Anwendung von Art. 351 UAbs. 1 AEUV für solche mitgliedstaatlichen internationalen Vereinbarungen vorgeschlagen, die vor dem Kompetenzübergang an die Union in einem bestimmten Bereich zustande gekommen sind. Damit dieser Weg in Betracht gezogen werden kann, müssten entsprechende Voraussetzungen erfüllt werden. Zunächst dürfte die Kompetenzübertragung auf die EU für die Mitgliedstaaten nicht vorhersehbar gewesen sein.[1000] Damit läge eine der Regelung des Art. 351 UAbs. 1 AEUV vergleichbare Situation vor, da die Mitgliedstaaten, gleich ob vor oder nach dem Beitritt zur EU, eine spätere Kompetenzübertragung in keinem Fall vorhersehen konnten.[1001]

Weiterhin müsste eine Regelungslücke bestehen.[1002] Auf eine direkte Analogie kann verzichtet werden, wenn dafür eine alternative ausreichende Möglichkeit

---

995 Vgl. *Pache/Bielitz* (Fn. 988), S. 316 (328); *Bings* (Fn. 2), S. 142; *Schmitt* (Fn. 2), S. 293; *Schmalenbach* (Fn. 521), Art. 351 AEUV, Rn. 11.

996 Vgl. EuGH, Rs. 812/79 (*Burgoa*), Urteil vom 14.10.1980, Slg. 1980, S. 2787, Rn. 8; EuGH, Rs. C-84/98 (*Kommission/Portugal*), Urteil vom 04.07.2000, Slg. 2000, I-5215, Rn. 53; EuGH, Rs. C-216/01 (*Budvar*), Urteil vom 18.11.2003, Slg. I-13617, Rn. 145.

997 Vgl. *Kokott* (Fn. 987), Art. 351 AEUV, Rn. 2; *Bings* (Fn. 2), S. 142.

998 Vgl. *Kokott* (Fn. 987), Art. 351 AEUV, Rn. 23; *Schmalenbach* (Fn. 521), Art. 351 AEUV, Rn. 20.

999 Vgl. *Kokott* (Fn. 987), Art. 351 AEUV, Rn. 6; *Bings* (Fn. 2), S. 143.

1000 *Bings*, ebd., S. 144.

1001 Vgl. *Kokott* (Fn. 987), Art. 351 AEUV, Rn. 7; *Johannsen* (Fn. 148), S. 25.

1002 Vgl. *Johannsen*, edb., S. 24 f.; *Bings* (Fn. 2), S. 143.

des rechtlichen Schutzes existiert.[1003] In der Literatur wird teilweise die Meinung vertreten, dass keine Regelungslücke vorläge, da der Grundsatz *pacta sunt servanda* nicht nur in der Wiener Vertragsrechtskonvention niedergelegt, sondern auch als Grundsatz des Völkergewohnheitsrechts anerkannt ist und somit eine ausreichende Rechtsschutzmöglichkeit vorläge.[1004] Ob diese Theorie einen ausreichenden Rechtsschutz für die mitgliedstaatlichen Investitionsschutzabkommen im Hinblick auf das Unionsrecht begründen kann, bleibt fraglich. Um dies bestätigen zu können, müsste die Union der WVK oder dem Völkergewohnheitsrecht verpflichtet sein. Eine Bindung an erstgenannte Konvention besteht nicht, weil die Union keine Vertragspartei ist.

Es bleibt zu prüfen, ob das Völkergewohnheitsrecht als Grundlage infrage kommt. Gemäß Art. 3 Abs. 5 EUV „leistet die Union einen Beitrag zur strikten Einhaltung und zur Weiterentwicklung des Völkerrechts. Beim Erlass eines Rechtsakts ist sie also verpflichtet, das gesamte Völkerrecht und das die Organe der Union bindende Völkergewohnheitsrecht, zu beachten."[1005] Trotz dieser Begründung des EuGH lässt sich kein eindeutiges Fazit ziehen. Eine unmittelbare Bindung der EU an das Völkerrecht besteht aus völkerrechtlicher Perspektive nur dann, wenn die EU als Vertragspartei an völkerrechtlichen Verträgen beteiligt ist. Selbiges gilt für das Völkergewohnheitsrecht.[1006] Anders stellt es sich bei den völkerrechtlichen Grundsätzen dar, die sich im Zuge der Konstitutionalisierung des Völkerrechts bildeten. Als zentrale Bestandteile des Völkerrechts sind diese für die EU uneingeschränkt verbindlich.[1007] Da das Prinzip *pacta sunt servanda* fest im Völkerrecht verankert ist, muss sich die Union an dieses halten.

Unabhängig vom Vorliegen einer Regelungslücke werden also die vor der Kompetenzübertragung realisierten Abkommen der Mitgliedsstaaten mit Drittländern von der Norm des Art. 351 UAbs. 1 AEUV allein wegen der deklaratorischen Wiedergabe des Grundsatzes *pacta sunt servanda* umschlossen.[1008]

1003 Vgl. *Johannsen* (Fn. 148), S. 24 f.

1004 Vgl. *Bings* (Fn. 2), S. 144.

1005 EuGH, Rs. C-366/10 (*Air Transport Association of America u. a.*), Urteil vom 21.12.2011, noch nicht in der amtl. Sammlung veröffentlicht, Rn. 101; EuGH, Rs. C-286/90 (*Poulsen*), Urteil vom 24.11.1992, Slg. 1992, I-6019, Rn. 9.

1006 Vgl. *M. Knauff*, Der Regelungsverbund: Recht und Soft Law in Mehrebenensystem, 2010, S. 139.

1007 *Knauff*, ebd.

1008 Vgl. *Bings* (Fn. 2), S. 145.

Eine solche Ausdehnung des Anwendungsbereichs des Art. 351 UAbs. 1 AEUV wird in Teilen der Fachliteratur als nicht mit dem engen Gültigkeitsbereich von Artikel 351 AEUV vereinbar bewertet.[1009] Bei dieser Annahme wird missachtet, dass der Verzicht auf eine analoge Anwendung dem Sinn des Art. 351 UAbs. 1 AEUV widerspricht. Jedes neue Abkommen zwischen einem Mitglieds- und einem Drittstaat würde in verschiedenen Politikbereichen die Frage der Vereinbarkeit mit dem Unionsrecht aufwerfen. Dabei könnte der Fall eintreten, dass die Mitgliedstaaten generell darauf verzichten, die Kompetenz an die Union zu übertragen.[1010] Um dies zu vermeiden, sollte die Regelung auch die Übereinkünfte inkludieren, die nach dem Beitritt zur EU abgeschlossen wurden und bei denen die Mitgliedstaaten vom Kompetenzübergang keine Kenntnis besitzen konnten.

In Hinblick auf mitgliedstaatliche Investitionsschutzabkommen mit Drittländern ist Art. 351 UAbs. 1 AEUV relevant. Nach dessen Wortlaut betrifft der Artikel lediglich diejenigen mitgliedstaatlichen Investitionsschutzabkommen, welche vor dem Beitritt zur EU von den Mitgliedstaaten abgeschlossen wurden.

Die größte Anzahl der BIT's sind erst in den letzten 15 Jahren in Kraft getreten. Demzufolge würde Art. 351 AEUV nur eine begrenzte Rolle spielen, vor allem für die BIT's neuer Mitgliedstaaten.[1011] Allerdings macht die Analyse des Art. 351 UAbs. 1 AEUV deutlich, dass dieser auch Abkommen nach dem Beitritt zur EU umfasst, die vor der Kompetenzübertragung an die EU verabschiedet wurden.

Folglich wahren Investitionsschutzabkommen, die vor dem Vertrag von Lissabon unterzeichnet wurden, ihre Gültigkeit. Der Fortbestand der mitgliedstaatlichen Übereinkommen birgt jedoch die Frage, welche rechtlichen Folgen dies für die Zukunft mit sich bringt.

b. Art. 351 UAbs. 2 AEUV

aa. Inhalt des Art. 351 UAbs. 2 AEUV

Die Analyse des Art. 351 UAbs. 1 AEUV bestätigt den rechtlichen Bestand von Abkommen, welche die Mitgliedstaaten mit Drittländern vor der Kompetenzübertragung an die EU abgeschlossen haben. Gleiches trifft auch auf die mitgliedstaatlichen Investitionsschutzabkommen zu. Es ist an dieser Stelle zu prüfen, welche Schritte zu unternehmen sind, wenn diese Übereinkünfte nicht mit den EU-Verträgen kompatibel sind.

1009 Vgl. *Dimopoulos* (Fn. 401), S. 307 f.

1010 Vgl. *Johannsen* (Fn. 148), S. 26.

1011 Vgl. *Dimopoulos* (Fn. 401), S. 310.

Art. 351 UAbs. 2 Satz 1 AEUV verpflichtet die Mitgliedstaaten bei einer solchen Unvereinbarkeit alle geeigneten Mittel für ihre Beseitigung anzuwenden.[1012] Im Artikel bleibt fraglich, was sich die Union unter „geeigneten Mitteln" vorstellt. Prinzipiell sind alle völkerrechtlich zulässigen Maßnahmen als „geeignete Mittel" einzustufen.[1013] In erster Linie kommt eine unionsrechtskonforme Auslegung des Altvertrags in Betracht.[1014] Erweist sich diese als undurchführbar, bieten sich Schritte wie die Anpassung des Altvertrages durch Vertragsänderung, eine Kündigung, eine Suspendierung oder den Rücktritt vom Altvertrag an.[1015]

i. Anpassung des Altvertrags

Die Mitgliedstaaten können die bestehenden Altverträge ändern oder neu verhandeln, um das Abkommen an das Unionsrecht anzugleichen. Das Zeigen des bloßen Willens genügt hierfür nicht, da die Mitgliedstaaten gezwungen sind, „jede Anstrengung zur Herstellung der unionsrechtskonformen Rechtslage zu unternehmen".[1016] Sollten Neuverhandlungen scheitern, müssen die Mitgliedstaaten das Abkommen kündigen.[1017]

ii. Kündigung, Suspendierung, Rücktritt

Auch die Kündigung des Altvertrags ist als geeignetes Mittel einzuordnen, um eine Unvereinbarkeit mit dem Unionsrecht zu beseitigen.[1018] Diese Maßnahme ist nur in Ausnahmefällen anzuwenden.[1019] Eine Kündigung kann entweder aufgrund einer Klausel im Vertrag oder aufgrund des Rechtsgrundsatzes *clausula rebus sic*

1012 Vgl. *Lorenzmeier* (Fn. 353), Art. 351 AEUV, Rn. 26; *N. Lavranos*, in: von der Groeben/Schwarze/Hatje (Hrsg.), Europäisches Unionsrecht, EUV/AEUV Kommentar, 2015, Art. 351 AEUV, Rn. 8.

1013 Vgl. *Lorenzmeier* (Fn. 353), Art. 351 AEUV, Rn. 29; *Schmalenbach* (Fn. 521), Art. 351 AEUV, Rn. 16 f.; *Lavranos* (Fn. 1012), Art. 351 AEUV, Rn. 8.

1014 Vgl. *Lorenzmeier* (Fn. 353), Art. 351 AEUV, Rn. 29; EuGH, Rs. C-216/01 (*Budvar*), Urteil vom 18.11.2003, Slg. I-13617, Rn. 169 f.

1015 Vgl. *Lorenzmeier*(Fn. 353), Art. 351 AEUV, Rn. 29; *Kokott* (Fn. 987), Art. 351 AEUV, Rn. 15 ff.

1016 Vgl. *Lorenzmeier* (Fn. 353), Art. 351 AEUV, Rn. 31.

1017 Vgl. *Johannsen* (Fn. 148), S. 26; vgl. Schlussanträge des GA *Tizzano* vom 31.01.2002 in der Rs. C-466/98, *Open Skies*, Slg. 2002, I-9427, Rn. 144.

1018 EuGH, Rs. C-203/03 (*Kommission/Österreich*), Urteil vom 01.02.2005, Slg. 2005, I-935, Rn. 61.

1019 EuGH, Rs. C-84/98 (*Kommission/Portugal*), Urteil vom 04.07.2000, Slg. 2000, I-5215, Rn. 49.

stantibus (Art. 62 WVK) ausgesprochen werden.[1020] Nach letztgenanntem Prinzip kann eine grundlegende Änderung der beim Vertragsabschluss herrschenden Umstände, die von den Vertragsparteien nicht erwartet wurden, als Grund für die Beendigung des Vertrags oder den Rücktritt herhalten, wenn die Änderung der Umstände das Ausmaß der aufgrund des Vertrags noch zu erfüllenden Verpflichtungen tief greifend umgestalten würde (Art. 62 Abs. 1 lit. b WVK). Dabei ist beachtenswert, dass der Grundsatz *clausula rebus sic stantibus* nur unter engen Voraussetzungen zum Tragen kommt[1021] und in der Praxis selten und bedacht angewendet wird.[1022]

Eine Änderung der beim Vertragsabschluss vorliegenden Umstände ist anzunehmen, wenn durch die Übertragung der Kompetenz „bestimmte tatsächliche Verhältnisse eines gegebenen Zeitpunkts nicht mehr mit den tatsächlichen Verhältnissen eines späteren Zeitpunkts übereinstimmen".[1023] Zu den maßgeblichen Konstellationen zählen wirtschaftliche, rechtliche, moralische, soziale und andere, darunter auch politische Veränderungen.[1024] Eine Kompetenzübertragung an die EU zum Abschluss internationaler Übereinkünfte mit Drittländern ist als eine rechtliche Veränderung in diesem Sinne zu betrachten.[1025]

Als geeignete Mittel zur Herstellung einer unionsrechtskonformen Situation gehören auch die Suspendierung oder der Rücktritt vom Altvertrag. Diese einseitigen Maßnahmen sind in ihrer Wirkung und Veranlassung mit einer Kündigung gleichzusetzen.[1026]

c. *Anwendung des Art. 351 UAbs. 2 AEUV auf mitgliedstaatliche BIT's*

Art. 351 UAbs. 2 AEUV berührt ebenfalls mitgliedstaatliche Investitionsschutzabkommen. Falls diese nicht mit dem Unionsrecht im Einklang stehen, sind sie entsprechend anzupassen. In der Literatur wird debattiert, ob eine Unvereinbarkeit bereits aus dem Kompetenzübergang hervorgeht und die Mitgliedstaaten für

1020 Vgl. *Johannsen* (Fn. 148), S. 26 f.

1021 Schlussanträge von Generalanwalt Maduro vom 10.07.2008, zu EuGH, Rs. C-205/06 (*Kommission/Österreich*), vom 03.03.2009 und EuGH, Rs. C-249/06 (*Kommission/Schweden*) vom 03.03.2009, Slg. 2009, I-1301, Rn. 61.

1022 Vgl. EuGH, Rs. C-162/96 (*A. Racke GmbH & Co/Hauptzollamt Mainz*), Urteil vom 18.06.1998, Slg. 1998, I-3655.

1023 Vgl. *Johannsen* (Fn. 148), S. 27; *Pott, Hermann,* Clausula rebus sic stantibus, 1992, S. 84.

1024 *Pott*, ebd.

1025 *Pott*, ebd.

1026 Vgl. *Lorenzmeier* (Fn. 353), Art. 351 AEUV, Rn. 38.

eine Nachbesserung eintreten müssen.[1027] Im Schrifttum wird die Meinung vertreten, dass diejenigen mitgliedstaatlichen Investitionsschutzabkommen, deren Regelungsbereich in die nach dem Vertrag von Lissabon entstandene ausschließliche Kompetenz der EU fällt, *per se* nicht mit dem Unionsrecht kompatibel seien. Die Gegenseite in der Literatur vertritt die Meinung, dass eine bloße Kompetenzverschiebung keine Anpassungspflichten für die Mitgliedstaaten nach sich ziehe.[1028]

Generalanwalt Tizzano traf in einem ähnlichen Zusammenhang die Aussage, dass es unter dem Gesichtspunkt der Zuständigkeit als kein Problem der Vereinbarkeit mit dem Gemeinschaftsrecht dargestellt werden kann, weil „die der Gemeinschaft zugewachsene Außenzuständigkeit in Bereichen, die bereits durch Abkommen der Mitgliedstaaten geregelt waren, für sich nicht bewirken kann, dass diese Abkommen mit den Vorschriften und Grundsätzen über die Zuständigkeitsverteilung unvereinbar werden“[1029].

Vor der Kompetenzübertragung an die EU unterschrieben die Mitgliedstaaten ihre Investitionsschutzabkommen mit Drittländern, da sie die Abschlusskompetenz besaßen. Die Realisierung der Übereinkünfte war unionsrechtskonform. Dies bestätigt die Aussage des Generalanwalts, dass die Kompetenzübertragung allein nicht ausreichend ist, um die Unvereinbarkeit der mitgliedsstaatlichen Investitionsschutzabkommen zu konstatieren. Vielmehr muss in jedem Einzelfall untersucht werden, ob die Bestimmungen der mitgliedstaatlichen BIT's dem materiellen Unionsrecht widersprechen, da nur in diesem Fall für die Mitgliedsstaaten eine Anpassungspflicht gemäß Art. 351 UAbs. 2 AEUV besteht.[1030] Erst im Falle eines konkreten Widerspruchs müssen die Staaten alle geeigneten Mittel zum Zwecke einer Behebung der Unvereinbarkeit veranlassen.[1031] Auf der Hand

---

1027 Vgl. *Dimopoulos* (Fn. 401), S. 306; *K. Kaiser*, Geistiges Eigentum und Gemeinschaftsrecht, 2004, S. 230 f.; *Schmalenbach* (Fn. 521), Art. 351 AEUV, Rn. 16.

1028 Vgl. *Schmitt* (Fn. 2), S. 301; *Burgstaller* (Fn. 279), S. 113 (129); *Kokott* (Fn. 987), Art. 351 AEUV, Rn. 21; *E. Pache/J. Bielitz*, Das Verhältnis der EG zu den völkerrechtlichen Verträgen ihrer Mitgliedsstaaten, EuR 2006, S. 316 (329).

1029 Verb. Schlussanträge des Generalanwalts Tizzano vom 31.01.2002 in der Rs. C-466/98 (*Kommission/Vereinigtes Königreich Großbritannien und Nordirland*) Rs. C-467/98 (*Kommission/Dänemark*), Rs. C-468/98 (*Kommission/Schweden*), Rs. C-469/98 (*Kommission/Finnland*), Rs. C-471/98 (*Kommission/Belgien*), Rs. C-472/98 (*Kommission/Luxemburg*), Rs. C-475/98 (*Kommission/Österreich*), Rs. C-476/98 (*Kommission/Deutschland*) vom 05.11.2002, Slg. 2002, S. I-9427, Rn. 113; Vgl. *Schmitt* (Fn. 2), S. 301.

1030 Vgl. *Schmitt*, ebd., S. 301.

1031 Vgl. *Lorenzmeier* (Fn. 353), Art. 351 AEUV, Rn. 26; *Lavranos* (Fn. 1012), Art. 351 AEUV, Rn. 8.

liegt dabei eine unionsrechtskonforme Auslegung des Altvertrags. Erst wenn sich diese als undurchführbar erweist, wären die Instrumente der Anpassung des Altvertrages durch Vertragsänderung, der Kündigung, der Suspendierung oder des Rücktritts einzusetzen.[1032]

Eine Anpassung der mitgliedstaatlichen Investitionsschutzabkommen durch die unionsrechtskonforme Auslegung gestaltet sich aus Rechtssicherheitsgründen und aufgrund der Besonderheit der Investor-Staat-Schiedsverfahren als inhaltlich schwer durchführbar.[1033] Aus rechtlichen und praktischen Gründen ist eine solche Interpretation des Altvertrages im Fall der Kompetenzübertragung an die EU nicht in Erwägung zu ziehen.[1034]

Ferner könnte eine Neuverhandlung der BIT's zwischen Mitglieds- und Drittstaaten in Betracht kommen.[1035] Obwohl die EU eine ausschließliche Zuständigkeit zur Regelung von ausländischen Direktinvestitionen nach dem Vertrag von Lissabon erlangt hat, „bietet Art. 351 UAbs. 2 AEUV eine eigenständige Rechtsgrundlage für einen Mitgliedstaat, völkerrechtliche Verhandlungen zur korrigierenden Anpassung des BIT's aufzunehmen und abzuschließen, um einen unionsrechtskonformen Zustand herzustellen".[1036] Allerdings ist zu prüfen, ob eine Neuverhandlung der Abkommen nicht bereits aus praktischen Gründen zum Scheitern verurteilt wäre. Die Zustimmung zum neuen Abkommen durch den Drittstaat kann alles andere als garantiert werden, vor allem dann, wenn durch die Umgestaltung beispielsweise künftig lediglich ausländische Portfolioinvestitionen geschützt wären, weil ausländische Direktinvestitionen nach der Kompetenzübertragung nicht mehr vom Regelungsbereich der mitgliedstaatlichen Investitionsschutzabkommen gedeckt werden. Misslingen Neuverhandlungen, ist eine Vertragsbeendigung in Erwägung zu ziehen.

Damit ein Vertrag durch eine Kündigung, einvernehmliche Beendigung oder Suspendierung auslaufen kann, bedarf es der völkerrechtlichen Konformität und eines Beendigungsgrundes.[1037] Zunächst ist nach einer Kündigungsklausel im vorliegenden Investitionsschutzabkommen zu suchen. Die meisten BIT's sehen eine

---

1032 Vgl. *Lorenzmeier* (Fn. 353), Art. 351 AEUV, Rn. 29; *Kokott* (Fn. 987), Art. 351 AEUV, Rn. 15 ff.; *Pache/Bielitz* (Fn. 1028), S. 316 (329).

1033 Vgl. *Bings* (Fn. 2), S. 153.

1034 *Bings*, ebd., S. 154.

1035 Vgl. *Johannsen* (Fn. 148), S. 26.

1036 Vgl. *Johannsen*, ebd., S. 26; *Kokott* (Fn. 987), Art. 351 AEUV, Rn. 19; *Schmalenbach* (Fn. 521), Art. 351 AEUV, Rn. 10.

1037 Vgl. *Bings* (Fn. 2), S. 154.

Mindestvertragslaufzeit vor, nach deren Ablauf das Abkommen jederzeit unter Einhaltung einer Frist gekündigt werden kann.

Sollte keine Kündigungsklausel vorhanden sein, ist ein Beendigungsgrund notwendig. Mögliche Gründe gehen aus der Wiener Vertragsrechtskonvention hervor.[1038] Nach Art. 46 WVK kann ein Staat den Vertrag für ungültig erklären, wenn die Verletzung der Zuständigkeit beim Abschluss des Abkommens offenkundig war und eine innerstaatliche Rechtsvorschrift von hoher Bedeutung betraf. Auch hier liegt eine Offenkundigkeit nur vor, wenn sie für jeden Staat objektiv wahrnehmbar ist. Von dieser Verletzung kann grundsätzlich erst ab dem Inkrafttreten des Lissaboner Vertrags gesprochen werden,[1039] da ab diesem Zeitpunkt die Kompetenz zum Abschluss dieser Art von Übereinkünften an die EU überging. Wie bereits angemerkt, wurde eine Vielzahl der Verträge vorher unterzeichnet. Für Drittstaaten war es unmöglich Zuständigkeitsverletzungen objektiv zu erahnen. In den überwiegenden Fällen kann die Unwirksamkeit der mitgliedstaatlichen Investitionsschutzabkommen nicht über Art. 46 WVK begründet werden.[1040]

Einen weiteren Lösungsansatz könnte Art. 54 lit. b) WVK darstellen. Nach diesem kann ein Vertrag jederzeit im Einvernehmen aller Vertragsparteien beendet werden. Die Zustimmung eines Drittstaates ist in der Regel davon abhängig, ob dieser einen Nutzen aus der Situation ziehen kann. Dieser könnte in der Aushandlung eines EU-Investitionsschutzabkommens zwischen der EU und dem Drittstaat liegen. Ob die Union allerdings bereit ist mit jedem betroffenen Drittstaat Verhandlungen aufzunehmen bleibt dahingestellt. Der zeitliche Aspekt spricht ebenfalls gegen diese Vorgehensweise, da Aushandlung und Abschluss eines solchen Abkommens mehrere Jahre dauern können. Zusammengefasst gilt die Beendigung der mitgliedstaatlichen BIT's eher als theoretischer Ansatz. In der Praxis ist diese Lösung nicht für alle mitgliedstaatlichen Investitionsschutzabkommen mit Drittländern praktikabel.

Ein Abkommen kann nach Art. 57 lit. b) WVK jederzeit im Einvernehmen aller Vertragsparteien suspendiert werden. Dabei handelt es sich lediglich um eine vorübergehende Außerkraftsetzung. Das Abkommen bleibt dabei weiterhin bestehen. Nach Wegfall des Suspendierungsgrundes finden die vertraglichen Regelungen wieder Anwendung.[1041] Im vorliegenden Fall läge der Suspendierungsgrund in der Kompetenzübertragung zum Abschluss von internationalen

1038 *Bings*, ebd., S. 156.

1039 *Bings*, ebd.

1040 *Bings*, ebd., S. 157.

1041 Vgl. *G. Dahm/J. Delbrück/R. Wolfrum* (Hrsg.), Völkerrecht, Band I/3, 2. Aufl. 2002, S. 760.

Investitionsschutzabkommen an die EU. Es ist unwahrscheinlich, dass die Kompetenz künftig wieder zurück an die Mitgliedstaaten übergeht. Folglich ist dieses Instrument zur Behandlung der Problemstellung bei den mitgliedstaatlichen BIT's ungeeignet.

Ein anderer Beendigungstatbestand könnte in Form der *clausula rebus sic stantibus* (Art. 62 WVK) Anwendung finden. Gemäß Art. 62 Abs. 1 lit. b) kann eine grundlegende Änderung der beim Vertragsabschluss gegebenen Umstände als Grund für die Beendigung oder den Rücktritt geltend gemacht werden, wenn diese die noch zu erfüllenden Verpflichtungen des Vertrags umfassend verändern würden. Eine Umstandsänderung zeigt sich, indem bestimmte Gegebenheiten zu einem konkreten Zeitpunkt bei einem zeitlich späteren Vergleich voneinander abweichen.[1042] Ein Kompetenzübergang zum Abschluss von internationalen Übereinkünften über ausländische Direktinvestitionen ist als Umstandsänderung einzuordnen. Der Anwendungsbereich der *clausula rebus sic stantibus* wird durch Art. 62 WVK nicht auf bestimmte Arten von Umstandsänderungen beschränkt.[1043]

Zum Teil wird die Ansicht vertreten, dass Rechtsänderungen von der *clausula* aufgrund von Art. 27 und 46 WVK ausgeschlossen sind.[1044] Damit würde Art. 62 WVK den Fall der Kompetenzübertragung an die EU nicht decken. Hintergrund ist, dass sich ein Staat nach Art. 46 WVK nicht darauf berufen kann, von der Vertragsbindung befreit zu sein, weil eine Bestimmung seines innerstaatlichen Rechts über die Zuständigkeit zum Abschluss von Verträgen verletzt ist. Genauso wenig kann aus diesem Grund gemäß Art. 27 WVK die Nichterfüllung einer Übereinkunft gerechtfertigt werden.

Diese Schlussfolgerung hält bei einer genaueren Betrachtung nicht stand. Bei Art. 46 WVK geht es um das wirksame Zustandekommen des Vertrages, wogegen Art. 62 WVK klären soll, ob eine Vertragspartei bei einem bereits gültigen Vertragsverhältnis aufgrund veränderter Umstände eine Beendigung des Vertrages verlangen kann.[1045] Art. 62 WVK widerspricht somit Art. 46 WVK nicht, sondern beschreibt lediglich ein anderes Szenario.

Art. 62 WVK steht ebenfalls nicht in Diskrepanz zu Art. 27 WVK, weil dieser nur die Nichterfüllung des Vertrages regelt. Die Vorschriften des Art. 62 WVK

1042 Vgl. *Pott* (Fn. 1023), S. 84.

1043 *Pott*, ebd., S. 85.

1044 Vgl. *M. E. Villiger*, Commentary on the Vienna Convention on the Law of Treaties, 1997, Art. 62, Rn. 14; *Bings* (Fn. 2), S. 159; *H. F. Köck*, Altes und Neues zur clausula rebus sic stantibus, 1980, S. 92 f.

1045 Vgl. *Pott* (Fn. 1023), S. 86; a.A. *Bings* (Fn. 2), S. 159.

beeinflussen die Beendigung aber nicht die Nichterfüllung, „denn diese setzt gerade das Fortbestehen des ursprünglichen Vertrages voraus".[1046]

Bei der *clausula rebus sic stantibus* ist ausschließlich wichtig, ob die Umstandsänderung grundlegend ist. Dies trifft zu, wenn die Parteien den Vertrag unter den geänderten Umständen so nicht auf den Weg gebracht hätten.[1047] Die Kompetenzübertragung an die EU kann als ein solcher Tatbestand eingeordnet werden, da die Mitgliedstaaten im Falle der Kenntnisnahme von der Kompetenzübertragung zum Zeitpunkt des Abschlusses die Investitionsschutzabkommen mit Drittstaaten nicht eingegangen wären.[1048] Art. 62 Abs. 2 lit. b) WVK schließt ein solches Beendigungs- oder Rücktrittsrecht aber aus, wenn die Vertragspartei, welche die grundlegende Änderung anführt, diese durch die Verletzung einer Vertragsverpflichtung selbst ausgelöst hat. Eine Verletzung dieser Art liegt nicht aufgrund der Kompetenzübertragung vor.[1049]

Dementsprechend ist eine Beendigung eines mitgliedstaatlichen Investitionsschutzabkommens mit einem Drittstaat unter Einsatz der *clausula rebus sic stantibus* grundsätzlich möglich. Wie gezeigt, sind die Hürden für eine Anwendbarkeit dieses Grundsatzes aber hoch angesetzt. Daher wird er aller Voraussicht nach selten zum Tragen kommen.

d. Zwischenfazit

Nur aufgrund der stattgefundenen Kompetenzübertragung kann die Unvereinbarkeit der mitgliedsstaatlichen Investitionsschutzabkommen nicht festgestellt werden. Vielmehr gilt es in jedem Einzelfall zu bewerten, ob die Bestimmungen der mitgliedstaatlichen BIT's dem materiellen Unionsrecht entgegenstehen, da lediglich dann die Anpassungspflicht für die Mitgliedstaaten gemäß Art. 351 UAbs. 2 AEUV einsetzt.

Als durchführbar erweist sich die Möglichkeit der Anpassung des Altvertrages durch dessen Beendigung. Einerseits können die mitgliedstaatlichen Investitionsschutzabkommen mit Drittstaaten grundsätzlich gemäß Art. 62 WVK beendet werden. Andererseits sind die mitgliedstaatlichen BIT's nicht *per se* wegen des Kompetenzübergangs an die EU mit dem Unionsrecht unvereinbar. In jedem Einzelfall ist eine Prüfung auf die Konformität des materiellen Rechts zu veranlassen.

1046 *Bings*, ebd.

1047 Vgl. *Johannsen* (Fn. 148), S. 27; *Pott* (Fn. 1023), S. 88.

1048 Vgl. *Johannsen* (Fn. 148), S. 27.

1049 *Johannsen*, ebd.

Vorrangig empfiehlt es sich daher, dass die Investitionsschutzabkommen zunächst bestehen bleiben und fortgeführt werden. Um die Entstehung einer Rechtsschutzlücke im Investitionsschutz zu verhindern, sollte die Gültigkeit der mitgliedstaatlichen BIT's solange bestehen, bis die EU selbst mit den betroffenen Drittstaaten Abkommen über den Investitionsschutz vereinbart hat. Aufgrund des langwierigen Aushandlungs- und Abschlussprozesses von internationalen Abkommen ist der in den mitgliedstaatlichen Investitionsschutzabkommen garantierte Investitionsschutz zu wahren.

2. Rechtsprechung des EuGH

a. Urteile gegen Österreich und Schweden

aa. Ursachen und Sachverhalt

Die Kommission leitete ein Vertragsverletzungsverfahren nach Art. 226 EGV (heute Art. 258 AEUV) gegen Österreich und Schweden wegen der Nichtergreifung geeigneter Maßnahmen im Sinne des Art. 307 Abs. 2 EGV (heute Art. 351 Abs. 2 AEUV) ein. Das Verfahren betraf bilaterale Investitionsschutzabkommen[1050], die beide Länder vor dem Beitritt zur Union verabschiedet hatten.[1051] Diese BIT's enthielten jeweils eine sog. Transferklausel, „der zufolge jede Vertragspartei Investoren der anderen Vertragspartei ohne ungebührliche Verzögerung den freien Transfer in frei konvertierbarer Währung der im Zusammenhang mit einer Investition stehenden Zahlungen gewährleistet".[1052]

Die Kommission vertrat die Auffassung, dass diese bilateralen Abkommen die Anwendung von Beschränkungen des Kapital- und Zahlungsverkehrs, die der

---

1050 Die Republik Österreich schloss vor ihrem Beitritt zur EU BIT's mit der Volksrepublik China, Malaysia, der Russischen Föderation, der Republik Korea, der Republik Türkei und der Republik Kap Verde; das Königreich Schweden schloss BIT's mit der Argentinischen Republik, der Republik Bolivien, der Republik Côte d'Ivore, der Arabischen Republik Ägypten, Hong Kong, der Republik Indonesien, der Volksrepublik China, der Republik Madagaskar, Malaysia, der Islamischen Republik Pakistan, der Republik Peru, der Republik Senegal, der Demokratischen Sozialistischen Republik Sri Lanka, der Tunesischen Republik, der Sozialistischen Republik Vietnam, der Republik Jemen und der ehemaligen Sozialistischen Föderativen Republik Jugoslawien.

1051 Vgl. *J. P. Terhechte*, Art. 351 AEUV, das Loyalitätsgebot und die Zukunft mitgliedstaatlicher Investitionsschutzverträge nach Lissabon, EuR 2010, S. 517 (524).

1052 EuGH, Rs. C- 205/06 (*Kommission/Österreich*), Urteil vom 03.03.2009, Slg. 2009, I-1301, Rn. 3; EuGH, Rs. C-249/06 (*Kommission/Schweden*), Urteil vom 03.03.2009, Slg. 2009, I-1335, Rn. 3.

Rat der Europäischen Union nach den Art. 57 Abs. 2 EG (jetzt Art. 64 Abs. 2 und 3 AEUV), 59 EG (jetzt Art. 66 AEUV) und 60 Abs. 1 EG (jetzt 75 Abs. 1 AEUV) erlassen kann, vereiteln können.[1053] Es war also keine konkrete, sondern lediglich eine potentielle Verletzung des Unionsrechts durch Schweden und Österreich gegeben.[1054] Die Union hatte bis zu diesem Zeitpunkt noch keine Beschränkungen eingeführt, die den freien Kapitalverkehr mit denjenigen Drittländern betrafen, mit denen Österreich und Schweden Abkommen unterzeichnet hatten. Insbesondere wurde bis dahin von Art. 57 Abs. 2 EG (jetzt Art. 64 Abs. 2 und 3 AEUV) bzw. von Art. 59 EG (jetzt Art. 66 AEUV) zur Regelung dieses Bereichs noch gar kein Gebrauch gemacht.

Der Rat hatte seine Befugnisse aus Art. 60 Abs. 1 bereits ausgeübt. Die Union unternahm jedoch gegen keines der betroffenen Drittländer, die mit Österreich und Schweden ein BIT unterzeichnet hatten, in nennenswerter Weise Schritte.[1055] Als Grund für die Behauptung, dass die Existenz dieser Klauseln in den BIT's der Republik Österreich und des Königreichs Schweden den Rat an zukünftigen Maßnahmen hindern könnte, verwies die Kommission auf drei Rechtsquellen zur Vertragsverpflichtung, auf deren Grundlage Art. 307 EG (jetzt Art. 351 Abs. 2 AEUV) zur Anwendung kommen könnte: abgeleitete Rechtsvorschriften aus den Art. 57 Abs. 2 EG, 59 EG, 60 Abs. 1 EG und die Art. 57 Abs. 2 EG, 59 EG, 60 Abs. 1 EG selbst sowie die Pflicht zur loyalen Zusammenarbeit.[1056]

Weiterhin machte die Kommission geltend, dass im Fall eines Erlasses von Beschränkungen des Kapital- und Zahlungsverkehrs durch den Rat, die für Kündigung oder Neuverhandlung der fraglichen Abkommen benötigte Zeit dazu führen würde, dass Österreich und Schweden völkerrechtlich verpflichtet wären, in der Zwischenzeit weiterhin die fraglichen Abkommen einschließlich ihrer Transferklauseln anzuwenden. Dies entspräche zwar Art. 351 Abs. 1 AEUV, hätte aber zur Folge, dass die vom Rat erlassenen Maßnahmen in der Gemeinschaft nicht einheitlich angewandt würden.[1057]

Beide Länder gingen von der Möglichkeit aus, den Kapitalverkehr mit Drittländern selbst regeln zu können, weil der Rat keine Begrenzung des Kapital- und

---

1053 Ebd., Slg. 2009, I-1301, Rn. 4; ebd., Slg. 2009, I-1335, Rn. 4.

1054 Vgl. *Terhechte* (Fn. 1051), S. 517 (524); *Lorenzmeier* (Fn. 353), Art. 351 AEUV, Rn. 64.

1055 Schlussanträge von Generalanwalt Maduro vom 10.07.2008 zu EuGH, Rs. C-205/06 (*Kommission/Österreich*) vom 03.03.2009 und EuGH, Rs. C-249/06 (*Kommission/Schweden*) vom 03.03.2009, Slg. 2009, I-1301, Rn. 11.

1056 Ebd., Rn. 21.

1057 EuGH, Rs. C-205/06 (*Kommission/Österreich*), Urteil vom 03.03.2009, Slg. 2009, I-1301, Rn. 17; EuGH, Rs. C-249/06 (*Kommission/Schweden*), Urteil vom 03.03.2009, Slg. 2009, I-1335, Rn. 16.

Zahlungsverkehrs verabschiedet hatte. „Solange der Rat keine Beschränkung beschlossen hat, stelle sich nicht die Frage, ob sich die Abkommen mit einer Vertragsbestimmung vereinbaren ließen, die noch nicht angewandt worden sei.“[1058] Österreich führte außerdem an, dass für die Überarbeitung des österreichischen Mustertextes für bilaterale Investitionsabkommen eine REIO-Klausel („*Regional Economic International Organisation*“-Klausel) vorgesehen wurde. Diese berücksichtige etwaige Beschränkungen des freien Kapitalverkehrs durch die Union und würde den regionalen Organisationen (EU) bestimmte Zuständigkeiten vorbehalten.[1059] Die Kommission räumte in einer mündlichen Verhandlung ein, dass eine derartige Klausel als grundsätzlich geeignet anzusehen sei, um die festgestellte Unvereinbarkeit zu beheben, Österreich es jedoch innerhalb der von der Kommission gesetzten Frist verpasst hätte, die gegenüber den betroffenen Drittstaaten notwendigen Schritte einzuleiten.[1060]

Nach der Stellungnahme Schwedens kommen die in den Art. 57 Abs. 2 EG, 59 EG und 60 Abs. 1 EG genannten Schutzmaßnahmen nur in bestimmten Ausnahmefällen infrage, welche beim Zustandekommen der betroffenen BIT’s nicht vorhersehbar waren. Deshalb berief sich Schweden auf den Grundsatz der *clausula rebus sic stantibus*, um die Bestimmungen über den freien Transfer vorläufig auszusetzen.[1061]

bb. Entscheidung des EuGH

Den Entscheidungen des EuGH folgend, wären die Abkommen mit der Formulierung des Art. 56 EG (jetzt Art. 63 AEUV) dann verträglich, wenn alle Beschränkungen des Kapital- (Art. 56 Abs. 1 EG) und Zahlungsverkehrs (Art. 56 Abs. 2 EG) unter den Mitgliedstaaten sowie zu Drittländern verboten wären.[1062] Manche Vertragsinhalte (Art. 57 Abs. 2 EG [jetzt Art. 64 Abs. 2 und 3 AEUV], 59 EG [jetzt Art. 66 AEUV] und 60 Abs. 1 EG [jetzt 75 Abs. 1 AEUV]) ermächtigen aber den Rat unter bestimmten Umständen, den Kapital- und Zahlungsverkehr zwischen Mitgliedstaaten und Drittländern zu beschränken.[1063]

1058 Ebd., Slg. 2009, I-1301, Rn. 18; ebd., Slg. 2009, I-1335, Rn. 18 ff.

1059 EuGH, Rs. C-205/06 (*Kommission/Österreich*), Urteil vom 03.03.2009, Slg. 2009, I-1301, Rn. 7.

1060 Ebd., Rn. 42.

1061 EuGH, Rs. C-249/06 (*Kommission/Schweden*), Urteil vom 03.03.2009, Slg. 2009, I-1335, Rn. 23.

1062 EuGH, Rs. C-205/06 (*Kommission/Österreich*), Urteil vom 03.03.2009, Slg. 2009, I-1301, Rn. 26; EuGH, Rs. C-249/06 (*Kommission/Schweden*), Urteil vom 03.03.2009, Slg. 2009, I-1335, Rn. 27.

1063 Ebd., Slg. 2009, I-1301, Rn. 27 ff.; ebd., Slg. 2009, I-1335, Rn. 28 ff.

Die fraglichen Abkommen Österreichs und Schwedens enthalten keine Vereinbarungen, die derartige Einschränkungen durch die Union einräumen. In Folge prüfte der EuGH einen Verstoß beider Länder gegen die Verpflichtung für die Anwendung aller geeigneten Mittel zur Behebung der festgestellten Unvereinbarkeiten nach Art. 351 Abs. 2 AEUV. Nach den Entscheidungen des EuGH müssen vom Rat eingeleitete Schritte zur Beschränkung des freien Kapital- und Zahlungsverkehrs sofort gegenüber den betroffenen Staaten anwendbar sein.[1064]

Weiterhin würden nach Ansicht des EuGH die Befugnisse des Rates gegenüber Drittstaaten beschränkende Maßnahmen auf einem Gebiet zu erlassen, welches bereits durch ein früheres Abkommen zwischen einem Mitglieds- und Drittstaat geregelt wurde oder damit zusammenhängt, eine Unvereinbarkeit hervorrufen. Dies setzt voraus, dass das Abkommen keine Bestimmung enthält, die dem betreffenden Mitgliedstaat die Ausübung und Erfüllung seiner Rechte und Pflichten als Mitglied der Gemeinschaft gestattet und dies auch durch keinen völkerrechtlichen Mechanismus erlaubt wird.[1065]

Der Gerichtshof war also primär über die praktische Wirksamkeit der Bestimmungen, nach denen der Rat befugt ist, restriktive Maßnahmen zu treffen, besorgt. Um die Wirksamkeit dieser Bestimmungen zu gewährleisten, glaubte der EuGH, dass die vom Rat im Hinblick auf die Kapitalbewegungen nach und von Drittländern aufgenommenen restriktiven Maßnahmen sofort anwendbar sein müssten. In diesem speziellen Zusammenhang fällte der Gerichtshof das Urteil, dass solche internationale Verpflichtungen der Mitgliedstaaten mit Drittländern, die den Investoren ein uneingeschränktes Recht zum Kapitaltransfer garantieren, die Möglichkeit des Rates untergraben würden, restriktive Mittel einzusetzen.[1066] Dies stellt eine Kollision zwischen den Transferklauseln in den streitigen Investitionsabkommen, die den freien Kapitaltransfer gewährleisteten und der Befugnis des Rates, restriktive Maßnahmen für solche Kapitaltransfers einzuleiten, dar. Die Vertragsbestimmungen verleihen dem Rat keine allgemeine Gesetzgebungskompetenz, sondern eine spezifische Befugnis, eine bestimmte Art von dringenden exekutiven Maßnahmen unter außergewöhnlichen Gegebenheiten zu veranlassen.

Der EuGH stellte somit eine Verletzung von Art. 307 Abs. 2 EGV (jetzt Art. 351 Abs. 2 AEUV) fest.[1067] Dabei sah er ebenfalls keinen Einfluss der Grundsätze des

1064 Ebd., Slg. 2009, I-1301, Rn. 36; ebd., Slg. 2009, I-1335, Rn. 37.

1065 Ebd., Slg. 2009, I-1301, Rn. 37; ebd., Slg. 2009, I-1335, Rn. 38.

1066 Vgl. *Strik* (Fn. 109), S. 156.

1067 EuGH, Rs. C- 205/06 (*Kommission/Österreich*), Urteil vom 03.03.2009, Slg. 2009, I-1301, Rn. 45; EuGH, Rs. C-249/06 (*Kommission/Schweden*), Urteil vom 03.03.2009, Slg. 2009, I-1335, Rn. 45.

Völkerrechts auf die Inkompatibilität zwischen den Abkommen der Mitgliedstaaten und dem EU-Recht. Die von Schweden und Österreich angeführte *clausula rebus sic stantibus* blieb unerwähnt. Der Gerichtshof war schlichtweg nicht davon überzeugt, dass Österreich und Schweden in der Lage seien, die geeigneten Schritte zur Aussetzung, Neuverhandlung oder Kündigung der BIT's schnell genug durchzuführen, um die volle Wirksamkeit des Unionsrechts zu garantieren.

Laut Generalanwalt Maduro ist der Grundsatz *rebus sic stantibus* nur unter engen Voraussetzungen wirksam. Art. 307 EG (jetzt Art. 351 AEUV) darf für die definitive Auslegung von Klauseln in einem Abkommen oder für die Anwendung eines kontroversen Grundsatzes des Völkerrechts wie des *rebus sic stantibus* nicht von Gewicht sein.[1068]

In einem ähnlichen, folgenden Urteil gegen Finnland verlieh der EuGH dem Nachdruck, dass „sich anderer vom Völkerrecht zur Verfügung gestellter Mittel, wie der Aussetzung oder auch der Kündigung des fraglichen Abkommens oder einiger seiner Bestimmungen, zu bedienen, in ihren Wirkungen zu ungewiss [seien], um zu gewährleisten, dass die vom Rat ergriffenen Maßnahmen wirksam und innerhalb der vorgegebenen Fristen angewandt werden könnten".[1069] Demzufolge wurde auch im Schrifttum infrage gestellt, ob das Ergreifen von restriktiven Maßnahmen durch den Rat an sich als eine fundamentale Veränderung der Umstände zu qualifizieren sei.[1070]

Die von Österreich vorgeschlagene Klausel anlässlich der Erneuerung der bestehenden Abkommen wurde vom EuGH als grundsätzlich geeignet bewertet. Allerdings habe das Land innerhalb der in der Stellungnahme der Kommission gesetzten Frist gegenüber den betroffenen Drittstaaten keine Veranlassungen getroffen, die Gefahr eines im Verhältnis zu den Maßnahmen, die der Rat gemäß den Art. 57 Abs. 2 EG, 59 EG und 60 Abs. 1 EG erlassen kann, eintretenden Konflikts auszuräumen.[1071]

Der EuGH konstatierte in seinen Urteilen gegen Österreich und Schweden eine Verletzung von Art. 351 Abs. 2 AEUV. Die Rechtsfolgen für diesen

---

1068 Schlussanträge von Generalanwalt Maduro vom 10.07.2008 zu EuGH, Rs. C-205/06 (*Kommission/Österreich*) vom 03.03.2009 und EuGH, Rs. C-249/06 (*Kommission/Schweden*) vom 03.03.2009, Slg. 2009, I-1301, Rn. 61 f.

1069 EuGH, Rs. C-118/07 (*Kommission/Finnland*), Urteil vom 19.11.2009, Slg. 2009, I-10889, Rn. 32.

1070 Vgl. *Strik* (Fn. 109), S. 157.

1071 EuGH, Rs. C- 205/06 (*Kommission/Österreich*), Urteil vom 03.03.2009, Slg. 2009, I-1301, Rn. 41 f.; EuGH, Rs. C-249/06 (*Kommission/Schweden*), Urteil vom 03.03.2009, Slg. 2009, I-1335, Rn. 42.

Verstoß wurden offen gelassen. Es blieb bei dem allgemeinen Hinweis, dass die Mitgliedstaaten gemäß Art. 307 Abs. 2 EG (jetzt Art. 351 Abs. 2 AEUV) einander erforderlichenfalls Hilfe leisten, um Unvereinbarkeiten zu beheben und gegebenenfalls eine gemeinsame Haltung einzunehmen. Des Weiteren muss die Kommission nach Art. 211 EG (jetzt Art. 17 Abs. 1 S. 2 und 3 EUV) jede geeignete Initiative ergreifen, um diese auf Gegenseitigkeit beruhende Hilfe der Mitgliedstaaten sowie die Findung einer gemeinsamen Haltung zu unterstützen.[1072]

Der EuGH setzte den Fokus auf einen vereinten Lösungssatz.[1073] Er verzichtete auf die Nennung der den Mitgliedstaaten nach Art. 307 Abs. 2 EGV (jetzt Art. 351 Abs. 2 AEUV) auferlegte Pflichten. Aus seinen Ausführungen kann lediglich geschlossen werden, dass das Gericht auf die zunehmenden Anstrengungen der EU-Institutionen, die Problematik zwischen mitgliedstaatlichen BIT's und Unionsrecht zu beheben, reagierte, indem es eine normative Dimension beifügte, um einen gemeinsamen Lösungsansatz zu gewährleisten. Daher ist seitens EU und Mitgliedstaaten mit einem wachsenden Engagement zu rechnen, um die Ratio des Art. 351 AEUV zu vollziehen.[1074]

b. Zwischenfazit und Bewertung

Zunächst einmal ist es bedauerlich, dass der Gerichtshof diejenigen Alternativen zur Lösung der Problematik ignoriert, welche er in seiner vergangenen Rechtsprechung selbst vorschlug. In der Rechtssache *Budvar* aus dem Jahr 2003 stellte der EuGH fest, dass „das vorlegende Gericht zu prüfen [hat], ob eine etwaige Unvereinbarkeit zwischen dem EG-Vertrag und dem bilateralen Vertrag dadurch vermieden werden kann, dass dieser im Rahmen des Möglichen unter Beachtung des Völkerrechts dahin ausgelegt wird, dass er im Einklang mit dem Gemeinschaftsrecht steht."[1075] Sollte die unionsrechtskonforme Deutung unmöglich sein, so könnte der Mitgliedstaat die im Rahmen von Artikel 351 AEUV vorgesehenen geeigneten Mittel einleiten. Wenn sich keine Änderung des Abkommens erreichen ließe, könnte auch die Verpflichtung zur Kündigung des Abkommens infrage

---

1072 Ebd., Slg. 2009, I-1301, Rn. 44; ebd., I-1335, Rn. 44.

1073 Vgl. *P. Koutrakos*, Case C-205/06, Commission v. Austria, judgment of the Court (Grand Chamber) of 3 March 2009; Case C-249/06, Commission v. Sweden, judgment of the Court (Grand Chamber) of 3 March 2009, CMLR 46 (2009), S. 2059 (2074); *Schmitt* (Fn. 2), S. 313.

1074 Vgl. *Koutrakos* (Fn. 1073), S. 2059 (2076).

1075 EuGH, Rs. C-216/01 (*Budvar*), Urteil vom 18.11.2003, Slg. 2003, I-13617, Rn. 169; vgl. *Koutrakos* (Fn. 1073), S. 2059 (2071).

kommen.[1076] Diese Pflicht zur Auslegung einer Übereinkunft und die Rolle der nationalen Gerichte, bringen eine maßgebliche Variante in der Anwendung von Art. 351 AEUV mit sich. Nicht nur, weil sie den Umfang der Optionen für die Mitgliedstaaten in ihren Bemühungen zur Bewältigung der Unvereinbarkeiten zwischen früheren Vereinbarungen und dem Unionsrecht erweitert, sondern auch weil der Anteil der nationalen Gerichte an diesem Prozess definiert wird.[1077]

Der rechtliche und prozessuale Kontext in der Rechtssache *Budvar* und in den BIT's Urteilen weichen voneinander ab. Die Mitwirkung der nationalen Gerichte und die Möglichkeit einer einheitlichen Deutung der Übereinkünfte geschahen in der Rechtssache *Budvar* im Rahmen eines Vorabentscheidungsersuchens, in dem die nationalen Gerichte als Gesprächspartner des Gerichtshofes fungierten, während die Urteile über die mitgliedstaatlichen BIT's im direkten Vertragsverletzungsverfahren zustande kamen. Allerdings macht dieser Unterschied weder eine einheitliche Auslegung *de facto* unerheblich, noch rechtfertigt er das Schweigen des EuGH und den flüchtigen Ansatz des Generalanwalts.[1078]

Den Urteilen im Falle Österreichs und Schwedens fehlt es an Klarheit. Das bedeutet nicht, dass die Richter eine vollumfängliche wissenschaftliche Analyse und tief greifende Argumente für alle theoretischen Fragen mit gesamtheitlichem Ansatz liefern müssen. Die Richter treffen ihre Entscheidungen im konkreten und spezifischen Kontext zu einem bestimmten Rechtsstreit. Das Vermitteln des Bewusstseins an die Mitgliedsstaaten, unter welchen Umständen ihre Übereinkünfte mit dem Unionsrecht kollidieren und welche Möglichkeiten ihnen Art. 351 AEUV zur Behebung bietet, verbleibt jedoch im Interesse der Union.[1079] Präzisere Urteile gegen die beiden Länder hätten zusätzlich zu einer höheren Rechtssicherheit beigetragen.[1080] In diesem Sinne wäre es sinnvoll gewesen, wenn der EuGH seine Zurückhaltung aufgeben und klar Stellung bezogen hätte.

Der Zwang, Verträge auch bei hypothetischen Konflikten mit dem Unionsrecht zu kündigen, schießt über das eigentliche Ziel hinaus. Daneben sind die negativen wirtschaftlichen Auswirkungen nicht zu unterschätzen, sollten die Mitgliedstaaten gezwungen sein, Tausende von Investitionsschutzabkommen zu beenden, nur weil eine theoretisch mögliche Inkompatibilität mit dem Unionsrecht besteht. Zwar ist es verständlich, dass der EuGH die Autonomie der Unionsrechtsordnung schützen möchte; in diesem Fall ist aber die damit einhergehende Belastung für

---

1076 EuGH, Rs. C-216/01 (*Budvar*), Urteil vom 18.11.2003, Slg. 2003, I-13617, Rn. 170.
1077 Vgl. *Koutrakos* (Fn. 1073), S. 2059 (2072).
1078 *Koutrakos*, ebd.
1079 *Koutrakos*, ebd., S. 2073.
1080 Vgl. *Schmitt* (Fn. 2), S. 315.

Mitglieds- und Drittstaaten unverhältnismäßig hoch. Außerdem führte er keine überzeugenden Gründe an, warum Österreich und Schweden nicht in der Lage wären, ihre BIT's effektiv durch die in Art. 62 Wiener Vertragsrechtskonvention verankerte *clausula rebus sic stantibus* auszusetzen. Der Einsatz dieses Grundsatzes wird mitunter als Chance der Mitgliedstaaten bezeichnet, drohende restriktive Maßnahmen durch den Rat zu vermeiden und Neuverhandlungen ihrer BIT's mit Drittstaaten veranlassen zu können.[1081] Vor allem würde das Ergebnis dieser restriktiven Maßnahmen das Ausmaß der Verpflichtungen, das bei den BIT's hauptsächlich in der Garantie eines freien Kapitalflusses liegt, radikal verändern. Ob solch eine Situation als grundlegende Änderung von Umständen qualifiziert werden kann, bleibt dahingestellt. Der EuGH verpasste es insgesamt hinreichend Argumente aufzuzeigen, wieso der Grundsatz *clausula rebus sic stantibus* keine Anwendung finden kann.

Anstelle einer generellen Verurteilung der BIT's aus präventivem Zweck sollte ein ausreichendes Eingreifen des Mitgliedstaates nur bei einem echten Erfordernis verlangt werden. Dieses Szenario ist gegeben, wenn der Rat eine Maßnahme zu verabschieden plant, die mit aller Wahrscheinlichkeit die ordnungsgemäße Ausführung eines BIT's beeinflussen wird. Von dem Moment der Kenntnisnahme der Mitgliedstaaten (bspw. durch den Ausschuss der Ständigen Vertreter der Mitgliedstaaten [AStV], der alle Entscheidungen des Rates vorbereitet) bis hin zu ihrer formellen Annahme durch den Rat, könnten die BIT's neu verhandelt werden.[1082] So würden die Mitgliedstaaten einerseits in der Lage versetzt eine praktische Lösung zu finden, die den legitimen Interessen aller beteiligten Parteien Rechnung trägt und andererseits ihre Ernsthaftigkeit bezeugen, den Verpflichtungen aus dem Unionsrecht nachzukommen.

Zur Einhaltung der Bestimmungen müssen die Mittel zur Begrenzung des freien Kapital- und Zahlungsverkehrs nach einem Erlass des Rates sofort gegenüber den Staaten anwendbar sein. Insbesondere Entscheidungen für beschränkende Maßnahmen werden in der Regel bereits Monate vor ihrem Inkrafttreten getroffen, weil sie viele politische und legislative Hürden überschreiten müssen. Somit herrscht für die Mitgliedstaaten ein ausreichender Zeitraum ihre BIT's zu erneuern oder zumindest den Drittstaaten mitzuteilen, dass die BIT's von der kommenden Gesetzgebung der Union tangiert werden. Die Staaten können

---

1081 Vgl. *N. Lavranos*, Protecting European Law from International Law, European Foreign Affairs Review, 2010, S. 265 (280 ff.).

1082 *Lavranos*, ebd., S. 281.

bis dahin eine praktikable Lösung formulieren, die den Schutz der Investitionen weiterhin gewährleistet.[1083]

Der EuGH verpflichtete Schweden und Österreich nicht zur Kündigung ihrer Abkommen mit Drittstaaten. BIT's können weiterhin neu abgeschlossen werden. In der Praxis ist jedoch eine solche Neuverhandlung und Anpassung der BIT's schwierig vollziehbar. Die mitgliedstaatlichen Investitionsschutzabkommen sind völkerrechtliche Verträge von großer wirtschaftspolitischer Bedeutung. Vor allem wenn „der Verhandlungspartner eine Verhandlungsstärke wie China oder Russland"[1084] besitzt, ist die Umsetzung neuer und möglicherweise für diese Staaten nachteiligen Kapitalverkehrsbestimmungen problematisch. Demzufolge wird den Mitgliedstaaten in vielen Fällen nur die Möglichkeit der Kündigung ihrer BIT's bleiben.[1085]

Der EuGH wies in seinen Urteilen darauf hin, dass sich „die Unvereinbarkeiten mit dem Vertrag, die durch die Investitionsabkommen mit Drittstaaten bewirkt werden und die der Anwendung der Beschränkungen des Kapital- und Zahlungsverkehrs entgegenstehen, welche der Rat gemäß den Art. 57 Abs. 2 EG, 59 EG und 60 Abs. 1 EG erlassen kann, nicht auf den in der vorliegenden Rechtssache beklagten Mitgliedstaat beschränken"[1086]. Dies lässt nicht den Schluss zu, dass alle mitgliedstaatlichen Investitionsschutzabkommen mit Drittstaaten eine Inkompatibilität mit dem Unionsrecht aufweisen.[1087] Ob einzelne BIT's dem Unionsrecht widersprechen, muss in jedem Einzelfall untersucht werden.

Von einer generellen Anpassungspflicht der mitgliedstaatlichen Investitionsschutzabkommen gemäß Art. 351 Abs. 2 AEUV kann nicht ausgegangen werden,[1088] weil die Folgen unverhältnismäßig wären. Weder Tenor noch Wortlaut der beiden Urteile gegen Österreich und Schweden bieten ausreichend Hinweise, um eine solch weite Auslegung von Artikel 351 AEUV zu rechtfertigen. Der

---

1083 Vgl. *N. Lavranos*, Revisiting Article 307 EC: The untouchable core of fundamental European Constitutional law values and principles, unter: http://papers.ssrn.com/sol3/papers.cfm?abstract_id=1441915, zuletzt gesehen: 16.07.2015, S. 20.

1084 Vgl. *M. Burgstaller*, Investitionsschutz auf der Kippe, Die Presse vom 11.08.2008, unter: http://diepresse.com/home/recht/rechtwirtschaft/405354/Investitionsschutz-auf-der-Kippe, zuletzt gesehen: 17.07.2015.

1085 Vgl. *Schmitt* (Fn. 2), S. 314.

1086 EuGH, Rs. C- 205/06 (*Kommission/Österreich*), Urteil vom 03.03.2009, Slg. 2009, I-1301, Rn. 43; EuGH, Rs. C-249/06 (*Kommission/Schweden*), Urteil vom 03.03.2009, Slg. 2009, I-1335, Rn. 43; EuGH, Rs. C-118/07 (*Kommission/Finnland*), Urteil vom 19.11.2009, Slg. 2009, I-10889, Rn. 34.

1087 Vgl. *Schmitt* (Fn. 2), S. 320.

1088 *Schmitt*, ebd.

Inhalt dieser Urteile reduziert sich auf Art. 57 Abs. 2 EGV, Art. 59 EGV und Art. 60 Abs. 1 EGV als Ausnahmebestimmungen und auf die hohe Bedeutung ihrer unverzüglichen Anwendung. Dabei sind keine Parallelen zur Verpflichtung der Mitgliedstaaten während der zur Umsetzung der Richtlinien gesetzten Frist ersichtlich, wie es Generalanwalt Maduro feststellte.[1089]

Die im Vertrag vorgesehenen Maßnahmen der EU sollten nicht pauschalisiert angewandt werden, um eine Inkompatibilität mit dem Unionsrecht festzustellen. Daher ist von einer zu weiten Auslegung der im Falle Österreichs und Schwedens ergangenen Urteile abzusehen.[1090]

Darüber hinaus empfiehlt sich grundsätzlich ein fortbestehender Schutz von getätigten Investitionen, denn das Konfliktpotential zwischen den Investitionsschutzverträgen der Mitgliedstaaten und dem Unionsrecht birgt in dieser Beziehung eine gewisse Unsicherheit.[1091]

Schlussendlich versäumte es der EuGH, für mehr Gewissheit bezüglich der materiellen Vereinbarkeit der mitgliedstaatlichen Investitionsschutzabkommen und dem Unionsrecht beizutragen. Auch die Zukunft dieser Abkommen nach dem Inkrafttreten des Lissaboner Vertrags wird vom Gerichtshof offen gelassen.

3. Verordnung 1219/2012 zur Einführung einer Übergangsregelung für bilaterale Investitionsschutzabkommen zwischen den Mitgliedstaaten und Drittländern

Um Unbestimmtheiten zwischen der materiellen Vereinbarkeit der mitgliedstaatlichen BIT's und dem Unionsrecht zu beseitigen sowie zur Klärung der Zukunft der bestehenden oder künftigen mitgliedstaatlichen Investitionsschutzabkommen wurden in der Verordnung 1219/2012[1092] Übergangsbestimmungen eingeführt. Die Verordnung trat im Januar 2013 in Kraft. Sie befasst sich mit dem Status von

---

1089 Schlussanträge von Generalanwalt Maduro vom 10.07.2008 zu EuGH, Rs. C-205/06 (*Kommission/Österreich*) vom 03.03.2009 und EuGH, Rs. C-249/06 (*Kommission/Schweden*) vom 03.03.2009, Slg. 2009, I-1301, Rn. 35 ff.

1090 Vgl. *Koutrakos* (Fn. 1073), S. 2059 (2069).

1091 Vgl. *S. Alexandrov/M. Carlson/J. Robbins*, The Future of Investment Treaty Protection in Eastern Europe, The European & Middle Eastern Arbitration Review 2009, unter: http://globalarbitrationreview.com/handbooks/14/sections/53/chapters/511/the-future-investment-treaty-protection-eastern-europe, zuletzt gesehen: 17.07.2015.

1092 Verordnung (EU) Nr. 1219/2012 des Europäischen Parlaments und des Rates vom 12. Dezember 2012 zur Einführung einer Übergangsregelung für bilaterale Investitionsschutzabkommen zwischen den Mitgliedstaaten und Drittländern, ABl., 20.12.2012, L 351/40.

bestehenden oder künftigen mitgliedstaatlichen Investitionsschutzabkommen mit Drittstaaten aus Perspektive der Kompetenz der Europäischen Union nach dem Vertrag von Lissabon. Die enthaltenen Bestimmungen sollen die Entwicklung der gemeinsamen Auslandsinvestitionspolitik erleichtern.

Die Verordnung nennt Bedingungen für BIT's und beschreibt, nach welchen Verfahren die Mitgliedstaaten ermächtigt werden können, bilaterale Investitionsschutzabkommen zu ändern oder abzuschließen. Im Sinne dieser Verordnung werden als „bilaterale Investitionsschutzabkommen" Abkommen der Mitgliedstaaten mit Drittländern bezeichnet. Die bilateralen Investitionsschutzabkommen zwischen den Mitgliedstaaten selbst werden nicht erfasst. Nach ihrem Wortlaut betrifft die Verordnung alle Übereinkünfte mit Drittländern. Da sie auf Art. 207 Abs. 2 AEUV gestützt ist, stellt sich die Frage, ob ihr Anwendungsbereich auf die Bestimmungen des Investitionsschutzes in bilateralen Investitionsabkommen reduziert ist, die sich auf Direktinvestitionen beziehen.

a. Der Ersatzmechanismus für bestehende mitgliedstaatliche BIT's mit Drittländern

Nach der Verordnung bleiben bestehende BIT's für die Mitgliedstaaten völkerrechtlich verbindlich und werden schrittweise durch Abkommen der Union über denselben Rechtsgegenstand ersetzt. Dennoch müssen die Voraussetzungen für ihr Fortbestehen und das Verhältnis zur Investitionspolitik der Union angemessen bestimmt werden. Nur so kann die Rechtssicherheit gewahrt und die potentielle Aushöhlung von Rechten sowie die Vorteilnahme von Investoren verhindert werden, wie es bislang durch die bestehenden BIT's geschah.

Im Rahmen der Übergangsregelungen können vorhandene mitgliedstaatliche BIT's in Kraft bleiben, nachdem der Kommission eine Information über diese Abkommen vorgelegt wurde. Nach Art. 2 der Verordnung besteht für die Mitgliedstaaten eine Meldepflicht für alle bilateralen Investitionsschutzabkommen mit Drittländern, die vor dem 1. Dezember 2009 oder ihrem Beitritt zur EU unterzeichnet wurden und die nach Maßgabe dieses Kapitels aufrechterhalten werden oder in Kraft treten sollen.[1093]

Gemäß Art. 4 der Verordnung veröffentlicht die Kommission im Amtsblatt der Europäischen Union eine Liste der bilateralen Investitionsschutzabkommen, die gemäß der Übergangsregelung notifiziert wurden.[1094] Die notifizierten Abkom-

---

1093 Vgl. *Strik* (Fn. 109), S. 168.

1094 Aufstellung der bilateralen Investitionsschutzabkommen nach Artikel 4 Absatz 1 der Verordnung (EU) Nr. 1219/2012 des Europäischen Parlaments und des Rates zur

men kann die Kommission gemäß Art. 5 dahin gehend bewerten, ob eine oder mehrere Bestimmungen ein schwerwiegendes Hindernis für die Aushandlung oder den Abschluss bilateraler Investitionsschutzabkommen mit Drittländern durch die Union darstellen. Eine weitere Erläuterung eines „schwerwiegenden Hindernisses“ erfolgt nicht. Für die Kommission verbleibt ein Beurteilungsspielraum. Für die praktische Umsetzung könnte dieser Umstand Schwierigkeiten mit sich bringen. Zum Zwecke der Ermittlung der Arten von Interaktionen zwischen bestehenden mitgliedstaatlichen Investitionsschutzabkommen und Aushandlung sowie Abschluss von Investitionsschutzabkommen durch die Union mit Drittländern, könnte das Aufgreifen des ursprünglichen Vorschlags der Kommission über die Übergangsregelung weiterhelfen.

Art. 6 Abs. 1 dieses Vorschlags zur Einführung der Übergangsregelung für Investitionsabkommen zwischen den Mitgliedstaaten und Drittländern[1095] sah vier Kriterien vor, welche ein Bestehen oder Inkrafttreten der BIT's ausschlossen. Als Erstes hätte die Kommission überprüfen können, ob ein Abkommen gegen das Unionsrecht verstößt (Art. 6 Abs. 1 lit. a)), als Zweites, ob eine vollständige oder teilweise Überschneidung mit einem bestehenden Abkommen zwischen Union und Drittland gegeben ist (Art. 6 Abs. 1 lit. b)) und als drittes Kriterium, ob ein Abkommen die Entwicklung und die Durchführung der Investitionspolitik der Union, insbesondere der gemeinsamen Handelspolitik, behindert (Art. 6 Abs. 1 lit c)). Zu guter Letzt hätte die Union eine Genehmigung zurücknehmen können, sofern der Rat nicht innerhalb eines Jahres, nach Vorlage einer Empfehlung durch die Kommission, gemäß Artikel 218 Abs. 3 des Vertrags einen Beschluss über die Ermächtigung zur Aufnahme von Verhandlungen über ein Abkommen erlassen hat, der sich vollständig oder teilweise mit einem nach Art. 2 notifizierten Abkommen überschneidet (Art. 6 Abs. 1 lit. d)).

Das erstgenannte Merkmal entspricht Art. 3 der Verordnung 1219/2012, wonach notifizierte bilaterale Investitionsschutzabkommen aufrechterhalten werden oder in Kraft treten dürfen, bis ein bilaterales Investitionsschutzabkommen zwischen der Union und diesem Drittland in Kraft tritt.

Das zweite Kriterium geht über die Prüfung einer reinen „Überschneidung“ und eines tatsächlichen Normwiderspruchs hinaus und lässt der Kommission

---

Einführung einer Übergangsregelung für bilaterale Investitionsschutzabkommen zwischen den Mitgliedstaaten und Drittländern, ABl., 08.05.2013, C 131/02.

1095 Vorschlag der Kommission für eine Verordnung des Europäischen Parlaments und des Rates zur Einführung einer Übergangsregelung für bilaterale Investitionsschutzabkommen zwischen den Mitgliedstaaten und Drittländern, KOM(2010) 344 endg., vom 07.07.2010.

weitreichende Überprüfungskompetenzen zukommen.[1096] Dabei ist es unwahrscheinlich, dass die Überschneidungen zwischen einem mitgliedstaatlichen BIT und dem Unions-Abkommen ein schwerwiegendes Hindernis für den Vollzug eines bilateralen Investitionsschutzabkommens mit Drittländern durch die Union gemäß Art. 5 darstellen können.[1097]

Der dritte Aspekt im ursprünglichen Vorschlag für die Übergangsregelung spiegelt sich derzeit (mit dem Zusatz des Adjektivs „schwerwiegend") im Grunde für die Beurteilung der mitgliedstaatlichen BIT's durch die Kommission im Hinblick auf die Aushandlung und den Abschluss der Investitionsabkommen mit Drittländern wider. Als Rücknahmegrund der Genehmigung wurde die Behinderung der Entwicklung und Durchführung der Investitionspolitik der Union, insbesondere in Hinsicht auf eine gemeinsame Handelspolitik, vorgeschlagen. Dieses Kriterium trägt zu keiner genaueren Entschlüsselung der tatsächlichen Definition des „schwerwiegenden Hindernisses" bei. Konkrete Merkmale für eine von einem BIT ausgehende Unionswidrigkeit sind in der dritten Überprüfungskategorie des Vorschlags nicht erkennbar.[1098]

Das letzte Kriterium sieht eine spezifische Situation vor, in der eine reine Überschneidung zwischen einem bestehenden bilateralen Investitionsabkommen eines Mitgliedstaats mit einem möglichen Investitionsabkommen der Union eine Hürde für die Aushandlung und den Abschluss der letztgenannten Übereinkommen bedeuten kann. Diese Regelung wird auch als „Vendetta-Klausel"[1099] bezeichnet. Sie räumt der Kommission das Recht ein, den Mitgliedsstaaten die Genehmigung für ihre BIT's zu entziehen, wenn der Kommission nicht vom Rat innerhalb eines Jahres ein Verhandlungsmandat für ein Investitionsschutzabkommen mit dem betreffenden Drittstaat zugesprochen wird.[1100] Jedoch scheint das vierte Kriteri-

---

1096 Vgl. *C. Tietje*, EU-Investitionsschutz und -förderung zwischen Übergangsregelungen und umfassender europäischer Auslandsinvestitionspolitik, EuZW 17 (2010), S. 647 (651); *Schmitt* (Fn. 2), S. 335.

1097 Vgl. *Strik* (Fn. 109), S. 171.

1098 Vgl. *Tietje* (Fn. 1096), S. 647 (651).

1099 Vgl. *K.-E. Brauner*, Investitionsschutz nach Lissabon – Herausforderungen aus der Perspektive der Bundesregierung, Rede anlässlich der Auftaktveranstaltung des IILCC-Generali-Lecture am 17. März 2011, unter: http://www.iilcc.uni-koeln.de/fileadmin/institute/iilcc/Bilder/Tagungen/generali-lectures/Brauner_-_Investitionsschutz_nach_Lissabon.pdf, zuletzt gesehen: 30.07.2015, S. 17.

1100 Vgl. *Brauner*, ebd.; *N. Lavranos*, In Defence of Member States' BITs Gold Standard: The Regulation 1219/2012 Establishing a Transitional Regime for Existing Extra-EU BITs – A Member State's Perspective, unter: http://papers.ssrn.com/sol3/papers.cfm?abstract_id=2226979, zuletzt gesehen: 31.07.2015, S. 7; *Schmitt* (Fn. 2), S. 336.

um des ursprünglichen Vorschlags, nach dem die Kommission nicht ermächtigt wurde Verhandlungen und die Frage der Überschneidung mit der Aushandlung sowie dem Abschluss eines Investitionsabkommens der Union aus diesem Grund zu eröffnen, in der Verordnung nicht aufzutreten.

Ferner wurde die Möglichkeit der Rücknahme einer Genehmigung fallen gelassen und nicht in die Verordnung 1219/2012 integriert. Dies ist eine logische Folgeerscheinung, da die Europäische Kommission durch Widerruf der Zulassung, Auswirkungen auf die Rechtsstellung der bestehenden BIT's der Mitgliedstaaten auslösen kann. Ausschließlich den Vertragsparteien obliegt die Änderung oder Beendigung ihrer Investitionsschutzabkommen. Da es der Europäischen Kommission am Status der Vertragspartei mangelt, bietet sich ihr für solche Schritte keine Grundlage.[1101]

Statt der Rücknahme der Genehmigung wurde ein Konsultationsverfahren gemäß Art. 6 der Verordnung eingeführt, das der Europäischen Kommission eine Diskussion mit dem betreffenden Mitgliedstaat erlaubt. In diesem Rahmen sollen die Probleme eines bestimmten BIT's behoben und die vom Mitgliedstaat zu ergreifenden Behebungsmittel vereinbart werden. Wird kein zufriedenstellender Konsens erzielt, kann die Europäische Kommission in Übereinstimmung mit Art. 258 AEUV, ein Verfahren gegen den Mitgliedstaat vor dem EuGH einleiten.[1102] Der Ersatzmechanismus ist nicht perfekt, weil Art. 5 der Verordnung noch einige der ursprünglichen vagen Bewertungskriterien aufweist.

Die Qualifikation einer bloßen Überschneidung zwischen einem mitgliedstaatlichen Investitionsschutzabkommen und einem zukünftig möglichen Abkommen der Union würde ein Hindernis für die Durchführung der gemeinsamen Auslandsinvestitionspolitik sein und gegen den Zweck des Ersatzmechanismus, der ein Inkraftbleiben der mitgliedstaatlichen BIT's bis zum Inkrafttreten der Investitionsabkommen der Union voraussetzt, verstoßen.[1103]

Wie bereits angemerkt, lässt der ursprüngliche Vorschlag keine Erkenntnisse über die Definition eines „schwerwiegenden Hindernisses" im Sinne von Art. 5 der Verordnung 1219/2012 zu. Ungeachtet dessen ist davon auszugehen, dass für die hinreichende Schwere der Hindernisse im Sinne der Verordnung die Hemmnisse auch tatsächlich in der Praxis auftreten müssen. Dafür dürfen diese nicht bloß möglich sein, sondern müssen eine konkrete Behinderung für die Vollendung eines Investitionsabkommens zwischen der Union und einem Drittland bilden.[1104]

1101 Vgl. *Lavranos* (Fn. 1100), S. 9.

1102 *Lavranos*, ebd.

1103 Vgl. *Strik* (Fn. 109), S. 171.

1104 *Strik*, ebd., S. 172.

Für die Beurteilung der rechtlichen Auswirkungen eines schwerwiegenden Hindernisses ist ein Blick auf Art. 6 der Verordnung zu werfen. Diese Bestimmung bezieht sich auf die Verpflichtung zur Zusammenarbeit, welche Kommission und Mitgliedstaaten bei der Steuerung des Austauschmechanismus bei mitgliedstaatlichen Investitionsschutzabkommen mit Drittländern zukommt.

Nach Abs. 1 des Artikels werden die Mitgliedstaaten verpflichtet geeignete Handlungen zu ergreifen, damit die Bestimmungen der notifizierten bilateralen Investitionsschutzabkommen kein schwerwiegendes Hindernis für die Aushandlung oder den Abschluss bilateraler Investitionsschutzabkommen mit Drittländern durch die Union, im Hinblick auf den schrittweisen Ersatz der notifizierten Abkommen, darstellen. Dieser Wortlaut ähnelt der Phraseologie des Art. 351 Abs. 2 AEUV, wonach die betroffenen Mitgliedstaaten alle geeigneten Mittel anzuwenden haben, um die Inkompatibilität der Übereinkünfte mit dem Unionsrecht zu beheben.

Sowohl Art. 351 Abs. 2 AEUV als auch Art. 6 Abs. 1 der Verordnung spiegeln die spezifische Anwendung der Pflicht zur Zusammenarbeit aus Art. 4 Abs. 3 EUV wider. Obwohl Art. 6 Abs. 1 der Verordnung im Unterschied zu Art. 351 Abs. 2 AEUV eine andere materiell rechtliche Prüfung beschreibt, fordern beide Artikel die Anwendung aller geeigneten Mittel um jedes ernsthafte Hindernis für die Aushandlung und den Abschluss von Investitionsabkommen durch die Union (im Fall der Übergangsregelung) oder Unvereinbarkeiten mit dem Unionsrecht (im Fall des Art. 351 Abs. 2 AEUV) zu eliminieren.[1105]

Es kann daher nicht ausgeschlossen werden, dass diese Verpflichtung in der Praxis eine Abänderung oder Kündigung von Investitionsschutzabkommen notwendig macht. Wichtiger ist das Szenario bei dem ein Mitgliedstaat die Kommission nicht über ein bilaterales Investitionsabkommen unterrichtet, welches später in Kraft tritt. Hier sieht die Verordnung keine automatische Beendigung der bestehenden BIT's mit Drittländern vor, auch wenn aus diesen BIT's ein schwerwiegendes Hindernis für die Realisierung eines Investitionsabkommens der Union hervorgeht. Die Feststellung, dass ein mitgliedstaatliches BIT ein schwerwiegendes Hindernis für das EU-Investitionsschutzabkommen bedeutet, ohne die Ursache der mangelnden Kompatibilität aufzuklären, stellt eine *res inter alios acta* Situation dar. Diese kann die Gültigkeit der bestehenden Investitionsschutzabkommen zwischen Mitgliedstaaten mit Drittländern im Völkerrecht nicht beeinflussen.[1106]

1105 *Strik*, ebd., S. 174.
1106 *Strik*, ebd., S. 175.

Bevor diese Rechtsfolgen entstehen, haben Kommission und Mitgliedstaat nach Art. 6 Abs. 2 der Übergangsregelung umgehend Konsultationen aufzunehmen und bei der Ermittlung brauchbarer Korrekturmöglichkeiten zusammenzuarbeiten. Sollten innerhalb von 90 Tagen keine entsprechenden Schritte aufgezeigt werden, kann die Kommission gem. Art. 6 Abs. 3 der Übergangsregelung innerhalb eines weiteren Zeitfensters von 60 Tagen erklären, welche Maßnahmen der betroffene Mitgliedstaat zwingend abzuwickeln hat, um zur Beseitigung der Hemmnisse beizutragen. Während Art. 6 Abs. 3 der Verordnung der Kommission keine Option bietet, in dieser Situation selbst eine Entscheidung herbeizuführen, könnte selbige ein Vertragsverletzungsverfahren gegen die Mitgliedstaaten eröffnen, die der geforderten Hindernisbewältigung nicht Folge leisten.

Das Sicherstellen des Ersatzmechanismus war unbedingt erforderlich, um Transparenz und Sicherheit bei der weiteren Anwendung der bestehenden mitgliedstaatlichen BIT's zu bewirken.

b. *Ermächtigung zur Änderung oder zum Abschluss von bilateralen Investitionsschutzabkommen*

Kapitel III der Verordnung 1219/2012 nennt die Voraussetzungen, unter denen ein Mitgliedstaat Verhandlungen mit einem Drittland aufnimmt, um ein bestehendes bilaterales Investitionsschutzabkommen zu ändern oder eine neue Übereinkunft zu treffen. Wenn die Verhandlungsaufnahme von einem Mitgliedsstaat mit dieser Intention gemäß Art. 8 Abs. 1 der Verordnung angestrebt wird, hat er der Kommission seine Absicht schriftlich mitzuteilen.

Das Europäische Parlament bot in seiner legislativen Entschließung vom 10. Mai 2011 zum Vorschlag für eine Verordnung zur Einführung einer Übergangsregelung für bilaterale Investitionsabkommen zwischen Mitgliedstaaten und Drittländern eine Regelung an.[1107] Sollte ein Mitgliedstaat ein neues Investitionsabkommen mit einem Drittland anstreben, konsultiert die Kommission die anderen Mitgliedstaaten zur Prüfung, ob alternativ eine Übereinkunft auf Unionsebene einen Mehrwert erzeugen würde (Art. 8 Abs. 4 der legislativen Entschließung). Der Gedanke wurde in dieser Form nicht in Art. 8 der Verordnung 1219/2012 aufgenommen.

1107 Legislative Entschließung des Europäischen Parlaments vom 10. Mai 2011 zu dem Vorschlag für eine Verordnung des Europäischen Parlaments und des Rates zur Einführung einer Übergangsregelung für bilaterale Investitionsabkommen zwischen Mitgliedstaaten und Drittländern (KOM(2010)0344 – C7-0172/2010–2010/0197(COD)).

Durch die Umsetzung dieser Regelung hätte durch eine mehrheitliche Entscheidung der Mitgliedstaaten ein Investitionsschutzabkommen auf Unionsebene die Einzelvereinbarung eines Mitglieds ersetzt oder die Abschlussgenehmigung durch die Kommission verweigert. Stattdessen könnte die Kommission dem Rat ein Verhandlungsmandat gemäß Artikel 207 Abs. 3 des AEU-Vertrags vorschlagen (Art. 9 Abs. 4 der legislativen Entschließung).

Die Vorschrift wäre jedoch lediglich deklaratorischer Natur gewesen.[1108] Denn gemäß Art. 9 Abs. 1 lit. b) der Verordnung 1219/2012 kann die Kommission die Ermächtigung der Mitgliedstaaten zur Aufnahme förmlicher Verhandlungen mit Drittländern bezüglich bilateraler Investitionsschutzabkommen verweigern, wenn sie diese als unnötig bewertet, weil die Kommission bereits gemäß Art. 218 Abs. 3 AEUV eine Empfehlung für diesbezügliche Gespräche mit dem betroffenen Drittland vorgelegt oder eine Vorlage zur Empfehlung beschlossen hat. Dem Grunde nach wird im Art. 9 Abs. 1 lit. b) der Verordnung 1219/2012 der Regelungsvorschlag des Europäischen Parlaments in seiner legislativen Entschließung übernommen.

Das Europäische Parlament schlug im Rahmen der legislativen Entschließung eine Regelung vor, wonach die Kommission eine Genehmigung verweigern kann, wenn dies gegen das Unionsrecht, soweit es sich um keine Unvereinbarkeit aufgrund der Zuständigkeitsverteilung zwischen Union und Mitgliedstaaten handelt, verstößt, um den Halbsatz „aus der Verteilung der Zuständigkeiten *im Bereich der ausländischen Direktinvestitionen*“[1109] zu ergänzen. Dieser Zusatz wurde jedoch in Art. 9 Abs. 1 lit. a) nicht berücksichtigt. Damit werden Verletzungen des Unionsrechts ausgenommen, die sich aufgrund der Zuständigkeitsfrage zwischen Union und Mitgliedstaaten begründen, gleich ob sich diese im Bereich der ausländischen Direkt- oder beispielsweise der Portfolioinvestitionen bewegen.[1110]

Im ursprünglichen Vorschlag der Kommission wurde auf den Passus „im Bereich der ausländischen Direktinvestitionen“ verzichtet. Es ist fraglich, wieso das Europäische Parlament die Formulierung zu ausländischen Direktinvestitionen in seine legislative Entschließung einfügte. Insgesamt wird die im ursprünglichen Vorschlag der Kommission vorgesehene Kompetenz der Kommission durch die Fassung des Parlaments geschwächt. Eine Limitierung auf den Bereich der ausländischen Direktinvestitionen könnte dazu führen, dass die Kommission die mitgliedstaatlichen Investitionsschutzabkommen mit Drittstaaten auch auf eine

1108 Vgl. *Schmitt* (Fn. 2), S. 345.
1109 Hervorhebung durch die Autorin.
1110 Vgl. *Schmitt* (Fn. 2), S. 341.

Unvereinbarkeit mit der Zuständigkeitsverteilung in anderen Bereichen untersucht und folglich die Verhandlungsaufnahme für die Mitgliedstaaten untersagt. Das Einfügen des genannten Kriteriums eröffnet der Union einen größeren Handlungsspielraum. Das Vorgehen der Kommission gegen mitgliedstaatliche Investitionsschutzabkommen wird nur durch die Ausweitung der Ausnahmen in den Bereichen der ausländischen Direkt- und Portfolioinvestitionen limitiert.[1111] Aus diesem Grund ist es zu begrüßen, dass in der Verordnung 1219/2012 der Halbsatz „im Bereich der ausländischen Direktinvestitionen" fallen gelassen wurde.

Die Möglichkeit der Kommission, Verhandlungen zwischen Drittländern und Mitgliedstaaten zu blockieren, wurde in der Verordnung 1219/2012 im Vergleich zum Vorschlag der Kommission für eine Verordnung zur Übergangsregelung gelockert. Gemäß Art. 9 Abs. 1 lit. c) kann sie die Ermächtigung zur Aufnahme der Verhandlungen verweigern, wenn diese mit den Grundsätzen und Zielen der Union für das auswärtige Handeln nicht kongruent sind. Nach Art. 9 Abs. 1 lit. c) des ursprünglichen Vorschlags der Kommission wäre eine solche Verhinderung im Falle einer Erschwernis für die Entwicklung und Umsetzung der Investitionspolitik, insbesondere der gemeinsamen Handelspolitik, denkbar gewesen. Gemäß der Verordnung 1219/2012 reicht der Kommission ein bloßer Widerspruch zur Handelspolitik aus, ohne dass ihre Politik dabei konkret behindert wird. Diese Unvereinbarkeit von Verhandlungen mit der Handelspolitik der Union ist nach dem Wortlaut des Art. 9 Abs. 1 lit. c) hypothetischer Natur. Die Kommission vergrößert durch diese Regelung ihren Einflussbereich.

Wann eine Verhandlung nicht mit den Grundsätzen und Zielen der Union für das auswärtige Handeln verträglich ist, ist nicht an festgeschriebene Voraussetzungen geknüpft. Folglich weist die Vorschrift einen starken Wertungscharakter zugunsten der Kommission auf. Die Angabe bestimmter Kriterien hätte an dieser Stelle nicht nur den Effekt einer Verringerung des großen Ermessensspielraums der Kommission, sondern würde zu einer geordneten und zuverlässigeren Rechtsanwendung beitragen.

Die Kommission kann ferner Verhandlungen gemäß Art. 9 Abs. 1 lit. d) der Verordnung unter den Beteiligten unterbinden, wenn diese ein schwerwiegendes Hindernis für das Zustandekommen bilateraler Investitionsschutzabkommen durch die Union mit Drittländern bedeuten würde. Die Forderung eines schwerwiegenden Hindernisses beim Abschluss oder bei der Änderung eines bilateralen Investitionsschutzabkommens durch einen Mitgliedstaat, anstelle einer bloßen Gefährdung laufender oder bevorstehenden Verhandlungen zwischen der Union

1111 *Schmitt*, ebd., S. 343.

und dem betreffenden Drittland, ist positiv anzuerkennen. Auf diese Weise wird das enorme Ermessen der Kommission begrenzt. Dabei erläutert die Verordnung 1219/2012 jedoch nicht, welche Tatbestände unter ein „schwerwiegenden Hindernis" zu fassen sind. Das niedergeschriebene Recht bleibt in diesem Teil der Vorschrift ungenau.

Art. 11 der Verordnung 1219/2012 nennt die Voraussetzungen, welche die Mitgliedstaaten zur Unterzeichnung und zum Abschluss eines bilateralen Investitionsschutzabkommens zu erfüllen haben. Der Artikel ist auch für bilaterale Investitionsschutzabkommen gültig, die vor dem 9. Januar 2013 ausgehandelt wurden, aber nicht der Pflicht zur Notifizierung unterliegen. Nach Art. 11 Abs. 1 müssen die Mitgliedstaaten vor Unterzeichnung der bilateralen Investitionsschutzabkommen der Kommission das Verhandlungsergebnis notifizieren. Dabei ist der genaue Wortlaut des Abkommens zu übermitteln. Die Kommission prüft im Anschluss anhand der gleichen Kriterien wie im Rahmen der Verhandlungsaufnahme, ob ein Verstoß gegen die Absätze 1 und 2 des Art. 9 besteht. Wird das Abkommen den Anforderungen beider Absätze gerecht, erteilt die Kommission dem Mitgliedstaat die Ermächtigung, dieses Abkommen zu unterzeichnen und abzuschließen (Art. 11 Abs. 4).

Die Kommission fasst ihren Beschluss innerhalb von 90 Tagen nach Eingang der Notifizierung (Art. 11 Abs. 5). Der Mitgliedstaat muss den anschließenden Abschluss und das Inkrafttreten des Investitionsschutzabkommens der Kommission erneut mitteilen. Im Falle der Verweigerung der Abschlussermächtigung unterrichtet die Kommission den betreffenden Mitgliedstaat unter Nennung der Ablehnungsgründe (Art. 11 Abs. 8).

Den Genehmigungsmechanismus für Änderungen bestehender BIT's und den Abschluss neuer BIT's betreffend, spiegeln diese Bestimmungen der Verordnung die Ausschließlichkeit der Zuständigkeit der Union für ausländische Direktinvestitionen nach dem Vertrag von Lissabon wider. Die Mitgliedstaaten können unter speziellen Bedingungen ihre Investitionsschutzabkommen aufrechterhalten oder neu schließen. Dies geschieht allerdings nur bei einer Genehmigung durch die Kommission. Die Mitgliedstaaten handeln im gemeinsamen Interesse der Union und innerhalb des in der Verordnung festgelegten Genehmigungsmechanismus.[1112]

Im Allgemeinen bilden sowohl der Ersetzungsmechanismus als auch das Genehmigungsverfahren bezüglich der bestehenden mitgliedstaatlichen BIT's

---

1112 Vgl. *M. Cremona*, Member States as Trustees of the Community Interest: Participating in International Agreements on Behalf of the European Community, EUI Working Paper Law 2009/17, S. 10, unter: http://cadmus.eui.eu/bitstream/handle/1814/12881/LAW_2009_17.pdf?sequence=1, zuletzt gesehen: 07.08.2015.

eine spezifische Anwendung des Grundsatzes der loyalen Zusammenarbeit. Die Verordnung verleiht diesem Prinzip eine Wirkung im materiellen Sinne, durch welche die Pflicht zur Aufnahme von Klauseln in bestehende und künftige mitgliedstaatliche Investitionsschutzabkommen unabdingbar wird. So sind die Kompatibilität mit dem Unionsrecht und die Übereinstimmung mit der gemeinsamen internationalen Investitionspolitik sicherzustellen. Sie ist im verfahrensrechtlichen Sinne durch die Anforderung der Notifizierung der in Kraft getretenen mitgliedstaatlichen BIT's und die Notwendigkeit der Genehmigung durch die Kommission zur Änderung oder zum Abschluss neuer mitgliedstaatlichen Investitionsschutzabkommen zu garantieren.[1113]

c. *Schlussbestimmungen der Verordnung*

Die Schlussbestimmungen werden in Kapitel IV umrissen. Art. 12 enthält die Bestimmungen über mitgliedstaatliche Investitionsschutzabkommen, die nach Inkrafttreten des Vertrags von Lissabon unterzeichnet wurden. Gemäß Art. 12 Abs. 1 müssen Mitgliedsstaaten, die zwischen dem 1. Dezember 2009 und dem 9. Januar 2013 ein bilaterales Investitionsschutzabkommen unterzeichnet haben, jene Übereinkunft bis zum 8. Februar 2013 der Kommission notifizieren. Art. 12 Abs. 2 schreibt eine Prüfung der Kommission vor, ob dieses notifizierte bilaterale Investitionsschutzabkommen den Anforderungen des Art. 9 Abs. 1 und 2 der Verordnung entgegensteht. Wird dies verneint, erteilt die Kommission die Ermächtigung zur Aufrechterhaltung oder zum Inkrafttreten des betreffenden Abkommens. Das Wirksamwerden sowie sämtliche nachträglichen Änderungen sind unmittelbar zu melden. Im Falle einer Versagung hat der Mitgliedstaat keine weiteren Schritte zur Realisierung des Abkommens zu veranlassen sowie von bereits unternommenen Maßnahmen Abstand zu nehmen und diese notfalls rückgängig zu machen. Die Versagungsgründe müssen dem betroffenen Staat von der Kommission mitgeteilt werden.

Die Regelungsinhalte von Art. 12 der Verordnung fanden weder im ursprünglichen Vorschlag der Kommission zur Übergangsregelung noch beim Standpunkt des Europäischen Parlaments eine Berücksichtigung.

Art. 12 regelt mitgliedstaatliche Investitionsschutzabkommen, die nach dem Inkrafttreten des Vertrags von Lissabon und bis zur Wirksamkeit der neuen Verordnung unterzeichnet wurden. Art. 2 der Verordnung hingegen klärt die Notifizierung der bilateralen Investitionsschutzabkommen, die vor dem Vertrag von Lissabon zustande kamen. Art. 11 beschreibt die Voraussetzungen für neue

1113 Vgl. *Strik* (Fn. 109), S. 184.

Investitionsschutzabkommen der Mitgliedstaaten mit Drittländern. Die Verankerung von Artikel 12 in der Schlussbestimmung lässt die Frage zu, ob es inhaltlich nicht sinnvoller gewesen wäre, diesen unter Kapitel II über die Aufrechterhaltung der bestehenden BIT's, aufzuführen. Denn in Art. 12 werden der Status der Investitionsschutzabkommen im Unionsrechtssystem nach dem Inkrafttreten des Vertrags von Lissabon sowie Abschluss- und Aufrechterhaltungsbedingungen bilateraler Investitionsschutzabkommen behandelt.

Ferner enthält Kapitel IV bestimmte Verhaltensanforderungen an die Mitgliedstaaten. Nach Art. 13 müssen diese der Kommission Informationen über Sitzungen vorlegen, die über den Geltungsbereich unter diese Verordnung fallender bilateraler Investitionsschutzabkommen abgehalten werden. Darüber hinaus besitzt der Mitgliedstaat gegenüber der Kommission eine unverzügliche Unterrichtungspflicht, wenn ihm gegenüber eine bestimmte Maßnahme geltend gemacht wird, die mit dem Abkommen unvereinbar ist.

Zu seiner Berichtspflicht zählt auch die unverzügliche Meldung von eingereichten Anträgen auf Streitbeilegungen. Mitgliedstaat und Kommission arbeiten bei Streitbeilegungen uneingeschränkt Hand in Hand, um eine effektive Verteidigung aufzubauen. Die Kommission behält sich dabei die Teilnahme am Verfahren vor. Vor der In-Gang-Setzung der Streitbeilegungsmechanismen gegen ein Drittland hat der Mitgliedstaat die Zustimmung der Kommission einzuholen. Ebenfalls herrscht im Rahmen der Abwicklung der Verfahren eine enge Kooperation, welche sich unter anderem an der Verfahrensteilnahme seitens der Kommission zeigt. Dabei ist eine Beteiligung nur dann realisierbar, wenn die Regeln des gewählten Verfahrens dies zulassen.[1114]

Art. 14 der Verordnung räumt den Mitgliedstaaten die Entscheidungsfreiheit ein, ob von ihnen bereitgestellte Informationen als vertraulich eingestuft sowie an andere Mitgliedstaaten weitergegeben werden.

Mit Art. 15 wird bestimmt, dass die Kommission beantragte und erteilte Ermächtigungen überprüft und feststellt, ob die weitere Anwendung des Kapitels III notwendig ist. Sollte der Bericht empfehlen Kapitel III nicht länger anzuwenden oder dessen Bestimmungen zu ändern, so ist ein entsprechender Gesetzgebungsvorschlag beizufügen. Der Bericht über die Anwendung dieser Verordnung wird von der Kommission, dem Europäischen Parlament und dem Rat bis zum 10. Januar 2020 vorgelegt. Der Zeitraum für die Vorlage des Berichts und der Empfehlung in Bezug

---

1114 Gemäß Art. 37 Abs. 2 der ICSID Arbitration Rules ist die Beteiligung der sog. „*non-disputing party*" von dem Tribunal nach der Konsultation beider Parteien des Verfahrens abhängig. Ein Investor könnte eine solche Beteiligung der Kommission an das Verfahren jederzeit ablehnen. Vgl. *Schmitt* (Fn. 2), S. 339.

auf die Beendigung der Anwendung der Bestimmungen des Kapitels III wurde im Vergleich zur ursprünglichen Fassung der Kommission zu Übergangsregelungen von 5 auf 7 Jahre verlängert. Ursächlich hierfür war, dass die Verordnung im Jahr 2013 in Kraft trat und die Kommission für Parlament und Rat bis zum 10. Januar 2020 einen Report über die Anwendung dieser Verordnung erstellen muss.

Der Vorstoß des Europäischen Parlaments, die Frist auf 10 Jahre zu verlängern, wurde nicht angenommen. Aus Investorensicht ist eine Fristverlängerung für das Einreichen des Berichts über die Beurteilung der Frage der Notwendigkeit der weiteren Anwendung des Kapitels III der Verordnung grundsätzlich begrüßenswert.[1115] Allerdings räumt die Wortwahl in der Verordnung „*bis*[1116] zum 10. Januar 2020 einen Bericht über die Anwendung dieser Verordnung vorzulegen" der Kommission die Möglichkeit ein, diesen früher einzureichen. Eine zeitliche und damit auch rechtliche Gewissheit wird auf diese Weise nicht gestärkt. Förderlich wäre die Festlegung eines frühsten Zeitpunktes gewesen, zu dem die Kommission ihre Stellungnahme vorlegen kann.

d. Zwischenfazit

Die Annahme der Verordnung bildet einen bedeutenden Schritt in der Gestaltung der Außendimension des europäischen Binnenmarktes, insbesondere bezüglich der Auswirkung der ausschließlichen Kompetenz der Union für ausländische Direktinvestitionen sowie auf bestehende und künftige mitgliedstaatliche Investitionsschutzabkommen mit Drittländern.

Sie legt einen Ermächtigungsmechanismus sowohl für die Änderung von bereits existierenden mitgliedstaatlichen Investitionsschutzabkommen als auch für den Abschluss neuer Abkommen fest. Gleichzeitig wird der *status quo* der bestehenden Investitionsabkommen geschützt und der derzeitige Investorenschutz bei mitgliedstaatlichen BIT's mit Drittländern sichergestellt.

Die konkreten Folgen bei der Auslegung eines „schwerwiegenden Hindernisses" im Hinblick auf Aushandlung oder Abschluss der Abkommen mit Drittländern durch die Union werden sich erst in der Praxis zeigen. Eine erfolgreiche Auslandsinvestitionspolitik der Union wird zum schrittweisen Ersatz von mitgliedstaatlichen Investitionsschutzabkommen durch entsprechende Verträge der Union führen. Zu diesem Zweck stellt die Verordnung einen konkreten und praktikablen Ansatz dar.[1117]

1115 Vgl. *Schmitt* (Fn. 2), S. 344.
1116 Hervorhebung durch die Autorin.
1117 Vgl. *Strik* (Fn. 109), S. 186.

4. Der Standpunkt des Bundesverfassungsgerichts im Lissabon-Urteil

a. Einleitung

Nachdem die Kompetenz zum Abschluss internationaler Abkommen über ausländische Direktinvestitionen nach dem Vertrag von Lissabon der EU zugeordnet wurde, äußerte sich auch das Bundesverfassungsgericht in seinem Lissabon-Urteil[1118] vom 30. Juni 2009 über die Zukunft der mitgliedstaatlichen Investitionsschutzabkommen. Dabei bezog das Gericht nicht nur in Hinblick auf diese Zuständigkeitserweiterung, sondern auch zur Neuordnung der Außenhandelspolitik Stellung.[1119]

Der EU-Vertrag wurde dem Grunde nach als mit dem Grundgesetz als vereinbar erklärt. Das Zustimmungsgesetz zum Vertrag von Lissabon ist daher verfassungsmäßig. Die Richter des Bundesverfassungsgerichts forderten jedoch eine Stärkung der Beteiligungsrechte von Bundestag und Bundesrat, da das Gesetz über die Ausweitung und Stärkung der Rechte des Bundestages und des Bundesrates in Angelegenheiten der Europäischen Union (Ausweitungsgesetz)[1120] gegen Art. 38 Abs. 1 in Verbindung mit Art. 23 Abs. 1 GG verstößt. Die in diesem Kontext festgelegten Beteiligungsrechte genügten nach Ansicht des Verfassungsgerichts nicht dem erforderlichen Umfang.[1121]

In der Fachliteratur hinterließ das Urteil einige kritische Kommentare.[1122] Vor allem seine rechtliche Qualität wurde stark bemängelt. So seien einige Ausführungen teilweise unrichtig oder gar haltlos und würden keine dogmatische Tiefe erreichen.[1123] Ungeachtet dieses Meinungsbildes ist es von großer Bedeutung die Auffassung des Bundesverfassungsgerichts näher zu erläutern, da das Urteil die mitgliedstaatliche Stellung zur Kompetenzerweiterung reflektiert.[1124]

1118 BVerfGE 123, 267 („*Lissabon-Urteil*"), Urteil des Zweiten Senats des Bundesverfassungsgerichts vom 30.06.2009.

1119 Vgl. *Bings* (Fn. 2), S. 173; *C. Herrmann*, Die gemeinsame Handelspolitik der Europäischen Union im Lissabon-Urteil, EuR, Beiheft 1, 2010, S. 193 (193).

1120 Gesetz über die Ausweitung und Stärkung der Rechte des Bundestages und des Bundesrates in Angelegenheiten der Europäischen Union, vom 22.09.2009, I, S. 3022.

1121 BVerfGE 123, 267 („*Lissabon-Urteil*"), Urteil vom 30.06.2009, Rn. 406.

1122 Siehe beispielsweise *M. Nettesheim*, Ein Individualrecht auf Staatlichkeit?, NJW 2009, S. 2867 ff.; *Herrmann* (Fn. 1119), S. 193 ff.

1123 Vgl. *Herrmann*, ebd., S. 193 (198).

1124 Vgl. *Schmitt* (Fn. 2), S. 347.

b. Standpunkt des Bundesverfassungsgerichts

Der Standpunkt des Bundesverfassungsgerichts hinsichtlich des Kompetenzumfangs nach Art. 207 AEUV, der Zukunft mitgliedstaatlicher Investitionsschutzabkommen und der Mitgliedschaft der Staaten in der WTO ist einer genauen Betrachtung zu unterziehen.

aa. Reichweite des Art. 207 AEUV

Hinsichtlich Reichweite und Natur der Zuständigkeit der Europäischen Union für ausländische Direktinvestitionen aus Art. 207 AEUV stellte das Bundesverfassungsgericht fest, dass der Begriff „ausländische Direktinvestitionen" nur diejenigen Investitionen umfasst, die dem Kontrollerwerb eines Unternehmens dienen. Demnach bestünde die ausschließliche Kompetenz nur für Investitionen dieser Art, während darüber hinausgehende Investitionsschutzverträge als gemischte Abkommen geschlossen werden müssten.[1125] Das Bundesverfassungsgericht stützte sich bei dieser These lediglich auf den Wortlaut des Art. 207 AEUV, ohne die Regelung systematisch, nach Sinn und Zweck oder historisch auszulegen. Zudem wurde die Untersuchung versäumt, ob der Union eine implizite Kompetenz für internationale Investitionsschutzabkommen hinsichtlich Portfolioinvestitionen zukommen könnte und welcher Natur diese wäre.[1126] Das Gericht erläuterte den Kompetenzumfang der Union nicht näher. So bleibt unklar, ob diese allumfassend ist oder in bestimmten Bereichen des Investitionsschutzes ihre Grenzen erfährt.

Zusammengefasst fehlt es den Aussagen des Bundesverfassungsgerichts hinsichtlich Reichweite und Natur der Kompetenz nach Art. 207 AEUV an einer fundierten Grundlage. Für eine seriöse Kompetenzdeutung hätte zwingend eine tiefer gehende Analyse mit entsprechenden Bewertungen stattfinden müssen.

bb. Die Zukunft der mitgliedstaatlichen Investitionsschutzabkommen

Im Zusammenhang mit der Zukunft der mitgliedstaatlichen Investitionsschutzabkommen hielt das Bundesverfassungsgericht fest, dass der rechtliche Fortbestand bereits bestehender Verträge nicht gefährdet sei. Die völkerrechtlichen Investitionsschutzabkommen der Mitgliedstaaten aus der Zeit vor dem 1. Januar 1958, würden von Art. 351 Abs. 1 AEUV umfasst. Obwohl diese Regelung nach Meinung des Verfassungsgerichts nicht unmittelbar auf die nach diesem Datum zustande gekommenen Übereinkünfte zutreffe, sei die Vorschrift analog heran-

1125 BVerfGE 123, 267 („*Lissabon-Urteil*"), Urteil vom 30.06.2009, Rn. 379.
1126 Vgl. *Schmitt* (Fn. 2), S. 348; *Herrmann* (Fn. 119), S. 193 (204).

zuziehen, da ihr „der Rechtsgedanke zu entnehmen ist, dass ein rechtstatsächlicher Zustand in den Mitgliedstaaten durch einen späteren Integrationsschritt grundsätzlich nicht beeinträchtigt wird".[1127]

Darüber hinaus sind nach Ansicht des Bundesverfassungsgerichts die bestehenden Investitionsschutzverträge der Mitgliedstaaten seitens der Europäischen Union zu genehmigen, falls eine gemischte Zuständigkeit in Investitionsfragen besteht.[1128] Diese Festlegung stieß auf einige Einwände.[1129] Nach dem Urteil benötigen mitgliedstaatliche Investitionsschutzabkommen, welche bereits in Kraft getreten sind, eine Genehmigung durch die Union. Gleichzeitig werden aber die praktischen Folgen dieser Genehmigung undefiniert gelassen. Die Begründung des Bundesverfassungsgerichts, dass diese Genehmigungspflicht aus der Praxis der Mitgliedstaaten rühre, ist unschlüssig, da hierfür keine Anhaltspunkte bestehen.

Von den Schwachstellen in seiner Begründung abgesehen, ist die Absicht des Bundesverfassungsgerichts offensichtlich. So werden Wege ermittelt, um die mitgliedstaatlichen BIT's aufrechtzuerhalten. Es bleibt fraglich, ob eine auf diese Weise konstruierte Genehmigungspflicht, die letztlich die autonome Entscheidung des Rates der Union beeinträchtigt, eine realistische Grenze darstellen kann. Da weder die Kommission noch die Union als Ganzes an die Rechtsprechung des Bundesverfassungsgerichts gebunden sind, ist ein solcher Schritt, unter Berücksichtigung der Autonomie der Rechtsordnung der Union, hinsichtlich seiner Umsetzung als fragwürdig anzusehen.[1130]

Auf der anderen Seite bedürfen Altverträge gemäß Art. 351 Abs. 1 AEUV keiner Genehmigung, sofern sie nicht verlängert werden sollen.[1131] Auch die Formulierungen des Bundesverfassungsgerichts zur Genehmigung der stillschweigenden Verlängerung oder Aufrechterhaltung der Freundschafts-, Handels- und Schifffahrtsverträge der Mitgliedstaaten stießen auf Widerspruch, da diese Regelung in der Praxis nicht auf einer diesbezüglichen Pflicht der Gemeinschaft beruhe.[1132] Demzufolge bleibt es an dieser Stelle ungewiss, wie die vom Bundesverfassungsgericht suggerierte Genehmigungspflicht einzuordnen ist.

1127 BVerfGE 123, 267 („*Lissabon-Urteil*"), Urteil vom 30.06.2009, Rn. 380.

1128 Ebd.

1129 Vgl. *Herrmann* (Fn. 1119), S. 193 (204 ff.); *Schmitt* (Fn. 2), S. 348 ff.; *Terhechte* (Fn. 1051), S. 517 (530 f.).

1130 Vgl. *J. P. Terhechte*, (National) Constitutional Law Limitations on the Advancement of the EU's Common Commercial Policy, in: Bungenberg/Herrmann (Hrsg.), Common Commercial Policy after Lisbon, 2013, S. 27.

1131 Vgl. *Herrmann* (Fn. 1119), S. 193 (205).

1132 Vgl. *Herrmann* (Fn. 1119), S. 193 (205); *Schmitt* (Fn. 2), S. 349.

Da die mitgliedstaatlichen Altverträge nach völkerrechtlichen Grundsätzen und nach Art. 351 Abs. 1 AEUV fortbestehen, soll die vom Bundesverfassungsgericht allgemein angenommene Genehmigung als eine Ermächtigung der Mitgliedstaaten zur Neuauflage verstanden werden, da bei der Verlängerung der Abkommen von einer solchen die Rede ist.[1133] Die Frage der Kompetenz wird erst aufgeworfen, sollte der völkerrechtliche Altvertrag bestätigt oder erneuert werden müssen. Ausschließlich bei diesem Szenario führe die Zuständigkeitsübertragung zur Notwendigkeit einer Genehmigung in Form einer Ermächtigung der Mitgliedsstaaten durch die Union.[1134]

cc. Die Mitgliedschaft der Mitgliedstaaten der EU in der WTO

Das Bundesverfassungsgericht skizzierte ferner die Zukunft der EU-Mitgliedstaaten in der Welthandelsorganisation. Aufgrund der weitreichenden Zuständigkeit der EU in der Handelspolitik befürchtete das Gericht eine Reduzierung der Stellung der Mitgliedstaaten in der WTO auf einen formalen Status. Nach den Ausführungen des Bundesverfassungsgerichts könnte nur die Europäische Union das Stimmrecht in den Organen der WTO ausüben. Den Mitgliedstaaten bliebe es verwehrt als Partei in Streitbeilegungsverfahren der WTO aufzutreten. Zusätzlich wären sie von den sogenannten Welthandelsrunden ausgeschlossen.[1135] Nach der bisherigen WTO-Rechtspraxis besaßen die Staaten jedoch noch einen substantiell-materiellen Mitgliederstatus.[1136]

Auf den ersten Blick wird nicht deutlich, zu welchem Ergebnis das Bundesverfassungsgericht in Bezug auf die rechtliche Lage der Mitgliedstaaten in der WTO nach dem Vertrag von Lissabon kommt. Das Gericht lässt unbeantwortet, ob und inwieweit die Zugehörigkeit der EU-Mitgliedstaaten zur WTO nicht mehr substantiell-materiell, sondern nur noch institutionell-formeller Art ist.[1137] Dabei erkennt es an, dass für die Debatte um die Zukunft der EU-Mitgliedstaaten in der WTO maßgeblich ist, ob die Mitgliedschaft der EU-Mitgliedstaaten andauert. Ursächlich hierfür ist die Tatsache, dass weder die Beendigung der Mitgliedschaft *ipso iure* nach dem Inkrafttreten des Vertrags von Lissabon selbstverständlich ist,

---

1133 Vgl. *Bings* (Fn. 2), S. 176.

1134 Vgl. *Bings*, ebd.; *Kokott* (Fn. 987), Art. 351 AEUV, Rn. 18.

1135 BVerfGE 123, 267 („*Lissabon-Urteil*"), Urteil vom 30.06.2009, Rn. 374.

1136 Vgl. *C. Tietje*, Das Ende der parallelen Mitgliedschaft von EU und Mitgliedstaaten in der WTO?, in: Herrmann/Krenzler/Streinz (Hrsg.), Die Außenwirtschaftspolitik der Europäischen Union nach dem Verfassungsvertrag, 2006, S. 161, 171 ff.

1137 BVerfGE 123, 267 („*Lissabon-Urteil*"), Urteil vom 30.06.2009, Rn. 375.

noch die Mitgliedstaaten fraglos zum Austritt aus der WTO verpflichtet sind.[1138] Nach der begründeten Auffassung des Bundesverfassungsgerichts kann der Vertrag von Lissabon die Mitgliedstaaten nicht zur Aufgabe ihres Mitgliedsstatus zwingen. Somit kann dies zu keiner unzulässigen Einschränkung der geschützten Staatlichkeit durch einen Verlust der Handlungsfähigkeit führen.[1139]

Eine Problematik kann jedoch dann entstehen, wenn ein Abkommen im Rahmen der WTO-Verhandlungsrunden abgeschlossen werden soll.[1140] Würde lediglich die formelle Mitgliedschaft der Mitgliedstaaten nach dem Vertrag von Lissabon angenommen, besäßen die Mitgliedstaaten keine Möglichkeit mehr zur Teilnahme an künftigen WTO-Verhandlungsrunden. Zusätzlich würden die Mitgliedstaaten ihre Parteifähigkeit in den Streitbeilegungsverfahren der WTO verlieren. Das Stimmrecht in den Organen der WTO könnte ausschließlich seitens der EU ausgeübt werden.

Das Bundesverfassungsgericht schätzte die Situation, dass sich eine Zuständigkeit der Mitgliedstaaten für Handelsrunden ergeben kann, wenn ein möglicher zukünftiger Inhalt des Abkommens nicht durch das Recht der Europäischen Union bestimmt wird, im Vorfeld korrekt ein.[1141] Da kaum noch reine Handelsabkommen unterzeichnet werden, gilt die Pflicht zur generellen Beteiligung der EU-Mitgliedstaaten an internationalen Abkommen im Rahmen der WTO als wahrscheinlich.

Ende 2014 billigte der Allgemeine Rat der WTO im Rahmen der Doha-Runde das sog. Bali-Paket über Handelserleichterungen. Das Abkommen tritt dann in Kraft, wenn es 2/3 der WTO-Mitglieder, darunter auch die EU-Mitgliedstaaten, ratifizieren. An diesem Punkt ist zu ermitteln, auf welcher rechtlichen Grundlage die Ratifizierung des Abkommens durch die EU-Mitgliedstaaten basiert. Denn nach der Regelung des Art. 2 Abs. 1 AEUV kann auf dem Sektor der gemeinsamen Handelspolitik ausschließlich die Union entsprechende Handelsabkommen im

---

1138 Vgl. *Herrmann* (Fn. 1119), S. 193 (200).

1139 BVerfGE 123, 267 („*Lissabon-Urteil*"), Urteil vom 30.06.2009, Rn. 375; vgl. *W. Weiß*, Handelspolitik im Europäischen Verfassungsverbund, in: Bungenberg/Herrmann (Hrsg.), Die gemeinsame Handelspolitik der Europäischen Union nach Lissabon, 2011, S. 35, 37.

1140 Vgl. *Herrmann* (Fn. 1119), S. 193 (200).

1141 BVerfGE 123, 267 („*Lissabon-Urteil*"), Urteil vom 30.06.2009, Rn. 375; vgl. *S. Griller*, Europarechtliche Grundfragen der Mitgliedschaft in der WTO, in: Köck/Lengauer/Ress (Hrsg.), Europarecht im Zeitalter der Globalisierung, 2004, S. 53, 61; a.A. *Bings* (Fn. 2), S. 256 f., die ausführt, dass eine fehlende Zuständigkeit der Union für das Welthandelsrecht unwahrscheinlich erscheint.

Rahmen der WTO umsetzen. Diese Erkenntnis bestätigt auch das Bundesverfassungsgericht, geht aber nicht weiter auf die Frage ein, auf welcher Grundlage die Mitgliedstaaten der EU die Handelsabkommen mitunterzeichnen können. Es führt lediglich aus, dass „auch wenn [sich] die Mitgliedstaaten in der Praxis regelmäßig durch die Kommission vertreten lassen, ihre rechtliche und diplomatische Präsenz zudem die Voraussetzung dafür [ist], am Diskurs über gesellschafts-, wirtschafts- und sozialpolitische Grundfragen teilzunehmen und die Argumente und die Ergebnisse dann auf nationaler Ebene verständlich zu machen und zu debattieren."[1142]

Klare und abgrenzbare Kriterien können hieraus nicht abgeleitet werden. Es ist jedoch offensichtlich, dass das Bundesverfassungsgericht die Entwicklung einer kooperativ gemischten und parallel wahrgenommenen Mitgliedschaft der Mitgliedstaaten und Union in der WTO erhalten will. Daran ändert auch die Tatsache nichts, dass mit der ausschließlichen Kompetenz der Union die alleinige Dispositionsbefugnis über internationale Handelsabkommen anwächst.[1143] Die Ausführungen des Bundesverfassungsgerichts sind nachvollziehbar, denn ein Übergang der Zuständigkeit an die Union bei der gemeinsamen Handelspolitik bedeutet trotz der Ausschließlichkeit dieser Kompetenz nicht die vollständige Ausgrenzung der Mitgliedstaaten, da diese Zuständigkeitsübertragung auf die Union eine Folge der Entscheidung der Mitgliedstaaten darstellt.[1144]

Die Konstellation der parallelen Mitgliedschaft von Mitgliedstaaten und Union in der WTO wirft einige Fragen auf.[1145] Primär bedarf es einer Entscheidung, auf wen es bei der Berechnung der Stimmen in der Organisation ankommt.[1146] Bei der Abstimmung könnten der Union entweder 28[1147] oder 29 Stimmen zugerechnet werden.[1148] Gemäß Art. IX:1 S. 3 ÜWTO ergibt sich ihre Stimmzahl aus der Summe ihrer Mitgliedstaaten in der WTO. Zurzeit verfügt die Union also über 28 Stimmen. Mit der Gründung der WTO wurde der EU ein eigener formaler Mitgliedschaftsstatus zugeordnet. Die EU ist als ein besonderes Mitglied anzusehen. Sie spricht für sich und ihre Mitgliedstaaten und kann nicht mehr Stimmen abgeben, als ihr Mitgliedstaaten zugehörig sind, obwohl ihre ei-

---

1142 BVerfGE 123, 267 („*Lissabon-Urteil*"), Urteil vom 30.06.2009, Rn. 375.
1143 Ebd., Rn. 374 f.
1144 Vgl. *Bings* (Fn. 2), S. 259.
1145 Vgl. *R. Streinz*, Europarecht, 2012, S. 478, Rn. 1204. *Herrmann* (Fn. 988), S. 139 ff.
1146 Vgl. *Herrmann* (Fn. 1119), S. 193 (202).
1147 Derzeitige Zahl der EU-Mitgliedstaaten, Stand: 29.12.2017.
1148 Vgl. *Bings* (Fn. 2), S. 264.

gene Stimme mathematisch aktuell die Neunundzwanzigste wäre.[1149] Die eigene Stimme der EU bleibt somit unbedeutend. Dies lässt sich damit begründen, dass internationale Organisationen im völkerrechtlichen Verkehr nur im Rahmen der ihnen übertragenen Kompetenzen auftreten können.[1150]

Es ist zu befürworten, dass sich auch in Zukunft die Unionsstimmen an der Anzahl ihrer Mitgliedstaaten orientiert. Ungeachtet ihrer ausschließlichen Kompetenz für die Handelspolitik, unter welche auch die Themen bezüglich der WTO fallen, und trotz ihrer Rechtspersönlichkeit, ist die Union nicht als eigener Staat, sondern als ein Zusammenschluss einzelner Länder anzusehen.[1151] Daneben gibt es in der WTO Politikbereiche, für die die EU keine ausschließliche Kompetenz besitzt und die Mitwirkung der Mitgliedstaaten erforderlich ist. Die Gewährung von nur einer Stimme für die EU und damit die Festlegung zugunsten eines staatsanalogen Auftretens kann nicht allein aufgrund der Kompetenzübertragung begründet werden. Die Union tritt als Staatenverbund in einem Mehrebenensystem auf, in dem die Staaten enger zusammenarbeiten. Im Gegensatz zu einem Bundesstaat, wie beispielsweise den USA, behalten die Länder ihre staatliche Souveränität. Aus diesem Umstand resultiert die Stimmzahl der Union, die die Summe ihrer Staaten widerspiegelt.[1152]

Weiterhin ist die Notwendigkeit eines Austritts der Mitgliedstaaten aus der WTO für den Fall zu untersuchen, dass sie ein Doha-Abschlussdokument nicht unterzeichnen können, sofern Art. 207 AEUV der Union eine ausschließliche Zuständigkeit für das gesamte inhaltliche Spektrum der Doha-Runde gewährt.[1153] Sollten die Mitgliedstaaten zum Austritt gezwungen sein, wären sie zum Verbleib in der WTO auf eine Zustimmung der Ministerkonferenz gemäß Art. X:3 S. 2, Art. X:5 S. 2 ÜWTO angewiesen.[1154] Die Befürwortung des Austritts der EU-Mitgliedstaaten aus der WTO wird mit der Wahrung der Funktionsfähigkeit der WTO begründet. Eine so entstehende transparente Kompetenzverteilung mit allen daraus resultierenden Konsequenzen würde schließlich dem legitimen Interesse der Vertragsparteien der WTO entsprechen.[1155] Allerdings sind ein Austritt der Mitgliedstaaten und ein anschließender Wiedereintritt im Falle einer

---

1149 Vgl. *W. Weiß*, Die WTO als Organisation, in: Herrmann/ders./Ohler (Hrsg.), Welthandelsrecht, 2. Aufl. 2007, S. 107, Rn. 160.

1150 *Weiß*, ebd.

1151 Vgl. *Bings* (Fn. 2), S. 265.

1152 *Bings*, ebd.

1153 Vgl. *Streinz* (Fn. 1145), S. 493, Rn. 1239; *Herrmann* (Fn. 1119), S. 193 (202).

1154 Vgl. *Weiß* (Fn. 1149), S. 107, Rn. 214; *Bings* (Fn. 2), S. 261.

1155 Vgl. *Bungenberg* (Fn. 634), S. 195 (206).

nicht ausreichenden Unionskompetenz zum Abschluss internationaler Handelsabkommen im Rahmen der WTO sinnwidrig.

Verbreitet ist die Ansicht der Existenz einer parallelen Mitgliedschaft in der WTO.[1156] Aus historischer Perspektive betrachtet liegt bereits seit geraumer Zeit diese parallele Mitgliedschaft von Union und Mitgliedstaaten vor. Noch vor dem Abschluss des Vertrags über die Gründung der WTO war die EU an den GATT gebunden. Einerseits trat sie dem GATT selbst nie bei, andererseits betonte der EuGH in seinem Urteil *International Fruit Company*, dass die EG ungeachtet dessen dem GATT verpflichtet sei, weil sie effektiv die Rechte und Pflichten der EU-Mitgliedstaaten im internationalen Handel im Namen der EG ausübe.[1157] Damit wurde die EU im GATT zum *de facto* Mitglied. Die auf das Völkerrecht bezogene konkludente Vertragspraxis seit 1960 ist Ursache für die im GATT 1947 befindliche völkerrechtliche Doppelmitgliedschaft von EU und Mitgliedstaaten. Sie war kein Resultat der 1995 erfolgten Mitgliedschaft der EU in der WTO.

Mit der durch den Vertrag von Lissabon erlangten Völkerrechtssubjektivität wurde die Union als Rechtsnachfolgerin der EG neben den 28 EU-Mitgliedstaaten zu einem Mitglied der WTO. Der Grund für die Beibehaltung der Mitgliedschaft der EU-Mitgliedstaaten lag darin, dass bei der Gründung der WTO Themen behandelt wurden, die sich nicht nur auf Zölle und den Warenhandel beschränkten, die in den Verantwortungsbereich der Union fielen. Mit dem Vertrag von Lissabon wurde die ursprüngliche Kompetenz für Zölle und Warenhandel zwar unter anderem um Handelsaspekte des geistigen Eigentums, ausländische Direktinvestitionen, die Vereinheitlichung der Liberalisierungsmaßnahmen, die Ausfuhrpolitik sowie handelspolitische Schutzmaßnahmen erweitert, allerdings behielten die Mitgliedstaaten in einigen Bereichen ihre Zuständigkeit, sodass eine Doppelmitgliedschaft in der WTO notwendig bleibt.[1158]

1156 Vgl. *Streinz* (Fn. 1145), S. 478, Rn. 1239; *Terhechte* (Fn. 1130), S. 25.; a.A.: *Herrmann* (Fn. 1119), S. 193 (202); *ders.*, Bilaterale und regionale Handelsabkommen als Herausforderung des multilateralen Handelssystems (WTO), in: Ehlers/Wolffgang/Schröder (Hrsg.), Rechtsfragen internationaler Investitionen, 2009, S. 217 (231 f.), der ausführt, dass eine alleinige Mitgliedschaft der Union bei der WTO zahlreiche Probleme, die sich im Zusammenhang mit binnenmarktrechtlich bedingten Abweichungen vom Meistbegünstigungsgrundsatz der WTO stellen, erübrigen würden.

1157 EuGH, Verbundene Rs. 21 bis 24/72 (*International Fruit Company v. Produktschap voor Groenten en Fruit*), Urteil vom 12.12.1972, Slg. 1972, S. 1219; vgl. *Eeckhout* (Fn. 282), S. 226.

1158 Vgl. *G. Müller-Brandeck-Bocquet/C. Rüdiger*, Die Außenpolitik der EU, 2015, S. 266.

Ein Austritt der Mitgliedstaaten aus der WTO wäre außerdem für die Union nachteilhaft, da ihr nur eine Stimme verbleiben würde, während ihr zusammen mit den Mitgliedstaaten ganze 28 Stimmen zustehen.[1159] Vom juristischen und politischen Standpunkt aus sollte die parallele Mitgliedschaft in der WTO unangetastet bleiben, wie es auch durch das Bundesverfassungsgericht bestätigt wird.[1160] Selbst wenn die Mitgliedschaft der Unions-Staaten in der WTO nach Art. 207 und Art. 351 AEUV ausgeschlossen erscheint, könnte dennoch eine Rückermächtigung gemäß Art. 2 Abs. 1 2. HS AEUV für die Fortführung in Betracht kommen.[1161]

c. *Zwischenfazit*

Das Bundesverfassungsgericht stellte fest, dass das Zustimmungsgesetz zum Vertrag von Lissabon verfassungsgemäß ist. Zugleich stufte das Gericht die sog. Begleitgesetzgebung als verfassungswidrig ein, weil durch diese die Rolle des Bundestages limitiert würde.[1162] Dem Ursprung nach sollte das Lissabon-Urteil klären, ob das Zustimmungsgesetz zum Vertrag von Lissabon mit dem Grundgesetz vereinbar ist und daneben die Rolle des Bundestages und des Bundesrates in Angelegenheiten der Europäischen Union definieren. Unerwarteterweise äußerte sich das Bundesverfassungsgericht auch zur neuen Kompetenz der Union für ausländische Direktinvestitionen, zur Zukunft der mitgliedstaatlichen Investitionsschutzabkommen und zur Mitgliedschaft der EU-Mitgliedstaaten und Union in der WTO.

Die Aussagen bezüglich der Ausweitung der Unionszuständigkeit auf ausländische Direktinvestitionen bleiben in diesem Kontext unzureichend und lückenhaft. Gerade bei solch wichtigen und häufig diskutierten Fragen, wie beispielsweise nach der Kompetenzreichweite aus Art. 207 AEUV, setzte das Gericht keine Akzente. Deshalb bleibt ungeklärt, wann eine Kompetenz zu bejahen ist und ob diese als vollumfänglich gilt oder auf bestimmte Bereiche des Investitionsschutzes beschränkt ist. Daneben wurde weder klargestellt, ob bzw. unter welchen Voraussetzungen, noch in welcher Form der Union eine implizite Kompetenz

1159 Vgl. *Streinz* (Fn. 1145), S. 478, Rn. 1204.

1160 Vgl. *Streinz*, ebd., S. 478, Rn. 1204.

1161 Vgl. *Streinz*, ebd., S. 493 f., Rn. 1239; *R. Streinz/C. Ohler/C. Herrmann*, in: dies. (Hrsg.), Der Vertrag von Lissabon zur Reform der EU, 3. Aufl. 2010, S. 152.

1162 Vgl. *Terhechte* (Fn. 1051), S. 517 (530); *P.-C. Müller-Graff*, Das Karlsruher Lissabon-Urteil: Bedingungen, Grenzen, Orakel und integrative Optionen, Integration 4 (2009), S. 331 ff.

zum Abschluss internationaler Übereinkünfte mit dem Regelungsbereich ausländischer Portfolioinvestitionen zukommt. Bisher existieren keine konkreten Bestimmungen, ob solche internationale Übereinkünfte, deren Regelungsbereich nicht ausschließlich ausländische Direktinvestitionen tangiert, zusammen mit den Mitgliedstaaten als gemischte Abkommen abgeschlossen werden sollten. Das Bundesverfassungsgericht verpasste die Gelegenheit, eine richtungsweisende Position zu beziehen.

Auch die Formulierungen zum Fortbestehen der mitgliedstaatlichen Investitionsschutzverträge mit Drittstaaten bleiben bei einer näheren Analyse nicht fehlerfrei. Nach dem Urteil bleiben bilaterale Investitionsschutzabkommen der Mitgliedstaaten mit Drittländern, die vor dem 1. Januar 1958 in Kraft traten, gemäß Art. 351 Abs. 1 AEUV unberührt. Ferner sei die Regelung des Art. 351 Abs. 1 AEUV analog auf diejenigen mitgliedstaatlichen Investitionsschutzabkommen anwendbar, welche erst nach dem 1. Januar 1958 in Kraft getreten sind, jedoch eine Genehmigung seitens der Union bedürften. Die Richter führten jedoch nicht weiter aus, wie die Genehmigung im Einzelnen gestaltet werden müsste und was beispielsweise eine Ablehnung durch die Union für die mitgliedstaatlichen BIT's bedeuten würde.

Im Jahr 2012 erübrigte sich eine diesbezügliche Aufklärung durch die Verordnung (EU) Nr. 1219/2012 des Europäischen Parlaments und des Rates zur Einführung einer Übergangsregelung für bilaterale Investitionsschutzabkommen zwischen den Mitgliedstaaten und Drittländern, welche das Fortbestehen der mitgliedstaatlichen BIT's mit Drittländern bestimmt. Die späte Definition durch das Urteil täuscht nicht darüber hinweg, dass es das Bundesverfassungsgericht zu Zeiten des Lissabon-Urteils, in denen eine große Unsicherheit bezüglich der Kompetenzübertragung herrschte, vernachlässigte für mehr Aufklärung einzutreten.

Im Rahmen seiner Rechtsprechung bekräftigte das Gericht seine Position zur Zukunft der Mitgliedstaaten in der WTO und sprach sich für eine Doppelmitgliedschaft von EU-Mitgliedstaaten und Union in der WTO aus. Dennoch bleibt unklar, in welcher Form die EU-Mitgliedstaaten im Streitbeilegungsverfahren der WTO oder in Welthandelsrunden partizipieren können und ob sie überhaupt ihre Handlungsfähigkeit beibehalten. Die Möglichkeit einer Fortführung der Mitgliedschaft aufgrund einer Rückermächtigung durch die Union gemäß Art. 2 Abs. 1 2. HS AEUV, wenn eine Mitgliedschaft der EU-Mitgliedstaaten in der WTO gemäß Art. 207 und Art. 351 AEUV als ausgeschlossen erscheint, wird nicht erörtert.

Wenngleich es besonders den Aussagen zur Handelspolitik im Lissabon – Urteil an dogmatischer Tiefe fehlt und die Kontroversen bezüglich der Vorschriften zur neuen Kompetenz der Union nur am Rande behandelt wurden, ist dem Verfassungsgericht darin zuzustimmen, dass die Faktenlage eine Doppelmitgliedschaft der Union und ihrer Staaten in der WTO bezeugt.[1163]

5. Exkurs: Die Zukunft der Intra-EU-BIT's

Das Zusammenwirken zwischen Unionsrecht und mitgliedstaatlichen bilateralen Investitionsschutzabkommen ist nicht auf Übereinkünfte mit Drittstaaten reduziert. Einige dieser Abkommen, die zunächst zwischen Mitgliedstaaten und Drittländern zustande kamen, wurden als Folge der Unionserweiterung als internationale rechtliche Verpflichtungen innerhalb der Mitgliedstaaten eingeführt.[1164] Weil die Mitgliedstaaten die Notwendigkeit nicht anerkannten, Investitionsschutzvereinbarungen untereinander anzustreben, sind alle derzeitig herrschenden Intra-EU-BIT's ursprünglich mit Drittländern vereinbart worden. Bis Anfang der 90er Jahre existierten lediglich zwei Intra-EU-BIT's.[1165]

Nach dem Zusammenbruch der Sowjetunion, der für ausländische Firmen viele Investitionsmöglichkeiten in Mittel- und Osteuropa schuf, wurde eine große Anzahl von BIT's mit den neuen unabhängigen Staaten unterzeichnet. Die Uneinigkeit in Bezug auf die Zukunft der Intra-EU-BIT's entstand im Jahr 2004 mit dem Beitritt einiger dieser Länder in die Europäische Union. Im Rahmen ihres Beitritts wurde sich in den entsprechenden Beitrittsprotokollen keine Gedanken über die Zukunft der bestehenden Investitionsschutzverträge gemacht.[1166] Als Ergebnis daraus blieben die Verträge aus völkerrechtlicher Sicht wirksam.

Mit fortlaufender Zeit und einer steigenden Zahl gegenseitiger Investorenklagen zwischen den Mitgliedstaaten vergrößerten sich die Bedenken, ob die Intra-EU-BIT's bestehen bleiben können.[1167] Die Schiedsgerichte beschäftigten sich ebenfalls mit der Gültigkeit der Investitionsschutzabkommen nach dem

---

1163 A.A. *Herrmann* (Fn. 1119), S. 193 (197 ff.); *Bings* (Fn. 2), S. 266 f.

1164 Vgl. *Strik* (Fn. 109), S. 187.

1165 Vertrag zwischen der Bundesrepublik Deutschland und dem Königreich Griechenland über die Förderung und den gegenseitigen Schutz von Kapitalanlagen vom 27.03.1961; Vertrag zwischen der Bundesrepublik Deutschland und der Portugiesischen Republik über die Förderung und den gegenseitigen Schutz von Kapitalanlagen vom 16.09.1980.

1166 Vgl. *C. Tietje*, Bilaterale Investitionsschutzverträge zwischen EU-Mitgliedstaaten (Intra-EU-BITs) als Herausforderung im Mehrebenensystem des Rechts, in: ders./ Kraft/Lehmann (Hrsg.), Beiträge zum Transnationalen Wirtschaftsrecht, 104 (2011), S. 6.

1167 *Tietje*, ebd., S. 6 f.

Beitritt dieser Länder in die Union sowie mit der Vereinbarkeit des Unionsrechts mit den in den Investitionsschutzabkommen enthaltenen Standards.[1168] Generell vertritt die Europäische Kommission die Auffassung, dass die Investitionsschutzabkommen zwischen den Mitgliedstaaten aufgelöst werden sollten. Die Mehrheit der Mitgliedstaaten ist hingegen der gegensätzlichen Ansicht, wonach die Intra-EU-BIT's weiterhin gültig bleiben sollen.[1169]

Die Verträge enthalten eine Reihe von Investitionsschutzklauseln, wie die Inländerbehandlung, faire und gerechte Behandlung, Entschädigung im Falle einer direkten oder indirekten Enteignung, Meistbegünstigung sowie das Verbot der Kapitalübertragung. Darüber hinaus weisen sie Formulierungen über einen Investor-Staat-Streitbeilegungsmechanismus (ISDS) auf. Auf diese Weise erhalten Unternehmen das Recht direkt bei den internationalen Schiedsgerichten Klage einzureichen. Die Problematik der Gültigkeit der Intra-EU-BIT's offenbart sich vor allem aufgrund der Tatsache, dass manche dieser bilateralen Investitionsschutzabkommen nicht mit dem Unionsrecht in Einklang stehen.

Im nachfolgenden Teil dieser Arbeit wird das mögliche Schicksal der Intra-EU-BIT's dargestellt. Weiterhin wird analysiert, ob die Kompetenzübertragung an die Union aus Art. 207 AEUV eine Wirkung auf die Investitionsschutzverträge zwischen den EU-Mitgliedstaaten entfaltet.

a. Die Gültigkeit der Intra-EU-BIT's aus Sicht des Völkerrechts

Im Investitionsschutzverfahren spielt das anwendbare Recht eine wichtige Rolle. Diesbezügliche Klauseln sind in den Investitionsschutzverträgen jedoch selten zu finden. Grundsätzlich gilt im Falle einer im bilateralen Investitionsschutzabkommen enthaltenen Schiedsvereinbarung das Völkerrecht als anwendbares Recht.[1170] So könnte im Rahmen der Intra-EU-BIT's theoretisch ein Problem aufkommen, wenn ein Schiedsgericht das EU-Recht als Völkerrecht einstuft. Dann müsste das Gericht neben der Anwendung des Völkerrechts gleichzeitig das EU-Recht heranziehen.[1171] Dabei würde die Frage der Vorrangigkeit aufgeworfen. In der Praxis erübrigt sich die Problematik, weil das Unionsrecht grundsätzlich nicht als Völkerrecht

---

1168 Für das Argument, dass das bilaterale Investitionsschutzabkommen zwischen der Tschechischen Republik und den Niederlanden mit dem Beitritt der Tschechischen Republik zur EU hätte beendet werden sollen, siehe *Eastern Sugar B. V. (Netherlands) v. The Czech Republic*, Partial Award of 27 March 2007, SCC Case No. 088/2004.

1169 Annex to *Annual EFC Report to the Commission and the Council on the Movement of Capital and the Freedom of Payments*, No 17363/08, 17.12.2008, Brüssel, Rn. 17.

1170 Vgl. *Tietje* (Fn. 1166), S. 8.

1171 *Tietje*, ebd.

gedeutet werden kann.[1172] Dies bestätigte der EuGH, indem er das Völkerrecht, das für die Union verbindlich ist, als „integrierenden Bestandteil" des Unionsrechts beschreibt.[1173] Demzufolge kann ein Schiedsgericht bei der Frage des anwendbaren Rechts das Unionsrecht nicht als Völkerrecht qualifizieren. Das Unionsrecht ist von einem internationalen Schiedsgericht nicht als Recht, sondern lediglich als Gegebenheit zu werten.[1174] Dies führt zur Einschätzung, dass Investitionsschutzabkommen zwischen den Mitgliedstaaten aus völkerrechtlicher Sicht nicht vom Unionsrecht tangiert werden. Die Mitgliedsstaaten werden durch das Unionsrecht nicht gehindert, untereinander völkerrechtliche Verträge anzustreben. Bekanntermaßen wird die Union gemäß Art. 5 Abs. 2 EUV nur innerhalb des Rahmens aktiv, den ihr die Mitgliedstaaten in den Verträgen zur Zielverwirklichung eingeräumt haben. Alle darüber hinausgehenden Kompetenzen verbleiben auf Seite der Mitgliedstaaten.

Wie bereits festgestellt, kommt der Union nach Art. 3 Abs. 1 lit. e) AEUV die ausschließliche Verantwortung für die gemeinsame Handelspolitik zu. Da aber Art. 207 Abs. 1 AEUV ausländische Direktinvestitionen regelt und damit Investitionsschutzabkommen mit Drittstaaten betrifft, sind bilaterale Investitionsschutzabkommen zwischen den Mitgliedstaaten nicht in der ausschließlichen Kompetenz der Union inkludiert. Die Handlungsfähigkeit der Mitgliedstaaten bezüglich der Intra-EU-BIT's bleibt prinzipiell uneingeschränkt. Die Staaten haben lediglich die Grundfreiheiten des Unionsrechts zu beachten.[1175] Aus Perspektive des Völkerrechts haben die Intra-EU-BIT's weiter Bestand, da Unions- und Völkerrecht separiert einzustufen sind. Ein möglicher Widerspruch der Intra-EU-BIT's mit dem Unionsrecht ist ausschließlich im Rahmen des Unions- und nicht des Völkerrechts zu behandeln.[1176]

b. Die Wiener Vertragsrechtskonvention und die Gültigkeit der Intra-EU-BIT's

Um einen Blick in die Zukunft der Intra-EU-BIT's werfen zu können, bietet sich die Heranziehung der Wiener Vertragsrechtskonvention an. Die Klärung, ob bilaterale Investitionsschutzabkommen zwischen Mitgliedstaaten nach deren EU-Beitritt zu beenden sind, bildet ein Thema des Völkerrechts.

1172 *Tietje*, ebd., S. 9.

1173 EuGH, Rs. 181/73 (*R. & V. Haegeman gegen Belgischen Staat*), Urteil vom 30.04.1974, Slg., 1974, 449, Rn. 2/6.

1174 *AES Summit Generation Limited and AES – Tisza Erömü Kft. V. Republic of Hungary*, ICSID Case No. ARB/08/22, Award of 23 September 2010, Rz. 7.6.6; vgl. *Tietje* (Fn. 1166), S. 9.

1175 Vgl. *Tietje*, ebd., S. 11.

1176 *Tietje*, ebd.

aa. Art. 59 WVK

In diesem Zusammenhang könnte Art. 59 des Wiener Übereinkommens über das Recht der Verträge (WVK) ausschlaggebend sein. Dieser besagt, dass „ein Vertrag als beendet [gilt], wenn alle Vertragsparteien später einen sich auf denselben Gegenstand beziehenden Vertrag schließen und aus dem späteren Vertrag hervorgeht oder anderweitig feststeht, dass die Vertragsparteien beabsichtigten, den Gegenstand durch den späteren Vertrag zu regeln, oder die Bestimmungen des späteren Vertrags mit denen des früheren Vertrags in solchem Maße unvereinbar sind, dass die beiden Verträge eine gleichzeitige Anwendung nicht zulassen. Der frühere Vertrag gilt als nur suspendiert, wenn eine solche Absicht der Vertragsparteien aus dem späteren Vertrag hervorgeht oder anderweitig feststeht." Mit anderen Worten müssen der ursprüngliche und der neue Vertrag „denselben Gegenstand" haben, damit Art. 59 WVK Anwendung findet. Hierfür müssen die Verträge nicht zwangsläufig die exakt identischen Themen aufgreifen.[1177]

Abgesehen von der breiten Themenpalette, mit der sich das EU-Recht befasst, widmet sich das Unionsrecht dem Investitionsschutz in keinem besonderen Maße. Daher ist es im Regelfall unwahrscheinlich, dass bilaterale Investitionsschutzabkommen zwischen den Mitgliedstaaten im Sinne von Art. 59 WVK den gleichen Gegenstand wie die Regelungen im Unionsrecht besitzen. Während beide Regime den gleichen Willen teilen, ein gesundes Umfeld für Investitionen durch einen stabilen Rechtsrahmen zu schaffen, können auf der anderen Seite die Hauptziele des Unionsrechts und der Intra-EU-BIT's wesentlich voneinander abweichen.

Vergleichbare Überschneidungen bestehen lediglich auf dem Gebiet der Grundfreiheiten des Unionsrechts, vor allem in Bezug auf die Niederlassungs- (Art. 49 AEUV) und Zahlungsverkehrsfreiheit (Art. 63 Abs. 2 AEUV).[1178] Jedoch enthalten die BIT's umfangreiche gesetzliche Rechte und Pflichten, welche weder im Unionsrecht vorgesehen noch mit diesem inkompatibel sind. Der gewährte Schutz ist für Investoren in den BIT's potentiell größer als durch das Unionsrecht. Die Inhalte über die Rechte und Pflichten sind zentrale Ziele der BIT's. Auch dies weist darauf hin, dass das Unionsrecht die BIT's nicht verdrängen sollte.[1179]

Eine gemeinsame Absicht beider Mitgliedstaaten die BIT's zu beenden, muss gemäß Art. 59 Abs. 1 lit. a) festgelegt werden. Es besteht keine Tendenz, dass viele EU-Mitgliedstaaten beabsichtigen ihre Investitionsschutzabkommen unter-

---

1177 Vgl. *Strik* (Fn. 109), S. 212.

1178 Vgl. *Tietje* (Fn. 1166), S. 13.

1179 *Eureko B.V. v. The Slovak Republic*, PCA Case No. 2008–13, Award on Jurisdiction, Arbitrability and Suspension of 26 October 2010, Rz. 245.

einander zu beenden.[1180] Im Gegenteil zieht es eine deutliche Mehrheit vor, die bestehenden Vereinbarungen, insbesondere mit Blick auf die Bestimmungen über Enteignung, Entschädigung, Investitionsschutz und Investor-Staat-Streitigkeiten, beizubehalten.[1181] Es sind keine Anstrengungen seitens der Staaten erkennbar, die ihnen in den Intra-EU-BIT's gewährten Rechte durch ein für sie wesentlich weniger vorteilhaftes Unionsrecht zu ersetzen.[1182]

Schließlich ist ebenfalls zu berücksichtigen, dass beide Verträge in einem solchen Maß miteinander unvereinbar sein müssen, dass sie nicht gleichzeitig Anwendung finden können. Art. 59 Abs. 1 lit. b) WVK beschreibt entsprechende Situationen. Dabei wird nicht das Szenario des Auftretens einer Unvereinbarkeit illustriert, bei der ein Vorgehen nach dem einem Gesetz zulässig ist und dem anderen nicht.[1183] Allein aus dem Beitritt eines Staates in die EU kann nicht auf eine generelle Unvereinbarkeit zwischen Intra-EU-BIT's und Unionsrecht geschlossen werden. Die Gültigkeit der BIT's wird nicht unmittelbar durch das Unionsrechtssystem zu Vertragskonflikten beeinflusst.

Während die Unionsverträge keine Regelungen speziell nach dem Beitritt europäischer Staaten in die EU aufweisen, die den Status der Investitionsschutzabkommen mit anderen EU-Mitgliedstaaten konkretisieren, bestätigt die Rechtsprechung des EuGH nicht jede angebliche Auswirkung des Unionsrechts auf die Gültigkeit solcher Investitionsschutzabkommen. Das Unionsrecht setzt Übereinkünfte solcher Mitgliedstaaten, die in der EU den Status von Intra-EU-Abkommen besitzen, nicht außer Kraft. Vielmehr erklären sie diese nur dann für nicht anwendbar, sollten sie dem Unionsrecht widersprechen.

Der EuGH urteilte im *Exportur*-Fall aus dem Jahr 1992, dass „ein nach dem 1. Januar 1958 von einem Mitgliedstaat mit einem anderen Staat geschlossenes Abkommen vom Zeitpunkt des Beitritts dieses zweiten Staates zur Gemeinschaft an im Verhältnis zwischen diesen Staaten keine Anwendung finden kann, wenn es dem EWG-Vertrag widerspricht."[1184] Selbst wenn also ein bereits bestehendes Abkommen zwischen einem beitretenden und einem bestehenden Mitgliedsstaat Fragen zur Vereinbarkeit mit dem Unionsrecht aufwirft, wirkt sich das EU-

---

1180 Vgl. *Strik* (Fn. 109), S. 212.

1181 *Economic and Financial Committee*, Report to the Commission and the Council on the Movement of Capital and the Freedom of Payments, 23 November 2007, Rn. 15.

1182 *Eureko B.V. v. The Slovak Republic*, PCA Case No. 2008–13, Award on Jurisdiction, Arbitrability and Suspension of 26 October 2010, Rn. 252.

1183 Ebd., Rn. 253.

1184 EuGH, Rs. C-3/91 (*Exportur SA vs. LOR SA und Confiserie du Tech*), Urteil vom 10.11.1992, Slg. 1992 I-05529, Rn. 8.

Recht nicht unmittelbar auf die Gültigkeit dieses Abkommens aus. Es ist daher unwahrscheinlich, dass Intra-EU-BIT's stillschweigend im Rahmen des Art. 59 Abs. 1 WVK beendet oder suspendiert werden können.[1185] Es kann von keinem Verstoß der Intra-EU-BIT's gegen das Unionsrecht ausgegangen werden, nur weil diejenigen ost- und zentraleuropäischen Staaten, welche diese Investitionsschutzabkommen mit den anderen EU-Mitgliedstaaten unterzeichneten, der EU beigetreten sind.

Demzufolge können die Intra-EU-BIT's nicht nach Art. 59 WVK beendet werden, nur weil sie potentiell das Unionsrecht beeinflussen könnten. Im nächsten Schritt gilt es zu untersuchen, ob die Intra-EU-BIT's aufgrund Art. 30 WVK durch das Unionsrecht verdrängt werden können.

bb. Art. 30 WVK

Der Regelungsbereich von Art. 30 WVK ähnelt dem von Art. 59 WVK. Als ein Unterschied werden von Art. 30 WVK Situationen der Unvereinbarkeit zwischen bestimmten Bestimmungen in aufeinanderfolgenden Verträgen umfasst. Interessant ist Art. 30 Abs. 3 WVK, der eine Situation beschreibt, in der die Vertragsparteien eines früheren Vertrags zugleich die eines späteren sind, ohne dass der ältere Vertrag beendet oder nach Art. 59 WVK suspendiert wurde. Hier findet der frühere Vertrag nur insoweit Anwendung, als er mit dem späteren Vertrag vereinbar ist. Wenn folglich ein Intra-EU-BIT nicht suspendiert oder beendet wurde, kommen aus diesem diejenigen Bestimmungen zum Tragen, welche nicht vom Unionsrecht abweichen.

Ebenfalls kann das bereits erwähnte Urteil des EuGH *Exportur* im Sinne des Art. 30 Abs. 3 VWK ausgelegt werden. Danach kann eine von einem Mitgliedstaat mit einem anderen Staat geschlossene Übereinkunft vor dem Beitritt dieses zweiten Staates zur Union nicht wirksam werden, wenn sie den Verträgen der Union entgegensteht.[1186] Die Beachtung des Vorranggrundsatzes bedeutet also in Bezug auf internationale Übereinkünfte der Mitgliedstaaten untereinander, dass Abkommen nur auf eine Weise umgesetzt werden können, die mit dem Unionsrecht kompatibel sind.

Aufgrund des Prinzips des Vorrangs kommen solche Punkte der Intra-EU-BIT's, die nicht mit dem Unionsrecht vereinbar sind, nicht zum Tragen. Dies

---

1185 A.A. *A. Dimopoulos*, The Validity and Applicability of International Investment Agreements, CMLR 63 (2011), 73.

1186 EuGH, Rs. C-3/91 (*Exportur SA vs. LOR SA und Confiserie du Tech*), Urteil vom 10.11.1992, Slg. 1992 I-05529, Rn. 8.

führt zu keiner Limitierung der Anwendbarkeit der Intra-EU-BIT's außerhalb des Geltungsbereichs des Unionsrechts. Das Prinzip dient dazu, dass die Mitgliedstaaten ihre unionsrechtlichen Pflichten nicht verletzen, um Verpflichtungen aus Abkommen mit anderen Mitgliedstaaten umzusetzen. Solange eine Vereinbarkeit mit dem Unionsrecht besteht, dauert ihre Wirksamkeit an. Solche Übereinkünfte tangieren den Grundsatz des Vorrangs nur insofern, als sie Fragen nach der materiellen Unvereinbarkeit mit dem Unionsrecht aufwerfen. Dabei bleiben die Abkommen unter den Mitgliedstaaten weiterhin gültig, wenn sie sich lediglich mit dem Unionsrecht überschneiden.

Intra-EU-BIT's können erst dann nach Art. 30 Abs. 3 VWK ausgesetzt werden, wenn ein tatsächlicher Widerspruch zu den Bestimmungen des Unionsrechts vorliegt. Eine potentielle Unvereinbarkeit ist hierbei nicht ausreichend. Dennoch ist die Nichtanwendung der unverträglichen Inhalte der Intra-EU-BIT's durch die Notwendigkeit, den Grundsatz der Rechtssicherheit zu wahren, begrenzt. Die Behauptung, dass die Intra-EU-BIT's an den Stellen enden, die sich mit dem EU-Primär- und Sekundärrecht lediglich überschneiden oder unter den Anwendungsbereich des Unionsrechts fallen, würde zu weit gehen und lässt sich nicht ausreichend belegen. Das Unionsrecht respektiert völkerrechtliche Beziehungen der Mitgliedstaaten und beansprucht nur dann einen Anwendungsvorrang, wenn eine tatsächliche materiell-rechtliche Kollision zwischen Unionsrecht und Intra-EU-BIT besteht.[1187]

In nachfolgendem Kapitel werden die Intra-EU-BIT's auf tatsächliche mit dem Unionsrecht unvereinbare Regelungen durchleuchtet.

i. Die Bestimmungen zur Streitbeilegung

Eine mögliche Unvereinbarkeit der spezifischen Bestimmungen der Intra-EU-BIT's könnte bei den Klauseln zur Streitbeilegung auftreten. Unionsrecht sowie Intra-EU-BIT's enthalten hierzu entsprechende Regelungen. Möglicherweise könnte die in bilateralen Investitionsschutzabkommen zwischen den Mitgliedstaaten vorgesehene Streitbeilegung in die ausschließliche Zuständigkeit des EuGH und die Unionsrechtordnung eingreifen.[1188]

In der EU besitzt allein der EuGH die Kompetenz zur Auslegung und Anwendung des Unionsrechts. Gleichzeitig ist es für einen Investor möglich, vor einem internationalen Schiedsgericht gegen den Aufnahmestaat zu klagen, wenn dieser gegen die durch das Investitionsabkommen zugesicherten Rechte oder

---

1187 Vgl. *Tietje* (Fn. 1166), S. 18.
1188 Ebd., S. 17.

Garantien verstoßen hat. Dabei ist bemerkenswert, dass es im Unionsrecht keine Vorschriften gibt, die das Investor-Staat-Schiedsverfahren verbieten. Die grenzüberschreitende Schlichtung zählt sogar zum Alltagsgeschäft in der gesamten Union, einschließlich der Schiedsverfahren zwischen juristischen Personen und Staaten.[1189] Die Schlussfolgerung, dass alle Schiedsgerichtsverfahren, in denen Inhalte des Unionsrechts behandelt werden, gleichzeitig zu einer Verletzung des Unionsrechts führen, ist nicht belegbar. Für den materiellen Schutz der Investoren sind spezielle Schiedsklauseln in den Intra-EU-BIT's verankert.

Das Rechtssystem der Union ist ein vollständiges System von Rechtsbehelfen und Verfahren zur Überprüfung der Rechtmäßigkeit von Handlungen der Organe. Um diese Kontrolle zu gewährleisten, wurde sie direkt dem EuGH anvertraut.[1190] Darüber hinaus haben die Mitgliedstaaten Streitigkeiten über die Auslegung oder Anwendung des Unionsrechts nach Art. 344 AEUV ausschließlich vor dem EuGH zu regeln.[1191] Diese Bestimmung ist als potenzieller Stolperstein für die Vereinbarkeit von Investor-Staat-Schiedsverfahren in den Intra-EU-BIT's und für die Autonomie der Rechtsordnung der EU allgemein erkannt worden.[1192] Jedoch ist diese Regelung nur dann heranzuziehen, wenn ein Streitbeilegungsverfahren in den Unionsverträgen niedergelegt ist.[1193]

In seinem Gutachten 1/09 über einen Übereinkommensentwurf zur Schaffung eines einheitlichen Patentgerichtssystems stellte der Gerichtshof klar, dass die Schaffung eines solchen Gerichts nicht gegen Art. 344 AEUV verstoßen kann, da nach diesem Artikel die Mitgliedstaaten Uneinigkeiten über die Deutung oder Umsetzung der Verträge vor dem EuGH beseitigen müssen. Nach dem Übereinkommensentwurf urteilt das Patentgericht ausschließlich über Streitigkeiten zwischen Einzelnen im Zusammenhang mit Patenten.[1194] Das Gutachten bestätigt die These, dass das Investor-Staat-Schiedsverfahren nicht gegen Art. 344 AEUV verstößt. Letztgenannter Artikel zielt insbesondere auf Streitigkeiten zwischen den Mitgliedstaaten ab, während das durch das Intra-EU-BIT beschriebene Investor-Staat-Schiedsverfahren, Verfahren von Investoren gegen Mitgliedstaaten umschließt. Diese Konflikte liegen

---

1189 *Eureko B.V. v. The Slovak Republic*, PCA Case No. 2008–13, Award on Jurisdiction, Arbitrability and Suspension of 26 October 2010, Rn. 274.

1190 EuGH, Rs. 50/00 (*Unión de Pequeños Agricultores/Rat der Europäischen Union*), Urteil vom 25.07.2002, Slg. Slg. 2002, I-6677, Rn. 40.

1191 Siehe auch EuGH, Gutachten 1/91, Gutachten vom 14.12.1991, Slg. 1991, I-06079, Rn. 35.

1192 Vgl. *Strik* (Fn. 109), S. 239.

1193 Vgl. *Tietje* (Fn. 1166), S. 17.

1194 EuGH, Gutachten 1/09, Gutachten vom 08.03.2011, Slg. 2001, I-1137, Rn. 63.

außerhalb des Regelungsbereiches des Art. 344 AEUV. Das Unionsrecht sieht kein Investor-Staat-Schiedsverfahren vor. Außerdem findet sich hier auch keine Andeutung, dass jede Streitigkeit zwischen Mitgliedstaat und Investor vor dem EuGH entschieden werden müsste. Der EuGH besitzt weder die Zuständigkeit noch die Kapazität, um über all diese Fälle zu entscheiden.[1195] Darüber hinaus bildet eine fehlerhafte Auslegung oder Anwendung des Unionsrechts durch das Schiedsgericht keinen ausreichenden Grund um dessen Zuständigkeit anzufechten.

Des Weiteren bietet sich den Gerichten generell die Gelegenheit Fragen zum Unionsrecht nach Art. 267 AEUV dem EuGH vorzulegen. Dabei setzt der EuGH ein Schiedsgericht nicht mit dem Gericht eines Mitgliedstaats gleich. Demzufolge können die Schiedsgerichte keine Anfragen im Wege der Vorabentscheidung über die Auslegung und Anwendung des Unionsrechts stellen.[1196] Allerdings räumte der EuGH in seinem Gutachten 1/09 über die Errichtung eines Patentgerichts diesem Gericht die Möglichkeit ein, dem Gerichtshof ein Ersuchen um eine Vorabentscheidung vorzulegen.[1197] Aus Rechtssicherheitsgründen ist es geboten dieses Mittel auch an die Schiedsgerichte im Investor-Staat-Schiedsverfahren weiterzugeben. Eine Schwierigkeit liegt darin, dass ein Investor-Staat-Schiedsverfahren meist so gestaltet wird, dass der Grad der Gerichtsstörungen begrenzt ist.[1198] Ungeachtet vorangegangener Sachverhaltsschilderung führt die fehlende Option seitens der Schiedsgerichte, ein Ersuchen zum Vorabentscheidungsverfahren beim EuGH einzureichen, zu keiner generellen Unvereinbarkeit der Intra-EU-BIT's mit dem Unionsrecht.

Demzufolge kann eine Bestimmung über die Streitbeilegung in einem Intra-EU-BIT nicht durch das Unionsrecht gemäß Art. 30 Abs. 3 WVK verdrängt werden. Die Klauseln zum Investor-Staat-Schiedsverfahren verletzen nicht *per se* das Unionsrecht und behalten somit weiterhin ihre Gültigkeit.

ii. Die Intra-EU-BIT's und Grundfreiheiten des Binnenmarkts

Die Existenz der Intra-EU-BIT's löst eine Kontroverse aus, da sie möglicherweise mit dem Unionsrecht in Konflikt steht. In der Tat ist nicht von der Hand zu weisen, dass sich die Regelungen der Intra-EU-BIT's mit den Binnenmarktbestimmungen der Europäischen Union überschneiden.

1195 *Eureko B.V. v. The Slovak Republic*, PCA Case No. 2008–13, Award on Jurisdiction, Arbitrability and Suspension of 26 October 2010, Rn. 276.

1196 EuGH, Rs. 102/81 (*Nordsee/Reederei Mond*), Urteil vom 23.03.1982, Slg. 1982, 1095, Rn. 13.

1197 EuGH, Gutachten 1/09, Gutachten vom 08.03.2011, Slg. 2001, I-1137, Rn. 79.

1198 Vgl. *Strik* (Fn. 109), S. 250.

Der allgemeine Grundsatz der Nichtdiskriminierung ist eine Vorschrift des europäischen Binnenmarktes. Er erlaubt es jedem Staatsangehörigen eines Mitgliedstaats sich am Binnenmarkt zu beteiligen, ohne dass er eine Diskriminierung aufgrund seiner Staatsangehörigkeit (Artikel 18 AEUV) erfährt. Die Normen des AEU-Vertrags garantieren den Marktteilnehmern (u.a. Investoren) eine Reihe von Grundfreiheiten, infolge derer sie sich gemäß Art. 21 AEUV im Hoheitsgebiet der Mitgliedstaaten frei bewegen und aufhalten können. Ferner wird ihnen das Recht eingeräumt, mit ihrem Kapital frei im Binnenmarkt zu agieren, und die Gründung von Unternehmen zur Umsetzung ihrer Investitionen zu ermöglichen. Diese Niederlassungen dürfen grenzüberschreitende Dienstleistungen durchführen. Arbeitskräften dieser Firmen ist es gleichermaßen gestattet, sich frei innerhalb der Mitgliedstaaten zu bewegen. Die Freiheiten können durch den Mitgliedstaat, vor allem aus zwingenden Gründen des öffentlichen Interesses, beschränkt werden.

Neben diesen Artikeln des AEU-Vertrags genießen Investoren den Schutz, der ihnen durch die Charta der Grundrechte der Europäischen Union garantiert wird. Sie bietet allen Personen die Option einen frei gewählten oder angenommenen Beruf gemäß Art. 15 GRCh auszuüben, sich niederzulassen und gemäß Art. 16 GRCh unternehmerische Freiheit zu genießen. Die Charta nennt auch für das Investitionsschutzrecht wichtige Bestimmungen zum Thema Eigentum. Gemäß Art. 17 GRCh hat jede Person das Recht, ihr rechtmäßig erworbenes Eigentum zu besitzen, zu nutzen, darüber zu verfügen und es zu vererben. Eigentum darf nicht entzogen werden, außer aus Gründen des öffentlichen Interesses und unter gesetzlich vorgesehenen Bedingungen gegen eine rechtzeitige, angemessene Entschädigung.

Auf der einen Seite erscheint der angebotene europäische Rahmen für Investoren klar, präzise aber begrenzt. Auf der anderen Seite ist das durch die Intra-EU-BIT's geschaffene Schutzsystem nicht sehr genau, dafür aber umfassender als das des Unionsrechts. Tatsächlich ist eine Vielzahl von Begriffen unkonkret und es herrscht Unklarheit darüber, warum und wie sich die Schiedsgerichte an einem Ausgleich von privaten und öffentlichen Interessen beteiligen sollten, wie es beispielsweise eine europäische Gerichtsbarkeit anstrebt. Auf diesem Themenfeld überschneiden sich potentiell Intra-EU-BIT's und Unionsrecht.

Das Vorliegen einer möglichen Diskriminierung der Investoren ist zu durchleuchten. Investoren aus bestimmten Mitgliedstaaten genießen wegen der bestehenden Intra-EU-BIT's einen hohen Schutzgrad, während andere ausschließlich durch das Unionsrecht geschützt werden. Wenn bestimmte Investitionsschutzrechte von einem Mitgliedstaat den Investoren aus einem anderen Mitgliedstaat im Rahmen eines Intra-EU-BIT's gewährt werden, sollten sie dann nicht auch den Investoren aus anderen Mitgliedstaaten gleichermaßen eingeräumt werden?

Die Ausweitung des Anwendungsbereichs der Meistbegünstigungsklauseln in den BIT's auf verfahrensrechtliche Bestimmungen in anderen BIT's ist umstritten. Ohne Zweifel kann dies nicht bei Situationen anwendbar sein, in denen kein bilaterales Abkommen zwischen dem Herkunftsland eines EU-Investors und dem Aufnahmemitgliedstaat existiert.

In den BIT's ist allgemein ein direkter Zugang des Investors zu internationalen Schiedsgerichten verankert. Anders stellt es sich im Unionsrecht dar, wonach dieser Zugang zu den Gerichten der Mitgliedstaaten in all den Fällen existiert, in denen Maßnahmen von dem Mitgliedsland ausgehen, die sich auf Investitionen auswirken. Dies eröffnet die Diskussion, warum den europäischen Investoren im Binnenmarkt ermöglicht werden sollte, das bestehende supranationale Rechtssystem des EuGH durch die Verwendung eines alternativen Systems der internationalen Schiedsgerichtsbarkeit einzuschränken. Weiterhin fragt sich, ob dieses Vorgehen nicht dem Nichtdiskriminierungsgrundsatz widerspricht. Dabei ist der Argumentation Beachtung zu schenken, dass Abkommen zwischen EU-Mitgliedstaaten für eine Annäherung einiger Länder sorgen können, ohne notwendigerweise gegen den Grundsatz der Gleichbehandlung zu verstoßen.[1199]

Im Schrifttum wird die Meinung vertreten, dass der EU-Grundsatz der Gleichbehandlung für die Unionsbürger im Sinne von Artikel 18 AEUV dem Recht auf Meistbegünstigung gleichkommt.[1200] Das Meistbegünstigungsprinzip kann hier als Recht auf Gleichbehandlung mit demjenigen EU-Investor verstanden werden, welcher die günstigste Behandlung aller Investoren erhält.[1201] Die Rechtsprechung des EuGH lässt den Schluss zu, dass der EU-Grundsatz der Gleichbehandlung kein solches Recht auf Meistbegünstigung in Bezug auf jeden Aspekt der zwischen den Mitgliedstaaten aktiven Abkommen beinhaltet.

Nach seinem Urteil *Avoir fiscal,* sind die Rechte der Marktteilnehmer aus Art. 49 AEUV fest verbindlich. Ein Mitgliedstaat kann ihre Beachtung nicht vom Inhalt eines mit einem anderen Mitgliedstaat geschlossenen Abkommens abhängig machen. „Insbesondere erlaubt es dieser Artikel nicht, diese Rechte einer Gegenseitigkeitsbedingung zu unterwerfen, um in anderen Mitgliedstaaten entsprechende Vorteile zu erhalten.“[1202] Demnach setzt das Unionsrecht

---

1199 Vgl. *Strik* (Fn. 109), S. 224.

1200 Vgl. *C. Tietje*, Die Meistbegünstigungsverpflichtung im Gemeinschaftsrecht, EuR 1995, S. 398 ff.; *S. Hindelang*, The Free Movement of Capital and Foreign Direct Investment: The Scope of Protection in EU Law, 2009, S. 129–135.

1201 Vgl. *Strik* (Fn. 109), S. 225.

1202 EuGH, Rs. 270/83 (*Kommission/Frankreich*), Urteil vom 28.01.1986, Slg. 1986, 273, Rn. 26.

insofern eine klare Grenze bei einer unterschiedlichen Behandlung zwischen Unionsbürgern im Rahmen der Intra-EU-Abkommen, als das Einräumen von Unionsrechten nicht von der gegenseitigen Behandlung abhängig sein kann.[1203] Gleichwohl bestätigte der EuGH nicht, dass eine unterschiedliche Behandlung als Resultat eines bilateralen Abkommens, wie beispielsweise aus einem Intra-EU-BIT, in jedem Fall dem Unionsgrundsatz der Gleichbehandlung entgegensteht. Nach seiner Rechtsprechung können nicht nur bestimmte Rechte aus Intra-EU-Abkommen Gegenstand der Bedingung der Reziprozität sein, sondern die Zusammenarbeit der Mitgliedstaaten auch über eine solche, innerhalb des Unionsrechts, hinausgehen.

Dass eine Ungleichbehandlung als Ergebnis einer bilateralen Übereinkunft nicht immer gegen das Diskriminierungsverbot der Union verstößt, machte der EuGH auch in nachfolgenden Entscheidungen deutlich.[1204] Generell zeigen seine Urteile über Doppelbesteuerungsabkommen, ob eine Ungleichbehandlung gegen das Diskriminierungsverbot der Union verstößt.

In diesem Zusammenhang ist die Rechtssache *D.* erwähnenswert.[1205] Hier wurde mit einer nichtansässigen Person anders als mit einer anderen Person gleichen Status umgegangen. Trotz ihrer rechtscharakteristischen Gleichheit wurde nur einer der beiden Personen ein Vorteil in Form eines Freibetrages unter dem Doppelbesteuerungsabkommen eingeräumt. Der deutsche Staatsangehörige Herr D. machte geltend, er sei von den Niederlanden im Vergleich zu einer hypothetischen in Belgien ansässigen Person aufgrund eines bilateralen Doppelbesteuerungsabkommens zwischen den Niederlanden und Belgien unterschiedlich behandelt worden; dies sei nicht mit der derzeitigen Fassung der Art. 18 und Art. 63 AEUV verträglich. Über die Frage zur Meistbegünstigung im europäischen Steuerrecht stellte der Gerichtshof in s'-Hertogenbosch dem EuGH eine Vorlagefrage. Darin bat er um eine Stellungnahme, ob die Ungleichbehandlung in den Niederlanden zwischen zwei beschränkt Steuerpflichtigen in Deutschland und Belgien ansässigen Bürgern aufgrund der Vorschriften des bilateralen Doppelbesteuerungsabkommens gerechtfertigt ist.[1206]

1203 Vgl. *Strik* (Fn. 109), S. 225.

1204 Siehe EuGH, Rs. C-336/96 (*Eheleute Robert Gilly/Directeur des services fiscaux du Bas-Rhin*), Urteil vom 12.05.1998, Slg. 1998, I-2793, Rn. 53.

1205 EuGH, Rs. C-376/03 (*D./Inspecteur van de Belastingdienst/Particulieren/Ondernemingen buitenland te Heerlen*), Urteil vom 05.07.2005, Slg. 2005, I-5821.

1206 Vgl. *K. Kampermann*, Keine Meistbegünstigung im Steuerrecht – das Urteil des EuGH in der Rs. C-376/03 vom 5. Juli 2005, TELC Oktober 2005, S. 3.

Der EuGH nannte als Voraussetzung für den Anspruch auf Gleichbehandlung, dass sich beide Personen in vergleichbarer Lage befinden. Dies sei in der Rechtssache *D.* nicht gegeben, da nach dem belgisch-niederländischen Doppelbesteuerungsabkommen natürliche, in den Niederlanden oder Belgien ansässige Personen, im jeweils anderen Staat persönliche Abzüge erhalten, welche dieser Staat seinen eigenen Einwohnern gewährt. Dies sei eine Konsequenz, die sich aus dem Wesen bilateraler Abkommen ergäbe. Demzufolge befindet sich ein in Belgien ansässiger Steuerpflichtiger nicht in der gleichen Lage, wie ein in Deutschland wohnhafter Steuerpflichtiger, da kein vergleichbares bilaterales Abkommen zwischen den Niederlanden und Deutschland besteht.[1207] Die Bestimmung des belgisch-niederländischen Abkommens lässt sich rechtlich also nicht als Vergünstigung definieren.[1208] Mit anderen Worten verneinte der EuGH das Bestehen zweier vergleichbarer Situationen, wenn nur in einem Fall ein bilaterales Abkommen zwischen zwei Mitgliedstaaten besteht. Als Folge kann ein Mitgliedsstaat Bürgern aufgrund eines bilateralen Abkommens Vorteile gewähren, ohne verpflichtet zu sein, diese auch an Bürger anderer Mitgliedstaaten weiterzugeben.

Die Kernfragen lauten, ob den in den Intra-EU-BIT's vorgesehenen Investitionsschutzrechten für die internen Beziehungen zwischen den Mitgliedstaaten außerhalb des Unionsrechts der gleiche Stellenwert einzuräumen ist und ob die Zugangsbeschränkungen für EU-Investoren mit den Vorteilen im Rahmen dieser Intra-EU-BIT's und mit dem Unionsgrundsatz der Gleichbehandlung kompatibel sind. Bislang urteilte der EuGH bei Verstößen durch internationale Abkommen der Mitgliedstaaten untereinander gegen die Verpflichtung der Meistbegünstigung inkonsequent. Zum Zwecke der Förderung der Binnenmarktintegration sowie zur Harmonisierung des Investitionsschutzregimes sollte dies innerhalb der derzeitigen Intra-EU-BIT's geklärt werden.

Daneben ist zu klären, ob der „Herkunftsmitgliedstaat" einer Investition den EU-Grundsatz der Gleichbehandlung verletzt, wenn dieser als Vertragspartei eines Intra-EU-BIT's auftritt, welches keinen Schutz für Investitionen gewährt, die durch diesen Mitgliedstaat an den Aufnahmemitgliedstaat einer Investition aus einem „dritten" Mitgliedstaat weitergeleitet werden. Dieses Szenario würde unter den Anwendungsbereich des Unionsrechts fallen, in welchem ein Investor aus einem dritten Mitgliedstaat seine Freizügigkeitsrechte ausübt, indem er im

---

1207 EuGH, Rs. C-376/03 (*D./Inspecteur van de Belastingdienst/Particulieren/Ondernemingen buitenland te Heerlen*), Urteil vom 05.07.2005, Slg. 2005, I-5821, Rn. 60 f.; so auch BGH, Beschluss vom 03.03.2016, Az. I ZB 2/15, Rn. 73.

1208 Ebd., Rn. 62.

Herkunftsmitgliedstaat wirtschaftlich aktiv ist, wie zum Beispiel in einer Tochtergesellschaft, durch welche eine Investition im Aufnahmestaat getätigt wurde. Unter diesen Umständen wäre der Grundsatz der Inländergleichbehandlung nicht erfüllt, da der Herkunftsmitgliedstaat die anderen EU-Investoren anders als seine eigenen Staatsangehörigen behandelt, indem der Zugang zum Investor-Staat-Schiedsverfahren im Falle einer Investition im Aufnahmemitgliedstaat beschränkt wird.[1209]

Der EuGH bezog hierzu in verschiedenen Rechtsfällen zur Inländergleichbehandlung sowie den bilateralen Abkommen zwischen Mitglieds- und Drittstaaten Stellung. Die Rechtssache C-546/07 (Kommission/Deutschland)[1210] erfasste ein bilaterales Abkommen zwischen Deutschland und Polen bezüglich der Entsendung von Arbeitnehmern. Die Kommission wies die Bundesrepublik Deutschland darauf hin, dass die deutsche Verwaltungspraxis zur Durchführung des deutsch-polnischen Abkommens mit (heute) Art. 56 AEUV nicht zu vereinbaren sei, weil die deutschen Behörden den Begriff „Unternehmen der anderen Seite" in Art. 1 Abs. 1 des Abkommens dahin gehend auslegten, dass nur deutsche Unternehmen erfasst wurden. Betrieben aus anderen Mitgliedstaaten, die in Deutschland Dienstleistungen im Bausektor erbrachten, wurde so verwehrt, Werkverträge mit polnischen Unternehmen abzuschließen.[1211] Der EuGH bezeichnete diese Umsetzung der Bestimmung als eine unmittelbare Diskriminierung gegenüber Dienstleistungserbringern, die in anderen Mitgliedstaaten niedergelassen sind und als Verstoß gegen Art. 56 AEUV.[1212]

Deutschland rechtfertigte die streitige Verwaltungspraxis damit, dass es sich um eine in einem internationalen bilateralen Abkommen enthaltene Bestimmung handele. Der EuGH entgegnete, dass die Mitgliedstaaten bei der Durchführung von Vereinbarungen, die sie aufgrund von internationalen Abkommen eingegangen sind, nach (heute) Art. 351 AEUV ihre Verpflichtungen aus dem Unionsrecht beachten müssen.[1213] Zum einen hob der Gerichtshof hervor, dass die Gefährdung des Gleichgewichts und der Gegenseitigkeit eines bilateralen Abkommens zwischen einem Mitglieds- und Drittstaat, eine objektive Rechtfertigung für die Verweigerung der Übertragung von Vorteilen der Übereinkunft für seine eigenen Staatsangehörigen auf die des anderen

1209 Vgl. *Strik* (Fn. 109), S. 229.

1210 EuGH, Rs. C-546/07 (*Kommission/Deutschland*), Urteil vom 21.01.2010, Slg. 2010, I-439.

1211 Ebd., Rn. 7.

1212 Ebd., Rn. 40.

1213 Ebd., Rn. 42.

Mitgliedstaats darstellen kann. Zum anderen stellte er jedoch klar, dass die Anwendung der deutsch-polnischen Vereinbarung seit dem Beitritt Polens zur Union ausschließlich zwei Mitgliedstaaten betrifft und somit die Bestimmungen nur unter Beachtung des Unionsrechts Anwendung finden können.[1214] Der Gerichtshof erkannte die Bedeutung bilateraler Abkommen zwischen zwei EU-Mitgliedstaaten sowie zwischen einem Mitgliedstaat und einem Drittstaat an, unterstrich aber in beiden Fällen die Notwendigkeit der Einhaltung des Gleichbehandlungsgrundsatzes.

Im Fall *Gottardo* bekräftigte der EuGH den Zwang des fundamentalen Grundsatzes der Gleichbehandlung. Den Staatsangehörigen eines anderen Mitgliedstaates sind die gleichen Vorteile einzuräumen, die auch den eigenen Staatsangehörigen aufgrund des Abkommens zustehen.[1215] Es besteht die generelle Verpflichtung zur Weitergabe von Vorzügen zugunsten Angehöriger aus Drittstaaten oder anderen Mitgliedstaaten.

Ob sich die Frage der Einhaltung des Grundsatzes der Inländerbehandlung aufgrund der Beschränkung von Rechten aus den Intra-EU-BIT's in bestimmten Situationen stellt, könnte vom Geltungsbereich *ratione personae* des BIT's abhängen.[1216] In Investitionsschutzabkommen ist die Staatsangehörigkeit des Investors und nicht die Herkunft des Kapitals der bindende Faktor zur Rechtsordnung des Herkunftsstaates. Im Normalfall können sich lediglich Investoren, die die Staatsangehörigkeit des Herkunftsmitgliedstaats besitzen, auf die Standards aus einem BIT berufen. Sie haben Zugang zur internationalen Schiedsgerichtsbarkeit. Die „Staatsangehörigkeit" eines Unternehmens setzt in den überwiegenden Fällen eine Rechtspersönlichkeit voraus. Mangelt es an einer solchen, unterliegen die Unternehmen, in der Regel, nicht dem gleichen rechtlichen Schutz.[1217] In den Intra-EU-BIT's gibt es verschiedene Zugehörigkeitsmodelle bezüglich des Herkunftsstaates. Manche BIT's sehen den Hauptgeschäftssitz des Unternehmens als maßgeblich an, andere benennen die effektive Kontrolle über das Unternehmen durch die Staatsangehörigen des betreffenden Staates oder eine wirtschaftliche Bindung zwischen Unternehmen und Heimatstaat als relevantes Zugehörigkeitskriterium.[1218] Dies sind Beispiele

1214 Ebd., Rn. 43 f.

1215 EuGH, Rs. C-55/00 (*Gottardo/Istituto nazionale della previdenza sociale (INPS)*), Urteil vom 15.01.2002, Slg. 2002, I-413, Rn. 34.

1216 Vgl. *Strik* (Fn. 109), S. 234.

1217 *Impregilo S.p.A. v. Islamic Republic of Pakistan*, ICSID Case No. ARB/03/3, Decision on Jurisdiction of 22.04.2005, Rn. 132 ff.; vgl. *Strik* (Fn. 109), S. 234.

1218 Näher hierzu *Strik* (Fn. 109), S. 234 f.

für eine Vielzahl von Definitionen des „Investoren"-Begriffs in Intra-EU-BIT's, aus denen unterschiedliche Praktiken bei der Findung der Zugehörigkeit von Unternehmen folgen.

iii. Zwischenfazit

Durch die Intra-EU-BIT's wird für die EU-Mitgliedsstaaten eine legitime Basis geschaffen, unter Beachtung des Gleichbehandlungsgrundsatzes ein engeres Verhältnis zueinander aufzubauen. Der EuGH legte in Bezug auf Verstöße gegen die Inländerbehandlung einen strengeren Maßstab an als in den Fällen einer eventuellen Verletzung des Meistbegünstigungsprinzips bei Beschränkungen von Rechten im Rahmen bilateraler Abkommen zwischen zwei Mitgliedstaaten.

Im Gegensatz zum allgemeinen Grundsatz der Meistbegünstigung, den der EuGH bisher weder ausdrücklich ablehnte noch in Bezug auf Intra-EU-Abkommen bestätigte, wurde das Prinzip der Inländerbehandlung durch den EuGH als wesentlicher Bestandteil der Binnenmarktintegration angesehen. Nach Auffassung des Gerichtshofes missachtet ein Mitgliedstaat die Pflicht zur Gleichbehandlung, wenn EU-Investoren aus anderen Ländern, die sich in einer ähnlichen Situation wie die eigenen Staatsangehörigen befinden, von den in einem Abkommen beschlossenen Vorteilen ausgeschlossen sind, sofern hierfür keine Rechtfertigung besteht.

Im Grunde ist eine Kollision mit dem Unionsrecht anzunehmen, wenn eine im Herkunftsmitgliedstaat eingetragene Firma vom Investitionsschutz des zwischen zwei EU-Mitgliedstaaten gültigen BIT's im Aufnahmemitgliedstaat ausgegrenzt wird, weil sie von einer natürlichen oder juristischen Person aus einem „dritten" EU-Mitgliedstaat beherrscht wird.[1219]

Die Inkompatibilität zwischen Intra-EU-BIT's und Unionsrecht könnte eine ausreichende Unvereinbarkeit im Sinne von Art. 59 Abs. 1 lit. b) WVK erzeugen. Es liegt durchaus im Bereich des Möglichen, dass solche Intra-EU-BIT's, die den Anwendungsbereich *ratione personae* für investitionsrechtlichen Behandlungsstandards restriktiv anwenden, eine Unvereinbarkeit mit dem Grundsatz der Inländerbehandlung hervorrufen, sofern hierfür keine Rechtfertigung vorliegt. Durch das Befolgen des Vorranggrundsatzes im Rahmen der Rechtsprechung des Gerichtshofes müssen diese Intra-EU-BIT's nach dem Unionsrecht nicht unbedingt aufgelöst werden. Eher ist der Anwendungsbereich dieser bilateralen Investitionsschutzabkommen auf Investoren aus „dritten" EU-Mitgliedstaaten auszudehnen. Dies führt, wie

---

1219 *Strik*, ebd., S. 236.

auch die Ergebnisse mehrerer Schiedsgerichte, zu der Frage, ob Intra-EU-BIT's dem Unionsrecht in einem Maße widersprechen können, dass Art. 59 Abs. 1 lit. b) WVK Anwendung findet. Darüber hinaus könnte der Versuch unternommen werden, die Investitionsschutzrechte aus den Intra-EU-BIT's *to the top* anstatt *to the bottom* zu harmonisieren, um einen Einklang mit dem EU-Gleichbehandlungsgrundsatz sicherzustellen.[1220]

c. *Fazit*

Die Diskussionen über die Kompatibilität mit dem Unionsrecht und die Zukunft der Intra-EU-BIT's kamen mit der Unionserweiterung auf. Da mit dem Beitritt der ehemaligen Drittstaaten zur Union keine Regelungen zur Gültigkeit dieser Investitionsschutzabkommen vorgesehen wurden, blieben die Verträge aus völkerrechtlicher Sicht unberührt. Nach Art. 59 Abs. 1 der Wiener Vertragsrechtskonvention müssen Intra-EU-BIT's nicht allein deshalb beendet werden, weil sie dem Unionsrecht potentiell widersprechen können. Die Intra-EU-BIT's stehen folglich nicht automatisch im Widerspruch zum Unionsrecht, nur weil die ost- und zentraleuropäischen Staaten, die mit den EU-Mitgliedstaaten Investitionsschutzabkommen unterzeichneten, erst später der EU beitraten.

Genauso können die Intra-EU-BIT's gemäß Art. 30 Abs. 3 VWK erst dann beendet werden, wenn ein tatsächlicher Konflikt bestimmter materiell-rechtlicher Normen nachgewiesen wird. Klauseln über das Investor-Staat-Schiedsverfahren verletzen nicht *per se* das Unionsrecht. Demzufolge kann an dieser Stelle kein materiell-rechtlicher Widerspruch zum Unionsrecht festgestellt werden.

Die Bestimmungen der Intra-EU-BIT's verstoßen nicht gegen den Unionsgrundsatz der Gleichbehandlung im Sinne der Meistbegünstigung. Die Gleichbehandlung setzt voraus, dass sich die Marktteilnehmer verschiedener EU-Mitgliedstaaten in vergleichbaren Situationen befinden, damit eine Verletzung dieses Grundsatzes begründet werden kann. Keine Vergleichbarkeit liegt vor, wenn ein bilaterales Abkommen, das zwischen zwei EU-Mitgliedstaaten abgeschlossen wurde, den Bürgern dieser beiden Länder, im Gegensatz zu Bürgern eines dritten EU-Mitgliedstaats, bestimmte Vorteile einräumt.

Dagegen kann gegen die Gleichbehandlung durch Bestimmungen eines Intra-EU-BIT's verstoßen werden, wenn der Grundsatz der Inländerbehandlung missachtet wird. Ein solcher Fall liegt vor, wenn die Intra-EU-BIT's das Geltungsgebiet *ratione personae* für die investitionsrechtlichen Behandlungsstandards restriktiv bestimmen. Konkret kollidiert ein Intra-EU-BIT dann mit dem Unionsrecht,

1220 *Strik*, ebd.

wenn beispielsweise ein im Herkunftsmitgliedstaat eingetragenes Unternehmen nicht vom Investitionsschutz im Aufnahmeland umfasst wird, weil seine Geschäftsführung einer natürlichen oder juristischen Person aus einem „dritten" EU-Mitgliedstaat obliegt. Vor diesem Hintergrund könnte ein Intra-EU-BIT tatsächlich aufgelöst werden. Allerdings tritt dies ausschließlich aufgrund einer konkreten Verletzung des Unionsrechts ein. Eine *per se* Beendigung ist nicht denkbar, womit die grundsätzliche Gültigkeit der Intra-EU-BIT's weiterhin gegeben ist.

F. Ausblick

Die heutige EU-Investitionsschutzpolitik lässt einige Fragen offen. Ihre Weiterentwicklung ist eng mit einer konsequenten Gestaltung eines entsprechenden Rahmens durch die Union verbunden. Zum derzeitigen Zeitpunkt ist hierbei keine klare Richtung erkennbar. Mit Ausnahme einer Vielzahl von Spekulationen in rechtswissenschaftlichen und politischen Schriften gibt es seit dem Inkrafttreten des Vertrags von Lissabon auf dem Gebiet des Investitionsschutzes kaum Neuerungen.

Die Ursachen hierfür sind vielfältiger Natur. Zum einen stellen die Einleitung von Vertragsverhandlungen sowie Ratifizierungsprozesse ein äußerst komplexes Verfahren innerhalb der EU dar. Es erfordert die Beteiligung der Kommission, des Rates und des Parlaments. Jedes dieser Organe übt eine eigene Funktion innerhalb des EU-Systems aus und besitzt eine individuelle Vorstellung darüber, wie die künftige Investitionsschutzpolitik aussehen sollte. Zum anderen existiert kein offizielles und transparentes EU-Modell-BIT, auf welches Verhandlungen mit Drittstaaten gestützt werden könnten.[1221] Es fehlt ein Organ in der EU, das die Realisierung eines solchen EU-Modell-BIT's im Sinne aller EU-Institutionen koordiniert und vorantreibt.

Überdies verzichtete die EU-Kommission auf die Verabschiedung eines EU-Modell-Investitionsschutzvertrags mit der Intention, eine Limitierung ihrer Verhandlungsfreiheit zu vermeiden.[1222] Deshalb verwundert es nicht, dass seit dem Lissabon-Vertrag kein EU-Abkommen zum Investitionsschutz beschlossen wurde. Nichtdestotrotz drängt sich die Frage auf, in welcher Art und Weise die Union plant ihre neugewonnene Kompetenz für ausländische Direktinvestitionen einzusetzen.

Seit dem Erhalt der Kompetenz für die gemeinsame Handelspolitik mit dem Vertrag von Lissabon handelt die Europäische Kommission weitreichende Freihandelsabkommen mit verschiedenen Ländern aus. Diese umfassenden Abkommen betreffen nicht nur Fragen zum Zollabbau und Handelshemmnisse, sondern regeln zudem Dienstleistungen, Wettbewerb, Sozial- und Umweltstandards sowie Investitionen.

1221 Vgl. *J. Griebel*, The New EU Investment Policy Approach, in: Bungenberg/ders./Hobe/Reinisch (Hrsg.), International Investment Law, 2015, S. 304 (309 f.).

1222 Vgl. *A. Reinisch*, The Likely Content of Future EU Investment Agreements, ebd., S. 1884 (1884).

Der Investitionsschutz ist Bestandteil der Verhandlungen der Übereinkünfte mit Kanada, den USA, Japan, Vietnam und Singapur. Die Verhandlungen mit Kanada über das in dieser Arbeit analysierte CETA-Abkommen und über das Freihandelsabkommen mit Vietnam und Singapur sind mittlerweile beendet. Bis dato sind diese Übereinkünfte jedoch noch nicht vollumfänglich in Kraft getreten. Die anderen genannten Freihandelsabkommen befinden sich noch in der Verhandlungsphase.

Speziell die beiden Übereinkünfte mit Kanada und Vietnam beinhalten wichtige Bestimmungen zum Investitionsschutz. Daneben wurden Regelungen zum Kapitaltransfer sowie zur Enteignung, die Inländerbehandlung, das Meistbegünstigungsprinzip und Bestimmungen zum Investor-Staat-Schiedsverfahren in den Übereinkommen verankert. Beide Abkommen könnten ein Fingerzeig für eine mögliche Zukunft der Freihandelsabkommen und den Investitionsschutz der Europäischen Union sein. Allerdings sind daraus keine endgültigen Schlüsse herzuleiten, ob die Union diesen Weg letzten Endes auch für zukünftigen Abkommen einschlagen wird.

Die Union könnte sich genauso für traditionelle Regelungen zur Schiedsgerichtbarkeit entscheiden. Zur Beilegung von Investitionsstreitigkeiten zwischen Investoren und Staaten wäre damit ein *ad hoc* Schiedsgericht ohne Berufungsinstanz zuständig. Das Fehlen Letzterer sowie das Merkmal des *ad hoc* Schiedsgerichts weisen die in vorangegangenen Kapiteln festgestellten Schwachstellen auf. Als Gegenentwurf hierzu ist in den Freihandelsabkommen mit Kanada, Vietnam und im Kommissionsvorschlag zur Übereinkunft mit den USA ein permanentes, zweistufiges Gerichtssystem vorgesehen. Mit dem Ziel einer effektiven, transparenten und einheitlichen Streitbeilegung könnte dieses Verfahren für zukünftige Abkommen der Union als zukunftweisendes und lobenswertes Beispiel dienen.

Investor-Staat-Schiedsverfahren bilden unbestrittenerweise seit geraumer Zeit ein maßgebliches Puzzleteil für einen wirksamen Investitionsschutz. Vor diesem Hintergrund ist eine ausgewogene und moderne Investitionsstreitschlichtung, die nicht ausschließlich auf einer Einzelentscheidung beruht, unerlässlich. Das CETA-Abkommen schlägt neben alternativen Streitbeilegungsmechanismen, wie der Mediation oder der Beteiligung einer Nicht-Streitpartei durch *amicus curiae*, einen ständigen ISDS-Ausschuss vor. Dieser befasst sich mit der Auslegung des Investitionsschutzkapitels, der Verhinderung von mehrfachen und unbegründeten Klagen durch Investoren, der Auferlegung von hohen Prozesskostenrisiken und mit der Einführung eines verbindlichen Verhaltenskodex für Schiedsrichter zur Vermeidung von Interessenkonflikten.[1223]

1223 Ebd., S. 1902.

Genau wie im Freihandelsabkommen mit Vietnam ist ein permanentes, zweistufiges Gericht geplant. Ob dieses Modell in die endgültige Fassung des Freihandelsabkommens TTIP einfließt, bleibt abzuwarten. Ein entsprechender Umsetzungsvorschlag wurde den USA von der Kommission bereits im November 2015 offiziell unterbreitet. Eine späte Annahme des Vorschlages gilt zum jetzigen Zeitpunkt als unwahrscheinlich, weil sich das TTIP-Abkommen auf den Modell-Investitionsschutzvertrag zwischen den USA und Kanada aus dem Jahr 2004 stützt, welcher ein solches Schiedsgericht nicht beinhaltet.

Es bleibt spannend, wie die künftigen Investitionsschutzverträge der Union aussehen und welche genauen Formulierungen sie aufweisen werden. Dabei ist die Tendenz auszumachen, dass die Union keine reinen Investitionsschutzverträge konstruieren wird. Stattdessen wird in komplexen Freihandelsabkommen wohl ein eigenes Kapitel zum Investitionsschutz enthalten sein. In Hinblick auf die Kompetenz führt dies dazu, dass eine Umsetzung ausschließlich in Form von Gemischten Abkommen stattfinden kann, da die Union keine umfassende Kompetenz für alle in diesen Übereinkünften tangierten Bereiche besitzt.

Die Kompetenz der Union ist Verantwortung und Chance für einen zeitgemäßen, ausgewogenen, transparenten und zukunftsweisenden Investitionsschutz zugleich. Bei seiner Verwirklichung ist darauf zu achten, dass die Ziele einer nachhaltigen Entwicklung, der Schutz von Menschen- und Arbeitsrechten und die Förderung von Gesundheit und Umwelt nicht in den Hintergrund gedrängt werden. Auch wenn dieser Prozess sicherlich kein schnelles und einfaches Unterfangen darstellt, haben uns Beispiele wie das CETA- und Vietnam-Abkommen gezeigt, dass positive Lösungsansätze bereits vorhanden sind.

G. Zusammenfassung in Thesen

Die im Rahmen der vorliegenden wissenschaftlichen Abhandlung gewonnenen Erkenntnisse werden in nachfolgende Thesen zusammengefasst. Die Thesen bilden die Ergebnisse der in der Einleitung angeführten Untersuchungsschritte.

1. Zur Förderung der Wirtschaft sowie für die ökonomische Entwicklung eines Staates sind Investitionen unerlässlich. Mit dem schnellen Voranschreiten der Wirtschaftsglobalisierung stand es im Mittelpunkt, den Investitionsschutz nicht mehr ausschließlich auf nationaler, sondern auch auf regionaler und multilateraler Ebene zu gewährleisten.
2. Bis zum Vertrag von Lissabon entfaltete sich die Kompetenz der Union bezüglich ausländischer Investitionen nur mühsam, da sich Mitgliedstaaten und Kommission nicht einig waren, ob die Union eine alleinige Zuständigkeit zum Abschluss von internationalen Investitionsschutz- bzw. Handelsabkommen erlangen sollte. In letzter Konsequenz kam der Union mit dem Vertrag von Lissabon eine ausschließliche Zuständigkeit für ausländische Direktinvestitionen zu. Der Lissaboner Vertrag lässt die Reichweite dieser Kompetenz offen.
3. Zur Bestimmung des Kompetenzumfangs spielt die Klärung des Investitionsbegriffes eine bedeutende Rolle. Eine festgeschriebene, weltweit anerkannte Definition einer ausländischen Direktinvestition besteht nicht. Dennoch haben sich in der Praxis gewisse Bestimmungsmerkmale gebildet, nach welchen sich das Vorliegen einer solchen Investition feststellen lässt. In der ICSID-Schiedspraxis setzte sich der sog. „*Salini-Test*“ durch. Zur Bestätigung einer ausländischen Direktinvestition müssen danach die Erbringung einer Leistung durch einen Investor, dessen eigenes Risiko, eine gewisse Investitionsdauer und ein Beitrag zur wirtschaftlichen Entwicklung des Gaststaates vorhanden sein.
4. Der Internationale Währungsfonds (IWF) geht von einer Direktinvestition aus, wenn sich der Investor langfristig an einem Unternehmen im Ausland beteiligt und zudem einen maßgeblichen Einfluss auf die Geschäftsleitung ausübt. Die Organisation für Wirtschaftliche Zusammenarbeit und Entwicklung (OECD) empfiehlt für die Feststellung einer Direktinvestition eine mindestens zehnprozentige Beteiligung des Investors an den Kapitalanteilen oder Stimmrechten eines ausländischen Unternehmens. Diese Empfehlung stellt allerdings lediglich ein Indiz dar. Das Vorliegen eines Kontrollerwerbs und sicheren Einflusses ist in jedem Einzelfall zu begutachten.

5. Im Unionsrecht setzte sich zur Anerkennung einer ausländischen Direktinvestition ein wichtiges Merkmal durch. Der Investor hat einen *„sicheren Einfluss"* in dem ausländischen Unternehmen, an welchem er die Beteiligung hält, auszuüben. Seine Zustimmung muss bei wichtigen oder strukturellen Unternehmensentscheidungen erforderlich sein. Durch die erworbenen Stimmen oder Anteile muss dem Investor ein tatsächliches Mitspracherecht zukommen.
6. Wenn eine Beteiligung keine solche relevante Einflussnahme mit sich bringt und folglich keine Möglichkeit der Mitbestimmung gewährt, liegt im Regelfall ausschließlich eine Portfolioinvestition vor.
7. Portfolioinvestitionen sind reine Finanzinvestitionen. Zu ihnen zählen unter anderem die Vergabe von Darlehen, die Gewährung von Genusskapital, stille Einlagen oder der Erwerb von Immobilien beziehungsweise Wertpapieren. Im Gegensatz zu Direktinvestitionen haben Portfolioinvestitionen einen kurzfristigen Charakter und zielen nicht auf die Schaffung oder Aufrechterhaltung dauerhafter und direkter Beziehungen im Gaststaat ab. Bei der überwiegenden Anzahl der internationalen Investitionsschutzabkommen werden sowohl Direkt- als auch Portfolioinvestitionen geschützt.
8. Gemäß Art. 207 Abs. 1 i.V.m. Art. 3 Abs. 1 lit e) AEUV erwirbt die Union eine ausdrückliche ausschließliche Kompetenz zur Regelung von ausländischen Direktinvestitionen. Portfolioinvestitionen sind hiervon nicht erfasst. Aber selbst nach der grammatikalischen, systematischen und teleologischen Auslegung von Artikel 206 und 207 AEUV bleiben die exakten Zuständigkeitsgrenzen bei ausländischen Direktinvestitionen verschwommen. Es ist nicht abschließend zu klären, ob sich die Kompetenz der Union sowohl auf den Marktzugang als auch auf die darauffolgende Phase erstreckt. Lediglich die historische Auslegungsmethode gibt einen Hinweis auf eine Beschränkung auf die Marktzugangsphase.
9. Es erscheint folgerichtig, dass Art. 207 Abs. 6 AEUV interne und externe Kompetenzen der Union bezüglich ausländischer Direktinvestitionen in solchen Bereichen verneint, die dem Harmonisierungsverbot unterliegen. Einige Behandlungsstandards von Investitionen, wie beispielsweise die „faire und gerechte Behandlung", berühren das Steuerrecht der Mitgliedstaaten, die unter das Harmonisierungsverbot fallen. Die Union kann internationale Abkommen auf diesem Gebiet folglich nicht ohne Beteiligung der Mitgliedstaaten abschließen. Im Rahmen einer größeren Rechtssicherheit wäre dennoch eine entsprechende Ergänzung in Art. 207 Abs. 6 AEUV empfehlenswert.

10. Für Investitionsschutzabkommen relevante Eigentumsfragen sind in der ausschließlichen Kompetenz der Union nicht enthalten. Es überzeugt eine weit umfassende Auslegung der Eigentumsordnung, nach der sowohl Eigentumszuordnung, Ausübungsformen, Nutzung des Eigentums als auch alle Rechte des Eigentümers bei Entzug des Eigentums geregelt sind. Gemäß Art. 345 AEUV bleibt die Eigentumsordnung der Mitgliedstaaten unbeeinflusst. Investitionsrelevante Voraussetzungen einer Enteignung werden von den Mitgliedstaaten bestimmt.
11. Obwohl Art. 207 Abs. 1 AEUV der Union eine alleinige Kompetenz für ausländische Direktinvestitionen einräumt, werden nicht alle Aspekte dieses Politikbereichs von ihrem Verantwortungsbereich erfasst. Die Verträge beinhalten zahlreiche andere Vorschriften, die auf investitionsrechtliche Bereiche Einfluss nehmen können. Diese regeln das Gebiet der ausländischen Direktinvestitionen aber nicht vollständig. Eine umfangreiche Kompetenz seitens der EU lässt sich aus diesen Bestimmungen nicht schließen.
12. Art. 216 Abs. 1 AEUV i.V.m. Art. 3 Abs. 2 AEUV kodifizieren die Bedingungen zu impliziten Außenkompetenzen. Nach Erfüllung bestimmter alternativer Kriterien kommt der Union eine implizite Kompetenz zum Abschluss internationaler Übereinkünfte mit ausländischen Investitionen als Regelungsgegenstand zu. Hierfür muss eine Übereinkunft zur Verwirklichung eines der in Verträgen festgesetzten Ziele erforderlich sein. Diese implizite Kompetenz ist einer geteilten Natur. Sie kann zusätzlich zur Regelung von Portfolioinvestitionen eingesetzt werden, da sie nicht an eine Innenkompetenz der Union geknüpft ist. Die anderen Varianten in Art. 216 Abs. 1 AEUV i.V.m. Art. 3 Abs. 2 AEUV zur Erlangung einer impliziten Außenkompetenz werden in der Regel nicht erfüllt.
13. Die Union kann in ihren Investitionsschutz- bzw. Handelsabkommen mit eigenem Investitionsschutzkapitel Klauseln zur Streitbeilegung aufnehmen, solange diese weder die Autonomie ihres Rechtssystems verletzen, noch das Rechtsprechungsmonopol des EuGH beeinträchtigen. Die zurzeit im Regelfall herrschende Investor-Staat-Streitbeilegung vor *ad hoc* Schiedsgerichten ist als kritisch einzustufen. Für ein transparentes, nachvollziehbares und einheitliches Verfahren ist die Errichtung eines ständigen internationalen Schiedsgerichts anzustreben.
14. Am 23. Juli 2014 wurde eine Verordnung zur finanziellen Verantwortung bei Investor-Staat-Streitigkeiten vor Schiedsgerichten erlassen. Die finanzielle Verantwortung liegt bei der Union, sollte sie sich aus einer von einem Organ, einer Einrichtung oder einer sonstigen Stelle der Union vorgenommenen

Behandlung ergeben haben. Dagegen erfolgt eine Zuordnung zulasten des beteiligten Mitgliedstaats, wenn die Handlung von diesem ausging. Die Verordnung sieht weiterhin vor, dass die Union nicht nur dann als Schiedsbeklagte auftritt, wenn eine Streitigkeit ausschließlich eine Behandlung betrifft, die von den genannten Stellen der Union ausgeübt wurde, sondern auch in bestimmten Fällen, die ein von einem Mitgliedstaat ausgehendes Vorgehen betreffen. Es wäre förderlich die Verordnung um eine Klausel zu erweitern, die den Ausschluss einer Haftungserweiterung für andere Mitgliedstaaten vorsieht, damit die in Art. 125 Abs. 1 S. 2 AEUV inbegriffene Nichtbeistandsklausel gewahrt bleibt.

15. Unter Berücksichtigung der erzielten Untersuchungsergebnisse müssen künftige internationale Investitionsschutz- bzw. Handelsabkommen als gemischte Abkommen geschlossen werden. Nach Auswertung der momentanen Praxis erscheint die Unterzeichnung eines solchen Investitionsschutzabkommens allein durch die Union, welches lediglich die Gebiete regelt, die in den alleinigen Verantwortungsbereich Letztgenannter fallen, als fraglich.
16. In den neuen Handelsabkommen zwischen der EU und Kanada sowie den USA befinden sich Kapitel zum Investitionsschutz. Sie enthalten Definitionen zum Investitions- und Investorbegriff, Bestimmungen zum Marktzugang, zu den Behandlungsstandards und zum Investor-Staat-Schiedsverfahren. Beide Abkommen lassen positive Ansätze zur Optimierung des Investitionsschutzes und des kritisierten Investor-Staat-Schiedsverfahrens erkennen. Daneben sind einige Passagen verbesserungswürdig und diverse Vorschriften deutlicher zu formulieren. Hier ist die Notwendigkeit einer genaueren Investitions- und Investordefinition hervorzuheben. Die geplante Einrichtung eines ständigen internationalen Investitionsschiedsgerichtshofs mit Berufungsinstanz stellt hingegen eine vielversprechende Idee dar.
17. Aus völkerrechtlicher Perspektive führt die Kompetenzübertragung für ausländische Direktinvestitionen auf die EU zu keiner Konsequenz für mitgliedstaatliche Investitionsschutzabkommen mit Drittländern. Unionsrechtlich betrachtet müssen die Mitgliedstaaten ihre BIT's gemäß Art. 351 Abs. 2 AEUV anpassen, falls sie nicht im Einklang mit dem Unionsrecht stehen. Ein potentieller Widerspruch eines BIT's zum Unionsrecht kann nicht allein aufgrund der stattgefundenen Kompetenzübertragung begründet werden. In jedem Einzelfall ist die Untersuchung anzustellen, ob die infrage stehenden Bestimmungen dem Unionsrecht tatsächlich entgegenstehen.
18. Die Verordnung zur Einführung einer Übergangsregelung für bilaterale Investitionsschutzabkommen zwischen Mitgliedstaaten und Drittländern

sieht einen Ermächtigungsmechanismus sowohl für die Änderung bereits bestehender BIT's, als auch für die Unterzeichnung neuer Abkommen durch die Mitgliedstaaten vor. Der *status quo* bestehender Übereinkünfte bleibt geschützt. Die Verordnung führt zu einer konkreten und schrittweisen Ablösung bestimmter BIT's durch Unionsabkommen.

19. In Zukunft wird die Union aller Voraussicht nach keine reinen Investitionsschutzabkommen abschließen, sondern den Investitionsschutz in die Kapitel der komplexen Freihandelsabkommen integrieren. Diese Übereinkünfte sind als gemischte Abkommen umzusetzen. Die neu gewonnene, wenn auch nicht vollumfängliche Kompetenz der Union, bietet in jedem Fall die Chance zur Ausgestaltung eines ausgewogenen, transparenten und zukunftweisenden Investitionsschutzes.

Literaturverzeichnis

Ahner, Juliane, Investor-Staat-Schiedsverfahren nach Europäischem Unionsrecht. Zulässigkeit und Ausgestaltung in Investitionsabkommen der Europäischen Union, Tübingen 2015

Akkermans, Bram/Ramaekers, Eveline, Article 345 TFEU (ex Article 295 EC), Its Meanings and Interpretations, ELJ Vol. 16, No. 3, 2010, S. 292

Alexandrov, Stanimir/Carlson, Marinn/Robbins, Joshua, The Future of Investment Treaty Protection in Eastern Europe, The European & Middle Eastern Arbitration Review 2009, verfügbar unter: http://globalarbitrationreview.com/handbooks/14/sections/53/chapters/511/the-future-investment-treaty-protection-eastern-europe, zuletzt gesehen: 17.07.2015

Arndt, Hans-Wolfgang/Fischer, Kristian/Fetzer, Thomas, Fälle zum Europarecht, 8. Aufl., Heidelberg 2015

Bär-Bouyssiere, Bertold, in: von der Groeben, Hans/Schwarze, Jürgen (Hrsg.), Kommentar zum Vertrag über die Europäische Union und zur Gründung der Europäischen Gemeinschaft, EU/EG Kommentar, Bd. 4, 6. Aufl., München 2004

Belling, Jan-Frederik, Die Jurisdiktion *rationae materiae* der ICSID-Schiedsgerichte unter besonderer Berücksichtigung des Investitionsbegriffes des Weltbankübereinkommens vom 18.03.1965, Berlin 2008

Bernasconi-Osterwalder, Nathalie, Reply to the European Commission's Public Consultation on Investment Protection and Investor-to-State Dispute Settlement (ISDS) in the Transatlantic Trade and Investment Partnership Agreement (TTIP), IISD Report, June 2014

Berrisch, Georg M., Der Völkerrechtliche Status der Europäischen Wirtschaftsgemeinschaft im GATT, München 1992

Berrisch, Georg M., Neuerungen im Außenhandelsrecht der Gemeinschaft – Die Umsetzung der multilateralen Handelsabkommen der Uruguay-Runde, verfügbar unter: http://europainstitut.de/fileadmin/schriften/327.pdf, zuletzt gesehen: 08.01.2013

Besch, Morris, Schutz von Auslandsinvestitionen – Risikovorsorge durch Investitionsverträge, Frankfurt am Main 2009

Beuttenmüller, Sophie Luise, Die Beteiligung des Europäischen Parlaments an der Gemeinsamen Handelspolitik nach dem Reformvertrag von Lissabon, in: Bungenberg, Marc/Griebel, Jörn/Hindelang, Steffen (Hrsg.), Internationaler Investitionsschutz und Europarecht, Baden-Baden 2010, S. 231

Beuttenmüller, Sophie Luise, Das deutsche Außenwirtschaftsgesetz vor dem Hintergrund der neuen Unionskompetenz für ausländische Direktinvestitionen, Ritsumeikan Law Review, No. 28, 2011, S. 281

Bings, Sophie Luise, Neuordnung der Außenhandelskompetenzen der Europäischen Union durch den Reformvertrag von Lissabon. Mit Fokus auf ausländische Direktinvestitionen und Handelsaspekte des geistigen Eigentums, Baden-Baden 2014

Böhmer, Alexander/Glania, Guido, The Doha Development Round: Reintegrating Business Interests into the Agenda – WTO negotiations from a German industry perspective, in: Tietje, Christian (Hrsg.), Beiträge zum Transnationalen Wirtschaftsrecht, Heft 15, 2003, S. 23

Born, Gary B./Shenkman, Ethan G., Confidentiality and Transparency in Commercial and Investor State International Arbitration, in: Rogers, Catherine A./ Alford, Roger P. (Hrsg.), The Future of Investment Arbitration, Oxford 2009

Braams, Beate, Die Kompetenzordnung im Vertrag von Lissabon, in: Pernice, Ingolf (Hrsg.), Der Vertrag von Lissabon: Reform der EU ohne Verfassung?, Baden-Baden 2008, S. 115

Braun, Tillmann Rudolf, Für einen komplementären, europäischen Investitionsschutz, in: Bungenberg, Marc/Griebel, Jörn/Hindelang, Steffen (Hrsg.), Internationaler Investitionsschutz und Europarecht, Baden-Baden 2010, S. 191

Braun, Tillmann Rudolf, Globalisierung und Internationales Investitionsrecht, in: Ehlers, Dirk/Wolffgang, Hans-Michael/Schröder, Ulrich Jan (Hrsg.), Rechtsfragen internationaler Investitionen, Frankfurt am Main 2009

Brauner, Karl-Ernst, Investitionsschutz nach Lissabon – Herausforderungen aus der Perspektive der Bundesregierung, Rede anlässlich Auftaktveranstaltung des IILCC-Generali-Lecture am 17. März 2011, verfügbar unter: http://www.iilcc.uni-koeln.de/fileadmin/institute/iilcc/Bilder/Tagungen/generali-lectures/Brauner_-_Investitionsschutz_nach_Lissabon.pdf

Bröhmer, Jürgen, in: Calliess, Christian/Ruffert, Matthias (Hrsg.), Das Verfassungsrecht der Europäischen Union mit Europäischer Grundrechtecharta, EUV/EGV Kommentar, 3. Aufl., München 2007

Bröhmer, Jürgen, in: Calliess, Christian/Ruffert, Matthias (Hrsg.), Das Verfassungsrecht der Europäischen Union mit Europäischer Grundrechtecharta, EUV/AEUV Kommentar, 4. Aufl., München 2011

Broß, Siegfried, Freihandelsabkommen, einige Anmerkungen zur Problematik der privaten Schiedsgerichtsbarkeit, 2015, verfügbar unter: http://www.boeckler.de/pdf/p_mbf_report_2015_4.pdf, zuletzt gesehen: 15.04.2015

Bungenberg, Marc, Außenpolitik und Außenwirtschaftsrecht nach dem Lissabonner Vertrag, EuR 2009, Beiheft 1, S. 195

Bungenberg, Marc, Die Kompetenzverteilung zwischen EU und Mitgliedstaaten „nach Lissabon“ in: ders./Griebel, Jörn/Hindelang, Steffen (Hrsg.), Internationaler Investitionsschutz und Europarecht, Baden-Baden 2010, S. 81

Bungenberg, Marc, Going Global? The EU Common Commercial Policy after Lisbon, in: Herrmann, Christoph/Terchechte, Jörg Philipp (Hrsg.), EYIEL, 2010, S. 123

Bungenberg, Marc, The Politics of the European Union's Investment Treaty Making, in: Broude, Tomer/Busch, Marc L./Porges, Amelia (eds.), The Politics of International Economic Law, Cambridge 2011, S. 133

Burghardt, Günter, Die Eigentumsordnungen in den Mitgliedstaaten und der EWG-Vertrag. Zur Auslegung von Art. 222 EWGV, Hamburg 1969

Burgstaller, Markus, Investitionsschutz auf der Kippe, in: Die Presse vom 11.08.2008, verfügbar unter: http://diepresse.com/home/recht/rechtwirtschaft/405354/Investitionsschutz-auf-der-Kippe, zuletzt gesehen: 17.07.2015

Burgstaller, Markus, The Future of Bilateral Investment Treaties of EU Member States, in: Bungenberg, Marc/Griebel, Jörn/Hindelang, Steffen (Hrsg.), Internationaler Investitionsschutz und Europarecht, Baden-Baden 2010, S. 113

Calliess, Christian, Entflechtung im europäischen Energiebinnenmarkt, Stuttgart/München u. a. 2008

Calliess, Christian/Ruffert, Matthias, in: ders (Hrsg.), Das Verfassungsrecht der Europäischen Union mit Europäischer Grundrechtecharta, EUV/EGV Kommentar, 3. Aufl., München 2007

Calliess, Christian, in: ders./Ruffert, Matthias (Hrsg.), Das Verfassungsrecht der Europäischen Union mit Europäischer Grundrechtecharta, EUV/AEUV Kommentar, 4. Aufl., München 2011

Ceyssens, Jan/Sekler, Nicola, Bilaterale Investitionsabkommen (BITs) der Bundesrepublik Deutschland. Auswirkungen auf wirtschaftliche, soziale und ökologische Regulierung in Zielländern und Modelle zur Verankerung der Verantwortung transnationaler Konzerne, verfügbar unter: http://opus.kobv.de/ubp/volltexte/2005/612/pdf/BITSStudie.pdf, zuletzt gesehen: 17.09.2012

Classen, Claus. D., Der EuGH und die Schiedsgerichtsbarkeit in Investitionsschutzabkommen, EuR, Heft 6, 2012, S. 611

Craig, Paul, The Lisbon Treaty: Law, Politics, and Treaty Reform, Oxford 2010

Creifelds, Carl, Rechtswörterbuch, Stichwort Kompetenz, 20. Auflage, München 2011

Cremona, Marise, The Union's External Action: Constitutional Perspectives, in: Amato, Giuliano/Bribosia, Herve'/de Witte, Bruno (eds.), Genesis and Destiny of the European Constitution, Brüssel 2007, S. 1175

Cremona, Marise, Member States as Trustees of the Community Interest: Participating in International Agreements on Behalf of the European Community, EUI Working Paper Law 2009/17, verfügbar unter: http://cadmus.eui.eu/bitstream/handle/1814/12881/LAW_2009_17.pdf?sequence=1, zuletzt gesehen: 07.08.2015

Czigler, Bianca M., Die Rechtsprechung zu Golden Shares. Das VW-Gesetz und der EuGH, Igel-Verlag 2009

Dahm, Georg/Delbrück, Jost/Wolfrum, Rüdiger (Hrsg.), Völkerrecht, Band I/3: Die Formen des völkerrechtlichen Handels. Die inhaltliche Ordnung der internationalen Gemeinschaft, 2. Aufl., Berlin 2002

Dashwood, Allan, Why Continue to Have Mixed Agreements at All?, in: Bourgeois, Jaques H.J./Dewost, Jean-Louis/Gaiffe, Marie-Ange (Hrsg.), La Communauté européenne et les accords mixtes, Modave 1997, S. 93

Dederer, Hans-Georg: Neujustierung der Balance von Investorenschutz und „right to regulate", in: VerfBlog, vom 16.04.2016, verfügbar unter: http://verfassungsblog.de/neujustierung-balance-von-investorenschutz-und-right-to-regulate/, zuletzt gesehen: 19.08.2016

Diehl, Alexandra N., Auf der Spur eines Erfolgsmodells oder „Das dichte Spinnennetz der BIT's", in: Knahr, Christina/Reinisch, August (Hrsg.), Aktuelle Probleme und Entwicklungen im Internationalen Investitionsrecht, Wien 2008, S. 9

Dimopoulos, Angelos, The Common Commercial Policy after Lisbon: Establishing Parallelism between Internal and External Economic Relations?, CYELP (Croatian Yearbook of European Law and Policy), Vol. 4 (2008), S. 101

Dimopoulos, Angelos, EU Foreign Investment Law, Oxford 2011

Dimopoulos, Angelos, The Validity and Applicability of International Investment Agreements, CMLR 48 (2011), S. 63–93

Dimopoulos, Angelos, Rethinking the European Constitution in an Enlarged European Union, Draft Paper, University of Zagreb, Jean Monnet Seminar, 6th Session, 2013

Dolzer, Rudolf, Generalklauseln in Investitionsschutzverträgen, in: Frowein, Jochen/Scharioth, Klaus/Winkelmann, Ingo/Wolfrum, Rüdiger (Hrsg.), Verhandeln für den Frieden – Negotiating for Peace, FS für Tono Eitel, Heidelberg 2003, S. 291

Dolzer, Rudolf/Schreuer, Christoph, Principles of International Investment Law, Oxford 2008

Drillisch, Heike/Sekler Nicola, Bilaterale Investitionsabkommen und Investitionsgarantien. Konzept, Kritik und Perspektiven, Berlin 2004

Dupalan, Patrick Gustave, Europarechtliche Rahmenbedingungen für Investitionen aus Drittstaaten in der Bundesrepublik Deutschland. Schwerpunktbereich: Internationalisierung und Europäisierung des Rechts, Hamburg 2008

Eberhardt, Pia, Investitionsschutz am Scheideweg. TTIP und die Zukunft des globalen Investitionsrechts, Berlin 2014

Eberhardt, Pia/Olivet, Cecilia, Corporate Europe Observatory/Transnational Institute, Profiting from injustice. How law firms, arbitrators and financiers are fuelling an investment arbitration boom, Brüssel/Amsterdam, 2012, verfügbar unter: http://www.tni.org/sites/www.tni.org/files/download/profitingfrominjustice.pdf, zuletzt gesehen: 27.11.2014

Eeckhout, Piet, EU External Relations Law, 2nd ed., Oxford 2011

Efler, Michael, Internationale Investitionsabkommen. Bestandsaufnahme und Reformansätze, Saarbrücken 2007

Ehricke, Ulrich, in: Streinz, Rudolf (Hrsg.), Vertrag über die Europäische Union und Vertrag über die Arbeitsweise der Europäischen Union, EUV/AEUV Kommentar, 2. Aufl., München 2012

Eilmansberger, Thomas, Vertikale Kompetenzverteilung zwischen der Union und den Mitgliedstaaten, in: Hummer, Waldemar/Obwexer, Walter (Hrsg.) Der Vertrag von Lissabon, Baden-Baden 2009, S. 189

Eilmansberger, Thomas, Bilateral investment treaties and EU law, CMLR Vol 46, 2009, S. 383

Escher, Alfred, Investitionsschiedsverfahren: Grundstrukturen und aktuelle Herausforderungen, in: Tietje, Christian (Hrsg.), International Investment, Protection and Arbitration. Theoretical and Practical Perspectives, Berlin 2008, S. 39

Feichtner, Isabel, „Investitionsschutz in TTIP in der Kritik" – oder nicht?, VerfBlog, 08.05.2014, verfügbar unter: http://www.verfassungsblog.de/investitions schutz-ttip-der-kritik-oder-nicht/, zuletzt gesehen: 23.04.2015

Fisahn, Andreas, Rechtliche Probleme beim internationalen Freihandel, verfügbar unter: http://www.kritik-freihandelsabkommen.de/wp-content/uploads/2015/01/TTIP_Fisahn.pdf, zuletzt gesehen: 05.03.2015

Fischer, Klemens H., Der Vertrag von Lissabon: Text und Kommentar zum Europäischen Reformvertrag. Mit einem Geleitwort von Dr. Benita Ferrero-Waldner, Mitglied der Europäischen Kommission, Baden-Baden 2008

Fischer, Klemens H., Der Vertrag von Lissabon, 2. Aufl., 2010

Fischer-Lescano, Andreas/Horst, Johan, Europa- und verfassungsrechtliche Vorgaben für das Comprehensive Economic and Trade Agreement der EU und Kanada (CETA), Bremen 2014

Flessner, Axel, Selbstermächtigung und Selbstentmachtung in einem – die Europäische Union und der Investorenschutz nach CETA, VerfBlog, 11.11.2014, verfügbar unter: http://www.verfassungsblog.de/selbstermaechtigung-und-selbstent machtung-einem-die-europaeische-union-und-der-investorenschutz-nach-ceta/, zuletzt gesehen: 09.01.2015

Forsthoff, Ulrich, in: Grabitz, Eberhard/Hilf, Meinhard/Nettesheim, Martin (Hrsg.), Das Recht der Europäischen Union, EUV/AEUV Kommentar, Band 1, EL 46, München 2011

Frenz, Walter, Handbuch Europarecht, Band 6, Institutionen und Politiken, Heidelberg 2011

Fritz, Thomas, Comprehensive Economic and Trade Agreement (CETA), Zusammenfassung und kritische Bewertung, 2014, verfügbar unter: http://www.epb.uni-hamburg.de/erzwiss/lohmann/Fritz_CETA-Zusammenfassung.pdf, zuletzt gesehen: 02.02.2015

Fritz, Thomas, Analyse und Bewertung des EU-Kanada Freihandelsabkommens CETA, Berlin 2015

Fuchs, Peter/Sawatzki, Annette, CETA: Roter Teppich für Klage-Konzerne, vom 08.12.2014, verfügbar unter: http://blog.campact.de/2014/12/ceta-roter-teppich-fuer-klage-konzerne/, zuletzt gesehen: 17.03.2015

Fulda, Christian B., Demokratie und *pacta sunt servanda,* Nordersted, 2003

Gast, Michael, Determinanten ausländischer Direktinvestitionen. OECD-Länder als Investoren und besondere Aspekte der Ernährungswirtschaft, Frankfurt am Main 2007

Geiger, Felix, Beschränkungen von Direktinvestitionen aus Drittstaaten, Baden-Baden 2013

Gerstetter, Christiane/Meyer-Ohlendorf, Nils, Investor-state dispute settlement under TTIP – a risk for environmental regulation?, 2013, verfügbar unter: http://www.ecologic.eu/sites/files/publication/2014/investor-state-dispute-settlement-under-ttip-hbs.pdf, zuletzt gesehen: 24.04.2015

Gilsdorf, Peter, Die Grenzen der Gemeinsamen Handelspolitik, Vortrag vor dem Europa-Institut der Universität des Saarlandes in Saarbrücken 1988

Görs, Benjamin, Internationales Investitionsrecht, Frankfurt am Main 2005

Griebel, Jörn, Internationales Investitionsrecht, München 2008

Griebel, Jörn, Überlegungen zur Wahrnehmung der neuen EU-Kompetenz für ausländische Direktinvestitionen nach Inkrafttreten des Vertrags von Lissabon, RIW Heft 7, 2009, S. 469

Griebel, Jörn, Die TTIP-Verhandlungsposition der EU-Kommission – ein überzeugender Reformansatz mit leichten Schwächen im Detail, VerfBlog, 16.04.2014, verfügbar unter: http://www.verfassungsblog.de/ttip-verhandlungsposition-eu-kommission-ueberzeugender-reformansatz-mit-leichten-schwaechen-im-detail/, zuletzt gesehen: 22.08.2016

Griebel, Jörn, The New EU Investment Policy Approach, in: Bungenberg, Marc/ders./Hobe, Stephan/Reinisch, August (Hrsg.), International Investment Law, Baden-Baden/München u. a. 2015, S. 304

Griller, Stefan, Europarechtliche Grundfragen der Mitgliedschaft in der WTO, in: Köck, Heribert Franz/Lengauer, Alina/Ress, Georg (Hrsg.), Europarecht im Zeitalter der Globalisierung, Festschrift für Peter Fischer, Wien 2004

Grubenmann, Beatrice, Der Begriff der Investition in der ICSID-Schiedsgerichtsbarkeit, in: Knahr, Christina/Reinisch, August (Hrsg.), Aktuelle Probleme und Entwicklungen im Internationalen Investitionsrecht, Wien 2008, S. 72.

Haferkamp, Ute, Die Kapitalverkehrsfreiheit im System der Grundfreiheiten des EG-Vertrags, Baden-Baden 2003

Hahn, Michael, in: Calliess, Christian/Ruffert, Matthias (Hrsg.), Das Verfassungsrecht der Europäischen Union mit Europäischer Grundrechtecharta, EUV/AEUV Kommentar, 4. Aufl., München 2011

Heintschel von Heinegg, Wolff, in: Ipsen, Knut (Hrsg.) Völkerrecht, 5. Auflage, München 2004

Hellmann, Vanessa, Der Vertrag von Lissabon. Vom Verfassungsvertrag zur Änderung der bestehenden Verträge – Einführung mit Synopse und Übersichten, Berlin 2009

Henze, Thomas, Aufgaben- und Ausgabenkompetenz der Europäischen Gemeinschaft und ihrer Mitgliedstaaten im Bereich der Entwicklungspolitik, EuR, Heft 1/2, 1995, S. 76

Herrmann, Christoph, Das auswärtige Handeln der Union, in: Jopp, Mathias/Matl, Saskia (Hrsg.), Der Vertrag über eine Verfassung für Europa. Analysen zur Konstitutionalisierung der EU, Baden-Baden 2005, S. 307

Herrmann, Christoph, Bilaterale und regionale Handelsabkommen als Herausforderung des multilateralen Handelssystems (WTO), in: Ehlers, Dirk/Wolffgang, Hans-Michael/Schröder, Ulrich Jan (Hrsg.), Rechtsfragen internationaler Investitionen, Frankfurt am Main 2009, S. 217

Herrmann, Christoph, Die gemeinsame Handelspolitik der Europäischen Union im Lissabon-Urteil, EuR, Beiheft 1, 2010, S. 193

Herrmann, Christoph, Die Zukunft der mitgliedstaatlichen Investitionspolitik nach dem Vertrag von Lissabon, EuZW, Heft 6, 2010, S. 207

Herrmann, Christoph, Rechtsprobleme der parallelen Mitgliedschaft von Völkerrechtssubjekten in Internationalen Organisationen – Eine Untersuchung am

Beispiel der Mitgliedschaft der EG in der WTO, in: Bauschke, Gabriele/Becker, Stefan/Brauser-Jung, Gerrit (Hrsg.), Pluralität des Rechts – Regulierung im Spannungsfeld der Rechtsebenen, Stuttgart 2003, S. 139

Herrmann, Christoph, Vom misslungenen Versuch der Neufassung der gemeinsamen Handelspolitik durch den Vertrag von Nizza, EuZW, Heft 9, 2001, S. 269

Herrmann, Christoph/Weiß, Wolfgang/Ohler, Christoph (Hrsg.), Welthandelsrecht, 2. Auflage, München 2007

Hilf, Meinhard, EG-Außenkompetenzen in Grenzen. Das Gutachten des EuGH zur Welthandelsorganisation, EuZW, Heft 1, 1995, S. 7

Hindelang, Steffen, The EC Treaty's Freedom of Capital Movement as an Instrument of International Investment Law?: The Scope of Article 56 (1) TEC in a Third Country Context and the Influence of Competing Freedoms, in: Reinisch, August/Knahr, Christina (Hrsg.), International Investment Law in Context, Utrecht 2007

Hindelang, Steffen, Wie viel Freiheit wagen?: Das Verhältnis von EG Kapitalverkehrs- und Niederlassungsfreiheit und die Reglementierung von Direktinvestitionen in und aus Drittstaaten, in: Knahr, Christina/Reinisch, August (Hrsg.), Aktuelle Probleme und Entwicklungen im Internationalen Investitionsrecht, Wien 2008

Hindelang, Steffen, Direktinvestitionen und die Europäische Kapitalverkehrsfreiheit im Drittstaatenverhältnis, JZ 17 (2009), S. 829

Hindelang, Steffen, The Free Movement of Capital and Foreign Direct Investment: The Scope of Protection in EU Law, Oxford 2009

Hindelang, Steffen/Maydell, Niklas, Die Gemeinsame Europäische Investitionspolitik – Alter Wein in neuen Schläuchen?, in: Bungenberg, Marc/Griebel, Jörn/ders. (Hrsg.), Internationaler Investitionsschutz und Europarecht, Baden-Baden 2010, S. 11

Hindelang, Steffen, Der primärrechtliche Rahmen einer EU-Investitionsschutzpolitik: Zulässigkeit und Grenzen von Investor-Staat-Schiedsverfahren aufgrund künftiger EU-Abkommen, WHI-Paper 01/11, verfügbar unter: http://www.whi-berlin.eu/tl_files/documents/whi-paper0111.pdf, zuletzt gesehen: 18.04.2018

Hindelang, Steffen, Der primärrechtliche Rahmen einer EU-Investitionsschutzpolitik: Zulässigkeit und Grenzen von Investor-Staat-Schiedsverfahren aufgrund künftiger EU-Abkommen, in: Bungenberg, Marc/Herrmann, Christoph (Hrsg.), Die gemeinsame Handelspolitik der Europäischen Union nach Lissabon, Baden-Baden 2011, S. 157

Hindelang, Steffen, Stellungnahme. Öffentliche Anhörung des Ausschusses für Wirtschaft und Energie des Deutschen Bundestages am 15.12.2014 zum Comprehensive Economic and Trade Agreement („CETA") zwischen der EU und Kanada, Themenblock „Investitionsschutzbestimmungen", 2014, verfügbar unter: https://www.bundestag.de/blob/345496/2f9d17704429c70693d11e18755bbc3b/steffen-hindelang--fu-berlin-data.pdf, zuletzt gesehen: 18.04.2018

Hoffmeister, Frank, Curse or Blessing? Mixed Agreements in the Recent Practice of the European Union and its Member States, in: Hillion, Christophe/Koutrakos, Panos (eds.), Mixed Agreements Revisited, Oxford 2010, S. 249

Hoffmeister, Frank/Ünüvar, Günes, From BITS and Pieces towards European Investment Agreements, in: Bungenberg, Marc/Reinisch, August/Tietje, Christian (Hrsg.), EU and Investment Agreements, Baden-Baden 2013, S. 57

Holterhus, Till Patrik, „A new era in the settlement of investment disputes?" – Reformvorschläge der EU-Kommission zum Investitionsschutz in TTIP, VerfBlog, 17.09.2015, verfügbar unter: https://verfassungsblog.de/a-new-era-in-the-settlement-of-investment-disputes-reformvorschlaege-der-eu-kommission-zum-investitionsschutz-in-ttip/, zuletzt gesehen: 18.04.2018

Holterhus, Till Patrik, Investitionsschutzgericht in CETA: ein Schritt in die richtige Richtung, VerfBlog, 15.08.2016, verfügbar unter: http://verfassungsblog.de/investitionsschutzgericht-in-ceta-ein-schritt-in-die-richtige-richtung/, zuletzt gesehen: 15.08.2016

Hummer, Waldemar, in: Vedder, Christoph/Heintschel von Heinegg, Wolff (Hrsg.), Europäischer Verfassungsvertrag, Handkommentar, Baden-Baden 2007

Hummer, Waldemar, in: Vedder, Christoph/Heintschel von Heinegg, Wolff (Hrsg.), Europäisches Unionsrecht, EU/AEUV/Grundrechte-Charta, Handkommentar, Baden-Baden 2012

Ipsen, Knut/Haltern, Ulrich R., Reform des Welthandelssystems? Perspektiven zum GATT und zur Uruguay-Runde, Frankfurt am Main 1991

Jacob, Sylvia, Vom Richter zum Schiedsrichter? Die Freihandelsabkommen TTIP und CETA verändern die Spielregeln dank ISDS, unter: http://www.jacoblaw.com/ceta-kanada-und-die-eu/, zuletzt gesehen: 18.04.2018

Johannsen, Sven Leif Erik, Der Investitionsbegriff nach Art. 25 Abs. 1 der ICSID-Konvention, in: Tietje, Christian/Kraft, Gerhard (Hrsg.), Beiträge zum Transnationalen Wirtschaftsrecht, Heft 87, 2009, S. 5

Johannsen, Sven Leif Erik, Die Kompetenz der Europäischen Union für ausländische Direktinvestitionen nach dem Vertrag von Lissabon, in: Tietje, Christian/Kraft, Gerhard/Lehmann, Matthias (Hrsg.), Beiträge zum Transnationalen Wirtschaftsrecht Heft 90, 2009, S. 5

Jost, Thomas, Direktinvestitionen und Standort Deutschland. Diskussionspapier 2/97, Volkswirtschaftliche Forschungsgruppe der Deutschen Bundesbank, Frankfurt am Main 1997

Jungbluth, David, Überformung der grundgesetzlichen Wirtschaftsverfassung durch Europäisches Unionsrecht, EuR 4 (2010), S. 471

Jürgens, Fabian, Die Kompetenzabgrenzung zwischen der Europäischen Union und den Mitgliedstaaten, Analyse und Bewertung der vertraglichen Ausgestaltung und der Anwendung der europarechtlichen Kompetenznormen durch die Gemeinschaftsorgane vor dem Hintergrund eines materiellen Kompetenzverständnisses, München 2010

Kahn, Daniel-Erasmus in: Geiger, Rudolf/ders./Kotzur, Markus (Hrsg.), Vertrag über die Europäische Union und Vertrag über die Arbeitsweise der Europäischen Union, EUV/AEUV Kommentar, 5. Aufl., München 2010

Kahn, Daniel-Erasmus/Eisenhut, Dominik in: Vedder, Christoph/Heintschel von Heinegg, Wolff (Hrsg.), Europäisches Unionsrecht, Handkommentar, Baden-Baden 2012

Kaiser, Friederike, Gemischte Abkommen im Lichte bundesstaatlicher Erfahrungen, Tübingen 2009

Kaiser, Karen, Comment on Dorota Leczykiewicz: Common Commercial Policy: The Expanding Competence of the European Union in the Area of International Trade, GLJ 2005, S. 1687

Kaiser, Karen, Geistiges Eigentum und Gemeinschaftsrecht: Die Verteilung der Kompetenzen und ihr Einfluss auf die Durchsetzbarkeit der völkerrechtlichen Verträge, Heidelberg/Berlin 2004

Kampermann, Karoline, Aktuelle Entwicklungen im internationalen Investitionsschutzrecht mit Blick auf die staatliche Steuersouveränität, in: Tietje, Christian u. a. (Hrsg.), Beiträge zum transnationalen Wirtschaftsrecht, 2006, S. 12

Kampermann, Karoline, Keine Meistbegünstigung im Steuerrecht – das Urteil des EuGH in der Rs. C-376/03 vom 5. Juli 2005, Transnational Economic Law Research Center (TELC), Oktober 2005, S. 3

Karl, Joachim, The Competence for Foreign Direct Investment – New Powers for the European Union, JWIT 5, 2004, S. 413

Khan, Daniel-Erasmus, in: Geiger, Rudolf/ders./Kotzur, Markus (Hrsg.), Vertrag über die Europäische Union und Vertrag über die Arbeitsweise der Europäischen Union, EUV/AEUV Kommentar, 5. Aufl., München 2010

Khan, Daniel-Erasmus/Eisenhut, Dominik, in: Vedder, Christoph/Heintschel von Heinegg, Wolff (Hrsg.), Europäisches Unionsrecht, Handkommentar, Baden-Baden 2012

Kingreen, Thorsten, in: Calliess, Christian/Ruffert, Matthias (Hrsg.), Das Verfassungsrecht der Europäischen Union mit Europäischer Grundrechtecharta, EUV/AEUV Kommentar, 4. Aufl., München 2011

Knauff, Matthias, Der Regelungsverbund: Recht und Soft Law in Mehrebenensystem, Tübingen 2010

Köbler, Gerhard, Juristisches Wörterbuch, München 2012, Stichwort Zuständigkeit

Köbler, Gerhard/Pohl, Heidrun, Deutsch-Deutsches Rechtswörterbuch, München 1991

Köck, Heribert Franz, Altes und Neues zur clausula rebus sic stantibus, in: Fischer, Peter/Köck, Heribert Franz/Verdross, Alfred (Hrsg.), Völkerrecht und Rechtsphilosophie. Internationale Festschrift für Stephan Verosta, Berlin 1980

Kohtamäki, Natalia, Die Reform der Bankenaufsicht in der Europäischen Union, Tübingen 2012

Kokott, Juliane, in: Streinz, Rudolf (Hrsg.), Vertrag über die Europäische Union und Vertrag über die Arbeitsweise der Europäischen Union, EUV/AEUV Kommentar, 2. Aufl., München 2012

Kotzur, Markus, in: Geiger, Rudolf/Khan, Daniel-Erasmus/ders. (Hrsg.), Vertrag über die Europäische Union und Vertrag über die Arbeitsweise der Europäischen Union EUV/AEUV Kommentar, 5. Aufl., München 2010

Koutrakos, Panos, Case C-205/06, Commission v. Austria, judgment of the Court (Grand Chamber) of 3 March 2009; Case C-249/06, Commission v. Sweden, judgment of the Court (Grand Chamber) of 3 March 2009, CMLR 46/6 (2009), S. 2059

Kozak, Kamila/Küblböck, Karin, Die Europäische Investitionspolitik nach dem Vertrag von Lissabon und ihr Einfluss auf nachhaltige Entwicklung, ÖFSE Working Paper 27, Wien 2011

Krajewski, Markus, External Trade Law and the Constitution Treaty: Towards a Federal and More Democratic Common Commercial Policy?, CMLR 2005, S. 91

Krajewski, Markus, Die neue handelspolitische Bedeutung des Europäischen Parlaments, in: Bungenberg, Marc/Herrmann, Christoph (Hrsg.), Die gemeinsame Handelspolitik der Europäischen Union nach Lissabon, Baden-Baden 2011, S. 55

Krajewski, Markus, Stellungnahme zur Frage, ob das geplante Freihandelsabkommen zwischen der EU und Peru und Kolumbien als sog. gemischtes Abkommen abgeschlossen werden muss, Erlangen 2011, verfügbar unter: http://www2.weed-online.org/uploads/eu_kolumbienperufta_gemischtesabkommen.pdf, zuletzt gesehen: 19.04.2018

Krajewski, Markus, Wirtschaftsvölkerrecht, 3. Aufl., Heidelberg 2012

Krajewski, Markus, Zu Investitionsschutz und Investor-Staat-Streitbeilegung im Transatlantischen Handels- und Investitionspartnerschaftsabkommen (TTIP), Kurzgutachten vom 01.05.2014

Krajewski, Markus/Hoffmann, Rhea Tamara, Der Vorschlag der EU-Kommission zum Investitionsschutz in TTIP, 2016, verfügbar unter: http://library.fes.de/pdf-files/wiso/12379.pdf, zuletzt gesehen: 22.08.2016

Krenzler, Horst Günter/da Fonseca-Wollheim, Hermann, Die Reichweite der gemeinsamen Handelspolitik nach dem Vertrag von Amsterdam – eine Debatte ohne Ende?, EuR 1998, Heft 2, S. 223

Krenzler, Horst Günter/Pitschas, Christian, Fortschritt oder Stagnation? Die gemeinsame Handelspolitik nach Nizza, EuR, Heft 3, 2001, S. 442

Krenzler, Horst Günter/Pitschas, Christian, Die Gemeinsame Handelspolitik nach dem Entwurf des Europäischen Verfassungsvertrags – ein Schritt in die richtige Richtung?, RIW Heft 11, November 2005, S. 801

Krenzler, Horst Günter/Pitschas, Christian, Die Gemeinsame Handelspolitik im Verfassungsvertrag – ein Schritt in die richtige Richtung, in: Herrmann, Christoph/Krenzler, Horst G./Streinz, Rudolf (Hrsg.), Die Außenwirtschaftspolitik der Europäischen Union nach dem Verfassungsvertrag, Baden-Baden 2006

Kreutzfeld, Jörn, Investitionsschutz für einen deutschen Investor in der Republik Südafrika. Insbesondere das bilaterale Investitionsschutzabkommen zwischen der Bundesrepublik Deutschland und der Republik Südafrika, Münster 2000

Kriebaum, Ursula, FET and Expropriation in the (Invisible) EU Model BIT, JWIT, Bd. 15 (2014), S. 454

Kühling, Jürgen, in: Streinz, Rudolf (Hrsg.), Vertrag über die Europäische Union und Vertrag über die Arbeitsweise der Europäischen Union, EUV/AEUV Kommentar, 2. Aufl., München 2012

Kumin, Andreas J./Bittner, Philip, Die „gemischten" Abkommen zwischen der Europäischen Union und ihren Mitgliedstaaten einerseits und dritten Völkerrechtssubjekten anderseits, EuR, Beiheft 2, 2012, S. 75

Lang, Andrej, Der Europäische Gerichtshof und die Investor-Staat-Streitbeilegung in TTIP und CETA: Zwischen Konfrontation, Konstitutionalisierung und Zurückhaltung in: Tietje, Christian/Kraft, Gerhard, Beiträge zum Transnationalen Wirtschaftsrecht, Heft 138, 2015, S. 13

Lavranos, Nikos, Revisiting Article 307 EC: The untouchable core of fundamental European Constitutional law values and principles, 2009, verfügbar unter: http://papers.ssrn.com/sol3/papers.cfm?abstract_id=1441915, zuletzt gesehen: 16.07.2015

Lavranos, Nikos, Protecting European Law from International Law, European Foreign Affairs Review (EFAR), Vol. 15, No. 1, 2010, S. 265

Lavranos, Nikos, The ECJ's Relationship with Other International Courts and Tribunals, 2010, verfügbar unter: http://papers.ssrn.com/sol3/papers.cfm?abstract_id=1672727, zuletzt gesehen: 17.02.2014

Lavranos, Nikos, In Defence of Member States' BITs Gold Standard: The Regulation 1219/2012 Establishing a Transitional Regime for Existing Extra-EU BITs-A Member State's Perspective, 2013, verfügbar unter: http://papers.ssrn.com/sol3/papers.cfm?abstract_id=2226979, zuletzt gesehen: 31.07.2015

Lavranos, Nikos, in: von der Groeben, Hans/Schwarze, Jürgen/Hatje, Armin (Hrsg.), Europäisches Unionsrecht, EUV/AEUV Kommentar, Baden-Baden 2015

Lecheler, Helmut/Germelmann, Claas Friedrich, Zugangsbeschränkungen für Investitionen aus Drittstaaten im deutschen und europäischen Energierecht, Tübingen 2010

Leczykiewicz, Dorota, Common Commercial Policy: The Expanding Competence of the European Union in the Area of International Trade, GLJ, Vol. 6, No. 11, 2005, S. 1673

Leisner, von, Walter Georg, Die subjektiv-historische Auslegung des Gemeinschaftsrechts. Der „Wille des Gesetzgebers" in der Judikatur des EuGH, EuR 6 (2007), S. 689

Lenski, Edgar, in: Lenz, Carl Otto/Borchardt, Klaus-Dieter (Hrsg.), EU-Verträge, Kommentar, Köln 2013

Lorenzmeier, Stefan, in: Grabitz, Eberhard/Hilf, Meinhard/Nettesheim, Martin (Hrsg.), Das Recht der Europäischen Union, EUV/AEUV Kommentar, München 2011

Lübke, Julia, Der Erwerb von Gesellschaftsanteilen zwischen Kapitalverkehrs- und Niederlassungsfreiheit, Baden-Baden 2006

Ludwigs, Markus, Rechtsangleichung nach Art. 94, 95 EG-Vertrag. Eine kompetenzrechtliche Untersuchung unter besonderer Berücksichtigung des Europäischen Privatrechts, Baden-Baden 2004

Mayer, Franz C., Stellt das geplante Freihandelsabkommen der EU mit Kanada (Comprehensive Economic and Trade Agreement, CETA) ein gemischtes Abkommen dar? Rechtsgutachten für das Bundesministerium für Wirtschaft und Energie, 2014, verfügbar unter: http://www.bmwi.de/BMWi/Redaktion/PDF/C-D/ceta-gutachten-einstufung-als-gemischtes-abkommen,property=pdf,bereich=bmwi2012,sprache=de,rwb=true.pdf, zuletzt gesehen: 17.10.2014

Mayr, Stefan, „Mixed" oder „EU-only" – Sind die Investitionsschutzbestimmungen im CETA von der Außenhandelskompetenz der EU „gedeckt"?, EuR 5 (2015), S. 575

Metz, Andreas, Die Außenbeziehungen der Europäischen Union nach dem Vertrag über eine Verfassung für Europa. Eine Untersuchung aus kompetenzrechtlicher Sicht-mit Erläuterungen zu den Außenkompetenzen nach dem Vertrag von Nizza, Berlin 2007

Meurs, Christian, Normenhierarchien im europäischen Sekundärrecht, Tübingen 2012

Mildner, Stormy-Annika, Die Doha-Runde der WTO. Stolpersteine auf dem Weg zu einem erfolgreichen Verhandlungsabschluss, Berlin 2009

Mildner, Stormy-Annika, Consultation of the European Commission on Investment Protection and ISDS in TTIP, Submission, vom 04.07.2014, verfügbar unter: https://bdi.eu/media/themenfelder/aussenwirtschaftspolitik/downloads/Artikel_1_ADI_BDI_ISDS_Consultation_final_1_.pdf, zuletzt gesehen: 18.04.2018

Mögele, Rudolf, in: Streinz, Rudolf (Hrsg.), Vertrag über die Europäische Union und Vertrag über die Arbeitsweise der Europäischen Union, EUV/AEUV Kommentar, München 2012

Mola, Lorenza, Which role for the EU in the development of international investment law?, SIEL Inaugural Conference, Geneva, July 15–17, 2008, Working Paper No. 26/08

Mortenson, Julian Davis, The Meaning of „Investment“: ICSID's Travaux and the Domain of International Investment Law, HILJ Vol. 51, Nr. 1, 2010, S. 257

Müller, Johannes C.W., Kapitalverkehrsfreiheit in der Europäischen Union. Bedeutung, Inhalt und Umfang, Weiterentwicklung, Auswirkung auf Völkerrecht und nationales Recht, Berlin 2000

Müller, Matthias, Die Errichtung eines Europäischen Patentgerichts – Herausforderung für die Autonomie des EU-Rechtssystems, EuZW 2010, S. 851

Müller, Matthias, Begrenzte Möglichkeit der Gründung eines Europäischen Patentgerichts – Anmerkung zum Gutachten 1/09 des EuGH vom 08.03.2011, EuR 4 (2011), S. 575

Müller-Brandeck-Bocquet, Gisela/Rüdiger, Carolin, Die Außenpolitik der EU, Berlin/Boston 2015

Müller-Graf, Peter Christian, in: Streinz, Rudolf (Hrsg.), Vertrag über die Europäische Union und Vertrag über die Arbeitsweise der Europäischen Union, EUV/AEUV Kommentar, München 2012

Müller-Graff, Peter-Christian, Das Karlsruher Lissabon-Urteil: Bedingungen, Grenzen, Orakel und integrative Optionen, Integration 4 (2009), S. 331

Müller-Ibold, Till, in: Lenz, Carl Otto/Borchardt, Klaus-Dieter (Hrsg.), EU-Verträge, Kommentar, EUV-AEUV-GRCh, 6. Aufl., Köln 2012

Nacimiento, Patricia, Streitbeilegung nach Maßgabe der ICSID-Regeln in: Ehlers, Dirk/Wolfgang, Hans-Michael/Schröder, Ulrich Jan (Hrsg.), Rechtsfragen internationaler Investitionen, Frankfurt am Main 2009, S. 171

Nakanishi, Yumiko, Die Entwicklung der Außenkompetenzen der Europäischen Gemeinschaft, Frankfurt am Main 1998

Nettesheim, Martin, in: von Bogdandy, Armin/Bast, Jürgen (Hrsg.), Europäisches Verfassungsrecht. Theoretische und dogmatische Grundzüge, Heidelberg 2009

Nettesheim, Martin, Ein Individualrecht auf Staatlichkeit? Die Lissabon-Entscheidung des BVerfG, NJW 2009, S. 2867

Nettesheim, Martin, in: Grabitz, Eberhard/Hilf, Meinhard/ders. (Hrsg.), Das Recht der Europäischen Union, EUV/AEUV Kommentar, München 2013

Nettesheim, Martin/Duvigneau, Johann Ludwig in: Streinz, Rudolf (Hrsg.), Vertrag über die Europäische Union und Vertrag über die Arbeitsweise der Europäischen Union, EUV/AEUV Kommentar, München 2012

Neubauer, Anna, Implizite Vertragsschlusszuständigkeiten der Europäischen Gemeinschaft und Subsidiaritätsprinzip, Hamburg 1999

Obwexer, Walter, Die Vertragsschlusskompetenzen und die vertragsschlussbefugten Organe der Europäischen Union, EuR, Beiheft 2, 2012, S. 49

Ohler, Christoph, Die Vereinbarkeit von Investor-Staat-Schiedsverfahren mit deutschem und europäischem Verfassungsrecht, JZ 2015, S. 337

Ohler, Christoph, Europäische Kapital- und Zahlungsverkehrsfreiheit, Kommentar zu Artikeln 56 bis 60 EGV, der Geldwäsche Richtlinie und Überweisungsrichtlinie, Berlin/Heidelberg 2002

Ohler, Christoph, in: Streinz, Rudolf (Hrsg.), Vertrag über die Europäische Union und Vertrag über die Arbeitsweise der Europäischen Union, EUV/AEUV Kommentar, München 2012

Ortino, Federico/Eeckhout, Piet, Towards an EU Policy on Foreign Direct Investment, in: Biondi, Andrea/Eeckhout, Piet/Ripley, Stefanie (eds.), EU Law after Lisbon, Oxford 2012, S. 312

Pache, Eckhard/Bielitz, Joachim, Das Verhältnis der EG zu den völkerrechtlichen Verträgen ihrer Mitgliedstaaten, EuR 2006, S. 316

Panetta, Frank, Ausländische Direktinvestitionen und Welthandelsordnung, Heidelberg 2003

Pirrung, Jörg, Die Schiedsgerichtsbarkeit nach dem Weltbankübereinkommen für Investitionsstreitigkeiten, Berlin 1972

Porterfield, Matthew C., A Distinction Without a Difference? The Interpretation of Fair and Equitable Treatment Under Customary International Law by Investment Tribunals, in: IISD, 22.03.2013, verfügbar unter: http://www.iisd.org/itn/2013/03/22/a-distinction-without-a-difference-the-interpretation-of-fair-and-equitable-treatment-under-customary-international-law-by-investment-tribunals/, zuletzt gesehen: 13.02.2015.

Pott, Hermann, Clausula rebus sic stantibus, Frankfurt am Main 1992

Reinisch, August, Die Beilegung von Investitionsstreitigkeiten, in: Tietje, Christian (Hrsg.), Internationales Wirtschaftsrecht, Berlin/Boston 2009, S. 801

Reinisch, August, The Division of Powers between the EU and its Member States „after Lisbon" in: Bungenberg, Marc/Griebel, Jörn/Hindelang, Steffen (Hrsg.), Internationaler Investitionsschutz und Europarecht, Baden-Baden 2010, S. 99

Reinisch, August, The Likely Content of Future EU Investment Agreements, in: Bungenberg, Marc/Griebel, Jörn/Hobe, Stephan/ders. (Hrsg.), International Investment Law, Baden-Baden/München u. a. 2015, S. 1884

Rensmann, Thilo, Völkerrechtlicher Enteignungsschutz, in: Ehlers, Dirk/Wolffgang, Hans-Michael/Schröder, Ulrich Jan (Hrsg.), Rechtsfragen internationaler Investitionen, Frankfurt am Main 2009, S. 25

Ress, Georg/Ukrow, Jörg, in: Grabitz, Eberhard/Hilf, Meinhard/Nettesheim, Martin (Hrsg.), Das Recht der Europäischen Union, EUV/AEUV Kommentar, München 2010

Ritzer, Christoph, Europäische Kompetenzordnung, Baden-Baden 2006

Rosenau, Henning/Petrus, Szabolcs, in: Vedder, Christoph/Heintschel von Heinegg, Wolff (Hrsg.), Europäisches Unionsrecht, EUV/AEUV/Grundrechte-Charta, Handkommentar, Baden-Baden 2012

Rosin, Nicole, Kompetenzabgrenzung und Kompetenzausübung in der Europäischen Union, Frankfurt am Main 2003

Sackmann, Julia Carolin, Transparenz im völkerrechtlichen Investitionsschiedsverfahren, Baden-Baden 2012

Sattler, Sven, Gemischte Abkommen und gemischte Mitgliedschaften der EG und ihrer Mitgliedstaaten: Unter besonderer Berücksichtigung der WTO, Berlin 2007

Scharf, Daniel, Die Kapitalverkehrsfreiheit gegenüber Drittstaaten, in: Tietje, Christian/Kraft, Gerhard/Sethe, Rolf (Hrsg.), Beiträge zum Transnationalen Wirtschaftsrecht, Heft 76, 2008

Scheibach, Ralf, Importrelevante Investitionsauflagen und das GATT, Frankfurt am Main 1992

Schill, Stephan, The Multilateralization of International Investment Law, Cambridge 2009

Schill, Stephan, Auswirkungen der Bestimmungen zum Investitionsschutz und zu den Investor-Staat-Schiedsverfahren im Entwurf des Freihandelsabkommens zwischen der EU und Kanada (CETA) auf den Handlungsspielraum des Gesetzgebers (Rechtsgutachten vom 28. August 2014), verfügbar unter: https://www.bmwi.de/Redaktion/DE/Downloads/C-D/ceta-gutachten-investitionsschutz.pdf?__blob=publicationFile&v=4, zuletzt gesehen: 19.04.2018

Schill, Stephan, Editorial: Opinion 2/13 – The End for Dispute Settlement in EU Trade and Investment Agreements?, JWIT 16 (2015), S. 379

Schlag, Martin, in: Schwarze, Jürgen (Hrsg.), EU-Kommentar, 3. Aufl., Baden-Baden 2012

Schlosser, Peter, Das Recht der internationalen privaten Schiedsgerichtsbarkeit, 2. Aufl., Tübingen 1989

Schmalenbach, Kirsten, in: Calliess, Christian/Ruffert, Matthias (Hrsg.), Das Verfassungsrecht der Europäischen Union mit Europäischer Grundrechtecharta, EUV/AEUV, 4. Aufl., München 2011

Schmitt, Ramona, Die Kompetenzen der Europäischen Union für ausländische Investitionen in und aus Drittstaaten, München 2013

Schöbener, Burkhard/Herbst, Jochen/Perkams, Markus (Hrsg.), Internationales Wirtschaftsrecht, Heidelberg 2010

Schön, Wolfgang, Europäische Kapitalverkehrsfreiheit und nationales Steuerrecht, GS für Knobbe-Keuk, Köln 1997

Schultheis, Antje, Politische Ökonomie internationaler Investitionsabkommen, Diskurs und Forum-Shifting der EU, Münster 2010

Schwarze, Jürgen, in: Schwarze, Jürgen (Hrsg.), EU-Kommentar, Baden-Baden 2009

Schweitzer, Michael, in: Grabitz, Eberhard/Hilf, Meinhard (Hrsg.), Das Recht der Europäischen Union, EUV/AEUV Kommentar, München 2009

Sedlaczek, Michael/Züger, Mario, in: Streinz, Rudolf (Hrsg.), Vertrag über die Europäische Union und Vertrag über die Arbeitsweise der Europäischen Union, EUV/AEUV Kommentar, München 2012

Seidl-Hohenveldern, Ignaz, Versicherung nichtkommerzieller Risiken und die Europäische Gemeinschaft, Saarbrücken 1977

Seifert, Hubertus, Die deutschen Direktinvestitionen im Ausland, Köln/Opladen 1967

Seiler, Christian, in: Grabitz, Eberhard/Hilf, Meinhard/Nettesheim, Martin (Hrsg.), Das Recht der Europäischen Union, EUV/AEUV Kommentar, München 2011

Shan, Wenhua/Zhang, Sheng, The Treaty of Lisbon: Half Way toward a Common Investment Policy, EJIL, 2011, S. 1029

Sidhu, Karl, Die Regelung von Direktinvestitionen in der WTO, Das TRIMs-Abkommen und das GATs, Göttingen 2004

Sidhu, Karl, Die Regelung von grenzüberschreitenden Investitionen in der WTO: ein Überblick, ZEuS, Heft 2, 2004, S. 349

Sinclair, Ian, Vienna Convention on the Law of Treaties, 2nd ed., Manchester 1984

Sloot, Lars, Die Lehre von den implied powers im Recht der Europäischen Gemeinschaften, Aachen 2005

Stettner, Rupert, Grundfragen einer Kompetenzlehre, Berlin 1983

Streinz, Rudolf, in: ders. (Hrsg.), Europarecht, 8. Aufl., Heidelberg 2008

Streinz, Rudolf, in: ders. (Hrsg.), Europarecht, 9. Aufl., Heidelberg 2012

Streinz, Rudolf, in: ders. (Hrsg.), Vertrag über die Europäische Union und Vertrag über die Arbeitsweise der Europäischen Union, EUV/AEUV Kommentar, München 2012

Streinz, Rudolf/Ohler, Christoph/Herrmann, Christoph (Hrsg.), Der Vertrag von Lissabon zur Reform der EU. Einführung mit Synopse, 3. Aufl., München 2010

Strik, Philip, Shaping the Single European Market in the Field of Foreign Direct Investment, Oxford 2014

Tams, Christian J., An Appealing Option? The Debate about an ICSID Appellate Structure, in: Tietje, Christian/Kraft, Gerhard/Sethe, Rolf (Hrsg.), Beiträge zum Transnationalen Wirtschaftsrecht, Heft 57, 2006, S. 12

Tams, Christian J., Ships that pass in the night: Die Debatte über TTIP und die Schiedsgerichtsbarkeit, VerfBlog, 08.05.2014, verfügbar unter: http://www.verfassungsblog.de/ships-pass-night-die-debatte-ueber-ttip-und-die-schiedsgerichtsbarkeit/, zuletzt gesehen: 24.04.2015

Terhechte, Jörg Philipp, (National) Constitutional Law Limitations on the Advancement of the EU's Common Commercial Policy, in: Bungenberg, Marc/Herrmann, Christoph (Hrsg.), Common Commercial Policy after Lisbon, Heidelberg 2013

Terhechte, Jörg Philipp, Art. 351 AEUV, das Loyalitätsgebot und die Zukunft mitgliedstaatlicher Investitionsschutzverträge nach Lissabon, EuR 4 (2010), S. 517

Tettingen, Peter, Kommentierung zu Art. 12, in: Sachs, Michael (Hrsg.), Grundgesetz, Kommentar, München 2007

Thym, Daniel, in: Grabitz, Eberhard/Hilf, Meinhard/Nettesheim, Martin (Hrsg.), Das Recht der Europäischen Union, EUV/AEUV Kommentar, München 2010

Tietje, Christian, Die Meistbegünstigungsverpflichtung im Gemeinschaftsrecht, EuR 1995, S. 398

Tietje, Christian, Das Ende der parallelen Mitgliedschaft von EU und Mitgliedstaaten in der WTO?, in: Herrmann, Christoph/Krenzler, Horst Günter/Streinz, Rudolf (Hrsg.), Die Außenwirtschaftspolitik der Europäischen Union nach dem Verfassungsvertrag, Baden-Baden 2006

Tietje, Christian, Die Gemeinsame Handelspolitik der EU im System des Welthandelsrechts: Ein Spannungsverhältnis zwischen fortschreitender Liberalisierung und zunehmenden Protektionismus, in: Pache, Eckhard/Schorkopf, Frank (Hrsg.), Die Europäische Union nach Lissabon-Beiträge zu Organisation, Außenbeziehungen und Stellung im Welthandelsrecht-Kolloquium aus Anlass des 70. Geburtstages von Professor Dr. Meinhard Hilf, Baden-Baden 2009, S. 33

Tietje, Christian, Internationaler Investitionsrechtsschutz, in: Ehlers, Dirk/Schoch, Friedrich (Hrsg.), Rechtsschutz im öffentlichen Recht, Berlin 2009

Tietje, Christian, Die Außenwirtschaftsverfassung der EU nach dem Vertrag von Lissabon, in: ders./Kraft, Gerhard, Beiträge zum Transnationalen Wirtschaftsrecht, Heft 83, 2009

Tietje, Christian, EU-Investitionsschutz und -förderung zwischen Übergangsregelungen und umfassender europäischer Auslandsinvestitionspolitik, EuZW 2010, Heft 17, S. 647

Tietje, Christian, in: Grabitz, Eberhard/Hilf, Meinhard/Nettesheim, Martin (Hrsg.), Das Recht der Europäischen Union, EUV/AEUV Kommentar, EL 43, München 2011

Tomuschat, Christian, in: Groeben, Hans von der/Schwarze, Jürgen (Hrsg.), Kommentar zum Vertrag über die Europäische Union und zur Gründung der Europäischen Gemeinschaft, EUV/EGV, 6 Aufl., Baden-Baden 2004

Trüe, Christiane, Das System der Rechtsetzungskompetenzen der Europäischen Gemeinschaft und der Europäischen Union, Baden-Baden, 2002

Van Harten, Gus, Arbitrator Behaviour in Asymmetrical Adjudication: An Empirical Study of Investment Treaty Arbitration, Osgoode Hall Law Journal 50/1 (2012), S. 211, verfügbar unter: http://digitalcommons.osgoode.yorku.ca/cgi/viewcontent.cgi?article=1036&context=ohlj, zuletzt gesehen: 27.11.2014.

Vedder, Christoph, Außenbeziehungen und Außenvertretung, in: Hummer, Waldemar/Obwexer, Walter (Hrsg.), Der Vertrag von Lissabon, Baden-Baden 2009, S. 267

Vedder, Christoph, Die Außenbeziehungen der EU und die Mitgliedstaaten: Kompetenzen, gemischte Abkommen, völkerrechtliche Verantwortlichkeit und Wirkungen des Völkerrechts, EuR 2007, Beiheft 3, S. 57

Vedder, Christoph, in: ders./Heintschel von Heinegg, Wolff (Hrsg.), Europäisches Unionsrecht, EUV/AEUV/Grundrechte-Charta, Handkommentar, Baden-Baden 2012

Villiger, Mark E., Commentary on the Vienna Convention on the Law of Treaties, Leiden/Boston 1997

Von Danwitz, Thomas, in: Dauses, Manfred (Hrsg.), Handbuch des EU-Wirtschaftsrechts, München 2014

Von Milczewski, Christine, Der grundrechtliche Schutz des Eigentums im Europäischen Gemeinschaftsrecht, Frankfurt am Main/Berlin u. a. 1994

von Wilmowsky, Peter, Freiheit des Kapital- und Zahlungsverkehrs, in: Ehlers, Dirk (Hrsg.), Europäische Grundrechte und Grundfreiheiten, Berlin 2009, S. 402

Vöneky Silja/Beylage-Haarmann, Britta, in: Grabitz, Eberhard/Hilf, Meinhard/Nettesheim, Martin (Hrsg.), Das Recht der Europäischen Union, EUV/AEUV Kommentar, München 2011

Weber, Stefan, Kapitalverkehr und Kapitalmärkte im Vertrag über die Europäische Union, EuZW 1992, S. 561

Wedekind, Johannes, Die Mitbestimmungsbefugnisse des Europäischen Parlaments im Bereich der Gemeinsamen Handelspolitik, Hamburg 2012

Weiß, Wolfgang, in: Grabitz, Eberhard/Hilf, Meinhard/Nettesheim, Martin (Hrsg.), Das Recht der Europäischen Union, EUV/AEUV Kommentar, München 2013

Weiß, Wolfgang, Die WTO als Organisation, in: Herrmann, Christoph/ders./Ohler, Christoph (Hrsg.), Welthandelsrecht, 2. Aufl., München 2007

Weiß, Wolfgang, Handelspolitik im Europäischen Verfassungsverbund: Außenhandelskompetenz und die Lissabon-Entscheidung des Bundesverfassungsgerichts, in: Bungenberg, Marc/Herrmann, Christoph (Hrsg.), Die gemeinsame Handelspolitik der Europäischen Union nach Lissabon, Baden-Baden 2011, S. 35

Weltwirtschaft, Ökologie und Entwicklung, Ein Internationales Investitionsabkommen im Rahmen der WTO? Positionen und Hintergründe aus entwicklungspolitischer Sicht, unter: http://www.weed-online.org/suchen/index.html, 15.10.2003, zuletzt gesehen: 30.10.2014

Wenckstern, Manfred, Die Immunität internationaler Organisationen, in: Handbuch des internationalen Zivilverfahrensrechts (Koordinierung: Ulrich Drobnig), Bd. II/1, Tübingen 1994

Wilhelm, Markus, Auswirkungen handelsrelevanter Investitionsmaßnahmen, München 2000

Wolf, Sebastian, Welthandelsrechtliche Rahmenbedingungen für die Liberalisierung ausländischer Direktinvestitionen – Multilaterale Investitionsverhandlungen oder Rückbesinnung auf bestehende Investitionsregelungen im

Rahmen der WTO?, in: Tietje, Christian/Kraft, Gerhard/Sethe, Rolf (Hrsg.), Beiträge zum Transnationalen Wirtschaftsrecht, Heft 61, 2006

Woolcock, Stephen, Das Konzept für die Auslandsinvestitionspolitik der EU nach dem Inkrafttreten des Vertrags von Lissabon, 2010, verfügbar unter: http://www.europarl.europa.eu/RegData/etudes/etudes/join/2010/433854/EXPO-INTA_ET(2010)433854_DE.pdf

Zielcke, Andreas, Sieg über das Gesetz, 2014, verfügbar unter: http://www.sueddeutsche.de/politik/transatlantisches-freihandelsabkommen-ttip-sieg-ueber-das-gesetz-1.1948221

Zobel, Petra, Schiedsgerichtsbarkeit und Gemeinschaftsrecht: im Spannungsverhältnis zwischen Integration und Exklusion, Tübingen 2005

Frankfurter wirtschaftsrechtliche Studien

Herausgegeben von
Theodor Baums, Andreas Cahn, Brigitte Haar, Katja Langenbucher,
Tobias Tröger, Manfred Wandt, Peter von Wilmowsky

Band 1 Tomas Brinkmann: Unternehmensinteresse und Unternehmensrechtsstruktur. Aufgaben und Grenzen eines normativen Regulativs unternehmenspolitischer Prozesse. 1983.

Band 2 Rüdiger Hahn: Behinderungsmißbräuche marktbeherrschender Unternehmen. Eine Untersuchung der Beeinträchtigung von Wettbewerb und Marktstruktur durch horizontalen Nichtleistungswettbewerb als Gegenstand der Mißbrauchaufsicht nach § 22 Abs. 4 S. 2 Nr. 1 GWB. 1984.

Band 3 Peter Buchmann: Registerpublizität und Gläubigerschutz bei der Einmann-Gesellschaft. 1984.

Band 4 Christian Joerges/Eugen Hiller/Knut Holzscheck/Hans-W. Micklitz: Vertriebspraktiken im Automobilersatzteilsektor. Ihre Auswirkungen auf die Interessen der Verbraucher. 1985.

Band 5 Annette Boerner: Die Haftung des herrschenden Kommanditisten. 1985.

Band 6 Dirk H. Mahler: Rechtsmißbrauch und einstweiliger Rechtsschutz bei Dokumentenakkreditiven und "Akkreditiven auf erstes Anfordern": Eine rechtsvergleichende Untersuchung. 1986.

Band 7 Brigitte Kratz: Ausländische Eingriffsnorm und inländischer Privatrechtsvertrag. 1986.

Band 8 Dimitris Tsibanoulis: Die genossenschaftliche Gründungsprüfung. 1987.

Band 9 Jürgen Braun: Rechtsfragen des Transport-Unfall-Informations- und Hilfeleistungs-Systems der deutschen chemischen Industrie. 1987.

Band 10 Thomas Pfeiffer: Die Bedeutung des privatrechtlichen Immissionsschutzes. Eine Untersuchung zu §§ 1004, 906 BGB. 1987.

Band 11 Michael Bothe/Josef Brink/Christian Kirchner/Albrecht Stockmayer: Rechtsfragen der internationalen Verschuldungskrise. Voraussetzungen, Formen und Verfahren internationaler Umschuldungsmaßnahmen und Umschuldungsvereinbarungen. 1988.

Band 12 Felix Dörr: Die fehlerhafte GmbH. 1989.

Band 13 Rolf Trittmann: Anwendungsprobleme des Haager Beweisübereinkommens im Rechtshilfeverkehr zwischen der Bundesrepublik und den Vereinigten Staaten von Amerika. Exklusive Regelung zur Überbrückung der Unterschiede zwischen dem kontinental-europäischen und anglo-amerikanischen Zivilprozeßrechtssystem? 1989.

Band 14 Margaretha Sudhof: Dreieckige Rechtsverhältnisse im Wirtschaftsverwaltungsrecht - Am Beispiel von Konkurrentenklagen. 1989.

Band 15 Michael Weigel: Schriftformklauseln in Allgemeinen Geschäftsbedingungen. 1989.

Band 16 Hans-Peter Schröder: Der sichere Weg bei der Vertragsgestaltung. 1990.

Band 17 Matthias Haas: Haftungsfreizeichnungsklauseln in Allgemeinen Geschäftsbedingungen. Eine rechtsdogmatische und ökonomische Analyse. 1991.

Band 18 Andreas Hahn: Instandhaltungsverträge. Begriffe, Einordnung, Rechtsfolgenbestimmung, Auswirkung auf die Kautelarpraxis. 1991.

Band 19 Jürgen Götz: Der Entherrschungsvertrag im Aktienrecht. 1991.

Band 20 Friedrich Wächtershäuser: Das Gesellschaftsrecht des internationalen Joint Ventures. 1992.

Band 21 Christina Escher-Weingart: Nutzungsausfall als Schaden und sein Ersatz. 1993.

Band 22 Jean-Claude Zerey: Rechtliche Probleme der Finanzierung von *Leveraged Buyouts* und *Tender Offers* durch Banken in den USA und in der Bundesrepublik Deutschland. Eine rechtsvergleichende Studie über die Rolle der Banken bei Unternehmenskontrolltransaktionen in den USA und in der Bundesrepublik Deutschland. 1994.

Band 23 Markus Bauer: Gläubigerschutz durch eine formelle Nennkapitalziffer - Kapitalgesellschaftsrechtliche Notwendigkeit oder überholtes Konzept? Eine rechtsvergleichende Untersuchung der Gläubigerschutzkonzepte des amerikanischen und deutschen Kapitalgesellschaftsrechts. 1995.

Band 24 Marion Vollmann: Minderheitenschutz im aktienrechtlichen Beschlußmängelrecht. Eine Bestandsaufnahme und Vorschläge zu einer rechtspolitischen Reform. 1997.

Band 25 Lydia Klose-Mokroß: Gläubigerschutz im Kapitalgesellschaftsrecht am Beispiel der Lehre von der verdeckten Sacheinlage. 1997.

Band 26 Stephan Aubel: Der vereinfachte Bezugsrechtsausschluß. Aktionärs- und Gesellschaftsinteressen beim vereinfachten Bezugsrechtsausschluß nach Maßgabe des § 186 Absatz 3 Satz 4 AktG. 1998.

Band 27 Kurt Peter Dittrich: Die Privatplazierung im deutschen Kapitalmarktrecht. Eine Untersuchung der Vorschriften des Auslandinvestmentgesetzes, des Wertpapier-Verkaufsprospektgesetzes und des Gesetzes über Kapitalanlage-Gesellschaften unter Berücksichtigung des Rechts der Vereinigten Staaten von Amerika und des Vereinigten Königreichs. 1998.

Band 28 Viola Sailer: Aktienrechtliche Minderheitskompetenzen zwischen Mißbrauch und unternehmerischer Entscheidungsfreiheit. 1999.

Band 29 Marc Zimmerling: Kapitalerhaltung und Konzernfinanzierung. Eine Untersuchung der kapitalerhaltungsrechtlichen Problematik aufsteigender Sicherheiten im Konzern. 1998.

Band 30 Joachim Wichert: Die Finanzen der Kommanditgesellschaft auf Aktien. 1999.

Band 31 Kerstin Andrea Müller: Produktverantwortung und ihre Durchsetzung. Eine kartellrechtliche Beurteilung von Selbstverpflichtungen im Umweltrecht aus deutscher und europäischer Sicht unter besonderer Berücksichtigung der Altautoentsorgung. 1999.

Band 32 Bettina Friedrich: Konvergenzen im Gesellschaftsrecht. Recht-Fertigung durch Status- und Befundsicherung. 2000.

Band 33 Rudolf Lemke: Haftungsrechtliche Fragen des Ratingwesens – ein Regelungsproblem? 2000.

Band 34 Klaus R. Roller: Die Vergütung des Aufsichtsrats in Abhängigkeit vom Aktienkurs. 2000.

Band 35 Bettina Bokelmann: Personelle Verflechtungen über Aufsichtsräte. Aufsichtsratsmitglieder mit hauptberuflicher Vorstandsfunktion. 2000.

Band 36 Kai-Uwe Steck: Regulierung von US-amerikanischen Investmentgesellschaften (Investment Companies). Unter besonderer Berücksichtigung des National Securities Markets Improvement Act of 1996 (NSMIA) und anderer aktueller Rechtsanpassungen. 2000.

Band 37 Kristofer Bott: Wissenszurechnung bei Organisationen. 2000.

Band 38 Ursula Lenzen: Unerlaubte Eingriffe in die Börsenkursbildung. 2000.

Band 39 Martin Schulz: Verfassungsrechtliche Vorgaben für das Kollisionsrecht in einem Gemeinsamen Markt. Eine rechtsvergleichende Untersuchung zu den Grenzen einzelstaatlicher Anknüpfungsmethoden im internationalen Vertrags-, Delikts- und Gesellschaftsrecht am Beispiel der Vereinigten Staaten von Amerika. 2000.

Band 40 Maximilian Koch: Diversifizierung und Vorstandskompetenzen. 2001.

Band 41 Corrado Wohlwend: Die Hauptversammlung im Wandel der Kommunikationsformen. 2001.

Band 42 Michael Rozijn: Der Unternehmensmaklervertrag. Zur Anwendung des allgemeinen Maklervertragsrechts auf Mergers & Acquisitions-Dienstleistungen. 2001.

Band 43 Konstantinos N. Kyriakakis: Die Überwachung einer US-amerikanischen Aktiengesellschaft durch institutionelle Anleger. 2002.

Band 44 Uta Fredebeil: Aktienemissionen. Das underwriting agreement (der Übernahmevertrag) und seine spezifischen Klauseln. 2002.

Band 45 Michaela G. Döbler: Die Einführung des WTO-weiten Erschöpfungsgrundsatzes in das Markenrecht der EU und der USA. 2002.

Band 46 Jan Liersch: Regulierung des Blockhandels an den organisierten Aktienmärkten der Vereinigten Staaten, Großbritanniens und Deutschlands. 2002.

Band 47 Sascha Lotze: US-amerikanisches Kapitalmarktrecht und Internet. Aufsichts- und haftungsrechtliche Fragen des Internet-Einsatzes bei Wertpapieremissionen und im Wertpapierhandel. 2002.

Band 48 Boris Trautmann: Die Konkurrenz von Haftpflicht- und Versicherungsanspruch. Ein Beitrag zur ökonomischen Analyse des Rechts unter Berücksichtigung von Unsicherheit und Verhaltensanomalien. 2002.

Band 49 Matthias Möller: Rechtsformen der Wagnisfinanzierung. Eine rechtsvergleichende Studie zu den USA und zu Deutschland. 2003.

Band 50 Heiner Feldhaus: Die Eignung zur erheblichen Kursbeeinflussung bei der Ad-hoc-Publizität. Eine rechtsvergleichende und interdisziplinäre Untersuchung unter Berücksichtigung der europarechtlichen Vorgaben. 2003.

Band 51 Matthias Janke: Gesellschaftsrechtliche Treuepflicht. Neubewertung der richterrechtlichen Generalklausel im Rahmen einer rechtsvergleichenden und ökonomischen Analyse. 2003.

Band 52 Katrin Thoma: Eigengeschäfte des Vorstands mit der Aktiengesellschaft. Eine vergleichende Untersuchung zum englischen, U.S.-amerikanischen und deutschen Recht. 2003.

Band 53 Mathias Stöcker: Rechtsfragen grenzüberschreitender Unternehmenszusammenschlüsse – unter besonderer Berücksichtigung des Falles Daimler/Chrysler – 2003.

Band 54 Otto Korte: Zur mißbräuchlichen Wahrnehmung der aktienrechtlichen Anfechtungsbefugnis. 2003.

Band 55 Wilhelm Wilderink: Die Auflösung, die Übertragung und die Verschmelzung von In vestmentfonds. 2003.

Band 56 Anja Birkenkämper: Rechtsfragen feindlicher Übernahmen. Jurisitische Nachlese zum Fall Krupp/Thyssen. 2003.

Band 57 Manuel Lorenzo Alonso: Die Neuausrichtung der Zwischenstaatlichkeitsklausel der Art. 81, 82 EG. Folgen der neuesten Entwicklungen des Gemeinschaftsrechts für die Zwischenstaatlichkeitsklausel – unter besonderer Berücksichtigung des Bankenbereichs. 2003.

Band 58 Dirk Kocher: Kapitalgesellschaft & Co. KG in Finnland. Eine Untersuchung zur Frage der Übertragbarkeit der deutschen Grundtypenvermischung auf das finnische Recht. 2003.

Band 59 Ruiting Qin: Parteiautonomie: Eine rechtsvergleichende Untersuchung. Versuch zur Entwicklung einer Gerechtigkeitsjurisprudenz im IPR. 2003.

Band 60 René Runte: Walter Julius Derenberg – Leben und Werk. 2004.

Band 61 Udo Prinz: Umstrukturierung durch *Schemes of Arrangement* mit Gesellschaftern im englischen Recht. – Ein Vorbild? 2004.

Band 62 Rainer Schmitz: Die Haftung des Vorstands gegenüber den Aktionären. Eine rechtsvergleichende Untersuchung nach deutschem und US-amerikanischem Recht. 2004.

Band 63 York Oehlschläger: Die typische und atypische stille Beteiligung an einer Aktiengesellschaft. Möglichkeiten und Grenzen der Gestaltung für die stille Gesellschaft zwischen Personengesellschaftsrecht, Aktienrecht, Konzernrecht und Umwandlungsrecht. 2004.

Band 64 Stefan Klein: Die Rechtsstellung auswärtiger Gesellschaften im deutschen und US-amerikanischen Recht. Ein Beitrag zur Neuausrichtung des deutschen internationalen Gesellschaftsrechts unter besonderer Berücksichtigung des Europäischen Gemeinschaftsrechts. 2004.

Band 65 Knut Sauer: Haftung für Falschinformation des Sekundärmarktes. 2004.

Band 66 Michael Senger: Bankenaufsicht, Unternehmensverbindungen und Bankengruppen. 2004.

Band 67 Maximilian Rittmeister: Gewährleistung beim Unternehmenskauf. Die Gewährleistungshaftung des Verkäufers bei einem Unternehmenskauf seit In-Kraft-Treten des Schuldrechtsmodernisierungsgesetzes. 2005.

Band 68 Ole Ziegler: Der Anteilserwerb am Kapitalmarkt nach der Schuldrechtsreform. 2005.

Band 69 Maia Tacheva: Rechtsbehelfe des Käufers im Warenkaufrecht. Eine rechtsvergleichende Untersuchung des Übereinkommens der Vereinten Nationen über Verträge über den internationalen Warenkauf (CISG), des englischen Sale of Goods Act, des bulgarischen Kaufrechts und des deutschen Kaufrechts vor und nach dem Schuldrechtsmodernisierungsgesetz. 2005.

Band 70 Michael Lange: Rechtsfragen der Finanzierung eines feindlichen Übernahmeangebotes. Am Beispiel der großen Publikumsgesellschaft nach US-amerikanischem und deutschem Recht. 2005.

Band 71 Niklas Dieterich: Outsourcing bei Kapitalanlagegesellschaften. 2005.

Band 72 Julia Sernetz: Derivate und Corporate Governance. Kompetenzen und Pflichten des Vorstands von Aktiengesellschaften beim Einsatz von Derivaten. 2006.

Band 73 Marcel Polte: Aktiengattungen. Eine rechtsvergleichende Untersuchung zum deutschen, US-amerikanischen und englischen Recht. 2005.

Band 74 Jens Bornscheid: Stapled Stock (Verbundaktien). 2006.

Band 75 Robert F. Thoma: Der Wettbewerb um Stimmen im US-amerikanischen und deutschen Aktienrecht. 2006.

Band 76 Markus Lauer: Gemeinsam geführte Unternehmen im Bilanz- und Gesellschaftsrecht. 2006.

Band 77 Arne Christian Lawall: Die virtuelle Holding nach deutschem Aktienrecht. 2006.

Band 78 Marcel Barth: Schadensberechnung bei fehlerhafter Kapitalmarktinformation. 2006.

Band 79 Dirk Reidenbach: Aktienanalysten und Ratingagenturen – Wer überwacht die Überwacher? 2006.

Band 80 Jochen Herr: Neue EU-Wettbewerbsregeln für Technologietransfer-Vereinbarungen. 2006.

Band 81 Simon Markus Beck: Kritik des Eigenkapitalersatzrechts. Zugleich ein Beitrag zur Stärkung des insolvenzrechtlichen Gläubigerschutzes. 2006.

Band 82 Emrullah Kervankiran: Haftungsbeschränkung im türkischen Gesellschaftsrecht. Ein Rechtsvergleich. 2007.

Band 83 David C. Donald: Der Einfluss der Wertpapierabwicklung auf die Ausübung von Aktionärsrechten. Eine Untersuchung der Entstehungsgeschichte und Auswirkungen des U.S.-amerikanischen „Indirect Holding System“. 2008.

Band 84 Mathias Eisen: Haftung und Regulierung internationaler Rating-Agenturen. 2007.

Band 85 Nina Bogenschütz: Neuausrichtung des Eigenkapitalbegriffs. Dogmatische Überlegungen im Lichte hybrider Finanzierungen. 2008.

Band 86 Hans-Jürgen Schmitt: Das Geldwäsche-Risikomanagement der Kreditinstitute. 2008.

Band 87 Daniel Komo: Grenzüberschreitende Zusammenschlüsse britischer und deutscher Unternehmen. 2008.

Band 88 Stefan Rothweiler: Der Informationsfluss vom beherrschten zum herrschenden Unternehmen im Gesellschafts- und Kapitalmarktrecht. 2008.

Band 89 Stefan Berg: Kreditderivate im deutschen Privatrecht. 2008.

Band 90 Christian Fischer: Rechtsfragen grenzüberschreitender Übernahmeangebote. 2008.

Band 91 Volker Konopatzki: Funktionsauslagerung bei Kreditinstituten. Gesellschaftsrechtlicher und bankenaufsichtsrechtlicher Rahmen. 2008.

Band 92 Nicolas A. Ostler: Stimmrecht ohne Beteiligungsinteresse. Erwerb und Ausübung des Aktienstimmrechts ohne das Vermögensinteresse an der Beteiligung. 2010.

Band 93 Stefan Brass: Hedgefonds als aktive Investoren. Rechtliche Schranken und rechtspolitische Vorschläge. 2010.

Band 94 Ulrike Blömer: Grenzüberschreitende Sachverhalte im Bankenaufsichtsrecht. 2010.

Band 95 Emanuel H. F. Ballo: Die AGB-Kontrolle von Kreditverträgen in der Akquisitionsfinanzierung. Eine Untersuchung am Beispiel des *Senior Multicurrency Term and Revolving Facilities Agreement*. 2010.

Band 96 Mathias Neumann: Gerüchte als Kapitalmarktinformationen. Die kapitalmarktrechtliche Behandlung von Informationen mit unsicherem Wahrheitsgehalt. 2011.

Band 97 Maren Gräfe: Squeeze-outs nach deutschem, französischem und spanischem Gesellschaftsrecht. Eine ökonomische und rechtsvergleichende Analyse unter Berücksichtigung der europäischen Rechtsentwicklung. 2011.

Band 98 Carsten Lammers: Der Prüfungsausschuss des Aufsichtsrats nach dem Sarbanes-Oxley Act und dem BilMoG. Zum Spannungsverhältnis zwischen US-amerikanischem Kapitalmarktrecht, europäischen Vorgaben und deutschem Aktienrecht. 2011.

Band 99 Andreas Wieland: Inhaberkontrollverfahren. Die Anteilseignerkontrolle beim Erwerb bedeutender Beteiligungen an Unternehmen des Finanzsektors. 2012.

Band 100 Henny Müchler: Die Investmentaktiengesellschaft mit veränderlichem Kapital. 2014.

Band 101 Nikolaus Bunting: Die Gründung von Kapitalgesellschaften in Deutschland, dem Vereinigten Königreich und den USA. Eine rechtsvergleichende und rechtspolitische Studie. 2015.

Band 102 Daniel Gajek: Umstrukturierungen und Finanzinstrumente. Die Bedeutung der Umstrukturierung der Emittentin für die von ihr ausgegebenen Finanzinstrumente. 2015.

Band 103 Jenny W. Gesley: Die Aufsicht über die Finanzmärkte in den USA. Nationale Entwicklungen und internationale Vorgaben. 2016.

Band 104 Lisa Pfaffinger: Unbeschränkte Gesellschafterhaftung und Gläubigerschutz. Eine ökonomische Betrachtung des Haftungssystems der Personengesellschaften. 2016.

Band 105 Julius Brandt: Die Steuerung von Liquiditätsrisiken im Aktienrecht und Bankaufsichtsrecht. 2016.

Band 106 Maike Sauter: Die Ausprägung des Gläubigerschutzes in der geschichtlichen Entwicklung des Aktienrechts. 2017.

Band 107 Jurgita Baur: Die Kompetenz der Europäischen Union für ausländische Direktinvestitionen am Beispiel der Freihandelsabkommen mit Kanada und den USA. 2018.

www.peterlang.com

www.ingramcontent.com/pod-product-compliance
Ingram Content Group UK Ltd.
Pitfield, Milton Keynes, MK11 3LW, UK
UKHW021832290926
8980IPUK00004B/404

9 783631 749265